Arbeitskämpfe in der sowjetischen Industrie
(1917 - 1933)

campus
Forschung Band 146

Sibylle Plogstedt, Dr. rer. pol., arbeitet zur Zeit als Redakteurin der aktuellen Frauenzeitschrift Courage.

Sibylle Plogstedt

Arbeitskämpfe in der sowjetischen Industrie (1917 - 1933)

Campus Verlag
Frankfurt/New York

CIP-Kurztitelaufnahme der Deutschen Bibliothek

Plogstedt, Sibylle:
Arbeitskämpfe in der sowjetischen Industrie :
(1917 - 1933) / Sibylle Plogstedt. - Frankfurt/
Main, New York : Campus Verlag, 1980.
  (Campus : Forschung ; Bd. 146)
  ISBN 3-593-32687-6

ISBN 3-593-32687-6

Satz: Hildegard Kluge

Copyright © 1980 bei Campus Verlag GmbH, Frankfurt/Main
Produktion: Eva Steinhart, Buchteam Frankfurt
Umschlaggestaltung: Eckard Warminski, Frankfurt/Main
Druck und Bindung: difo-druck, Bamberg
Printed in Germany

Inhalt

Vorbemerkung

Die Tendenz zur Aufsässigkeit

Meine Motivation, über den nachrevolutionären Widerstand von Arbeitern und Arbeiterinnen, sowie über die Politik einer nachrevolutionären Machtkonsolidierung zu schreiben, entstand während meiner Arbeit in der tschechoslowakischen Opposition in den Jahren 1968/69. Dort konnte ich eine systematische Abfolge von politischen Säuberungen studieren, eine zu Herrschaftswissen umgemünzte marxistische Staatstheorie. Die Säuberungen begannen in den Spitzengremien der Partei und den Repressionsorganen des Staates: Polizei, Armee, Gerichte. Dann folgten das bis dahin noch aktive Parlament und die Gewerkschaftsspitze, sowie der Parteiapparat. Erst dann richteten sie sich gegen die ersten oppositionellen Gruppen und gegen den Widerstand in den Betrieben. Der Weg für die Berufsverbote in der ČSSR war damit bereitet.

Gab es 1969 in den Betrieben noch Gegenversammlungen und sogar eine Koordination in überbetrieblichen Räten, so konnten die Mitglieder dieser noch ungefestigten Betriebsräte schnell eingeschüchtert werden. Androhungen von Entlassungen genügten, um einzelne von den Sitzungen der Räte fernzuhalten. Nicht zu zerschlagen war dagegen der unorganisierte, passive Widerstand, die Tendenz zur Aufsässigkeit, die von Betriebssoziologen auch ‚schlechte Arbeitsmoral' genannt wird. Nach der Intervention der Truppen des Warschauer Pakts hatte er gezielt in den Betrieben begonnen, die für die UdSSR produzieren. Nachdem der aktive Widerstand in der ČSSR unterdrückt wurde, breitete sich der passive in allen Betrieben, Büros, Geschäften und Banken aus und wurde zur allgemeinen Haltung zur Produktion.

Diese Formen des Widerstands sind nicht neu – auch nicht in der ČSSR. Es gab sie während der Industrialisierung und während der deutschen Besetzung zur Zeit des Faschismus. Ein Major des tschechischen Geheimdienstes (offiziell: Staatspolizei), der mich während meines Gefängnisaufenthaltes in Prag (1969 – 71) verhörte, erklärte den heutigen Widerstand als ein Relikt des Faschismus: „Wir kriegen diese Krankheit aus den Arbeitern nicht raus. Was sie während der deutschen Okkupation gemacht haben, tun sie noch heute. Die Arbeitsmoral ist dieselbe."

Nach den Arbeitskämpfen in Polen zu Beginn der 70er Jahre, begann ich mich dafür zu interessieren, ob es ähnliche Arbeitskämpfe auch im nachrevolutionären Rußland gab und welche Ausmaße sie hatten. Kronstadt, über das die westeuropäische Linke noch immer geteilter Ansicht ist, war für mich ein Anhaltspunkt. Mich interessierten die vielen kleinen Streiks und die Maßnahmen, die Partei und Gewerkschaften unternahmen, um sie zu unterbinden, kurz: welches ‚marxistische Herrschaftswissen' in die sowjetische Betriebspolitik einging. Aus diesem Grunde betrachte ich die Parteigeschichte der Kommunistischen Partei Rußlands unter einem neuen Gesichtspunkt: welche Bedeutung haben die Parteidiskussionen für die Geschichte der Arbeitskämpfe in der Sowjetunion und für die Geschichte der Gewerkschaften. Das gilt auch für die Erklärungen der aus der KPR (b) ausgeschlossenen oppositionellen Gruppierungen. Da es über den Widerstand in den Betrieben bislang nur wenige Veröffentlichungen gibt, ist diese Arbeit in erster Linie empirisch und bietet so Ansätze zur Kritik zahlreicher bisher erschienener Arbeiten.

Das Spektrum des Widerstandes der Arbeiter/-innen ist ungleich größer als es die internationale Gewerkschaftsbewegung erkennt und als etwas ‚zu organisierendes' betrachtet. Meist ist er unabhängig von der Gewerkschaft oder in der Sowjetunion sogar gegen sie gerichtet. Der Widerstand zeigt sich in den kleinen Pausen, dem langsamer Arbeiten und reicht bis zu Krankheiten und Alkoholismus. Er beinhaltet Beschwerden, Go-ins, Versammlungen ebenso wie Prügeleien. Die schlechte Wartung von Maschinen gehört dazu, die zu ihrer Zerstörung führt. Der Streik, den die sozialistische Theorie hervorgehoben hat – insbesondere der Generalstreik – ist nur die Spitze des Eisbergs einer auf Gesellschaftsveränderung drängenden Kraft.

Partei und Gewerkschaften in der Sowjetunion haben in dem Widerstand, selbst in den kleinen Beschwerden eine Bedrohung gesehen, haben ihn sanktioniert, ihn verharmlost oder versucht, ihn zu entschärfen. Für den ,harmloseren' Widerstand haben sie eine bürokratische Sackgasse geschaffen, haben Instanzen ins Leben gerufen, Instanzen wieder abgeschafft, Instanzen hinzugefügt, ohne am Kern etwas zu verändern: die Instanzen für Konflikte verloren immer mehr an Einfluß; die Gründe, weshalb Konflikte entstanden, konnten so immer weniger beseitigt werden. Neuen Formen von Sanktionen folgten neue Formen des Widerstands. Letztere waren – wie man sich denken kann – einfallsreicher.

Sicher mußten sich die ersten russischen Arbeiter/-innen 1860, als von Marx die Grundrisse im Entwurf beendet wurden, von ihren Fabrikherren noch viel mehr gefallen lassen, als die europäischen zu dieser Zeit. Das heißt jedoch nicht, daß es zu dieser Zeit noch keinen Widerstand gab, daß es damals nicht diskriminierend war, von Barbaren zu sprechen – wie Marx es tat –, ,,die die Fähigkeit haben, zu allem verwandt zu werden". Marx, der auf die Revolution in Westeuropa setzte, hatte dieses ,,russische" Verständnis der ,naturhaften' Anpassung an die Arbeit negativer gesehen als die ,freiwillige': ,,Man könnte sagen, was in den Vereinigten Staaten als historisches Produkt, erscheine bei den Russen z.B. – diese Gleichgültigkeit gegen die bestimmte Arbeit – als naturwüchsige Anlage. Allein einmal ein verteufelter Unterschied, ob Barbaren Anlage haben, zu allem verwandt zu werden oder ob Zivilisierte sich selbst zu allem verwenden. Und dann entspricht praktisch bei den Russen dieser Gleichgültigkeit gegen die Bestimmtheit der Arbeit das traditionelle Festgerittensein in eine ganz bestimmte Arbeit, woraus sie nur durch Einflüsse von außen herausgeschleudert werden."[1]

Kritisch zu sehen ist auch der Versuch Rudi Dutschkes, ,Lenin auf die Füße zu stellen'.[2] Auch Dutschke vernachlässigt weitgehend den frühen Widerstand der Arbeiter/-innen, weil es ihm vor allem darum geht, Lenin nachzuweisen, daß er gegen das Marx'sche Konzept der halbasiatischen Produktionsweise verstößt. Das ist da produktiv, wo es um kollektive ,asiatische' oder ,halbasiatische' Produktionsformen geht. Aber auch für Dutschke ist ,,die urkommunistische ,Fähigkeit und Anlage', auf dem jeweiligen Entwicklungsstand sich jedweder Art der Arbeit anzupassen . . . ein ganz besonders beständiges Merkmal der asiatischen Produktions- und Lebenszone"[3]. Auch China habe dies in der Entwicklung der Stahlindustrie auf dem Lande ,,lehrstückhaft erneut bewies(en)".[4]

R. Dutschkes These läßt sich empirisch nicht halten – weder für den vorrevolutionären Widerstand der Arbeiter/-innen noch für den nachrevolutionären. Und da in Rußland wie in der Sowjetunion die Arbeiter/-innen immer wieder neu aus den Dörfern rekrutiert wurden, gilt das auch für die Bauern – von den Bauernaufständen einmal abgesehen.

Dutschke glaubt z.B., daß es in der Sowjetunion deshalb zu Konflikten gekommen sei, weil sich die Bolschewiki nicht in erster Linie auf die Bauern stützten. ,,Weil sie ihre antibürokratische Basis nicht bei denen suchten, mit deren Hilfe sie an die Macht gekommen waren, bei den armen und mittleren Bauern, sondern in dem durch den Krieg besonders geschwächten ,industriellen Überbau', mußten die Bolschewiki mit den Arbeitern und Bauern bald in Konflikt geraten."[5]

Ich bezweifle, daß Konflikte zu vermeiden sind, daß sie insbesondere in der Sowjetunion zu vermeiden waren, auch weil die europäische Revolution ausblieb und die in der 3. Welt lange auf sich warten ließ. Das Ausmaß der Konflikte war auch ein Produkt des Konzepts von Arbeitsorganisation in der Industrie und der Industrialisierung des Landes. Nicht einverstanden bin ich deshalb, wenn Dutschke die Bolschewiki kritisiert, daß sie ,,die Wiederaufstehen bürokratischer Strukturen nicht zur Hauptsache als ein Problem der russischen Tradition"[6] betrachteten, weil das heißen kann, daß die Bürokratie notwendig die Folge der (halb)asiatischen Produktionsweise wäre.

Ich gehe in meiner Arbeit davon aus, daß es keinen Begriff von Arbeit – insbesondere von industrieller Arbeit – geben kann, der nicht die Negation von Arbeit miteinschließt. Ebensowenig, wie jemand in eine Arbeit hineingeboren werden kann, wenn nicht ständische Herrschaftsformen die Art der Arbeit von Geburt an vorschreiben, so wenig kann ein Arbeiter oder eine Arbeiterin mit immer gleicher Selbstverständlichkeit dieselben Handbewegungen machen, wenn nicht betriebliche und gesellschaftliche Sanktionssysteme sie dazu bringen. Das heißt: Widerstand gegen Arbeit gibt es überall dort, wo der Prozeß der Arbeit, der „Stoffwechsel mit der Natur", nicht vom Arbeitenden selbst bestimmt wird. Und auch in der Selbstbestimmung liegt nicht in jedem Fall das Ende des Widerstandes gegen die Arbeit, da er sich auch gegen andere Formen von Unterdrückung wenden kann (z.B. in alternativen Projekten).

In diesem Sinne steht meine Arbeit im Rahmen der Diskussion um die neue Arbeiterbewegung. Formen des Widerstands außerhalb der bürokratischen Arbeiterorganisationen hat Gisela Bock[7] für die USA beschrieben. Elisabeth Behrens und H. J. Roth[8] haben sie für das Deutschland von 1890 und unter dem Faschismus nachgewiesen.

Für die Sowjetunion gibt es diese Untersuchung über einen längeren Zeitraum noch nicht. Da es hier ‚traditionell' schwierig ist, an genügend Daten heranzukommen, ist es mir noch nicht gelungen, die Daten über die Arbeitskämpfe zu differenzieren, um zu erfahren, ob diese Kämpfe von Arbeitern oder Arbeiterinnen geführt wurden. Dies wird in der Schreibweise Arbeiter/-innen deutlich gemacht. Frauenkämpfe zu untersuchen, die sich gegen eine sexistische Unterdrückung wehren, muß einer weiteren Arbeit vorbehalten bleiben.

Sibylle Plogstedt

I. DIE ARBEITERFRAGE IM RUSSLAND VOR DER REVOLUTION

Der Besitz von Grund und Boden war in Rußland noch im 18. Jahrhundert mit dem an Produktionsmitteln verquickt. So gestattete es ein Ukaz aus dem Jahre 1721, zu den Fabriken Dörfer hinzuzukaufen. Die ersten Arbeiter waren somit keine freien Lohnarbeiter, sondern Leibeigene, die ihrer Arbeit unter schwersten Bedingungen nachgingen. „Freie" Arbeiter waren Häftlinge, Vagabunden, Bettler, Waisen, Soldaten- und Matrosenfrauen, deren Arbeit aber besonders diszipliniert wurde. Jeder Verstoß gegen die Werksdisziplin wurde mit schweren körperlichen Strafen geahndet: „Die Leute in der Werkstatt, die zu saufen beginnen oder faulenzen oder langsam und mit Verzögerung sich der Arbeit widmen, müssen Strafen erleiden: zuerst Stockschläge und Geldstrafe von 16 altyn, 14 den'gi; wer dann weiter so handelt, muß mit schwereren Stockschlägen bestraft werden, Strafe zahlen . . . und in Ketten im Kerker zwei oder drei Tage zubringen."[9]

Im Jahre 1736 wurden alle Arbeiter — auch Bettler, Vagabunden usw. — zu Leibeigenen der Fabrikanten. Sie durften den Bereich der Fabrik und den ihrer Unterkünfte nicht mehr verlassen: „Wer von den auf ewig in die Fabriken Weggegebenen zu seinem früheren Wohnort oder an andere Plätze entflieht, darf nirgendwo aufgenommen und behalten werden, sondern ist zu fangen und dem Voevoden zuzuführen; diese Leute müssen zur Strafe in eben jene Fabriken geschickt werden, aus denen sie entlaufen sind . . . Und Leute, die in Streit oder in Prügelei oder in Trunkenheit ergriffen werden, darf man nirgends auch nicht einen Tag aufnehmen, sondern muß sie ohne Verzug in die Fabrik schicken, und nur dem Fabrikanten steht es zu, sie vor ihren Brüdern zu bestrafen."[10]

Es sind Fälle überliefert, in denen Arbeiter auf Anordnung ihrer Fabrikherren lebendig in Hochöfen geworfen wurden oder in Teichen ertränkt wurden. Nur zögernd wurde den Arbeitern unter Katharina II. das Recht auf Beschwerde gewährt: „Wenn von seiten der Werkleitungen irgendwelche unziemliche Quälerei oder Hinterziehung des Arbeitslohns vorkommt, dann haben die Arbeiter das Recht, bei Gerichten ehrerbietig um Frieden zu bitten, wenn sie Bittsteller schicken, die niemand in irgendeiner Weise behindern darf."[11]

In der Praxis der Gerichte wurden solche Bittsteller aber häufig verurteilt. So wurden zwei Arbeiter schuldig befunden, sie hätten mit komplizierten Bitten und Belästigungen nicht nur Seine Kaiserliche Hoheit, sondern auch die ganze Zarenfamilie bedrängt. Sie wurden zum Tod durch Erhängen verurteilt. 1816 wurden zehn Arbeiter, die ein Bittgesuch an den Zaren gerichtet hatten, zu „Knutenhieben, Aufschneiden der Nasenlöcher und Verbannung zur ewigen Arbeit auf den Galeeren" verurteilt.[12]

Gegen diese Zustände in den Fabriken gab es schon seit der Herrschaft Katharinas II. und Peters Streiks und Unruhen: 1796 bei den Fabrikarbeitern in Kasan', 1797 im Gouvernement Moskau, 1798 und 1800 wiederum in Kasan', im Jahre 1806 in den Gouvernements Moskau und Jaroslavl', 1811 im Gouvernement Tambov, 1814 im Gouvernement Kaluga, 1815 in Jaroslav', 1816 im Gouvernement Petersburg, 1817 wiederum in Jaroslavl' und Kasan', 1818 in Jaroslav', 1819 in Kasan', 1821 in den Gouvernements Voronez und Kaluga, 1823 in den Gouvernements Vladimir, Moskau und Jaroslavl', 1829 in Kasan', 1834 in den Gouvernements Kasan' und Moskau, 1836 in Kasan', 1837 im Gouvernement Tula, 1844 im Gouvernement Moskau und 1851 im Gouvernement Voronez.[13] Unter Katharina II. nahm die Zahl der Fabriken zu. Gab es gegen Ende der Herrschaft Peters des Großen erst 233 Fabriken in Rußland, so wuchs diese Zahl im Jahr 1762 auf 984 und ihm Jahr 1796 auf 3461.[14] Seit Beginn des 19. Jahrhunderts entwickelte sich durch das Wachstum der Industrie neben der Arbeit von Leibeigenen die freie Lohnarbeit in größerem Rahmen. Von 90 000 Arbeitern waren 45 625 freie, nicht leibeigene Lohnarbeiter.[15]

Die Unruhen in den Fabriken und das Wachstum der Arbeiterklasse beunruhigten die zaristischen

Gouverneure. Der Generalgouverneur von Moskau, Zakrevskij, schlug nach den Erfahrungen der 48er Revoulution in Frankreich ein Verbot einer weiteren Ausdehnung der Fabriken vor. Die Regierung dürfe die Ansammlung „heimatloser und unsittlicher Leute nicht zulassen . . ., die sich leicht jeder Bewegung anschlössen, die die Ruhe der Gesellschaft oder der Privatpersonen zerstöre."[16] Daraufhin wurde der Bau neuer Fabriken in den Hauptstädten zunächst verboten. Aufgrund von wirtschaftlichen Interessen und des Widerstandes der Fabrikanten wurde das Verbot nicht lange aufrechterhalten. „Westeuropäische Zustände" sollten in Rußland nicht erst einreißen. „Auch bei uns hat es einen Streik gegeben, auch uns behütet Gott nicht" entsetzte sich die Zeitung Novoe Vremja[17], als sie erstmals öffentlich über einen Streik berichtete.

Trotz Streiks, trotz der wachsenden Arbeiterklasse wurde offiziell die Existenz einer Arbeiterfrage lange bestritten. So hieß es in einem geheimen Schreiben des Finanzministeriums aus dem Jahre 1895: „In Rußland gibt es glücklicherweise keine Arbeiterklasse in dem Sinne und in der Bedeutung wie im Westen und deshalb gibt es auch keine Arbeiterfrage."[18]

Bereits Mitte des 19. Jahrhunderts stellte die Industriearbeiterschaft einen nennenswerten Anteil der Beschäftigten dar. Für 1865 − 4 Jahre nach der Bauernbefreiung − und für 1890 gibt es folgende Daten[19]:

Zahl der Arbeiter in den kapitalistischen Großbetrieben (in 1000)

Jahre	In der Fabrik- u. Werkindustrie	Im Bergbau u. Hüttenwesen	Bei der Eisenbahn	Insgesamt
1865	509	165	32	706
1890	840	340	252	1432

In den 25 Jahren von 1865 − 90 hatte sich die Zahl der Industriearbeiter und -arbeiterinnen verdoppelt. Sie war schneller als die städtische Bevölkerung gewachsen. Diese hatte 1863 im europäischen Rußland 6,1 Millionen und 1897 12 Millionen betragen − hatte also für den Prozeß ihrer Verdoppelung 9 Jahre länger gebraucht[20]. 1897 betrug die Bevölkerung des russischen Reiches 125,6 Millionen. Der Anteil der Arbeiter/-innen war − an der Gesamtzahl der Erwerbstätigkeit gemessen − gering. Im Jahre 1900 betrug die Zahl der gewerblichen Arbeiter/-innen in Rußland 2 277 652.[21]

Bereits zur Jahrhundertwende war der größte Teil dieser Arbeiter/-innen in großen Fabriken beschäftigt. Eine Zusammenstellung der Berichte der Fabrikinspektoren zeigte die Aufteilung der Arbeiter/-innen auf die Fabriken unterschiedlichster Größe für das Jahr 1903.[22]

Größenklassen der Fabriken und Werke	In 64 Gouv. Rußlands		In den 50 Gouv. des Europ. Rußl.	
	Zahl der Betriebe	Zahl der Arbeiter	Zahl der Betriebe	Zahl der Arbeiter
Weniger als 20 Arbeiter	5 749	63 652	4 533	51 728
21 − 50 Arbeiter	5 064	158 602	4 253	134 194
50 − 100 Arbeiter	2 271	156 789	1 897	130 642
101 − 500 Arbeiter	2 095	463 366	1 755	383 000
501 − 1000 Arbeiter	404	276 486	349	240 440
Mehr als 1000 Arbeiter	238	521 511	210	457 534
Insgesamt	15 821	1 640 406	12 997	1 397 538

1879, als die großen Fabriken nur 4,4 % aller Fabriken ausmachten, hatten sie 66,8 % aller Industriearbeiter/-innen beschäftigt und 54,8 % der Produktion geliefert. 1903 machten die Fabriken mit einer Beschäftigtenanzahl von mehr als 100 Personen 17 % aller Industrieunternehmen aus und beschäftigten 76,6 % der Arbeiter/-innen.[23]

Das schnelle Wachstum der Arbeiterschaft in einer so kurzen Periode – verbunden mit dem Wachstum der Städte – kam vor allem zustande durch den Zuzug der verarmten Bauern in die Industriezentren und Städte und durch den Niedergang der Heimarbeit.[24] Es fand aber – im Gegensatz zur Entstehung des Proletariats in England – keine vollständige Loslösung der Arbeiter/-innen vom Lande statt. Vielfach zogen die Kinder in die Städte und unterstützten durch Geldsendungen ihre Familien auf den Dörfern. Die bäuerlichen Betriebe blieben im Besitz der Familienmitglieder. Die in der Industrie Arbeitenden schickten ihre Kinder wieder auf das Land zurück. Zum Teil waren es auch die Arbeiter/-innen selbst, die während der Saison ihre Felder bestellten oder sich an der Ernte beteiligten. Der Anteil der auf das Land zurückkehrenden Arbeiter/-innen in den 9 Gewerbeaufsichtsbezirken war unterschiedlich groß. Er betrug im Jahr 1893 im Durchschnitt 28,2 % der Beschäftigten.[25]

Gewerbeaufsichtsbezirk	Prozent der saison-mäßigen Heimkehrer
Woronesh	76,3
Kiew	57,5
Charkow	51,2
Wladimir	19,8
Moskau	19,5
Warschau	17,1
Petrikau	14,7
Wilna	12,4
Petersburg	10,8
Zusammen	28,2

Es waren überwiegend die in nahrungsmittelverarbeitenden Industrien Beschäftigten, die aufs Land zurückkehrten. In den traditionellen Industrien wie Metall- oder Textilindustrie waren es weitaus weniger. Aber auch Industrien, die den saisonalen Ernte- und Saatschwankungen weniger ausgesetzt waren, konnten nicht kontinuierlich produzieren.[26]

Inustriezweige	Prozent der saison-mäßigen Heimkehrer
Metallverarbeitung	11,1
Textilindustrie	16,5
Holzindustrie	30,3
Verarbeitung von Mineralien	35,4
Verarbeitung von tierischen Produkten	46,1
Nahrungs- und Genußmittelindustrie	65,4

Die soziale Lage der Lohnarbeiter/-innen war im vorrevolutionären Rußland außerordentlich schlecht. Über ein ausreichend hohes Einkommen um Miete, Nahrung und Kleidung finanzieren zu können, verfügten lediglich die besser qualifizierten Arbeiter/-innen, die eine hauchdünne Schicht innerhalb der Arbeiterklasse darstellten. Eine Untersuchung Prokopovičs über die Haushaltsbudgets Petersburger Arbeiter/-innen[27] ergibt, daß 69 % der Arbeiter/-innen als alleinwohnend galten, weil sie über eine halbe oder eine ganze Liege verfügten, oder einen Winkel in einem Raum hatten. Von den Arbeitern mit Familie mußten sich 40 % mit Anteilen an von anderen bewohnten Räumen begnügen. Die Wohn- und Einkommensbedingungen zeigten, warum die in der Stadt lebenden Arbeiter/-innen es vorzogen, ihre Kinder wieder auf das Land zurückzuschicken. Ähnliches gilt für die Arbeitsbedingungen. Im Jahr 1897 wurde zwar der 11 1/2 Stundentag offiziell eingeführt – vorher betrug der Arbeitstag bis zu 18 Stunden – aber er wurde durch die Überstundenarbeit nicht eingehalten. Wenn aus den Berichten einzelner Gewerkschaften auch hervorging, daß die Zahl der Streikenden sehr viel höher lag, so war die offizielle Streikstatistik doch die einzige, aus der sich methodisch vergleichbar eine Entwicklung ablesen lassen kann, da ihr ähnliches Material zugrunde lag. Auch der folgende Überblick Grinewitschs, der die Berichte einzelner Gewerkschaften hinzuzog, stützte sich auf die offizielle Streikstatistik.[27a] Er zeigt das Verhältnis von Streiks, streikenden Arbeiter/-innen zur Gesamtzahl der Betriebe und der Gesamtzahl der Beschäftigten und die Höhepunkte der Arbeitskämpfe der sich konstituierenden Arbeiter/-innenbewegung.[28]

Jahre	Anzahl der Streiks	In Prozenten zu der Gesamtzahl der Betriebe	Anzahl der Streikenden	In Prozenten zu der Gesamtzahl der Arbeiter
1895	68	0,36	31 195	2,01
1896	118	0,62	29 527	1,94
1897	145	0,75	59 870	3,99
1898	215	1,13	43 150	2,87
1899	189	0,99	57 498	3,83
1900	125	0,73	29 389	1,73
1901	164	0,96	32 218	1,89
1902	123	0,72	36 671	2,15
1903	550	3,21	86 832	5,10
1904	68	0,40	24 904	1,46

Während dieses Jahrzehnts gab es 1765 Streiks mit insgesamt 431 254 Teilnehmern. An erster Stelle lag dabei die Textilindustrie und an zweiter die Metallindustrie.[29]

	Anzahl der Streiks	In Prozenten zu der Gesamtzahl der Streiks während des Jahrzehnts	Streikende	In Prozenten zu der Gesamtzahl der Streikenden während des Jahrzehnts
Textilindustrie	592	33,5	236 812	54,9
Metallindustrie	336	19,0	116 973	27,1
Insgesamt	928	52,5	353 785	82,0

Die bestreikten Betriebe waren überwiegend größere Unternehmen. In 52 % aller Streiks hatten die Betriebe mehr als 100 Arbeiter/-innen. Zwar fanden 48 % der Streiks in kleineren Betrieben statt – die Gesamtzahl dieser Kleinbetriebe erfaßte jedoch nur mit 9,4 % Arbeiter/-innen:[30]

Bei Betrieben mit 51 bis 100 Arbeitern	9,4 %
Bei Betrieben mit 101 bis 500 Arbeitern	21,5 %
Bei Betrieben mit 501 bis 1000 Arbeitern	49,9 %
Bei Betrieben mit über 1000 Arbeitern	89,7 %

Als Streikursachen werden in der offiziellen Streikstatistik angegeben:[31]

Streikursachen	Anzahl der Streiks	In Prozenten zu der Gesamtzahl der Streiks	Anzahl der Streikenden	In Prozenten zu der Gesamtzahl der Streikenden
Arbeitslohn	1071	60,8	208 560	48,6
Arbeitszeit	385	21,4	129 358	30,0
Arbeits- und Lebensbedingungen	131	7,4	58 632	13,5
Berufliche Ursachen	169	9,5	32 195	7,4
Verschiedene (zufällige) Ursachen	9	0,5	2 508	0,5

Hier wird deutlich, daß es sich während dieser Periode überwiegend um Streiks mit ökonomischen Forderungen handelte. Die Ergebnisse der Streiks während dieses Jahrzehnts zeigen, daß sich meist die Unternehmer durchsetzen konnten.[32]

Zugunsten der Arbeiter	28,2 Prozent
Durch einen Vergleich	21,8 Prozent
Zugunsten der Unternehmer	45,4 Prozent
Unbekannter Ausgang	4,6 Prozent

Martov führt für den Anfang der 90er Jahre eine noch höhere Quote der Erfolge der Unternehmer an:[33]

Streiks infolge von:	für die Arbeiter	für die Unternehmer	Kompromiß
Strafen und Lohnabzüge	23,07 %	69,23 %	7,69 %
Maßnahmen der Fabrikverwaltung	27,27 %	58,44 %	14,28 %

Durch Strafabzüge, die die Unternehmer einbehielten, wurden die Löhne noch geringer. Sie betrugen bis zu 40% des Lohnes. Kündigungsschutz, Unfall-, Krankenversicherung sowie eine Altersversorgung waren gesetzlich nicht verankert.[34]

Der Widerstand der Arbeiter und Arbeiterinnen während dieser Zeit war weitgehend unorganisiert. Er entstand spontan und nahm häufig die Formen der Zerstörung von Maschinen und von physischen Angriffen auf die Unternehmer und das leitende Personal an.[35] Von 1870 bis 1879 werden in Statistiken 176 Streiks genannt, in der Zeit von 1880-1890 waren es 165. Die Mehrzahl dieser Streikenden waren Arbeiterinnen der Textilindustrie. [36] Die ersten Arbeitsschutzgesetze − so wenig wirksam sie auch blieben − gingen unmittelbar auf die ersten Massenstreiks in den Jahren 1896-97 zurück. An diesen Streiks, die sich auf 20 der größten Textilfabriken ausdehnten, beteiligten sich zwischen 30 000 und 40 000 Arbeiterinnen und Arbeiter.[37] Offizielle Angaben besagten, daß innerhalb dieser 2 Jahre 263 Unternehmen von Streiks erfaßt wurden, an denen sich 89 000 Streikende beteiligten. Martov nannte sogar eine Zahl von 170 000 Streikenden.[38]

Für die Jahre 1898 gab die offizielle Streikstatistik 215, für 1899 189 und für 1900 125 Streiks an.[39] Auch wenn die Erfolge der Streikaktionen gering blieben, so haben sie doch immer neuen Kämpfen den Boden bereitet. Da während dieser Zeit Streiks verboten waren, gegen die mit Polizei und Militär vorgegangen wurde und die Sprecher der Arbeiter/-innen und ein Teil der Streikenden verhaftet, verurteilt und verbannt wurden, mußten die Arbeiter/-innen ihre Forderungen gegenüber den Unternehmern und dem Zarismus unter größten Opfern vertreten.

Nachdem die Streiks fast 100 Jahre unorganisiert geführt wurden, begannen die Arbeiter und Arbeiterinnen seit Beginn der 90er Jahre des 19. Jahrhunderts eine organisatorische Vorsorge für die wachsende Zahl der Arbeitskämpfe zu treffen. 1888 gründeten Strumpfmacherinnen die erste Kasse zur Unterstützung von Streiks, danach wurden die Streikkassen der Schneider, Vorrichter, Kuvertarbeiter usw. gegründet, die Vorläufer der russischen Gewerkschaften waren.[40] Tar beschreibt, wie die Streikkassen zustande kamen. „Die seit dem Sommer 1896 einsetzende Gründung von ständigen Streikfondskassen hat nicht aufgehört. Des öfteren kamen die Nachrichten, daß bald hier, bald dort die Arbeiter eines Betriebes eine Streikkasse gegründet hätten, um ihren Kampf auf eine solide finanzielle Basis zu stellen. Man betrachte eine einzige von diesen Organisationen, um sich über deren Charakter zu informieren. Als Beispiel mag uns die von Arbeitern der Fabrik Koschewnikow auf dem Obwodnij-Kanal gegründete Kasse dienen. Soviel ich weiß, erhielt diese Kasse keinerlei Zuwendungen von außen, so daß ihr verhältnismäßig großes Budget nur durch rege Anteilnahme der Arbeiter erklärt werden kann. Für den geschilderten Zeitabschnitt (von einigen Monaten) betrugen die Ausgaben der Kasse 300 Rubel, während der Kassenbestand sich auf 100 Rubel belief. Die einzige Einnahmequelle waren, wie gesagt, die Mitgliederbeiträge, die Ausgaben wurden auf folgende Weise geregelt: Ein Viertel aller Einnahmen wurde auf Streikunterstützungen verwandt, während sich der Rest in vier Teile teilte, von denen zwei für gegenseitige Unterstützung, ein Teil für Bücheranschaffung und ein Teil zur Bildung eines ständigen Fonds verauslagt wurden."[41]

Bis zur Revolution im Jahre 1905 blieben die Streikkassen die einzige Form der gewerkschaftsähnlichen Organisierung. Einzelne Gruppen – wie der Kampfverband für die Befreiung der Arbeiterklasse – versuchten in Streiks gewerkschaftsähnliche Aufgaben zu übernehmen. Der Bund[42] machte die Streikkassen zur Grundlage seiner Organisierung und vertrat auf dem Pariser Sozialistenkongreß im Jahre 1900, daß die Kassen Knotenpunkt der Propaganda sozialdemokratischer Ideen seien, daß sie ein Instrument zur Entwicklung des politischen und des Klassenbewußtseins der Arbeiter werden könnten, wenn sie mit offenen Armen jeden aufnähmen, der am ökonomischen Kampf teilnehmen will. Was aber einzelne Zirkel der Sozialdemokratie vertraten, war längst nicht die Taktik der Partei. Die Diskussionen um die Verbindung von politischem und ökonomischem Kampf, von legalem und illegalem und der Verwandlung der einzelnen Zirkel in Ortsverbände einer zentralistischen Organisation wurden bei der Gründung der Sozialdemokratischen Arbeiterpartei 1898 in Minsk so kontrovers geführt, daß zahlreiche Arbeiter/-innen der Partei um der Praxis willen den Rücken kehrten, so daß schließlich zahllose Streiks geführt wurden, in denen die Sozialdemokratie kaum eine Rolle spielte.[43] Zu diesen Streiks gehörten der Novemberstreik im Jahre 1902, die Sommerstreiks im Jahre 1903 in ganz Südrußland, an denen 86 832 Arbeiterinnen und Arbeiter teilnahmen.[44] Der Streik der Putilov-Arbeiter/-innen und die Revolution im Jahre 1905 kamen für die Sozialdemokratie so unerwartet, daß sie keinen nennenswerten Einfluß gewinnen konnte.

Die Massenstreiks und Massendemonstrationen der Revolution des Jahres 1905 waren die Antwort auf die vom halblegalen Gaponschen Verein einberufene Januardemonstration, die vom Militär in ein Blutbad verwandelt wurde. Die Arbeiter, die Heiligenbilder und Zarenportraits mit sich führten, verloren nach diesem Blutbad die Hoffnung, sich mit ihren Problemen an den Zaren wenden zu können.[45] Es ist unmöglich, das Ausmaß der Streiks in dieser Revolution präzise zu bestimmen. Streiks erfaßten fast alle Betriebe. Selbst die offizielle Statistik gab für das Jahr 1905 14 392 Streiks mit 3 068 000 Teilnehmern an. Das heißt, daß 93 % aller Betriebe von Streiks erfaßt wurden und daß die Arbeiter/-innern in der Regel an mehr als einem Streik beteiligt waren.[46] Die Streiks des Jahres 1905 nahmen vielfältige Formen an. Sie wurden bald für die Sozialdemokratie zum Modell des Massenstreiks:

„Der Massenstreik, wie ihn uns die russische Revolution zeigt, ist eine so wandelbare Erscheinung, daß er alle Phasen des politischen und ökonomischen Kampfes, alle Stadien und Momente der Revolution in sich spiegelt. Seine Anwendbarkeit, seine Wirkungskraft, seine Entstehungsmomente ändern sich fortwährend. Er eröffnet plötzlich neue, weite Perspektiven der Revolution, wo sie bereits in einen Engpaß geraten schien, und er versagt, wo man auf ihn mit voller Sicherheit glaubt rechnen zu können. Er flutet bald wie eine breite Meereswoge über das ganze Reich, bald zerteilt er sich in ein Riesennetz dünner Ströme; bald sprudelt er aus dem Untergrunde wie ein frischer Quell, bald versickert er ganz im Boden. Politische und ökonomische Streiks, Massenstreiks und partielle Streiks, Demonstrationsstreiks und Kampfstreiks, Generalstreiks einzelner Branchen und Generalstreiks einzelner Städte, ruhige Lohnkämpfe und Straßenschlachten, Barrikadenkämpfe – alles das läuft durcheinander, nebeneinander, durchkreuzt sich, flutet ineinander über; es ist ein ewig bewegliches, wechselndes Meer von Erscheinungen. Und das Bewegungsgesetz dieser Erscheinungen wird klar: Es liegt nicht in dem Massenstreik selbst, nicht in seinen technischen Besonderheiten, sondern in dem politischen und sozialen Kräfteverhältnis der Revolution."[47]

Solange sich die Arbeiter/-innen nur gegen den Zarismus wandten, fanden sie die Unterstützung einiger Unternehmer. Je stärker jedoch materielle Forderungen wie die Einführung des 8-Stundentags propagiert wurden, desto mehr zog sich das Bürgertum zurück.

Unmittelbar nach den Januarereignissen gingen die Arbeiter/-innen daran, sich in Gewerkschaften zusammenzuschließen. Ein Vertreter der Petersburger Gewerkschaften berichtete 1906 über die Entstehung der Organisation der Arbeiter:

„Der 22. Januar 1905, der den Gaponschen Verein weggespült hat, bildete einen Wendepunkt. Die Arbeiter aus der Masse haben an der Hand der Ereignisse gelernt, die Bedeutung der Organisation zu schätzen, und begriffen, daß nur sie selbst diese Organisation schaffen können. In direkter Verbindung mit der Januarbewegung entsteht in Petersburg die erste Gewerkschaft: die der Buchdrucker. Die zur Ausarbeitung des Tarifs gewählte Kommission arbeitete die Statuten aus, und am 19. Juni begann die Gewerkschaft ihre Existenz. Ungefähr um dieselbe Zeit wurde die Gewerkschaft der Kontoristen und der Buchhalter ins Leben gerufen. Neben diesen Organisationen, die fast offen (legal) existieren, entstanden vom Januar bis Oktober 1905 halbgesetzliche und ungesetzliche Gewerkschaften. Zu den ersteren gehört z.B. die der Apothergehülfen und der Handelsangestellten. Unter den ungesetzlichen Gewerkschaften muß der Verein der Uhrmacher hervorgehoben werden, dessen erste geheime Sitzung am 24. April stattfand. Alle Versuche, eine allgemeine offene Versammlung einzuberufen, scheiterten an dem hartnäckigen Widerstand der Polizei und der Unternehmer in der Person der Handwerkskammer. Dieser Mißerfolg hat die Existenz der Gewerkschaft nicht verhindert. Sie hielt geheime Mitgliederversammlungen am 9. Juni und 14. August ab, abgesehen von den Sitzungen der Vorstände der Gewerkschaft. Die Schneider- und Schneiderinnengewerkschaft wurde im Frühling des Jahres 1905 in einer Versammlung im Walde gegründet, wo 70 Schneider anwesend waren. Nachdem die Frage der Gründung besprochen wurde, wählte man eine Kommission, die mit der Ausarbeitung des Statuts beauftragt wurde. Alle Versuche der Kommission, für die Gewerkschaft eine gesetzliche Existenz durchzusetzen, blieben erfolglos. Ihre Tätigkeit beschränkt sich auf die Agitation und Mitgliederwerbung in den einzelnen Werkstätten. Ein ähnliches Schicksal war der Schuhmachergewerkschaft beschieden. Im Juli wurde nachts in einem Walde außerhalb der Stadt eine geheime Versammlung einberufen.

Mehr als 100 Schuhmacher kamen zusammen; es wurde ein Referat über die Bedeutung der Gewerkschaften, über ihre Geschichte in Westeuropa und ihre Aufgaben in Rußland gehalten. Darauf ward beschlossen, eine Gewerkschaft zu gründen; 12 Mann wurden in eine Kommission gewählt, die das Statut ausarbeiten und eine allgemeine Schuhmacherversammlung einberufen sollte. Das Statut wurde ausgearbeitet, aber es gelang weder es zu drucken noch eine allgemeine Versammlung einzuberufen."[48]
In nahezu allen Branchen entstanden Initiativgruppen zur Gründung von Gewerkschaften. Ein Gesetz, das die Existenz von Gewerkschaften legalisierte, wurde erst im März 1906, als die Revolution bereits niedergeschlagen war, verabschiedet.
Parallel zu den Versuchen der Gewerkschaftsgründungen wurden in allen Unternehmen Betriebskomitees gegründet[49], die während der Oktoberstreiks die Aktionen der Arbeiter/-innen in den Betrieben koordinierten. Die Streiks mehrerer Betriebe wurden von Arbeiterdeputiertenräten koordiniert. In einer Resolution von Moskauer Fabrikdeputierten heißt es:
„Die Versammlung hält es für unbedingt notwendig, daß die Arbeiter eines jeden Unternehmens Deputierte wählen, daß sich diese ihren Berufen entsprechend vereinigen und über ihre Vertreter in einem allgemeinen Rat aller Arbeiter Moskaus vertreten sind. Jede Berufsvereinigung entscheidet allein, wie sie vertreten sein soll. Die Versammlung hält es für wünschenswert und wichtig, daß auch die Deputiertenversammlungen der Berufe und der allgemeine Rat nach Öffentlichkeit und Offenheit streben. Um diesen Beschluß zu verwirklichen, beschließt die Versammlung, sich mit dem Aufruf an die Arbeiter Moskaus zu wenden, Deputierte zu wählen, und sie beauftragt damit eine besonders gewählte Kommission."[50]
Besonders wichtig war der Rat der Deputierten in Petersburg, „weil diese rein proletarische Klassenorganisation als die Organisation der Revolution par excellence auftrat".[51] Der Petersburger Rat wurde der bekannteste. „Der Arbeiter-Delegiertenrat entstand als die Erfüllung eines objektiven, durch den Gang der Ereignisse erzeugten Bedürfnisses nach einer Organisation, die die Autorität darstellen könnte, ohne Traditionen zu haben, einer Organisation, die mit einem Male die zerstreuten, nach Hunderttausenden zählenden Massen umfassen könnte, ohne ihnen viele organisatorische Hemmungen aufzuerlegen, nach einer Organisation, die die revolutionären Strömungen innerhalb des Proletariats vereinigen, die einer Initiative fähig und automatisch sich selbst kontrollieren könnte und, was die Hauptsache ist, einer Organisation, die man innerhalb 24 Stunden ins Leben rufen könnte."[52]
Es gab in den Räten kein einheitliches Verfahren, durch das die Delegierten bestimmt wurden. An einigen Orten war der Delegationsschlüssel 1 : 500, in anderen 1 : 25. Auch die Größe der Räte

war unterschiedlich. In Petersburg betrug er im Dezember 1905 562 Deputierte, in anderen Orten waren es nur 72.[53] An der Spitze der Sowjets befand sich in der Regel ein gewähltes Vollzugskomitee.[54]

Auf die Gründung der Räte hatten die Bolschewiki 1905 keinen Einfluß. Während die Menschewiki sofort in den Räten zu arbeiten begannen, sahen die Bolschewiki in den Räten eine Konkurrenz zu ihrem Konzept der Partei und verlangten die Unterordnung der Räte unter die Partei: Eine parteilose Organisation nach der Art der Räte könne keinen klaren proletarischen Kurs führen und sei daher schädlich, hieß es in einer Resolution, die am 27. Oktober 1905 veröffentlicht wurde.[55] Als der Moskauer Sowjet zum ersten Mal tagte, faßten weite Teile der bolschewistischen Parteiorganisationen noch die Resolution:

„Ein Arbeiterdeputiertenrat ist es nur dort notwendig zu gründen, wo die Parteiorganisation nicht auf anderem Wege die revolutionären Aktionen des Proletariats leiten kann, oder dort, wo es notwendig ist, die Massen von dem Einfluß der bürgerlichen Parteien zu befreien. Der Arbeiterdeputiertenrat muß ein technischer Apparat der Partei zwecks politischer Führung der Massen durch die RSDAP werden. Deswegen ist es unerläßlich, ihn in die Hand zu bekommen und zur Anerkennung des Programms und der politischen Führung der RSDAP zu verlassen."[56]

In einigen wenigen Orten gelang es den Bolschewiki die Räte für die Übernahme ihres Programms zu gewinnen. Die Mehrzahl der Räte aber verhielt sich bewußt parteilos. Als im Petersburger Sowjet zum ersten Mal besprochen wurde, ob Delegierte der Sozialistischen Parteien zum Sowjet zugelassen werden, wehrten sich parteilose Delegierte dagegen, weil man keine Polemik brauche, sondern allgemeine Arbeitersachen verhandeln wolle.[57]

Allerdings war die Sozialdemokratie in ihrer Ablehnung der Sowjets nicht einheitlich. Lenin äußerte sich zu den Sowjets aus dem Exil: „Mir scheint, man darf die Frage nicht so stellen, die Antwort muß unbedingt lauten: *Sowohl* Sowjets *als auch* Partei . . . Mir scheint, es wäre nicht zweckmäßig, wenn sich der Sowjet voll und ganz irgendeiner einzigen Partei anschließen würde."[58]

Die Aufgabe des Sowjets habe vor allem darin bestanden, einen Generalstreik zu führen, in dem politische und ökonomische Forderungen gleichermaßen vertreten waren. Die politischen Forderungen betrafen das gesamte Proletariat, die ökonomischen das ganze Volk. „Vielleicht irre ich mich, aber mir scheint . . ., daß der Sowjet der Arbeiterdeputierten in politischer Hinsicht als Keimform einer *provisorischen revolutionären Regierung* betrachtet werden muß. Mir scheint, der Sowjet muß sich so bald wie möglich zur provisorischen revolutionären Regierung ganz Rußlands ausrufen oder (was dasselbe ist, nur in anderer Form) eine provisorische revolutionäre Regierung bilden."[59] Während der Streiks habe sich der Sowjet in der Praxis „als allgemein anerkanntes Zentrum, als wirkliche Regierung" erwiesen. Die Schwäche des Sowjets bestehe bislang nur darin, daß er in seinen Reihen noch keine Matrosen, Soldaten und Bauern zähle.[60]

Lenin vertrat im Jahre 1905 relativ isoliert in der Partei die Räteidee. Er vertrat wie Trockij, der 1905 im Petersburger Sowjet arbeitete und seinem Vollzugskomitee bis zur Verhaftung der Mitglieder des Sowjets angehörte, den Rätegedanken, der für die Revolution im Jahre 1917 wieder wichtig werden sollte.

Die wichtigsten ökonomischen und politischen Forderungen der Revolution 1905 spielten auch im Jahre 1917 wieder eine Rolle. Zwar wurde die Organisations- und Versammlungsfreiheit in der Folge der 1905er Revolution erkämpft, aber nach der Niederlage der Revolution wieder so eingeschränkt, daß gewerkschaftliche Arbeit bereits im Jahre 1909 fast unmöglich war. Gab es 1907 noch 47 963 Mitglieder in den Gewerkschaften, so waren es 1909 nur noch 27 619. Das Ausmaß der gewerkschaftlichen Verfolgung zeigt die folgende Statistik:[61]

Jahr	Anzahl der aufgelösten Gewerkschaften	Anzahl der Fälle der Verweigerung der Registrierung	Fälle von Verhaftung von Gewerkschaftsführern	Fälle von Verbannung von Gewerkschaftsführern
1906	53	104	183	79
1907	159	169	309	116
1908	101	127	197	91
1909	96	107	118	57
1910	88	97	99	38

Die Forderung nach dem Achtstundentag konnte 1905 nicht durchgesetzt werden. Sie war eine der ersten Forderungen, die in der Revolution 1917 wieder gestellt wurde. Erstmals wurden 1905 auch Tarifverträge entworfen, die eine Konfliktregelung bei Arbeitskämpfen durch Schlichtung vorsahen. Die Durchführung der Verträge sollte von einer autonomen Kommission überwacht werden.

„Die autonome Kommission ist das Organ, welches die Interessen der Arbeiter verteidigt und für die Durchführung aller grundlegenden und allgemeinen Tarifvereinbarungen sowohl durch die Administration als auch durch die Arbeiter sorgt. Zu diesem Zweck versammeln sich die Mitglieder der autonomen Kommission nicht seltener als alle zwei Wochen (in dringenden Fällen häufiger) zur Erörterung der Angelegenheiten im Betrieb, treten in Verhandlungen mit der Verwaltung, regeln nach Möglichkeit Konflikte und Meinungsverschiedenheiten zwischen Arbeitern und Verwaltung und bemühen sich um die kulturelle und moralische Hebung des Niveaus in dem jeweiligen Betrieb.“[62]

Aber auch die Tarifverträge gingen während der Rückschläge nach 1905 verloren.

Nach der Auflösung der 2. Duma im Juni 1907 und dem folgenden Staatsstreich von oben wurden auch bürgerliche Freiheiten wie Pressefreiheit, Wahlrecht und Organisationsfreiheit eingeschränkt. Die sozialistischen Parteien waren wieder gezwungen, illegal oder unter halblegalem Deckmantel zu kämpfen.

Trotz der Niederlage der Revolution versuchten die Arbeiter/-innen sich während der Periode der zaristischen Reaktion dagegen zu wehren, daß ihre 1905 erkämpften Positionen rückgängig gemacht wurden. Auffällig an der Streikstatistik ist das Wechselverhältnis von politischem und ökonomischem Kampf:[62a] (Streikende in tausend)

Ursachen der Streiks	1905		1906		1907		1908		1909	
	Streiks	Teil-nehmer	Streiks	Teil-nehmer	Streiks	Teil-nehmer	Streiks	Teil-nehmer	Streiks	Teil-nehmer
Arbeitslohn	2679	620,1	1933	302,5	685	115,4	283	50,3	225	42,7
Arbeitszeit	1317	306,3	338	80,2	154	34,9	97	17,2	20	4,1
Arbeits- und Lebensbedingungen	191	94,0	218	62,7	99	21,1	37	13,7	44	8,9
Berufliche und politische Ursachen	9781	1839,3	3613	659,7	2634	568,2	473	94,8	51	8,4

Während einer Periode der politischen Repression in den Jahren 1907 bis 1909 sank die Zahl der politischen Streiks. Hatten 1907 von 100 Streikenden noch 76,7 % aus politischen Gründen gestreikt, so wares es 1908 nur 53,9 % und 1909 sogar nur noch 13 %. Die Zahl der Streiks aus wirtschaftlichen Gründen sank auch, aber nicht so stark.

Nach einem wirtschaftlichen Aufschwung im Jahre 1909 sank die Zahl der ökonomischen Streiks erstmals nicht mehr. Ab 1911 zeigt die Statistik einen zunehmenden politischen und wirtschaftlichen Widerstand der Arbeiter/-innen. 1914 erreicht die Zahl der Streikenden fast wieder das Ausmaß des Jahres 1905:[63]

(Streikende in tausend)

Jahre	Anzahl aller Streiks	Anzahl aller Streik-teilnehmer	Ökonomische Streiks		Politische Streiks	
			Anzahl der Streiks	Anzahl der Streikenden	Anzahl der Streiks	Anzahl der Streikenden
1910	222	46 623	214	42,8	8	3,8
1911	446	105 110	442	96,7	24	8,4
1912	2032	725 491	732	175,7	1300	549,8
1913	2142	861 289	1181	365,9	961	495,4
1914	3543	1 337 458	969	278,3	2565	1059,1

Bis zum Jahr 1914 konnten sich die Arbeiter/-innen einen Teil der Zugeständnisse von 1905 wiedererkämpfen, obwohl ein großer Teil der Arbeiter/-innen die Revolution von 1905 nicht mehr selbst miterlebt hatte und neu vom Land in die Industrie rekrutiert war. Zu den Erfolgen gehörten die Existenz der Gewerkschaftspresse, die Krankenkassen, tausende von Arbeiterclubs und nicht zuletzt die Streikfonds. Erst der Weltkrieg erschwerte offene Organisationsformen der Arbeiter/-innen von neuem. Nachdem auch Rußland zunächst von einer Welle patriotischer Begeisterung erfaßt wurde, gab es bald Berichte über Arbeitskonflikte.

In den Mitteilungen der legalen Arbeitergruppe beim Zentralen Kriegsindustriekomitee heißt es: „Während des Kriegs hat sich der Bestand der Arbeiterklasse verändert; viele fremde und undisziplinierte Elemente sind aufgetaucht. Außerdem haben Arbeitsintensivierung, massenhafte Frauen- und Kinderarbeit, ununterbrochene Überstunden, Arbeit an Feiertagen, Übermüdung und Verstärkung der nervlichen Belastung usw. unvermeidlich die Zahl der Anlässe für die verschiedensten Konflikte erhöht, Konflikte, die häufig spontan entstehen und anstelle der organisierten Verteidigung der Arbeiterinteressen nicht selten aus elementarer Empörung zu anarchistischen Methoden übergehen. Der Abtransport von passiven Widerstand leistenden Arbeitern mit Schubkarren hörte auf, eine zufällige Erscheinung zu sein. Man ließ ab von guten Worten und ließ nicht selten Schraubenmuttern, Schrauben, ja sogar Revolver sprechen, in einigen Fällen kam es zu Handgemenge und Messerstechereien."[64]

Trotz der Versuche, die Arbeiter/-innen für die Produktion zwangszuverpflichten, die Arbeit zu militarisieren, kam es seit dem Sommer 1915 — als die ersten Niederlagen an der Front bekannt wurden — zu neuen Streiks. Mit einer Beteiligung von 113 866 Arbeitern und Arbeiterinnen im September 1915, mit 128 450 Arbeitern und Arbeiterinnen im Januar und 187 134 im Oktober 1916 wuchs die Streikbewegung und die politische Opposition in der Arbeiterklasse.[65]

In den „Kriegsindustriekomitees" wurde 1915/16 den Arbeitern und Arbeiterinnen sogar eine besondere Stellung eingeräumt, um ihnen „die Last der ‚patriotischen Selbstbeschränkung' auf(zu)bürden"[66]. Die Teilnahme an diesem Komitee rief vor allem unter den Menschewiki starke Spannungen hervor. Ihre Entscheidung für die Mitarbeiter erfolgte schließlich, um offene Formen der politischen Arbeit zu finden: „Zum ersten Male seit Beginn des Krieges waren öffentliche Arbeiterversammlungen möglich geworden."[67] Die Bolschewiki, die zum Boykott der Komitees aufriefen, konnten sich auf der Versammlung der Wahlmänner nur in einer ersten, nicht aber mehr der zweiten Abstimmung durchsetzen.

Diese legalen Arbeiterversammlungen hatten außerordentliche Schwierigkeiten, die Interessen der Arbeiter/-innen durchzusetzen, bzw. sie überhaupt zu vertreten. Sie erwiesen sich weder in Verhandlungen über Lohnfragen, über Arbeitsvermittlung, noch über Arbeitskonflikte als besonders erfolgreich. Selbst ihr integrativer Versuch, offene Streiks durch einen Instanzenweg von Schlichtungskammern zu ersetzen, wurde 1916 vom Handelsministerium „in Anbetracht der Bedingungen der Kriegszeit und des Fehlens der Gewerkschaftsorganisationen" abgelehnt.[68] Die Vertreter des Kriegsindustriekomitees wurden am 27. Januar 1917 — kurz vor der Februar-Revolution — verhaftet, als selbst diese Form der Vertretung der Arbeiter/-innen rückgängig gemacht werden sollte.

„Kaum beachtete Unruhen"[69] leiteten schließlich die Februar-Revolution ein. „Der 23. Februar war internationaler Frauentag. In sozialdemokratischen Kreisen war geplant, ihn in üblicher Weise, durch Versammlungen, Reden und Flugblätter, auszuzeichnen. Keinem kam in den Sinn, daß der Frauentag zum ersten Tag der Revolution werden sollte. Nicht eine einzige Organisation rief an diesem Tage zu Streiks auf. Mehr noch, die bolschewistische Organisation, und zwar eine der aktivsten, das Komitee des durchweg proletarischen Wyborger Bezirks, hielt entschieden vor Streiks zurück. Nach dem Zeugnis Kajurows, eines der Arbeiterführer dieses Bezirkes, war die Stimmung der Massen sehr gespannt, jeder Streik drohte in einen offenen Zusammenstoß umzuschlagen. Da aber das Komitee der Ansicht war, die Zeit für Kampfhandlungen sei noch nicht gekommen, die Partei noch nicht genügend gefestigt, die Arbeiter hätten mit den Soldaten zu wenig Verbindungen, beschloß es, nicht zum Streik aufzurufen, sondern Vorbereitungen zu treffen für ein Hervortreten in einer unbestimmten Zukunft.[70]

An diesen Beschluß hielten sich die Textilarbeiterinnen nicht. „Am andern Morgen jedoch traten den Direktiven zuwider die Textilarbeiterinnen einiger Fabriken in den Ausstand und entsandten Delegierte zu den Metallarbeitern mit der Aufforderung, den Streik zu unterstützen.[71] Auch als die Arbeiterinnen schon streikten, fiel es den Bolschewiki schwer, gegen den eigenen Beschluß zu „verstoßen": „Schweren Herzens", schreibt Kajurow, gingen die Bolschewiki darauf ein, denen sich die menschewistischen und sozialrevolutionären Arbeiter anschlossen. Wenn aber Massenstreik, 'dann müsse man alle auf die Straße rufen und sich selbst an die Spitze stellen: diesen Beschluß setzte Kajurow durch, und das Wyborger Komitee mußte ihm beistimmen. „Der Gedanke an eine Aktion reifte in den Arbeitern schon längst, nur ahnte in diesem Augenblick niemand, welche Formen sie annehmen würde."[72]

Es war nicht der sogenannte fortgeschrittenste Teil des Proletariats oder die Organisation der Avantgarde, die die zur Revolution werdene Initiative selbst ergriffen: „Die Tatsache bleibt also bestehen, daß die Februarrevolution von unten begann nach Überwindung der Widerstände der eigenen revolutionären Organisationen, wobei die Initiative von dem am meisten unterdrückten und unterjochten Teil des Proletariats, den Textilarbeiterinnen, unter denen, wie man sich denken kann, nicht wenig Soldatenfrauen waren, spontan ergriffen wurde. Den letzten Anstoß gaben die immer länger werdenen Brotschlangen. Ungefähr 90 000 Arbeiterinnen und Arbeiter streikten an diesem Tage. Die Kampfstimmung entlud sich in Demonstrationen, Versammlungen und Zusammenstößen mit der Polizei. Die Bewegung entwickelte sich im Wyborger Bezirk mit seinen großen Betrieben, von wo sie auf die Petersburger Seite übersprang. In den übrigen Stadtteilen gab es nach dem Zeugnis der Ochrana keine Streiks und keine Demonstrationen. An diesem Tage zog man bereits Truppenteile, wenn auch in geringer Zahl, zur Unterstützung der Polizei heran, es kam aber nicht zu Zusammenstößen mit ihnen. Eine große Menge Frauen, und zwar nicht nur Arbeiterinnen, zog zur Stadtduma mit der Forderung nach Brot. Das war dasselbe, wie von einem Bock Milch zu verlangen. Es tauchten in verschiedenen Stadtteilen rote Banner auf, deren Aufschriften besagten, daß die Werktätigen Brot wollen, aber nicht mehr das Selbstherrschertum und den Krieg. Der Frauentag verlief erfolgreich, mit Schwung und ohne Opfer. Was er aber in sich barg, das ahnte am Abend noch niemand."[73]

Die Bewegung flaute weder am nächsten noch am übernächsten Tage ab. Die Demonstrationen gingen immer mehr in Streiks über, bis sie zum Generalstreik wurden. Inzwischen beteiligten sich die Mitglieder der bolschewistischen Partei zwar – jedoch noch immer ohne Zustimmung ihrer Partei.
„Die obere Führung der Partei verspätet sich hoffnungslos. Erst am Morgen des 25. hat das Büro des Zentralkomitees der Bolschewiki endlich beschlossen, ein Flugblatt herauszugeben mit dem Aufruf zum Allrussischen Generalstreik. Aber im Moment des Erscheinens dieses Flugblattes – wenn es überhaupt erschienen ist – steht der Generalstreik in Petrograd schon vor der Notwendigkeit des bewaffneten Aufstandes. Die Führung schaut von oben zu, schwankt und bleibt zurück, das heißt führt nicht. Sie trottet hinter der Bewegung her."[74]
Den Menschewiki, den Sozialrevolutionären und anderen Dumaparteien ging es nicht anders als den Bolschewiki. Keiner der Parteien gelang es, Einfluß auf die Bewegung zu nehmen. Während die Duma dem Auflösungsbefehl des Zaren Folge leistete, entstand anknüpfend an die Erfahrungen von 1905 fast selbstverständlich der Rat der Arbeiter- und Soldatendeputierten, noch ehe die Februarrevolution ganz gesiegt hatte. Mitglieder der Arbeitergruppe des Zentralen Kriegsindustriekomitees, die gerade aus dem Gefängnis befreit worden waren, ergriffen mit einigen Abgeordneten der Duma die Initiative zur Gründung des neuen Sowjets der Arbeiter- und Soldatendeputierten.[75]
Es wurde ein Exekutivkomitee gegründet, dem auch die Bolschewiki angehörten. Am 28. Februar erschien der erste Aufruf des Sowjets an die Arbeiter und Soldaten Rußlands:
„ Um den Kampf für die Interessen der Demokratie zu einem erfolgreichen Ende zu führen, muß das Volk selbst seine eigene Machtorganisation schaffen. Gestern, am 27. Februar, hat sich in der Hauptstadt der Sowjet der Arbeiterdeputierten, bestehend aus gewählten Vertretern der Fabriken und Betriebe, der aufständischen Truppenteile sowie der demokratischen und sozialistischen Par-

teien und Gruppen, gebildet. Der Sowjet der Arbeiterdeputierten . . . betrachtet als seine grundlegende Aufgabe: die Organisierung der Kräfte des Volkes und den Kampf um die endgültige Sicherung der politischen Freiheit und die Volksherrschaft in Rußland . . . Alle zusammen wollen wir mit vereinten Kräften für die völlige Beseitigung des alten Regimes und für die Einberufung einer Konstituierenden Nationalversammlung kämpfen, die auf der Grundlage des allgemeinen, gleichen, direkten und geheimen Wahlrechts gewählt werden soll."[76]

An demselben Tag fanden Wahlen für den Sowjet in den Betrieben und Garnisonen statt. 120 Delegierte erschienen schon am selben Abend. Anfang März waren es 1 200. Diese Zahl stieg bis Ende März auf fast 3 000 an, von denen die Mehrzahl auf Grund des Wahlmodus Soldaten waren. Nachdem die Mandate von Arbeitern und Soldaten etwa gleich verteilt wurden, bestand der Sowjet aus etwa 600 Delegierten.[77] Bald breiteten sich die Räte über ganz Rußland aus. Die relativ offene Struktur des Sowjets, dessen Sitzungen häufig mit meetings verglichen wurden, führte dazu, daß die Hauptarbeit im Exekutivkomitee des Sowjets gemacht wurde, das während der ersten Monate mehrheitlich von den Menschewiki besetzt war. Dies hatte zur Folge, daß der Sowjet – eigentliches Machtorgan nach der Revolution – sein Machtpotential nicht oder nur zögernd wahrnahm. So beschloß der Sowjet auf seiner Sitzung am 1./2. März zwar, sich nicht an der Provisorischen Regierung zu beteiligen. Er fällte diese Entscheidung jedoch nicht, um zu einer solchen Regierung selbst die Alternative darzustellen oder gar das Zustandekommen einer bürgerlichen Regierung zu verhindern. Die Revolution war nach Ansicht der Menschewiki eine bürgerliche. Aus diesem Grunde sollte die Regierung allein vom Bürgertum gestellt werden. Die Haltung vertraten die Menschewiki bis sie im Mai 1917 sich selbst an der Regierung beteiligten.[78] Das Werben um das Bürgertum durch den Sowjet bildet eine der Widersprüchlichkeiten der Februarrevolution:

„So entstand das Paradoxon der Februarrevolution: die Macht in Händen demokratischer Sozialisten. Sie hatten sie keinesfalls zufällig, durch einen blanquistischen Anschlag erobert; nein, sie war ihnen von den siegreichen Volksmassen öffentlich übertragen worden. Diese Massen verweigern der Bourgeoisie nicht nur Vertrauen und Unterstützung, sondern unterscheiden sie auch nicht von Adel und Bürokratie. Ihre Waffen stellen sie ausschließlich den Sowjets zur Verfügung. Indessen bildet die einzige Sorge der so leicht an die Spitze der Sowjets gelangten Sozialisten die Frage: wird die politisch isolierte, den Massen verhaßte, der Revolution durch und durch feindliche Bourgeoisie bereit sein, aus unseren Händen die Macht zu übernehmen?"[79]

Die Zustimmung der Bourgeoisie zu erlangen, die zwar nicht den Sturz des Zarismus, wohl aber jeder weitergehenden Bewegung feindlich gegenüberstand, war nur möglich auf Kosten sozialistischer Ziele. In den Wochen nach der Februarrevolution verfügten das Bürgertum und der Adel zwar noch über ihren Besitz, hatten jedoch keine Machtmittel mehr, diesen zu sichern, da die Armee nicht mehr in den Staatsapparat, sondern bereits in den Sowjet integriert war.

„Aber darin bestand ja das Wesen der Lage, daß der alte Staat jäh zusammengebrochen und von den Massen hinter das gesamte alte Recht ein Fragezeichen gestellt war. In den Fabriken betrachteten sich die Arbeiter immer mehr als die Herren, den Herrn aber als den ungebetenen Gast. Noch weniger sicher fühlten sich die Gutsbesitzer auf dem Lande, von Angesicht zu Angesicht mit den finsteren, haßerfüllten Bauern, fern von der Macht, an deren Existenz die Gutsbesitzer, der weiten Entfernung halber, anfangs noch glaubten. Aber die Besitzenden, der Möglichkeit beraubt, über ihren Besitz zu verfügen und sogar, ihn zu schützen, hörten auf, wahre Besitzer zu sein, und wurden stark erschrockene Spießbürger, die ihrer Regierung keine Hilfe leisten konnten, denn sie selbst bedurften ihrer am meisten."[80]

Um diese „erschrockenen Spießbürger" zu werben, hieß es, die Forderung der Arbeiter/-innen in den Grenzen zu halten, die der Bourgeoisie angemessen schienen. Aber gerade dies war nicht möglich.

„Es gab kein Werk und keine Fabrik, wo nicht sofort und mit einem Mal, ohne auf Zustimmung von oben zu warten, die anstehenden ökonomischen Forderungen – Erhöhung des Lohns, Kürzung des Arbeitstages usw. – vorgetragen worden wären. Die ökonomischen Konflikte nahmen quantitativ mit jedem Tag zu und wurden im Rahmen des sich entfaltenden Kampfes immer umfassender."[81]

In der Frage des 8-Stundentages kam es schließlich zu einer Polarisierung zwischen den spontanen

Aktionen der Arbeiter/-innen und den Entscheidungen des Sowjets. Der Sowjet forderte am 5. März die Arbeiter/-innen auf, wieder an ihre Arbeitsplätze zurückzukehren, obwohl von der Regierung und den Unternehmern ein ganzer Katalog von Forderungen des Sowjets noch nicht gebilligt wurde. Dazu gehörten
„a) Bildung von Betriebskomitees, b) Abschluß neuer Tarifverträge, c) Einführung mehrerer Arbeitsschichten, um den Arbeitern die Möglichkeit politischer Betätigung zu geben und d) Regelung der Frauen- und Kinderarbeit."[82]
Die Forderung nach dem 8-Stundentag wurde vom Sowjet gar nicht erst gestellt, da die Menschewiki der Ansicht waren, daß der Kampf gegen Reaktion und Kapitalismus zugleich über die Kräfte des Proletariats gingen. „Für die Arbeiterklasse stehen jetzt nicht die sozialen Fragen auf dem ersten Platz. Sie erkämpft sich jetzt die politische Freiheit", hieß es.[83] So wurde die Forderung nach dem 8-Stundentag „zu einer großen Nachprüfung der Kräfte und Beziehungen . . ."[84]

„. . . Der Aufstand hat gesiegt, doch der Generalstreik geht weiter. Die Arbeiter sind ernstlich der Meinung, die Änderung des Regimes müsse eine Änderung auch in ihr Schicksal bringen. Das erregt sofort Besorgnis bei den neuen Herrschern, Liberalen wie Sozialisten. Patriotische Parteien und Zeitungen erheben den Ruf: „Soldaten in die Kasernen, Arbeiter an die Werkbank!" Also bleibt alles beim alten? fragen die Arbeiter. Bis auf weiteres, antworten verlegen die Menschewiki. Doch die Arbeiter begreifen: wenn es nicht sofort Änderungen gibt, später erst recht nicht. Die Sache mit den Arbeitern zu regeln, überläßt die Bourgeoisie den Sozialisten. Sich darauf berufend, daß der errungene Sieg „die Position der Arbeiterklasse in ihrem revolutionären Kampfe in genügendem Maße gesichert hat" — und in der Tat: stehen nicht liberale Gutsbesitzer an der Macht? —, beschließt das Exekutivkomitee am 5. März, die Arbeit im Petrograder Rayon wieder aufzunehmen. Arbeiter an die Werkbank!"[85]
Der Sowjet lehnt ab, den 8-Stundentag selbst zu dekretieren, so wie er jede Gesetzgebung freiwillig an die Duma abtrat. Bereits in den Jahren 1898 und 1905 aber war der 8-Stundentag die zentrale Forderung der Arbeiter/-innen gewesen. So war es nicht verwunderlich, wenn die Arbeiter/-innen sich nach der Februarrevolution dagegen wehrten, die Arbeit wieder aufzunehmen, ehe diese Forderung erfüllt sei. Während die Zeitung der Menschewiki am 10. März schrieb, „der 8-Stunden-Tag stehe nicht auf der Tagesordnung, erklärte die Vereinigung der Fabrikanten, die am Vorabend bereits gezwungen gewesen war, mit dem Sowjet in offizielle Verhandlungen zu treten, ihre Zustimmung zur Einführung des 8-Stunden-Tages und zur Bildung von Fabrikkomitees."[86]
Die Moskauer Fabrikanten setzten dem Streik um den 8-Stundentag mehr Widerstand als die Unternehmer Petrograds entgegen. Sie forderten eine gesetzliche Regelung: „Das Problem des Achtstundentages können wir nicht als Problem betrachten, das dem wechselseitigen Einvernehmen von Unternehmern und Arbeitern überlassen bleiben könnte: denn dieses Problem ist von Bedeutung für den Staat."[87]
Die Provisorische Regierung weigert sich, sich festzulegen. Sie tat dies auch noch, nachdem Petersburger Sowjet ihr ein Dekret vorschlug, nachdem der 8-Stundentag in Petersburg durch das Abkommen zwischen dem Sowjet und dem Verband der Unternehmer wirksam war. Auch der Moskauer Sowjet dekretierte schließlich — wie andere Sowjets vor ihm — den 8-Stundentag selbst. Der 8-Stundentag war de facto ein Sieg der Arbeiter/-innen über die Sowjets. Neben den Räten der Arbeiter- und Soldatendeputierten begannen in den Betrieben Komitees (fabzavkom) die Produktionsbedingungen direkt zu verändern. Sie setzten nach der Anerkennung des 8-Stundentages einen Überstundentarif fest, der in den Monaten März, April zu einem sprunghaften Anstieg der Löhne führte.

Die Lohnentwicklung eines mittleren Stundenlohnes verlief bis zum Oktober 1917 folgendermaßen:[88]

Mittlerer Stundenlohn in Kopeken in der Petersburger Fabrik Parviainen

1917	nominal	real
Januar	72,1	22,9
Februar	76,7	22,9
März	100,2	29,1
April	149,4	41,7
Mai	164,2	44,2
Juni	168,4	43,8
Juli	174,2	42,7
August	177,4	40,8
September	182,8	41,6

Deutlich wird aber an diesem für den Krieg produzierenden Metallbetrieb, daß nach einer kurzen Verbesserung der Löhne bis Mai der Reallohn in der 2. Jahreshälfte wieder zu sinken begann. In Moskau sank das Niveau der Reallöhne in der 2. Jahreshälfte 1917 sogar wieder unter das des Jahres 1916:[89]

Mittlerer Tages- und Monatslohn im Moskauer Gebiet in Rubeln

	Tageslohn		Monatslohn	
	nominal	real	nominal	real
Erstes Halbjahr 1916	1,62	0,98	36,76	22,10
Zweites Halbjahr 1916	1,89	0,79	42,42	18,70
Erstes Halbjahr 1917	3,65	0,92	70,45	19,30
Zweites Halbjahr 1917	6,35	0,65	135,00	13,80

Die wirtschaftliche Lage wurde nicht zuletzt durch die Fortführung des Krieges immer schwieriger. Zahlreiche Betriebe schlossen, weil sie entweder keine Rohstoffe, keine Ersatzteile mehr bekamen oder einige auch, weil die Unternehmer die Produktion angesichts der Forderungen der Arbeiter/-innen nicht mehr aufrechterhalten wollten. Pankratova gab folgenden Überblick über den Zustand der Industrie während dieser Zeit:
„Von März bis Juli wurden 568 Unternehmen mit einer Beschäftigungszahl von 104 372 Arbeitern, unter ihnen 53 500 Arbeiter der 49 größten Unternehmen für Baumwollverarbeitung, stillgelegt. Die Ursache für die Schließungen waren bei 367 Unternehmen mit 82 882 Arbeitern Rohstoff- und Brennstoffmangel; auf den Mangel an Aufträgen und Nachfrage entfällt die Schließung von 47 mittleren Betrieben mit 3896 Arbeitern; nur 57 Betriebe mit 10 000 Arbeitern wurden infolge „übertriebener Forderungen" und aufgrund von Konflikten mit den Arbeitern geschlossen."[90]
Als ein typisches Beispiel nannte Pankratova die Schließung einer Manufaktur in Likino: „Ihr Besitzer, der Reichsrevisor Smirnov, legte die Fabrik still, weil angeblich Brennstoff fehlte und die Reparatur von Maschinen unaufschiebbar war. Indes ergab die Untersuchung einer Sonderkommission der Moskauer Betriebsversammlung, daß Brennstoff für drei Monate vorhanden war und daß die Maschinen nur einer kurzen Überholung bedurften. Das Fabrikkomitee wandte sich an alle von der Revolution geschaffenen Organe, und alle zeigten sich zu schwach, ihm im Kampf gegen die Sabotage des Fabrikanten zu helfen und ihn zu zwingen, die Produktion wieder anlaufen zu lassen. Sogar das Arbeitsministerium sagte den Vertretern der Arbeiter der Manufaktur in Likino, daß dies eine „allgemeine Erscheinung" sei und machte keinen Vorschlag, wie man aus dieser Situation herauskommen könne. Pal'činskij, Minister für Handel und Industrie, schlug vor, den Konflikt mit den Fabrikbesitzern durch Wiedereinstellung von entlassenen leitenden Angestellten mit Hilfe einer paritätischen Kommission in der Fabrik selbst zu lösen, da die Unternehmer ohne Erfüllung dieser Bedingung einer Wideröffnung der Fabrik nicht zustimmen würde."[91]

Zur selben Zeit stiegen die Preise für die wichtigsten Lebensmittel um durchschnittlich 112 %. Bei Roggenbrot wares es sogar 150 % und bei Kartoffeln 175 %, bei Kleidung und Schuhen 170 %.[92] Die Brotschlangen in den Städten wurden immer länger. Vergebens versuchte der Sowjet, den Markt zu organisieren:

„In einer Reihe von Sitzungen des Sowjets wurde ein ganzes System von Maßnahmen „des Kriegssozialismus" bestätigt, das die Proklamierung aller Brotvorräte als Staatsgut, Festsetzung von Höchstpreisen für Brot entsprechend ebensolchen Preisen für Industrieprodukte, staatliche Produktionskontrolle und geordneten Warenaustausch mit dem Dorfe zum Inhalt hatte."[93]

Jedoch konnten diese Maßnahmen nicht durchgeführt werden.

„Alle wirtschaftlichen Verfügungen des Sowjets zerschellten an dem passiven Widerstand des Staatsapparates, soweit sie nicht durch die lokalen Sowjets eigenmächtig verwirklicht wurden. Die einzige praktische Maßnahme, die der Petrograder Sowjet auf dem Gebiete der Ernährung durchgeführt hatte, bestand in der Einschränkung des Konsumenten durch eine feste Ration: anderthalb Pfund Brot für physische Arbeiter, ein Pfund für die übrigen."[94]

Mit der Verschlechterung der ökonomischen Lage und der Lebensbedingungen der Arbeiter/-innen im besonderen, standen ökonomische und soziale Forderungen mehr denn je auf der Tagesordnung. Unabhängig von der Politik der Regierung, des Sowjets und sämtlicher Parteien wuchs die Widerstandsbereitschaft der Arbeiter/-innen zu einer „Woge stürmischer Streiks heran",[95] die im Juli ihren ersten Höhepunkt fand. Die krasnaja letopis publizierte folgende Übersicht über die Streikentwicklung, die häufig den Charakter von Unruhen und lokalen Aufständen annahmen:[96]

	Streiks	Unruhen
März – April	3	8
Mai – Juni	14	5
Juli – August	240	112
September – Oktober	210	67
gesamt	467	190

So eindrucksvoll diese Zahlen wirken — sie sind noch unvollständig. Das Ausmaß der Streiks zeigen folgende Beispiele: Allein in Moskau streikten im Juli 80 000 Metallarbeiter, zur selben Zeit wurden in Char'kov über 300 Betriebe bestreikt. Und im Juli zeichnete sich bereits der Streik der Bergleute im Donbass ab, über den es in einem Telegramm der dortigen Unternehmervereinigung an die Provisorische Regierung hieß:

„In der Region von Bokovo-Chrustal'sk wurde der Leiter eines Bergwerkes ... auf einer Sitzung des örtlichen Sowjets der Arbeiterdeputierten auf Geheiß des Vorsitzenden verprügelt ... Es ist üblich, daß bei den Angestellten der Bergwerke in der Region Hausdurchsuchungen durchgeführt, sie eigenmächtig entlassen und terrorisiert werden. Aus allen Teilen des Donbass laufen gleichfalls Nachrichten über eine Zunahme von Exzessen, Verprügelungen und Bergwerksplünderungen ein. Dies gibt zur Befürchtung Anlaß, daß sich diese pogromistische Bewegung über das gesamte Donbass ausbreitet. Die lokalen Gewalten sind vollkommen machtlos."[97]

Im August waren es die Lederarbeiter, die ihren Arbeitskonflikt nur noch durch Streik lösen konnten, dann die Druckereiarbeiter und die Textilarbeiterinnen. Forderungen und Dauer der Streiks waren sehr unterschiedlich. Während die Moskauer Metallarbeiter um einen Kollektivvertrag kämpften, streikten die Moskauer Holzarbeiter fast einen Monat lang um ihre Rechte im Betrieb. Der Streik der Bergleute im Donbass wurde erst nach der Oktoberrevolution beendet.[98] Der Anlaß für die meisten Streiks war eine Tarifkampagne oder ein direkter Versuch der Unternehmer, die eigenen Positionen im Betrieb auf Kosten der Arbeiter/-innen wieder zu verbessern.[99]

Auf der 3. allrussischen Konferenz der Gewerkschaften in Petersburg wurde am 21. Juni auch die Frage der Streiks diskutiert. Die zerrüttete Lage der Wirtschaft diente den Menschewiki, sich gegen Streiks auszusprechen:

„Wir dürfen nicht die Grundlagen der Produktion untergraben, da das Proletariat eine produzierende Klasse ist; mit dem Produktionsrückgang wird auch ihre Existenz untergraben."[100]

Kol'cov warnte vor einem Untergang der Arbeiterklasse. Das noch andauernde Engagement Rußlands im 1. Weltkrieg stand bei den menschewistischen Gewerkschaftsführern hinter der Aufforderung an die Arbeiter/-innen, die Interessen der Industrie zu verteidigen. Um einen Bruch mit den Bolschewiki in dieser Frage zu vermeiden, die Streiks so lange vertraten, bis die Produktion von den Arbeitern kontrolliert und gesteuert werde, hieß es in der Resolution zur Frage der Streiks ganz allgemein:

„Der Streik ist das wichtigste, aber nicht einzige Mittel zur Lösung von Konflikten zwischen Arbeit und Kapital. Unter gewissen Umständen können auch andere Verfahren des Kampfes, zum Beispiel Schiedsgerichte und Schlichtungsorgane bei ihrer Beilegung eine gewisse Rolle spielen."[101]

In der Resolution wurde ein Netz von Schlichtungsorganen beschlossen, die die Aufgabe hatten, „Verhandlungen zwischen Arbeit und Kapital zu erleichtern und wenn möglich, ernste Konflikte beizulegen".[102] Zu diesen Schlichtungsorganen gehörten Schlichtungskammern, Gewerbegerichte, Arbeitsinspektionen, lokale Organe des Arbeitsministeriums, Arbeitersekretariate. Die Einrichtung dieser Schlichtungsorgane mochte für die Zeit vom Februar bis zum Oktober relativ bedeutungslos geblieben sein angesichts der Bedeutung der Streiks. Nach der Oktoberrevolution — insbesondere nach dem Kriegskommunismus — wurden die Schlichtungsorgane jedoch ausgebaut.

Der Politik der Menschewiki und der Sozialrevolutionäre, die darauf zielte, die Aufgaben der Räte nach und nach der Provisorischen Regierung und später der Konstituante zu übergeben, stand die radikalere Forderung der Bolschewiki gegenüber, die gesamte Macht den Räten zu übergeben. In dem Maß, in dem die Menschewiki durch ihre Politik das Vertrauen der Arbeiter und der Soldaten verloren, gewannen die Bolschewiki Anhänger. Ihre Mitgliederzahl betrug im April 1917 etwa 80 000, im August waren es bereits 240 000.[103] Die Unterstützung der Massenstreiks, die Forderung nach Frieden, nach Aufteilung des Landes waren populär. Die spontanen Julidemonstrationen und ihr Zerschlagen, die Illegalisierung der Bolschewiki durch die provisorische Regierung und der gescheiterte Rechtsputsch Kornilovs trugen zur Polarisierung der Fronten bei. In einigen strategisch wichtigen Städten wie Kronstadt, Helsingfors, Vyborg, Reval usw. — alle im Umkreis von Petrograd — erhielten die Bolschewiki sogar die Mehrheit in den Sowjets. Im Petersburger Sowjet konnten die Bolschewiki eine Mißtrauenserklärung gegen die Provisorische Regierung durchsetzen und ihren Anteil an der Vertretung im Präsidium des Sowjets verstärken. Am 25. September wurde Trockij Vorsitzender des Sowjets, nachdem Čcheidze nach der Abstimmungsniederlage der Menschewiki am 9. September zurückgetreten war. Nachdem auch im Moskauer Sowjet sich eine Mehrheit der Bolschewiki durchsetzte, entbrannte innerhalb der KPR die für den Verlauf der Oktoberrevolution wichtigste Kontroverse über die Notwendigkeit des Aufstandes. Die Kontroverse war so heftig, daß Mitglieder des ZK's (Zinov'ev, Kamenev) öffentlich gegen die geheimen Pläne der Bolschewiki auftraten, und daß Lenin dem zögernden ZK androhte, seine Funktionen niederzulegen, falls es sich nicht seiner Politik anschlösse. Faktisch wurde der Aufstand in aller Öffentlichkeit geplant und durch das vom Sowjet selbst eingesetzte Militärische Koordinationskomitee am Vorabend des Rätekongresses durchgeführt.[104]

II. Proletarische Sabotage und proletarische Disziplin

a) Disziplin und Ordnung als „rettende Selbstbeschränkung der Arbeiterklasse"

Im ökonomischen Widerstand gegen die Verschlechterung der Lebensbedingungen im Kapitalismus entwickelten sich Formen des Kampfes, die über das kapitalistische System hinauswiesen. In Streiks wurden nicht nur mehr Lohn oder bessere Arbeitsbedingungen gefordert, sondern im Ansatz der Grundwiderspruch des kapitalistischen Systems aufgehoben. Preobraženskij beschrieb, „daß der Streik für die Arbeiterklasse eine wichtige organisatorische Bedeutung für den Aufbau der zukünftigen Gesellschaft hat. Im Grunde zielt der Streik als Kampfform von großer Bedeutung nicht so sehr auf die Zerschlagung des Kapitalismus als vielmehr auf die Konstruktion von Vorformen des Sozialismus innerhalb der kapitalistischen Gesellschaft. Im Streik zeigt sich und festigt sich das neue System der Beziehungen zwischen den Produzenten, das der Warenwirtschaft und deren Gesellschaftsstruktur polar entgegengesetzt ist, die sich auf der Grundlage der kapitalistischen Konkurrenz entwickelt."[177]
Das neue System der Beziehungen, das aus den Streiks der Februarrevolution entstand, war die Doppelherrschaft von Unternehmern und Betriebskomitees in den Betrieben, das durch das Dekret über die Arbeiterkontrolle nach der Oktoberrevolution legalisiert wurde. Alle Verfügungen, die die Rechte der Betriebskomitees einschränkten wurden aufgehoben. Die Entscheidungen der gewählten Organe der Arbeiterkontrolle wurden für den Unternehmer verbindlich:
„ 1. In allen Industrie-, Handels-, Bank-, landwirtschaftlichen und sonstigen Betrieben mit (insgesamt nicht weniger als 5 Arbeitern und Angestellten oder mit einem Jahresumsatz von nicht weniger als 10 000 Rubel wird die Arbeiterkontrolle über die Herstellung, die Lagerung und den Kauf und Verkauf aller Produkte und Rohstoffe eingeführt.
  2. Die Arbeiterkontrolle wird von allen Arbeitern und Angestellten des Betriebes durchgeführt, entweder unmittelbar, wenn der Betrieb so klein ist, daß dies möglich ist, oder von ihren gewählten Vertretern, die sofort in allgemeinen Versammlungen zu wählen sind; dabei sind über die Wahlen Protokolle zu führen und die Namen der Gewählten der Regierung und den örtlichen Sowjets der Arbeiter-, Soldaten- und Bauerndeputierten mitzuteilen.
  3. Ohne Erlaubnis der gewählten Vertreter der Arbeiter und Angestellten ist es kategorisch verboten, einen Betrieb oder Produktionszweig, der staatliche Bedeutung hat (siehe § 7), stillzulegen oder irgendwelche Änderungen in seiner Tätigkeit vorzunehmen.
  4. Diesen gewählten Vertretern muß die Einsicht in ausnahmslos alle Bücher und Dokumente, ebenso die Prüfung ausnahmslos aller Lager und Vorräte an Materialien, Werkzeugen und Produkten ermöglicht werden.
  5. Die Beschlüsse der gewählten Vertreter der Arbeiter und Angestellten sind für die Besitzer der Betriebe verbindlich und können nur durch die Gewerkschaftsverbände und -kongresse aufgehoben werden.
  6. In allen Betrieben von staatlicher Bedeutung tragen alle Besitzer und alle gewählten Vertreter der Arbeiter und Angestellten, die zur Durchführung der Arbeiterkontrolle gewählt wurden, dem Staat gegenüber die Verantwortung für die strengste Ordnung und Disziplin und für den Schutz der Vermögenswerte. Wer sich der Fahrlässigkeit, der Verheimlichung von Vorräten schuldig macht, wer sich der Rechenschaftspflicht entzieht usw., wird mit Einziehung des gesamten Vermögens und mit Gefängnis bis zu 5 Jahren bestraft.
  7. Als Betriebe von staatlicher Bedeutung gelten alle Betriebe, die für die Landesverteidigung arbeiten, ebenso Betriebe, die in der einen oder anderen Weise in Beziehung stehen zur Produktion für die Masse der Bevölkerung lebensnotwendiger Güter.

8. Ausführlichere Regeln für die Arbeiterkontrolle werden von den örtlichen Sowjets der Arbeiterdeputierten und den Konferenzen der Betriebskomitees sowie der Angestelltenausschüsse in Vollversammlungen ihrer Vertreter festgesetzt."[178]

Die Arbeiterkontrolle sollte einmal die Unternehmerentscheidungen der Kontrolle der Arbeiter und Arbeiterinnen unterwerfen, andererseits aber die Arbeiter/-innen selbst zu einer strikten Einhaltung der Ordnung in den Betrieben verpflichten. Nicht nur die Unternehmer waren für Wirtschaftsvergehen zur Verantwortung zu ziehen, sondern gleichermaßen die Arbeiter/-innen. Faktisch gelang zunächst nur das erste. Eine Welle von Enteignungen kam ins Rollen, die von den Bolschewiki zunächst nicht intendiert war. Enteignungen sollten ihrer Ansicht nach nur Strafmaßnahmen sein. Ansonsten beschränkte sich die KPR auf die Enteignung des Banksystems, den Verkehr und auf wichtige Großbetriebe. Als sich das wirtschaftliche Chaos durch die spontane Enteignungen noch vergrößerte, wurde vom 1. Allrussischen Gewerkschaftskongreß die Arbeiterkontrolle bereits im Januar 1918 eingeschränkt:
„Die Verfügungsrechte in der Verwaltung und der Tätigkeit des Unternehmens bleiben beim Eigentümer. Die Kontrollkommission nimmt nicht an der Verwaltung teil und übernimmt keine Verantwortung über seinen Gang und seine Tätigkeit."[179] Die Einschränkungen aber waren in der Praxis kaum durchzusetzen. Der Moskauer Rat für Arbeiterkontrolle druckte die neue Resolution ohne die einschränkenden Paragraphen in „Rabočij Kontrol' " ab, der Petrograder Rat verabschiedete eine eigene Resolution, der die Arbeiterkontrolle als „im weiten Sinn als Einmischung in die Anordnungen des Unternehmers" definierte.[180] Eine Übersicht über die nationalisierten Unternehmen zeigt, daß vom November 1917 bis März 1918 nur der geringste Teil der Unternehmen vom Rat der Volkskommissare (SNK) oder dem Obersten Volkswirtschaftsrat vergesellschaftet wurde, daß die Enteignungswelle, die das Land überzog, überwiegend von den lokalen Organen getragen wurde.[181]

	nationalisiert	konfisziert	sozialisiert	gesamt
Rat der Volkskommissare	27	1	–	28
Oberster Volkswirtschaftsrat	16	1	–	17
lokale Sowjets	344	27	137	508
lokale Volkswirtschaftsräte	64	8	8	80
Gewerkschaften	17	4	21	42
andere Organisationen	117	4	30	151
gesamt	585	45	196	826

Die Zahl der vergesellschafteten Betriebe betrug 34 % aller im August 1918 produzierenden Unternehmen.
Nach der Oktoberrevolution sank die Produktivität stärker als in den Monaten nach der Februarrevolution. Das Verkehrswesen war am Zusammenbrechen, der Lohn der Arbeiter konnte wegen Geldmangels der Banken nicht ausgezahlt werden, in den Betrieben fehlten Rohstoffe für die weitere Produktion. Strumilin gab für das Sinken der Produktivität folgende Ursachen an:[182]

Physische Erschöpfung der Arbeiter	44 Prozent
Lockerung der Arbeitsdisziplin	22 Prozent
Übergang zum Zeitlohn	19 Prozent
Defekte in der Arbeitsorganisation	6 Prozent
Verknappung der Rohstoffe	6 Prozent
Abnutzung der Maschinen	4 Prozent

Diese Lage versuchte die KPR vor allem durch eine Verbesserung der Arbeitsdisziplin zu verändern. Die Betriebskomitees, denen zur Last gelegt wurde, mit der Aufgabe der Arbeiterkontrolle nicht fertig zu werden, wurden mit den Gewerkschaften vereinigt und zu deren Betriebszellen erklärt. Die nun einsetzende Diskussion über die Disziplin in den Betrieben war eine Vorform der Auseinandersetzungen über die Lösung von Arbeitskonflikten. In dem Pravda-Artikel „Wie soll man den Wettbewerb organisieren?" hieß es bei Lenin: „Natürlich kann diese in der Geschichte der Menschheit gewaltigste Ablösung der unfreien Arbeit durch die Arbeit für sich selbst nicht ohne Reibungen, Schwierigkeiten, Konflikte, nicht ohne Gewaltanwendung gegenüber den eingefleischten Schmarotzern und ihrem Anhang vor sich gehen. Darüber macht sich kein einziger Arbeiter Illusionen."[183] Unter Konflikten wurden hier noch diejenigen verstanden, die sich gegen die alte Ausbeuterklasse richteten und gegen die das Proletariat vorging, um endlich „für sich selbst zu arbeiten".[184] Der Widerstand, der von der Kapitalistenklasse der Revolution entgegengesetzt wurde, der auch von der alten Beamtenschaft getragen wurde, konnte als Sabotage an der Revolution eingestuft werden.[185] Dieser Sabotage, die aus der Ablösung der alten Gesellschaft entstand, wurde nicht nur eine Kontrolle ihrer Anhänger entgegengesetzt. Schwierigkeiten und Konflikte sollten durch die Arbeiter und Arbeiterinnen aufgefangen werden, durch eine „gesunde und rettende Selbstbeschränkung der Arbeiterklasse"[186]. Auch: das neue Bewußtsein der Arbeiterklasse genannt — mußte dieses auf Kosten der Forderungen der Arbeiter gehen. Aber allein so ließe sich verhindern, daß das Proletariat „über seine eigene Unfähigkeit, mit den schöpferischen Organisationsaufgaben fertig zu werden, stolpern" könne.[187] Anstelle der kapitalistischen Disziplin, gegen die sich die Arbeitskämpfe gerichtet hatten, sollte die proletarische Disziplin treten, die nun von den Arbeitern und Arbeiterinnen eingehalten werden sollte. Freiwilligkeit und Bewußtheit waren nicht die einzige Basis der neuen Disziplin. Sie wurde durch Sanktionen abgesichert: „Es ist notwendig, durch die Partei und durch unsere gewerkschaftlichen Verbände diese neue Stimmung in den großen Werken und Fabriken zu züchten, dieses neue Bewußtsein von Arbeitspflicht und Arbeitsehre einzubürgern und — gestützt auf dieses Bewußtsein — Arbeitsgerichte einzuführen, damit der Arbeiter, der sich teilnahmslos seinen Verpflichtungen gegenüber verhält oder das Material entwendet und unachtsam damit umgeht, oder derjenige Arbeiter, der nicht seine ganze Arbeitszeit mit Arbeit ausfüllt, damit solch ein Arbeiter vors Gericht gestellt würde, damit die Namen solcher Übertreter der sozialistischen Solidarität in allen Sowjet-Publikationen als die Namen von Abtrünnigen gedruckt würden."[188] Diese Position Trockijs kennzeichnete die Haltung der Mehrheit der Partei zur Arbeit. Lenin rechtfertigte die Maßnahmen, „denn der Erfolg des Sozialismus ist undenkbar ohne den Sieg proletarischer bewußter Diszipliniertheit".[189] Deshalb brauche die Partei in der gegenwärtigen Situation eine eiserne Hand. „Die Diktatur ist eine eiserne Macht, die mit revolutionärer Kühnheit und Schnelligkeit handelt, die schonungslos ist bei der Unterdrückung sowohl der Ausbeuter als auch der Rowdys. Unsere Macht aber ist übermäßig weich, ist sehr oft mehr einem Brei als Eisen ähnlich."[190] Die Unterordnung war für Lenin eine notwendige Voraussetzung für eine Leitung. Diese könne bei „idealer Bewußtheit und Diszipliniertheit der an der gemeinsamen Arbeit Beteiligten mehr an die milde Leitung eines Dirigenten erinnern. Sie kann die scharfen Formen der Diktaturschaft annehmen, wenn keine ideale Diszipliniertheit und Bewußtheit vorhanden ist". Beide zusammen könnten einem Ziel dienen, ohne daß die Mittel selbst Einfluß auf das Ziel hätten. Denn: „Die widerspruchslose Unterordnung unter einen einheitlichen Willen ist für den Erfolg der Prozesse der Arbeit, die nach dem Typus der maschinellen Großindustrie organisiert wird, unbedingt notwendig."[191] Die Appelle an die proletarische Disziplin, wie Lenin und Trockij sie verstanden, waren zunächst kaum in die Realität umzusetzen. So konnten auch Formen einer autonomen — von Arbeitern oder Arbeiterinnen selbstbestimmten — Disziplin versucht werden. Da sie offiziell nicht unterstützt wurden, konnten sich Interpretationen von Disziplin — wie die folgenden — nicht durchsetzen:

„Jedem Arbeiter muß die Möglichkeit gegeben werden, seine Individualität voll zur Geltung zu bringen; möge jeder Arbeiter an der Werkbank so arbeiten, wie er es für richtig hält. Ohne besondere Notwendigkeit darf man sich nicht in seine Arbeit einmischen, es sei denn, daß nachteilige Folgen für die Gesamtproduktion zu fürchten sind."[192]

Einzelne Partei- und Gewerkschaftsführer wie der 1918 aus der KPR (b) ausgeschlossene Losovskij protestierten öffentlich, daß sich die neue Disziplin gegen die Arbeiter/-innen richtete und mit

den Mitteln der proletarischen Staatsmacht gegen sie durchgesetzt wurde:
„Ich kann nicht im Namen der Parteidisziplin schweigen, wenn ich mit jeder Fiber meiner Seele fühle, daß die Taktik des Zentralkomitees zur Isolierung des Proletariats und seiner Avantgarde führt, zum Bürgerkrieg innerhalb der werktätigen Klassen und zum Untergang der Revolution. Ich kann nicht im Namen der Parteidisziplin schweigen, wenn die andersdenkende Presse zerschlagen wird, wenn Häuser durchsucht und willkürlich Verhaftungen vorgenommen werden, die in der Bevölkerung ein dumpfes Murren hervorrufen und bei den werktätigen Massen den Eindruck erwecken, dieses Regime der Bajonette und Säbel sei jene Diktatur des Proletariats, die die Sozialisten seit Jahren vorausgesagt haben.
Ich kann nicht im Namen der Parteidisziplin schweigen, wenn einer der Volkskommissare streikende Arbeiter mit Gewehren bedroht, sie entläßt und an die Front schickt, . . . wenn das in blutigem Kampf erworbene Koalitionsrecht der Arbeiter abgeschafft wird, . . . wenn Marxisten wider alle Vernunft objektive Bedingungen nicht berücksichtigen, . . . wenn dem Persönlichkeitskult gehuldigt wird, . . . wenn jeder Tag des blutigen Kampfes an der inneren revolutionär-demokratischen Front die Spaltung der Arbeiterklassen vertieft."[193]
Die Einführung des 8-Stundentages hatte die Arbeitszeit im Vergleich zu der Zeit vor der Revolution um 20 % verkürzt. Hinzugezählt zu den „Produktionsverlusten" wurde die veränderte Einstellung der Arbeiter/-innen zu ihrer Arbeit. A. Gastev, der Hauptvertreter des Taylorismus in der UdSSR:
„Wir sind jetzt mit der Sabotage von Millionen konfrontiert. Ich muß lachen, wenn über bourgeoise Sabotage gesprochen wird, wenn auf den erschrockenen Bourgeois als Saboteur gezeigt wird. Wir haben es mit einer nationalen Sabotage, einer Sabotage des Volkes, des Proletariats zu tun."[194]
In Zahlen hieß dies: 1918 — 19 betrug die Produktivität höchstens 30 % der Vorkriegsangaben. Rohstoffmangel, Unterschlagungen von Vorräten durch die Unternehmer, ein im Zusammenbruch begriffenes Transportsystem gehörten eher zu den Ursachen des Sinkens der Produktivität als die Eroberungen des Proletariats nach der Revolution. Die nicht produktiv genutzte Zeit wurde jedoch den Arbeitern und Arbeiterinnen zum Vorwurf gemacht. Sie betrug noch im Jahre 1920 bis zu 50 % der normalen Arbeitszeit. Entsprechend niedrig war die Zahl der Tage, an denen pro Monat tatsächlich gearbeitet wurde, bzw. gearbeitet werden konnte.[195]

	Arbeitstage	Anteil der verlorenen Zeit
1920, 1. Quartal	13,7	49,8
1920, 2. Quartal	16,1	33,2
1920, 3. Quartal	20,2	23,5
1922, 1. Quartal	17,6	25,3
1922, 2. Quartal	13,2	45,9

Im Vergleich zu Vorkriegspreisen betrug die Produktivität nach P.I. Popov, dem Direktor des zentralen statistischen Büros 1920 13,8 Prozent des Jahres 1912. 1921 waren es 14,4 Prozent und 1922 16,0 Prozent.[196] Die Arbeiter/-innen produzierten schließlich weniger, als im Lohn in Naturalien und Geld ausgezahlt wurde. Der Index des Reallohns sank bis zum Beginn der Neuen Ökonomischen Politik ständig. Sabotage des Proletariats hieß, daß die Arbeiter/-innen nicht genügend produzierten. Den Betriebsräten, die sich erst organisatorisch konsolidieren mußten, wurde vorgeworfen, daß sie nicht funktionierten, weil es ihnen nicht sofort gelang, den Rückgang der Produktivität zum Stillstand zu bringen. Zugleich gab es aber innerhalb der KPR (b) keinen Raum, die Beibehaltung der Arbeiterkontrolle zu versuchen, da Betriebskomitees und Gewerkschaften im Kampf um die Hegemonie gegenüber den Menschewiki gegeneinander ausgespielt wurden.[197] Der Verzicht, andere Formen der Produktion zu entwickeln, — nicht nur andere Besitzverhältnisse — schlug sich im Erklärungskonzept der sinkenden Produktivität nieder. Jedes nicht zielorientierte Handeln, jede nicht genügend effektive Produktion wurde als rückständig klassifiziert. Bäuerliche oder proletarische Rückständigkeit wurden als verantwortlich für den Mangel an Disziplin erklärt. „Der russische Mensch ist ein schlechter Arbeiter im Vergleich mit den fortgeschrittenen Nationen" erklärte Lenin[198].

Trockij denunzierte die Bauern unter dem Feudalismus als „eine kompakte Masse . . ., die dahin-
lebte, zugrundeging, starb, wie eine kompakte Heuschreckenmasse lebt und zugrunde geht". Eine
Änderung habe die Revolution gebracht. „Die Revolution, die in dem Bedrücktesten die menschliche Persönlichkeit erweckte, hat ihm natürlicherweise in den ersten Zeiten dieses Erwachens
einen äußeren, wenn Sie wollen anarchischen Charakter verliehen. Dieses Erwachen der elemen-
tarsten Instinkte der Persönlichkeit hat nicht selten einen grobegoistischen oder, um einen philo-
sophischen Ausdruck zu gebrauchen, einen „egozentrischen" Charakter. Gestern noch war er ein
Nichts, ein Sklave des Zaren, des Adels, der Bürokratie, das Zubehör einer Maschine des Fabrikanten . . . Heute, von alledem befreit, fühlt er sich zum ersten Male als Persönlichkeit und beginnt
zu glauben, daß er – alles, daß er – das Zentrum des Kosmos sei. Er ist bestrebt, alles, was er
kann, für sich zu nehmen, er denkt nur an sich und ist nicht geneigt, mit dem allgemeinen
Klassenstandpunkt zu rechnen."[199] Allerdings warnte Trockij auch, diese Entwicklung als Gefahr überzuinterpretieren, sah darin eine „organische Krankheit des Wachstum der Klasse, die Qua-
len des Erwachens ihrer Klassenkräfte".[200]
Dieses Erwachen der Klasse, ihr Finden zu sich selbst aus ihrer Eigentumslosigkeit hätte aber in
eine Kraft gefügt werden müssen, die über den Umsturz hinausreichen konnte. Faktisch wurden
die „Krankheiten des Wachstums" mit der falschen Medizin behandelt: durch Ordnung und
Disziplin. Beide waren zwar nötig, aber waren auch das, was Osinskij ironisch als einfache, klein-
bürgerliche Gebote bezeichnete.[201] „Sehr bezeichnend ist auch" – schrieb er 1918 – „an was für
eine Organisation der industriellen Arbeit dabei gedacht wird. Schluß jetzt mit den Versammlungen und dem ‚Lösen von Konflikten'. Vor allem: an die Arbeit! Um die Organisierung der
Produktion wird man sich schon im Zentrum kümmern; der einfache Arbeiter aber muß vor
allem daran denken, daß er eine Arbeitskraft ist, die möglichst intensiv ausgenutzt werden muß.
Die Arbeiter haben ihre gesellschaftliche Reifeprüfung nicht bestanden, sie haben es nicht verstanden, die Produktion zu organisieren, sie haben es nicht verstanden, die Befreiung vom Stock
des Kapitalisten mit einer erhöhten Arbeitsproduktivität zu verbinden; und deshalb muß man
sie aus der Leitung der Produktion entlassen und mit Hilfe materieller Anreize zum Arbeiten
zwingen . . . Außerdem muß unter den Arbeitern auch Agitation für Selbstdisziplin, für die Einführung von Kameradschaftsgerichten, von Produktionsnormen usf. betrieben werden. Man muß
die Zügel von oben her anziehen und die Arbeiter von unten her dazu bringen, daß sie sich diese
Zügel anlegen lassen. All das ist ungefährlich: an der Macht ist ja die Arbeiterklasse, und die Organisatoren der Trusts werden nur die Lehrer, die Ausbilder sein.'[202] Der Herausgeber des theo-
retischen Organs der linken Kommunisten hat sehr früh die Gründe benannt, die später zu einer
völligen Entfremdung von Parteibürokratie und Wirtschaftsleitung auf der einen und der Arbeiterklasse auf der anderen Seite führten. Was Osinskij damals als trübe Aussichten sah: „Spaltung des
Proletariats, Abspaltung der gegenüber der Politik gleichgültigen Arbeiteraristokratie und des sie
beneidenden Pechvögel, sowie allgemeine Passivität"[203], war, was als Ergebnis des Verlusts an
Aktivität und Widerstandsmöglichkeiten des Proletariats aus dem Mißtrauen gegen die „rück-
schrittliche" russische Arbeiterklasse entstand. Die als Selbstdisziplin verhüllte Disziplin war in
ihrer Polarität zur Eigeninitiative der Arbeiter/-innen schädlich.

Knapp einen Monat bevor Osinskijs Artikel im ‚Kommunist' erschien, wurde die Frage der Arbeitsdisziplin auf einer Sitzung des Präsidiums des Obersten Volkswirtschaftsrates am 27.3.1918
in Anwesenheit von Lenin behandelt. Das Präsidium empfahl den Gewerkschaften (VCSPS)
eine Vorlage auszuarbeiten, die bereits 4 Tage später von demselben Gremium – wiederum in
Anwesenheit von Lenin – geprüft wurde. Das Ergebnis war die Verfügung des VCSPS vom
April.[204] Darin hieß es, die Folgen des Krieges seien verstärkt, daß nunmehr die Gefahr bestünde,
daß die gesamte Volkswirtschaft zerstört würde. Das aber hieße nicht nur die Aufgabe der Errungenschaften der Revolution in Frage zu stellen, sondern führe unmittelbar zum Aussterben der
proletarischen Klasse. Die Bedrohung für die nationale Wirtschaft ginge nicht nur auf die technische Rückständigkeit zurück, sondern eine der Hauptursachen wäre die Abwesenheit jedweder
Arbeitsdisziplin. Deshalb müßte die Gewerkschaft für die Einführung einer Organisations- und
Tarifdisziplin sorgen, und die Lohngarantie an eine feste Arbeitsnorm binden. Für die Ausarbeitung dieser Arbeitsnorm würde eine spezielle Kommission, die Normierungskommission, einge-

richtet. Konflikte, die bei der Normierung entstünden, würden in der zentralen Verwaltung der Gewerkschaften überprüft. Falls solidarischer Einfluß als Maßnahme nicht ausreiche, müßten die Gewerkschaften diejenigen ausschließen, die sich der Gewerkschaftsdisziplin nicht beugten.[205] Diese Verfügung wurde im folgenden Monat in ähnlicher Form von den Einzelgewerkschaften und deren Gebieteräten verabschiedet. Sie wurde in einzelnen „Muster"-Unternehmen sogar noch verschärft. Dies geschah in den provisorischen Regeln für die Brjansker Fabrik in Bežice, die von dem Betriebskomitee und der Leitung der Fabrik zusammen ausgearbeitet waren und die Lenin gut hieß.[206]

Daß Lenin mit den Betriebsordnungen einzelner Fabriken befaßt war, zeigt die außerordentliche Wichtigkeit, die die KPR (b) der Wiederherstellung des normalen Produktionsgangs beimaß. Erstmalig wurde für die Brjansker Fabrik das Prinzip der Einmannleitung formuliert. So hat diese Betriebsordnung ihren Stellenwert in der Literatur gefunden.[207] Den Metallunternehmen, die im Mai 1918 tagten, wurde sie als eine Musterordnung für alle Betriebe vorgestellt.

In den Regeln der Brjansker Fabrik wurden alle Verfügungen, die Ordnung und Gang der Produktion betrafen, ausschließlich in die Befugnis des Direktors gelegt. Der Direktor war für die Ausführung der Arbeiten verantwortlich. Er besaß sogar die Befugnis, die Versammlungsfreiheit einzuschränken: „Jedwedes meeting oder jede Versammlung ist in der Fabrik nicht gestattet und kann nur in Sonderfällen durch die Unterschrift des Betriebskomitees und des Direktors gestattet werden."

In denselben Regeln wurden die Arbeitskonflikte an den Direktor bzw. seinen Stellvertreter und an den für die Abteilung bevollmächtigten Gewerkschaftsvertreter zur Klärung verwiesen. Damit waren ausschließlich Konflikte über Arbeitsverträge gemeint.[208] Die Kontrolle über die Disziplin sollte aufgrund der Intervention Lenins in die Diskussion zwischen VSNCh und VCSPS bei Industriegerichten (promyšlennye sudy) und einer Gruppe von Kontrolleuren aus im Unternehmen beschäftigten Personen liegen.[209]

Vom 25.5. – 4.6.1918 tagte der erste Kongreß der Volkswirtschaftsräte. Kontrovers war hier die Frage, wer nun die Disziplin durchsetzen solle.[210] V.V. Smidt, der Ende 1918 Volkskommissar für Arbeit wurde, erklärte auf dem Kongreß, daß die Aufsicht und Durchführung der Maßnahmen zur Wiederherstellung der Arbeitsdisziplin nicht allein von den Gewerkschaften ausgehen könne. Die Organe, die die Volkswirtschaft organisierten, müßten mit all ihrer Autorität und ihrem Apparat der Gewerkschaft zu Hilfe kommen. Die Einführung der Arbeitsdisziplin sei die Grundlage, Normen festzusetzen, von der wiederum die Normierung der Löhne abhinge. Obwohl Smidt die Bindung der Löhne an Normen grundlegend akzeptierte, polemisierte er gegen eine Vorlage Gastevs, der eine bedingungslose Übernahme des Taylorismus forderte. Über Taylorismus und Stücklohn zu sprechen, wäre erst möglich, wenn die industrielle Entwicklung weiter vorangeschritten sei. Unter den gegenwärtigen Bedingungen der Sowjetunion könne der Taylorismus keine Grundlage für die Einführung der proletarischen Disziplin sein. Auch daß Disziplin schlicht Arbeitsdisziplin sei, wie Taylor sie verstand, wurde bestritten. Obolenskij, erster Präsident des VSNCh und Mitglied der linken Opposition, warnte, die Arbeiterdisziplin auf einer falschen Grundlage einzuführen, nämlich der Verwechslung von Produktivität der Arbeit und Intensität der Arbeit. Nicht Arbeitsdisziplin, sondern proletarische Disziplin sei notwendig. Aus diesem Grunde protestierten auch er gegen die Einführung des Stücklohns. Nicht der Stücklohn, sondern nur eine Norm, die eine bekannte Intensität an Arbeit verlange, sei akzeptabel und könne mit Formen der proletarischen Disziplin, den Kameradschaftsgerichten, geahndet werden.[211]

Auf der IV. gemeinsamen Konferenz von Betriebskomitees und Gewerkschaften ging Tomskij 1918 auf die zu gründenden Kameradschaftsgerichte ein. Mit ihrer Hilfe sollte die selbsterrichtete Ordnung gesichert werden, an die die Kommunisten wie die einfachen Arbeiter an ihren Werkbänken gebunden wären. Kameradschaftsgerichte müßten deshalb Fälle wie Trunkenheit, unzureichende Pflichterfüllung, Unpünktlichkeit u.ä. verfolgen.[212]

Der 3. Gewerkschaftskongreß zählte im April 1920 zur Frage der Zuständigkeit der Kameradschaftsgerichte auch die Überwachung der Normen.

Die Kameradschaftsgerichte in den Industrieunternehmen wurden formal vom SNK am 14.11. 1919 eingeführt. Aber in einzelnen Gewerkschaften gab es sie schon vorher. Sie konnten Sanktionen verhängen, die der Wiedereinführung der Disziplin dienen sollten, und den Ausschluß aus proletarischen Organisationen verfügen.[213] Bei den Textilarbeitern wurden diese Arbeitergerichte zunächst auf den allgemeinen Betriebsversammlungen gewählt und von der Bezirksadministration der Gewerkschaften bestätigt. Die 3 – 5 Mitglieder des Gerichts wurden auf die Dauer von 6 Monaten gewählt.[214] Nach der SNK-Verfügung sollten sie sich aus je einem Delegierten der Administration (lokal oder zentral), der Gewerkschaften und der allgemeinen Betriebsversammlung zusammensetzen und im Anschluß an die Arbeitszeit öffentlich tagen. Das Recht, sich an die Kameradschaftsgerichte zu wenden, hatten die Betriebsleitung, das Kollegium des Büros oder die Gewerkschaftsorganisation. Einzelne Arbeiter konnten diese Gerichte nur anrufen, wenn sie von dem Betriebskomitee der Fabrik oder des Ortes unterstützt wurden.[215] Die Strafmöglichkeiten der Gerichte reichten vom Tadel bis zur Einweisung in ein Arbeitslager.[216] Das Urteil eines örtlichen Kameradschaftsgerichts konnte von den Kameradschaftsdisziplinargerichten des Gouvernements aufgehoben werden.[217]

Die Kameradschaftsgerichte wurden während des Kriegskommunismus bald zu regulären Institutionen zur Aufrechterhaltung und Wiederherstellung der Disziplin in den Fabriken. Daten über die von ihnen verfolgten Arten von Disziplinbrüchen sagen: Von 945 Fällen im Jahre 1920 wurde nahezu die Hälfte der Anklagen wegen Unpünktlichkeit erhoben. Andere Anklagepunkte waren unangemessenes Benehmen, Fehlen bei der Überstundenarbeit an Samstagen, Nichteinhaltung der Gewerkschaftsdisziplin, Nichtbefolgung von Anordnungen, Verlassen des Arbeitsplatzes, Propaganda für eine Verkürzung des Arbeitstages. In ca. 25 Prozent der Fälle wurden die Arbeiter freigesprochen, in 50 Prozent der Fälle wurden sie entlassen und damit arbeitslos. In 30 von 945 Fällen wurde auf Zwangsarbeit und in 79 Fällen auf Einweisung in Konzentrationslager entschieden.[218] Dabei schienen sich einige Gewerkschaften Normen gesetzt zu haben, wieviele undisziplinierte Mitglieder sie ermitteln wollten.[219] Solche Norm bei der Auffindung „undisziplinierter" Arbeiter – wie sie Tomskij später auf dem VIII. Gewerkschaftskongreß beschrieb – hat mit einem berechtigten Anspruch an Disziplin nichts mehr zu tun. Hier zeigte sich, wie früh an die Stelle von bewußtem politischen Handeln Anpassung und Unterwerfung traten.

Als Zwang standen die Kameradschaftsgerichte einer proletarischen Aufklärung entgegen. Letztere wurde nur für die als fortschrittlich erklärten Teile des Proletariats gutgeheißen. Die Kameradschaftsgerichte waren für von der Norm Abweichende da: Als „Organ zur Kontrolle der Erfüllung der Anforderungen, die die neue proletarische Arbeitsdisziplin stellte", waren sie geschaffen, um „die rückständigen oder schlechten Elemente des Proletariats (zu nötigen), das Beispiel der gesamten Klasse zu befolgen und sich nach ihr zu richten".[220] Sie waren Bestandteil der einsetzenden Militarisierung der Arbeit.

Die Diskussion um die Militarisierung der Arbeit[221] setzte einen Monat nach der Gründung der Kameradschaftsgerichte ein. Sie wäre – ohne daß die Disziplin konzeptionell bereits entschieden und in der Praxis durchgesetzt worden wäre – kaum möglich gewesen. Im ‚Selbstverzicht' und dem Sich-Fügen in die Notwendigkeit reichten sich orthodoxe Praktiken des Fatalismus und die ersten Niederlagen der Revolution die Hand. Die „Selbstbeschränkung" der Arbeiterklasse, die protestantische Ethik der russischen Revolution, waren ihre Grundlage.

Das Dilemma war ein objektives. Ansätze, die in den Betriebsräten entwickelt wurden, waren zwar historisch wegweisend. Die Gefahr, daß die Arbeiterklasse verhungerte, mußte jedoch gebannt werden. Ohne einen zentralen Apparat wäre es auch kaum gelungen, die ausländische Intervention und die weißrussischen Truppen zu schlagen. Die Bedingungen erforderten Effektivität, die auch die Namen von Disziplin, Militarisierung oder Kriegskommunismus tragen können, ohne daß durch ihre Anwendung der Charakter der Übergangsgesellschaft schon verändert wäre. Aber der Niederlage der Revolution durch eine Intervention von außen steht die Niederlage der Revolution durch ihre eigenen Maßnahmen gegenüber. Wenn die Revolution durch die Bedrohung von außen autoritäre Mittel anwenden muß, bleiben diese Mittel nicht ohne Auswirkungen auf die Ziele selbst. Sie prägen die Ziele in dem Maße, in dem die spontane Kraft der revolutionären Arbeiterbewegung ihre Reaktionsfähigkeit verliert, und die autoritären Mittel als Gewohnheit in den Bestand des alltäglichen Machtgebrauchs eingehen.

Mit der Verstärkung der Disziplin veränderte sich der Begriff der Avantgarde. Konnte die Avantgarde vor der Revolution an den Einzelinteressen der Arbeiter/-innen anknüpfen, an Unzulänglichkeiten im Betrieb die Unzufriedenheit schüren, um die Widersprüche am Arbeitsplatz wie in der gesamten Gesellschaft klarzumachen, so stand nun das Interesse der einzelnen Arbeiter/-innen hinter dem des „Gesamtproletariats" zurück. Wenn vor der Revolution der ungelernte Arbeiter durch Mut und Entschlossenheit in der illegalen Arbeit zur Avantgarde zählte[222], änderte sich sein Wert, als die Partei begann, das wirtschaftliche Chaos zu bekämpfen. Die wirtschaftliche Qualifikation trat nun vor die politische, bzw. die politische wurde zur wirtschaftlichen. Der „neue" Begriff der Avantgarde hatte den Bezug zu den individuellen Interessen des Arbeiters und der Arbeiterin, insoweit sie mit Formen des Arbeitskampfes verbunden war, nicht mehr und stand dem vorrevolutionären Avantgardekonzept entgegen. Der Ungelernte wurde nun zu jenem schlechten russischen Arbeiter, der wegen seiner schlechten Disziplin gerügt oder verurteilt wurde. Die Alternative, die der „neuen" Avantgarde beschert war, zeigte diese Loslösung. Es war die Alternative des Aufstiegs einer kleinen Zahl von Kommunisten in Positionen, die im Kapitalismus der Arbeiterbewegung ferngestanden hatten. Dazu zählten sämtliche Funktionen innerhalb des Staats- und Wirtschaftsapparates, auf die die KPR (b) kaum vorbereitet war. In der Ausübung ihrer neuen Positionen konnte sie sich nicht auf einen erfahrenen Apparat stützen. Als Leiter von Betrieben oder Wirtschaftsministerien mußten sich die Bolschewiki nun gegen alle stellen, die die Disziplin nicht einhielten.

b) Militarisierung der Arbeit und der Widerstand gegen Zwangsrekrutierung

Waren zunächst Kriegsfolgen und Bürgerkrieg die Grundlage der dem Proletariat abgeforderten Disziplin, so verschob sie sich mit dem Abflauen des Bürgerkriegs auf die nun eröffnete Front: die Wiederherstellung der Industrie. Dabei wurde unmittelbar an die organisatorischen Erfahrungen des Bürgerkriegs angeknüpft und die vorhandenen Armeestrukturen in die Durchführung der Militarisierung der Arbeit einbezogen, da diese allein einheitliche Strukturen besaßen, ja oft die einzigen Organe der proletarischen Staatsmacht am Ort waren, die Steuern eintreiben konnten und eine Verbindung zur Zentrale besaßen. Folgt man dem Bericht Rykovs, der zu dieser Zeit Vorsitzender des obersten Volkswirtschaftsrats (VSNCh) war, den er 1920 in Moskau auf dem III. Volkswirtschaftskongreß gab, so waren von den 4 000 enteigneten Betrieben, die nicht nur der Großindustrie zuzurechnen waren, nur noch höchstens 2 000 in Betrieb. Die Gründe für die Betriebsschließungen sah Rykov in dem Mangel an qualifizierter Arbeitskraft. „Denn selbst bei der Organisation solcher Zweige der Industrie, die unser Heer versorgen, haben wir ständig wegen Mangel an qualifizierten Arbeitern zu kämpfen. Mitunter waren wir wochen- und monatelang nicht in der Lage, die Zahl qualifizierter, vorgebildeter Arbeiter aufzutreiben, die die Fabriken benötigten, um die Rote Armee mit Gewehren, Maschinengewehren und Kanonen zu versorgen . . . Wegen 20 − 30 Arbeitern, die wir nicht finden konnten, hatten wir mitunter die größten Schwierigkeiten. Wir fahndeten nach ihnen auf der Arbeitsbörse, bei den Gewerkschaftsverbänden, bei den Truppen und in den Dörfern."[223]
Die Rückkehr zum zivilen Leben sollte militärische Methoden beibehalten, um die Fragen des Einsatzes der Arbeitskraft zu lösen. Wenn bislang die besten und qualifiziertesten Arbeiter in der Armee waren und es ihrem Mut und ihrer Kampfbereitschaft zu danken war, daß im Bürgerkrieg Armeen geschlagen werden konnten, dann mußten nach Trockijs Konzept die Arbeiter nun Soldaten der Industrie werden. Von den 1 150 000 in den Gewerkschaften organisierten Arbeitern waren in den Fabriken nur 850 000 beschäftigt. „Das ist schon ein Verlust von 300 000 qualifizierten Arbeitern. Wir müssen sie aufsuchen, wir müssen sie organisieren, registrieren."[224]
In der Registrierung von Kräften, die Grundlage jedes Planes ist, sah Trockij die Überschneidung von militärischer und ökonomischer Arbeitsweise. Allein mittels der Registrierung und der Schaffung des dazu notwendigen Apparates sei es möglich, den bereits im Arbeitskodex wie in der Verfassung formulierten Anspruch an jeden Arbeiter zu verwirklichen: Die Arbeitspflicht. Denn obwohl die Arbeitspflicht von Anfang als Prinzip und Gesetz festgelegt war, wurde sie nur von Zeit zu Zeit − entsprechend dem Bedarf − verwandt. Sie war noch nie systematisch zur Erhöhung der Produktivität der gesamten Wirtschaft eingesetzt worden.

Im Dezember 1919 hatte Trockij dem Zentralkomitee Thesen über den „Übergang zur allgemeinen Arbeitspflicht im Zusammenhang mit dem Milizsystem"[225] vorgelegt. Der Entwurf wurde unautorisiert am 17.12.1919 von Bucharin in der Pravda veröffentlicht. Dieser Entwurf unterschied sich wesentlich von den später vom ZK verabschiedeten Thesen „Über die Mobilisierung des industriellen Proletariats, über die Arbeitspflicht und die Verwendung militärischer Truppenteile zu wirtschaftlichen Arbeiten", für die Trockij ebenfalls als Berichterstatter des ZK zeichnete.[226] Während Trockij in seinem ursprünglichen Entwurf an eine gesamte Umstrukturierung der Armee dachte, die Arbeitspflicht mit militärischer Disziplin gleichsetzte und den Vorteil der Milizstrukturen in der territorialen Nähe und der Annäherung der Lebensumstände von Armee und Produktion sah, beschränkte sich der ZK-Entwurf darauf, die nicht im Einsatz befindlichen Teile der Armee als Arbeitskraft einzusetzen, ohne die Gesamtstruktur der Armee in Frage zu stellen. In den Thesen des ZK wurde die Organisierung und rationelle Ausnutzung der Arbeitskraft als Hebel für die Überwindung der wirtschaftlichen Krise bestimmt. Dazu sollte die ungelernte Arbeitskraft militärisch mobilisiert werden, um Arbeiten auszuführen, die großflächigen Charakter haben wie Transportarbeiten, Holzfällen, Landwirtschaft, Schneeschippen, Barackenbau etc. Das industrielle Proletariat sollte gesammelt und die vorhandenen Strukturen der qualifizierten Arbeitskraft verändert werden: „Die Durchführung dieser Maßnahmen, wie überhaupt jeder Arbeit kann nur dann ernste positive Resultate zeigen, wenn die Gewerkschaftsverbände gut organisiert sind und über einen festen Bestand von zuverlässigen und verantwortungsvollen Arbeitern verfügen, die imstande sind, eine eiserne Arbeitsdisziplin durchzuführen."[227] Gegenüber dem Entwurf lag hier ein weiterer Unterschied, wo die Gewerkschaften nicht erwähnt wurden. Trockijs Position entsprach der damals häufig vertretenen These, die Gewerkschaften würden im proletarischen Staat absterben und ihre Eigenständigkeit verlieren. Erst nachdem die Gewerkschaftsführung protestierte und im Januar 58 von 60 Gewerkschaftsführern gegen die Vorlage über die Militarisierung stimmten[228], wurde den Gewerkschaften eine Mitsprache bei der Militarisierung eingeräumt.

Durch die Intervention der Gewerkschaften wurden die Thesen über die Militarisierung der Arbeit abgeschwächt und z.T. widersprüchlich. Nun hieß es, die Arbeitspflicht müsse sofort durchgeführt werden[229], allerdings sei sie erst im Rahmen eines allgemeinwirtschaftlichen Planes möglich. Zunächst müsse die Zahl der Arbeitskräfte festgestellt und bei der Mobilisierung insbesondere diejenigen zur Arbeit herangezogen werden, die durch den Bürgerkrieg weniger betroffen wurden, also Frauen. Die Frage der Disziplin wurde eindeutig festgelegt: Die Militarisierung als Übergang zu einer planmäßig organisierten gesellschaftlichen Arbeit sei nicht denkbar ohne Zwangsmaßnahmen, die von den dem Staat zur Verfügung stehenden Zwangsmitteln, der Armee, ausgeübt würden. Diese müßten sich gegen Parasiten, wie zurückgebliebene Elemente der Arbeiter- und Bauernklasse richten. Verfolgt werden sollte Arbeiterdesertion, Müßiggang, unzuverlässiges Arbeiten. Formal könnten einzelne Unternehmen, die für die Wiederherstellung der Wirtschaft von besonderer Bedeutung seien, militarisiert und einer besonderen Disziplin unterstellt werden. Die Massenheranziehung von ungelernten und gewerkschaftlich nicht organisierten Arbeitern erfolge als Rekrutierung in die Arbeitsarmeen, die von militärischen Handlungen freiwerdenden Armeeformationen sollten in Arbeitsarmeen verwandelt werden. Auf dem III. Kongreß der Volkswirtschaftsräte, der vom 22. – 25.1.1920 in Moskau tagte, schlug Trockij eine organisatorische Verstärkung der Kommission für Arbeitspflicht vor, die vom ZK erst Ende Dezember 1919 eingerichtet worden war.[230]

Um die Mobilisierung der Arbeitskraft für die Konsumenten der Arbeitskraft, die Hauptzentren der Industrie zu erreichen, müsse „ein Organ geschaffen werden, das diese Aufgabe zu lösen hat. Die Kommission für Arbeitspflicht ist zu dem Schluß gekommen, daß ein solches Organ in der Form eines Hauptkomitees für Arbeitspflicht geschaffen werden müsse, das unmittelbar dem Verteidigungsapparat untergeordnet ist".[231] Die Aufgaben des Komitees für allgemeine Arbeitspflicht (glavkomtrud) wurden vom Allrussischen Zentralexekutivkomitee (VCIK) auf seiner Sitzung vom 2.2. – 7.2.1920 festgelegt.[232] Zugleich wurde der Beschluß des Rats der Volkskommissare (SNK) über die allgemeine Arbeitspflicht bestätigt.

Auf dem IX. Parteitag (29.3. – 4.4.1920) entschied die KPR (b) noch über wesentliche Elemente der schon als Gesetz verabschiedeten Militarisierung. Parteiorgane sollten den Gewerkschaften bei der Registrierung der qualifizierten Arbeiter helfen, „um diese mit derselben Konsequenz und Strenge zur produktiven Arbeit heranzuziehen, wie dies in bezug auf die Personen des Kommandobestandes zu Armeezwecken durchgeführt wurde und durchgeführt wird."[233] Der Massenmobilisierung sollten genaue Informationen zugrunde liegen über Ort, Umfang und Dauer der Mobilisierung bis zur Angabe der benötigten Werkzeuge. Von Anfang an sei auf den Bestand der kommunistischen Zellen zu achten, die im voraus durch eine Mobilisierung innerhalb der Partei entstehen sollten.[234] Der praktisch – wirtschaftliche Einsatz von Teilen der Armee für Arbeitszwecke bei Beibehaltung des Armeeapparates sei nur zu rechtfertigen; solange „die Erhaltung des Armeeapparates zu Kriegszwecken notwendig ist. Sobald diese Notwendigkeit fortfällt, müssen die schwerfälligen Stäbe und Verwaltungen aufgelöst und die besten Elemente der gelernten Arbeiter als kleine Arbeiterstoßtrupps in den wichtigsten Industrieunternehmen ausgenutzt werden"[235]. Wenn Arbeiter sich der Pflicht zur Arbeit entzögen, weil sie in ihren heimischen Dörfern sich besser ernährten, oder wenn sie aus der roten Armee zu ihren Familien während der Umwandlung normaler Truppenteile in eine Arbeitsarmee zurückkehrten, würde das als Desertion, als Arbeitsfahnenflucht verfolgt. Im Kampf gegen die Schädigung der Produktion und die Verschlechterung der allgemeinen Lage der Arbeiterklasse „sieht der Kongreß eine der dringendsten Aufgaben der Sowjetmacht und der Gewerkschaftsorganisationen ι . . im besonderen durch Veröffentlichung von Straflisten der Fahnenflüchtigen und endlich durch die Überführung der Fahnenflüchtigen in ein Konzentrationslager".[236] Als Arbeitsdesertion wurde verfolgt laut Beschluß des SNK vom 4.5.1920:

a) Wenn man sich einer Erlassung oder Registrierung, die von den Organen zur Verkündigung oder Durchführung der Arbeitspflicht verfügt worden sind, entzieht;
b) wenn die registrierungspflichtigen Arbeiter, Angestellten und Angehörigen des technischen Personals ihre Fachkenntnisse, auch wenn die Betreffenden bereits eine andere Tätigkeit ausüben, verheimlichen;
c) wenn Personen, die auf dem Wege der Arbeitermobilisierung aufgerufen oder von den Organen des Volkskommissariats für Arbeit vorgemerkt sind, sich nicht melden, um Arbeit zugewiesen zu bekommen;
d) wenn eigenmächtiges Niederlegen der Arbeit oder Verlassen des Dienstes vorliegen;
e) wenn jemand ohne triftigen Grund von der Arbeit wegbleibt;
f) wenn sich jemand der Arbeitspflicht, wie beispielsweise durch gefälschte Dokumente, durch Besetzung von Scheinposten, fiktive Aufträge, Vortäuschung von Krankheit usw. entzieht;
g) wenn jemand nach erfolgter Arbeits- oder Dienstentlassung es unterläßt, sich bei den Organen für Erlassung und Verteilung von Arbeitskräften zu melden."[237]

Zur Verfolgung der Arbeitsdesertion wurden beim Hauptkomitee für Arbeit (glavkomtrud) besondere Kommissionen eingerichtet.

Auf dem IX. Parteitag ging Trockij auf den gesellschaftlichen Charakter der Militarisierung der Arbeit ein[238] und definierte die Rolle der Gewerkschaften in ihr: „Der allrussische Zentralrat der Gewerkschaftsverbände verschiebt gegenwärtig im Verein mit dem Arbeitskommissariat und nach Übereinkunft mit dem entsprechenden Wirtschaftsorgan die Arbeiter aus einer Fabrik in die andere und straft oder nimmt das staatliche Organ zur Bestrafung derjenigen in Anspruch, die die planmäßigen Order nicht ausführen. Das eben ist Militarisierung der Arbeitskraft, Militarisierung der Industrie."[239] Er forderte, daß die Mobilisierung für alle Arbeiter gelte, nicht nur für die auf dem Lande. Die Gewerkschaften seien in ihrer existierenden Form und Arbeitsweise nicht mit der Militarisierung identisch. „Der Gewerkschaftsverband ersetzt die Militarisierung nicht, er führt sie durch, er ist Leiter."[240] Um die größte Produktivität und Widerstandsfähigkeit des Systems der proletarischen Diktatur zu erzielen, müsse die Aufgabe der Gewerkschaften umgekehrt proportional zu ihrer Aufgabe im Kapitalismus bestimmt werden. Aus den früheren Organen des Kampfes gegen das kapitalistische System und seine Interessen würden die Gewerkschaften nun zu Bestandteilen der neuen Macht. „Bei der Diktatur des Proletariats verwandeln sich die Gewerkschaf-

ten aus Organen des Kampfes seitens der Verkäufer der Arbeitskraft gegen die herrschende Klasse der Kapitalisten in Apparate der herrschenden Arbeiterklasse."[241]
Als Schule des Kommunismus seien sie mit dem Arbeiterstaat insoweit verbunden, als diesem „alle materiellen Zwangsmittel zur Verfügung stehen" und der Staat Hebel der ökonomischen Umwälzung sei. Der Zusammenhang zum Sowjetstaat war so weitgehend bestimmt, daß auch die Entwicklung der Gewerkschaften festgeschrieben wurde: „Da die Sowjetmacht die umfassendste Organisation ist, ist es klar, daß die Gewerkschaften, nach Maßgabe der Entwicklung des kommunistischen Bewußtseins und der schöpferischen Rolle der Massen, sich allmählich in Hilfsorgane des proletarischen Staates verwandeln müssen . . ."[242] Dies wurde durch die Integration der Gewerkschaften in die wirtschaftlichen und administrativen Funktionen des Staates und seiner Organe erreicht. Und zwar durch die direkte Koordination der Beschlüsse der höchsten Gremien von Partei und Gewerkschaft wie durch die Verquickung von wirtschaftlichen mit gewerkschaftlichen Grundorganisationen. Positiv formuliert, lautete die Bindung von Partei und Gewerkschaften: „Alle Beschlüsse des gesamtrussischen Zentralrats der Gewerkschaften, die die Bedingungen und die Organisation der Arbeit betreffen, sind für alle Gewerkschaftsmitglieder bindend und können von keinem anderen Parteiorgan, außer dem Zentralkomitee, aufgehoben werden."[243]
Den gewerkschaftlichen Grundorganisationen wurde auch die Aufgabe der Durchsetzung der Disziplin zugewiesen. Sie wirkten aber nicht mehr − wie es bei den Betriebsräten vor ihrer Integration in den Gewerkschaftsapparat der Fall gewesen war − an wirtschaftlichen Entscheidungen verantwortlich mit: „Das Fabrikkomitee erfüllt, ohne sich in das Verwaltungsgebiet des Unternehmens einzumischen, folgende Funktionen: es fördert die Erhöhung der Arbeitsdisziplin mit allen Mitteln, bis zum kameradschaftlichen Disziplinargericht, übt neben der allgemeinen Propaganda Arbeits- und Produktionspropaganda aus, zieht die Arbeiter zur Beteiligung an der Arbeitsinspektion heran, erzieht die Arbeiter und erweckt ihr Interesse am Verständnis für die Rolle der Fabrik, fördert die Auswahl der Administratoren aus den Reihen der Arbeiter, beaufsichtigt die Tätigkeit der Taxationskommissionen und dergl."[244] Diese Aufgaben beschränkten den Einfluß der Gewerkschaften in der Wirtschaftspolitik auf den Vollzug von Entscheidungen sowie auf die personelle Zusammensetzung der Wirtschaftsorgane. Der personelle Einfluß war insofern begrenzt, als das Prinzip der Wahl der Unternehmensleitung durch das der Ernennung und das Prinzip der Kollegialverwaltung durch die Einmannleitung ersetzt wurde. Die Gewerkschaften konnten durch ihre erzieherische Aufgabe nur noch den proletarischen Nachwuchs in die Lage versetzen, allein und in Einzelverantwortung in Positionen hineinzuwachsen, die zunehmend Spezialisten zugewiesen wurden. Dies ging nicht ohne einen offenen Widerstand der Arbeiter in den Fabriken ab. Nicht wenige Ingenieure hatten Angst, die neue Verantwortung in den Unternehmensleitungen zu übernehmen, weil die Arbeiter sie auf Schubkarren laden und aus der Fabrik fahren könnten.[245] Dem offenen Konflikt sollten die Gewerkschaften vorbeugen, indem sie den Aufstieg in leitende Positionen auch Arbeitern ermöglichten. „Eine der besonders wichtigen Aufgaben der Gewerkschaften ist die Vorbereitung des Führungskaders unserer Industrie aus Arbeitern, d.h. die technische Fachausbildung."[246] Nur in dem Maße, in dem der einzelne Arbeiter durch die Förderung der Gewerkschaft Spezialist wurde, hatte er die Möglichkeit, in entscheidende Positionen zu gelangen. Das heißt aber: als ehemaliger Arbeiter. Dazu mußte er in Konkurrenz zu seinen Kollegen treten, sich von ihnen absetzen und das hierarchische Verhältnis von der „neuen" Avantgarde und dem schlechten russischen Arbeiter akzeptieren. Als Einzelner verstand er einem Interesse eines „Ganzen", das zum Einzelnen kein Vertrauen hatte. Indem dem Individuum die Möglichkeit genommen wurde, sich unabhängig von den ihn bindenden Hierarchie zu organisieren, blieb er in diese eingebunden. Die Ausbildungsarbeit der Gewerkschaften hatte eben diese Funktion zu erfüllen.
Sollten die Gewerkschaften Träger der Militarisierung sein, hatten sie sich den neuen Erfordernissen anzupassen. Sie mußten sich auf ihre zum Kapitalismus umgekehrt proportionalen Aufgaben vorbereiten:
„Wenn vor dem Proletariat als Klasse die Aufgabe des Übergangs zur ‚Arbeit nach militärischer Methode' steht, d.h. zur größten Genauigkeit, Pünktlichkeit, Verantwortlichkeit, Schnelligkeit und Intensität der Arbeit, so bezieht sich das in erster Linie auf die Organe der Industrieadmi-

nistration überhaupt und folglich auch auf die Gewerkschaften. Die Gewerkschaften müssen gleich der leitenden Partei des Proletariats ihren eigenen Apparat reorganisieren, vor allem die Überbleibsel des Müßiggangs beseitigen, den Geist strengster Geschäftigkeit und Disziplin, sowie volle Verantwortlichkeit für die Ausführung aller und jeglicher Aufgaben einführen."[247]

Hatte es zunächst in den Gewerkschaften einen massiven Widerstand gegen die Militarisierung der Arbeit gegeben, der auf dem IX. Parteitag sogar von linken Kommunisten wie Osinskij kritisiert wurde[248], so traten die Bedenken der Mehrzahl der Gewerkschafter nach den ersten Einsätzen der Arbeitsarmeen zurück — oder aber kamen nach dem Beschluß des Parteitages nicht mehr an die Öffentlichkeit. Osinskij sprach sich nur gegen eine „übermäßige Erweiterung des Begriffes der Militarisierung" und „gegen eine blinde Nachahmung militärischer Vorbilder" aus.[249] Tomskij hatte sich auf dem Parteitag für die Militarisierung, aber gegen die Einmannleitung ausgesprochen. Kalinin dagegen verlangte in seiner Funktion als Vorsitzender des Allrussischen Exekutivkomitees (VCIK), die Hauptaufgabe der Gewerkschaften gegenwärtig darin zu sehen, die Intensität der Arbeit zu fördern. Die Opposition blieb schließlich auf Parteien wie die Menschewiki begrenzt und war damit in Entscheidungsgremien wirkungslos. Auf dem 3. Gewerkschaftskongreß vom 6. — 13. April 1920 hatten die Gewerkschaften über die Militarisierung der Arbeit zu entscheiden. Bucharin, der schon auf dem IX. Parteitag das Referat über die Gewerkschaften gehalten hatte, war in seiner pathetischen Art fast zynisch, als er erklärte: „Und wenn der Allrussische Gewerkschaftskongreß fast unmittelbar im Anschluß an den Parteitag stattfindet, so ist die Aufeinanderfolge der Tagungen von einer tiefen symbolischen Bedeutung."[250] Die Gewerkschafter könnten unbesorgt sein. Der Einfluß des Gewerkschaftsapparates werde nicht — wie zunächst angenommen — sich schwächen sondern vermehren, da die Partei in den Gewerkschaften die Grundlage der gesamten Sowjetmacht sehe. „Unsere Partei wäre absolut machtlos, sie könnte nicht den hundertsten Teil von dem leisten, was sie geleistet hat und was geleistet werden muß, wenn sie sich nicht die ganze Zeit bei allen ihren Arbeiten auf eine solche Organisation der Arbeiterklasse, wie die Gewerkschaften es sind, hätte stützen können."[251] Damit war die Funktion der Gewerkschaften für die nachrevolutionäre Periode als Transmissionsriemen der Wirtschaftspolitik der Partei umrissen. Lenin interpretierte auf dem III. Gewerkschaftskongreß noch einmal die Stellungnahme des Parteitages zur Arbeitsdisziplin und der veränderten Stellung der Gewerkschaften: „Hierbei stoßen wir auf all die Mißverständnisse, die nicht zufällig sind, sondern das Ergebnis der historischen Rolle der Gewerkschaften einmal als Instrument der zunftmäßigen Vereinigung im Kapitalismus und zum anderen als Klassenorganisation der Arbeiter, die die Staatsmacht in die Hand genommen haben. Diese Arbeiter sind zu allen Opfern bereit und schaffen eine Disziplin, die sie sagen und unbestimmt empfinden läßt, daß die Klasseninteressen höher stehen als die Zunftinteressen. Jene Arbeiter, die nicht gewillt sind, solche Opfer zu bringen, betrachten wir als Egoisten und stoßen sie aus der proletarischen Familie aus."[252] Als Cyperović für das Büro der kommunistischen Fraktion unmittelbar nach der Rede Lenins eine Resolution ohne Diskussion zur Abstimmung vorschlug, wandten sich die Menschewiki noch einmal gegen die Militarisierung der Arbeit. Sie weigerten sich, aufgrund des fraktionellen Charakters der Resolution, über sie abzustimmen. Ohne sie beschloß der Kongreß: „In allen gewerkschaftlichen Organisationen ist sofort von unten bis oben eine strenge Militarisierung einzuführen, die Gewerkschaften und deren Organe müssen das Muster für genaue und rasche Ausführung verantwortlicher Aufgaben werden, die die bedrohliche wirtschaftliche Lage des Landes und der Kampf für Erhaltung und Ausbau der Arbeiterdiktatur an uns stellt."[253] Es wurde beschlossen, in den Haupt- und Lokalkomitees für Arbeitspflicht mit entscheidender Stimme mitzuarbeiten. Den Gewerkschaften als Träger der Militarisierung konnte sich der einzelne Arbeiter nicht mehr entziehen. „Bei uns sind die Arbeiter verpflichtet, den Gewerkschaften anzugehören . . . Keine andere Organisation, außer der Armee, hat den Menschen bisher mit so hartem Zwang erfaßt wie die staatliche Organisation der Arbeiterklasse in dieser schwersten Übergangsepoche. Eben darum sprechen wir von der Militarisierung der Arbeit."[254] Wie die Gewerkschaften diente auch das Volkskommissariat der Arbeit (NKT) der Erfassung und Mobilisierung der Arbeitskraft. Hatten schon vorher Schwierigkeiten in der Abgrenzung zwischen

Gewerkschaften und NKT bestanden, ergaben sich während der Militarisierung identische Tätigkeitsbereiche auch mit dem Hauptkomitee der Arbeit (glavkomtrud). Ein Plan, die Erfassung der Arbeitskraft von NKT und glavkomtrud zu vereinen, wurde vom SNK abgelehn[255] Das glavkomtrud blieb als einziges dem Kriegskommissariat unterstellt. Die Beteiligung war paritätisch: das glavkomtrud wurde aus zwei Vertretern des Kommissariats für Inneres, zwei des Kriegskommissariats und einem Vertreter des Arbeitskommissariats gebildet. Zum Tätigkeitsbereich des glavkomtrud gehörten entsprechend dem Beschluß des SNK, der am 3.2.1920 vom VCIK bestätigt wurde, folgende Funktionen:[256]

,, a) Die Zusammenfassung aller von Produktions- und überhaupt Wirtschaftsorganen hergestellten Pläne zur Versorgung der einzelnen Industriezweige mit Arbeitskraft, zur Heranziehung der Bevölkerung zur Arbeitspflicht und zur rechtmäßigen Verteilung der vorhandenen Arbeitskraft.

b) Die Bestimmung über Anwendung dieser oder jener Form der Arbeitspflicht, die Ausarbeitung von Instruktionen für örtliche Komitees in Fragen der Arbeitspflicht, die Abfassung von Entwürfen für Bestimmungen, die dem Sowjet für Verteidigung vorgelegt werden müssen.

c) Die Ausnutzung des Apparates der verschiedenen Ressorts zur Durchführung der Arbeitspflicht und die Zusammenfassung ihrer Tätigkeit auf diesem Gebiet.

d) Die Lösung aller Fragen, die bei der Durchführung der Arbeitspflicht entstehen."

Ähnliche Aufgaben erfüllten Gewerkschaften und NKT — zum Teil durch Selbstverpflichtung. Daraus entstanden die genannten Überschneidungen.

Wenn anfangs die Militarisierung sehr emphatisch als die kommunistische Organisation der Arbeit mit den Methoden des Klassenzwangs unter der Diktatur des Proletariats beschrieben wurde, so änderte sich dies. Bald wurden die Erfahrungen der Organisation der Arbeit, der Ablieferungspflicht der Bauern, der Abschaffung des Geldes und seiner Ersetzung durch die Naturalwirtschaft als lediglich aus den wirtschaftlichen und politischen Bedingungen entstanden erklärt. Der konzentrierteste Einsatz aller verfügbaren Arbeitskräfte wurde nur partiell zum Erfolg, allgemein wurde er zum Fiasko. Trockij selbst wandte sich mit Vorschlägen, die den Grundgedanken des späteren NEP entsprachen, bereits Anfang 1920 an Lenin, um die Militarisierung zu revidieren. Nachdem Lenin seine Vorschläge zurückwies, blieb Trockij in seiner Funktion als Kriegskommissar weiterhin verantwortlich für die Durchführung der Militarisierung.[257]

Ein Grund für das Scheitern der Militarisierung war sicherlich das Fehlen jedweder Infrastruktur, die auch, wenn die Arbeiter bereit gewesen wären, sich durch die allgemeine Arbeitspflicht mobilisieren zu lassen, eine Effektivität verhindert hätte. Denn bereits in den Voraussetzungen für eine solche Mobilisierung lag ein Zirkelschluß: hatte Trockij auf dem IX. Parteitag den Plan als Grundbedingung für eine erfolgreiche Militarisierung angegeben, so war die Militarisierung die Voraussetzung für die Entwicklung eines Planes. Dieser Widerspruch war bereits in den Thesen des ZK zur Militarisierung deutlich gewesen. Hatte Trockij formuliert: ,,Dies alles kann nur dann einen Sinn haben, wenn wir über einen Apparat zur richtigen wirtschaftlichen Anwendung der Arbeitskraft auf Grund eines einheitlichen, das ganze Land und alle Wirtschaftszweige umfassenden Wirtschaftsplanes verfügen"[258], so fehlten für eine Erstellung eines Planes aber alle denkbaren Informationen. Oft waren nicht einmal alle Betriebe bekannt — von den Lagern und Vorräten gar nicht erst zu sprechen. Entsprechend ungenau waren die Daten über die zu mobilisierende Arbeitskraft. Die von Trockij eingeführten Prioritäten, um zu einem Plan zu gelangen, nämlich: zuerst den Transport aufzubauen, dann den Maschinenbau im Interesse des Transports, Gewinnen von Rohstoffen und Lebensmitteln, Ausbau des Maschinenbaus im Interesse der Produktion von Gebrauchsartikeln und schließlich Produktion von Gebrauchsartikeln, konnten den Zirkelschluß nicht lösen. In Vestnik truda wurde das Dilemma angesprochen: ,,Nicht die Aufstellung eines allgemeinen Wirtschaftsplans bestimmt die planmäßige Versorgung mit Arbeitskräften, sondern umgekehrt: im gegenwärtigen Moment kommt die planmäßige Versorgung der Wirtschaft mit Arbeitskräften der Aufstellung eines solchen einheitlichen Wirtschaftsplans gleich."[259] Wie die Versorgung der Wirtschaft während der Militarisierung aussah, beschrieb Minz für das Jahr 1920 und das erste Halbjahr 1921. Seine Berichterstattung ist die umfassendste dieser Zeit, kann aber durch die unzulängliche Datenerfassung nicht als vollständig angesehen werden. So ist von den Ergebnissen der Mobilmachung im Jahre 1920 bekannt:

„ 1. in der Zeit vom 15. April bis 1. November 1920 wurden 16 210 und späterhin noch 6 000 Bergarbeiter nach dem Donezbecken befördert;
2. 600 in der Naphtaindustrie beschäftigte Arbeiter;
3. rund 35 000 Eisenbahnarbeiter;
4. in Bezug auf Bauarbeiter wurden in der Saison 1920 Orders auf 121 462 Mann erteilt. Auf Grund der aus einem Teile der Gouvernements eingelaufenen Berichte können wir den Erfolg der ganzen Mobilmachung beurteilen: der Prozentsatz der ausgefüllten Order betrug 12 Prozent;
5. gouvernementale Mobilmachungen erfolgten in den Gouvernements Twer, Jaroslavl' und Petrograd. Im Gouvernement Twer trafen 15 bis 20 000 Arbeiter der verschiedenen Berufe ein;
6. zu den Mobilmachungen nach Jahrgängen gehören die Mobilmachung der Jahrgänge 1886 bis 1888, mit der am 15. Oktober 1920 begonnen wurde und die in 37 Gouvernements zur Durchführung gelangte, sowie die Kontrollversammlung der militärpflichtigen Personen. Nach erfolgter Mobilmachung der 3 Jahrgänge wurden 131 000 Arbeiter auf Arbeit entsandt, wo sie hauptsächlich als ungelernte Arbeiter Verwendung fanden. 90 000 Arbeiter wurden für Erntearbeiten zur Verfügung gestellt."[260]

Die Ergebnisse der Militarisierung für das 1. Halbjahr 1921 waren:

„ 1. Die Mobilmachung für Zwecke der Flößerei ergab 56 000 Flößer von Beruf und 90 000 ungelernte Arbeiter (auf dem Wege der Arbeitspflicht).
2. Von der Mobilmachung für Bauarbeiten im Zeitraum Januar/April wurden 70 608 Mann gefordert. Beordert wurden in der Zeit Januar bis April 29 303 Mann, im Mai 5 937, im Juni 888 Mann. Somit wurden im Laufe des halben Jahres 36 128 Bauarbeiter zu Arbeiten beordert, davon rund 20 000 Mann aus der Zahl der mobilisierten Arbeiter.
3. Die Mobilmachung der Schiffbauarbeiter hatte das folgende Ergebnis: bis 1. Juni 1921 wurden 11 593 Arbeiter, im Juni 2 395 Arbeiter mobil gemacht und zur Arbeit beordert. Die Gesamtzahl der im halben Jahr Mobilisierten betrug 14 998.
4. Die Mobilisierung der Bergarbeiter ergab 26 515 Mann.
5. Die Mobilmachung der Fischer ergab 12 506 Mann.
6. Die Mobilmachung der im Bildungswesen tätig gewesenen Personen ergab 6 660 frische Kräfte.
7. Die Mobilmachung der Elektrotechniker ergab 2 330 Personen.
8. Die Mobilmachung der Arbeiter des polygraphischen Gewerbes ergab 939 Personen.
9. Die Mobilmachung der Maschinenbauer lieferte der Hauptstelle für landwirtschaftliche Maschinen 503 Arbeiter.
10. Die Mobilmachung der in der Flugzeugindustrie tätig gewesenen Personen ergab 398 Mann.
11. Die Mobilmachung der im Automobilwesen tätig gewesenen Personen ergab 385 Mann."[261]

Eine große Zahl der durch die Mobilmachungen gewonnenen Arbeitskräfte wurden nicht genutzt, weil entweder Unterbringungsmöglichkeiten für die Arbeiter fehlten, oder es keine Nahrungsmittel gab, oder aber sich die gesamte Situation des Unternehmens so verschlechtert hatte, daß, wenn die Arbeiter dort ankamen, bereits überhaupt keine Arbeiter mehr benötigt wurden. Zudem gab es keine Kontrolle über die Richtigkeit der Anforderungen der Unternehmen. So überstieg oft die Zahl der angeforderten Arbeitskräfte die Zahl der vorhandenen um das Doppelte. Übertriebene Anforderungen trugen dazu bei, daß tausende von Arbeitern aus ihren Fabriken oder Dörfern herausgerissen wurden, wochenlang durch die UdSSR fuhren, um schließlich unter größten Mühen z.T. ohne funktionierendes Transportwesen zu versuchen, ihren Weg zurück zu finden. Entsprechend gering war trotz hoher Strafen die Disziplin bei der Durchführung der Arbeitspflicht. Die Quote unbegründeten Fehlens bei der Arbeit war so hoch, daß ihr die niedrige Produktivität im Jahre 1920 zugeschrieben wird:[262]

Arbeitstage in den Jahren 1920 u. 1921

	Zahl der gelei-steten Arbeits-Tage in Tsd.	erschienen zur Arbeit		Tage, an denen ein Arbeiter nicht erschienen zur Arbeit						
		gearbei-tet	nicht gearbei-tet	wg. Ver-bandsan-gelegenh.	wg. Beur-laubung	wegen Krank-heit	aus trifti-gen Grün-den	aus nicht trifti. Grün-den	wg. Arbeits-ruhe	insge-samt
1. Halbjahr 1920										
Zentralverwaltung der Artillerie-werkstätten	5 798	121,2	1,2	5,2	1,1	13,2	3,0	13,3	23,8	59,6
Staatliche Maschinenbauanstalten	3 563	103,3	–	7,1	1,1	17,4	5,3	19,2	28,6	78,7
Hauptstelle für die grundlegende chemische Industrie	543	122,7	–	6,7	2,0	12,3	3,5	13,8	21,1	59,3
Hauptpapierstelle	623	120,0	–	5,4	2,1	9,9	5,7	9,1	29,8	62,0
Hauptstelle f. Zündholzfabrikation	167	103,4	15,7	0,4	–	12,3	2,6	13,7	33,9	62,9
Hauptstelle für Tabak	1 114	100,0	4,4	4,5	1,9	10,8	1,2	10,1	40,2	68,6
2. Halbjahr 1920										
Zentralverwaltung der Artillerie-werkstätten	9 727	136,9	0,4	5,0	0,6	10,7	2,5	11,8	16,1	46,7
Staatliche Maschinenbauanstalten	3 338	118,4	0,1	0,8	2,3	14,9	3,6	17,4	20,5	65,5
Hauptstelle für die grundlegende chemische Industrie	764	134,5	–	4,6	5,6	7,8	2,5	10,2	18,8	49,5
Hauptpapierstelle	739	129,7	0,3	3,4	7,1	9,6	4,5	6,0	23,4	54,0
Hauptstelle f. Zündholzfabrikation	301	129,5	0,3	2,1	1,4	6,5	6,2	10,8	27,2	54,2
Hauptstelle für Tabak	1 252	113,2	0,2	5,8	13,2	11,4	1,9	10,1	28,1	70,5
1. Halbjahr 1921										
Zentralverwaltung der Artillerie-werkstätten	9 829	113,4	0,6	4,2	2,6	10,3	4,9	13,2	31,8	67,0
Staatliche Maschinenbauanstalten	3 556	113,8	0,6	2,2	2,1	10,7	5,8	12,1	33,7	66,6
Hauptstelle für die grundlegende chemische Industrie	969	124,9	3,2	3,9	5,0	9,9	3,9	7,2	23,0	52,9
Hauptpapierstelle	465	107,4	10,0	2,5	3,4	7,1	5,9	8,6	36,1	63,6
Hauptstelle f. Zündholzfabrikation	1 561	107,8	3,9	5,9	3,6	10,4	2,0	7,0	40,4	69,3
Hauptstelle für Tabak	865	120,9	2,3	4,1	2,9	10,7	4,9	5,5	28,7	57,8

Während die Zahl der geleisteten Arbeitsstunden im 2. Halbjahr 1920 über der im 1. Halbjahr 1920 geleisteten lag, sank sie in einigen Industriezweigen im 1. Halbjahr 1921 wieder. Dagegen nahm die Zahl der Tage, an denen die Arbeiter nicht zur Arbeit erschienen, Anfang 1921 im Vergleich zu denselben Monaten im Vorjahr zu. Zu dem Verlust an Arbeitsstunden durch nichtgeleistete Arbeitszeit kam, daß die Sowjetunion mehr als irgendein anderes Land Zeit durch Feiertage verlor, die nach dem Sturz des Zarismus — obwohl abgeschafft — weiter begangen wurden. Bei dem extrem langen Arbeitstag der Jahre 1911 bis 1916 betrug die Zahl der Arbeitstage im Durchschnitt nur 250 Tage.[263] Diese Sitte blieb nach der Einführung des 8-Stundentages erhalten. In der Hauptstelle für Tee z.B. fielen im 1. Halbjahr 1921 auf 100 Arbeitstage 44 Feiertage, 14 Tage Fernbleiben von der Arbeit aus den verschiedensten Gründen. In einigen Industrien wuchs die Zahl der Feiertage nach der Revolution wie z.b. in den Artilleriewerkstätten um 8 Tage und bei den Maschinenbauanstalten um 5 Tage.

Die Arbeitsdesertion war nicht nur eine Frage der Arbeitsdisziplin, wie es durch die Diskussion über sie erscheinen mag. Sie war auch eine Form des Arbeitskampfes, der auf politische und ökonomische Forderungen verzichtete, aber sich durch individuellen Entzug gegen den Arbeitseinsatz wandte. Diese Kampfform richtete sich nicht gegen Einzelbedingungen, sondern gegen das gesamte System der Rekrutierung. Sie wurde vor allem dort eingesetzt, wo dem einzelnen Arbeiter bessere Versorgungsmöglichkeiten auf dem Lande erleichterten, die Arbeitsstätte zu verlassen. Die Arbeitsdesertion wurde deshalb vom NKT zu Recht als eine der Hauptkonfliktformen des Kriegskommunismus und der Militarisierung der Arbeit beschrieben.[264] Als Form des Arbeitskampfes kam die Arbeitsdesertion in ihrer radikalen Verweigerung am ehesten dem Streik gleich. Entsprechend den Bedingungen der Rekrutierung und den beschränkten Möglichkeiten, offene Arbeitskämpfe zu führen, war diese Form meist nicht kollektiv, auch wenn sie zu einer Massenarbeitsverweigerung wurde.

Daß sich die Arbeiter mit zunehmender Militarisierung der Arbeit immer weniger an die Gewerkschaften wandten, die für die Lösung von Konflikten zuständig waren, mochte an der geringen Chance gelegen haben, ihre Interessen auf dem Beschwerdeweg durchzusetzen. Während im Jahr 1918 nur 14 Prozent aller Konflikte gegen Arbeiter entschieden wurden, waren es im 1. Halbjahr 1919 plötzlich 76 Prozent, im 2. Halbjahr 70 Prozent und 1920 68 Prozent bzw. 60 Prozent. Dabei bildeten die Ursachen der Konflikte 1918 in 78 Prozent der Fälle Lohngründe, 1919 waren 56 Prozent der Fälle Lohngründe und 1920 nur noch 19 Prozent der Konflikte. Genau umgekehrt änderten sich die Konfliktdaten, wenn Entlassungen der Grund waren: Lagen 1918 nur 10,4 Prozent der Konflikte Entlassungen zugrunde, so stieg diese Zahl 1919 auf 18,6 Prozent und betrug 1920 sogar 40,2 Prozent aller Konflikte.[265]

Der einmalige Sieg der Revolution hob die Notwendigkeit des Klassenkampfes des Proletariats nicht auf. Niederlagen der Revolution — wie die Entmündigung der Räte, der Betriebskomitees, und schließlich des Gewerkschaftsapparates machten ihn ebenso nötig wie die Formen der Disziplinierung der Arbeitskraft, die Einführung des Stücklohns, die Einmannleitung usw. Arbeitskämpfe richteten sich nun nicht mehr gegen eine Klasse der Kapitalisten. Sie erhielten vielmehr die verzweifelte Qualität eines Kampfes um die eigene Autonomie. Die Verantwortung der Arbeiterklasse den Aufbau der Wirtschaft war nicht zu trennen von der Realisierung dieses Aufbaus. In ihr lag der Grund für den immer wieder aufflackernden Widerstand.

Je schlechter die Lebensbedingungen wurden, desto häufiger kam es auch zu kollektiven Formen des Widerstandes, zu Streiks, offenem Protest und sogar zum Aufstand.[266]

,,Im März 1919 brach in den wichtigsten Industrien Petersburgs ein Streik aus, der von den Putilov Werken ausging. Die von der allgemeinen Versammlung der Arbeiter verabschiedeten Forderungen waren:

1. Heranziehung von erfahrenen Arbeitern und Spezialisten zum Aufbau des Staates, der Verwaltung und insbesondere zur Lebensmittelversorgung.
2. Freie Einfuhr aller Produkte . . .
3. Vergrößerung der Brotrationen, ohne die Normen für die übrigen Bürger zu verringern.
4. Erhöhung der Tarifsätze.

Dem Streik schlossen sich unter anderen folgende Fabriken an: Putilovskaja verf', nevskij stroitel'nyi i mechaničeskij zavod, die Schuhfabriken Skorochod und Pobeda, rezinovych izdelij „Treugol'nik", glavnye masterskie nikoaevskoj ž.d., Roždestvenskij tramvajnyj park etc. Durch diesen Streik wurde die Einführung der trudovogo pajka beschleunigt, die die Ausgabe eines halben Funts für jeden faktischen Arbeitstag bedeutete.
Diese Maßnahme verkürzte die Streiks. Er war schon am 22. März liquidiert."268
Ende Februar 1921 streikten Arbeiter/-innen in Petersburg, Moskau und Kiev und forderten bessere Winterkleidung, regelmäßige Lebensmittelverteilung und die Freiheit der Arbeit, die Abschaffung der Arbeitsverpflichtungen. In Kiev wurde gefordert, daß die Fabriken den Arbeitern gehören sollten und daß ein staatlich nicht kontrollierter Produktenaustausch zwischen Stadt und Land wieder eingeführt werden solle.269
Bis zum Generalstreik spitzte sich nach einer Beschreibung von F. Dan die Lage in Petersburg zu: „In den Fabriken und Werken brodelt es. Arbeiter versammeln sich, um die Lage zu diskutieren. Alle ihre Forderungen konzentrieren sich weitgehend auf die Abschaffung der Sperrkommandos und die Aufhebung aller Beschränkungen des freien Lebensmittelmarktes. Kommunisten, die in Fabriken und Unternehmen reden wollten, kamen nicht zu Wort. Auf der Straße wurden sie aus ihrem Auto geworfen und mit Prügel bedroht. Bis zum 20. Februar war die Bewegung zu einem Generalstreik herangewachsen.270
Auch auf einer Gouvernementkonferenz der Metallarbeitergewerkschaft kam es im Februar 1921 zu Ausschreitungen gegen die Redner der KPR (b), die für den Verfall der Wirtschaft verantwortlich gemacht wurden.271 Ihr Widerstand nahm dabei Formen an wie ein „klassenmäßiger Haß" gegenüber Funktionsträgern der Partei und der Staatsorgane.272
Forderungen nach Sowjets ohne Bolschewiki tauchten im März 1921 in dem bekanntesten dieser Aufstände, in Kronstadt auf:
„Unser Land steht mitten in einer schwierigen Situation. Hunger, Kälte und wirtschaftlicher Verfall halten uns nun schon drei Jahre lang in eiserner Umklammerung. Die kommunistische Partei, die das Land regiert, hat die Verbindung zu den Massen verloren und sich als unfähig erwiesen, das Land aus dem Zustand allgemeiner Zerrüttung herauszuführen. Sie hat den Unruhen, die in letzter Zeit in Petrograd und Moskau ausbrachen und die klar genug darauf hinwiesen, daß die Partei das Vertrauen der Arbeitermassen verloren hat, nicht Rechnung getragen. Auch die Forderungen, die die Arbeiter erhoben, hat sie nicht berücksichtigt. Sie hält alles das für Umtriebe der Konterrevolution. Doch irrt sie sich gewaltig.
Diese Unruhen, diese Forderungen sind die Stimme des ganzen Volkes, aller Werktätigen. Alle Arbeiter, Matrosen und Rotarmisten erkennen jetzt klar, daß es nur durch gemeinsame Anstrengungen, durch den gemeinsamen Willen der Werktätigen möglich ist, dem Land Brot, Brennholz und Kohle zu geben, die Nackten und Barfüßigen zu kleiden und die Republik aus der Sackgasse herauszuführen."273
Obwohl sich sogar zahlreiche Bolschewiki dem Aufstand angeschlossen hatten und Delegierte der KPR (b) den zu dieser Zeit tagenden Kongreß der KPR (b) verließen, wurden die Forderungen nach freiem Handel für die Bauern und Industriekonzessionen für das Ausland als Indizien für die konterrevolutionäre Motivation der Kronstädter gewertet, und der Aufstand als konterrevolutionär niedergeschlagen. Obwohl der X. Parteitag nur einige Tage danach im NEP ähnliche wirtschaftliche Maßnahmen beschloß, wie die Aufständischen sie forderten, hat Trockij erst sehr viel später in einer Diskussion mit Victor Serge konzidiert, daß es zu Kronstadt nicht gekommen wäre, wenn das NEP ein Jahr früher eingeführt worden wäre.274
Die militärische Niederlage, die dem Kronstädter Streikaufstand beigebracht wurde, richtete sich gegen die unabhängige Aktion der Arbeiterklasse. Sie hatte aber auch Auswirkungen auf die Organisationsfreiheit in der Partei. Mit den Beschlüssen gegen die Opposition und gegen die Demokratie in der Partei auf dem X. Parteitag wurde es faktisch unmöglich, die Linie der Partei durch parteiinterne Opposition zu verändern.

III. Streiks im NEP

Nach der Phase des Kriegskommunismus setzte in der autonomen Aktivität der Arbeiterklasse unabhängig von den Gewerkschaften und der Partei eine neue Phase ein. Dabei lag die Reaktion der Partei hinsichtlich ihrer Haltung gegenüber Streiks von Anfang an fest, und wenn es dennoch auf allen Gewerkschaftskongressen und sogar auf dem XI. und dem XIV. Parteitag zu einer Debatte über Streiks kam, so lag das nicht an einer Opposition innerhalb der Partei, die die Frage der Autonomie der Arbeiterklasse immer wieder gestellt hatte. Es war vielmehr die soziale Wirklichkeit, es waren die Kämpfe der Arbeiterklasse unter ihrer eigenen Diktatur, die den Bolschewiki diese Diskussionen aufzwangen. Die im folgenden dargestellte Debatte soll zeigen, ob und mit welchen Mitteln die bolschewistische Partei in der Lage war, auf die ihr aufgezwungene Fragestellung zu antworten. In dieser Debatte gab es einerseits die Diskussion über spontane Erhebungen der Arbeiter, die oft ohne das Wissen der Partei und der Gewerkschaften abliefen, auf die die Partei nur mit Ratlosigkeit und der Erfüllung der Forderungen der Arbeiter antworten konnte. Andererseits und parallel suchten Partei, Gewerkschaft und Wirtschaftsorgane arbeitsrechtlich sog. friedliche Wege der Konfliktlösung zu errichten, die diesen Konflikten den Sprengstoff nehmen sollten. Obwohl beide Diskussionen parallel geführt wurden und in der Integration von Konflikten die Antwort der Partei und der Gewerkschaft auf die durch die spontanen Streiks aufgeworfenen Fragen lag, werden beide Wege der Konfliktbewältigung hier in der Darstellung getrennt. Einerseits ist die Frage der Streiks nach einer Revolution wichtig genug, um gesondert behandelt zu werden, und andererseits ist die Darstellung von Instanzen und Kompetenzen der Konfliktlösung nach dem Schlichtungsprinzip zu komplex, da die Institutionen, die die Konflikte behandeln, in der Diskussion um ihre Kompetenz dargestellt werden müssen. Daß das Ergebnis eines langen Instanzenweges nur der Verlust an Spontaneität sein kann, ist dann einleuchtend, wenn Widersprüche nicht ausgetragen werden können und Widerstand keine Veränderungen hervorruft. Desinteresse und Handlungsunfähigkeit wirkten damit direkt gegen die intendierte prinzipielle Haltung der Partei und schadeten entgegen der Absicht dem Aufbau des Wirtschaftssystems mehr, als wenn die wirklich vorhandenen Widersprüche aufgedeckt worden wären und sie offen hätten gelöst werden können.

a) Die Streikdebatte

Schon in den ersten Äußerungen zu Streiks nach der Oktoberrevolution wurde das volkswirtschaftliche Gesamtinteresse als das des gesamten Proletariats festgelegt, dessen Handlungen auf konstruktive, die Volkswirtschaft strukturierende Aktionen definitorisch begrenzt. Da knüpfte Tomskij sogar in vorrevolutionären Zeiten an, als er auf dem I. Gewerkschaftskongreß (7. — 14.1.1918) darlegte: „Selbst vor der Oktoberrevolution zwang die allgemeine industrielle Lage die Gewerkschaften, Streikaktionen aufzugeben."[275] Ein Antrag von Cyperovič wurde abgelehnt, der sich für die Anwendung von Streiks aussprach, solange die Produktionsmittel noch nicht vollständig vergesellschaftet waren. Allerdings wurde nur die Beteiligung der Gewerkschaften bei Streiks bzw. ihre Nichtbeteiligung bestimmt, nicht jedoch ein Verbot von Streiks verallgemeinert. Unter den Bedingungen des Bürgerkriegs erklärte Tomskij auf dem II. Kongreß der Gewerkschaften im Januar 1919 wiederum:

„Zu diesem Zeitpunkt, in dem die Gewerkschaften Löhne und Arbeitsbedingungen regulieren, in dem die Ernennung des Volkskommissars für Arbeit ebenfalls von unserem Kongreß abhängig

ist, können in Sowjetrußland keine Streiks stattfinden."[276]
Im selben Jahr schlug Šljapnikov im Zentralrat der Gewerkschaften eine Resolution vor, daß die
Gewerkschaften alles unternehmen sollten, die Mißstände der Arbeiter zu beseitigen und damit
mit allen Kräften gegen desorganisisierende Streiktendenzen anzugehen und den Arbeitern die
entsetzlichen Folgen von Streiks zu erklären.[277] Nachdem der X. Kongreß der Partei in der die
gesamte Partei erschütternden Tendenzdiskussion über die Rolle der Gewerkschaften entschieden hatte und ihnen, nachdem sie militärische Nachschubfunktionen während des Bürgerkrieges
erfüllt hatten, eine relative Unabhängigkeit zuwies, war ihre teilweise Ausübung staatlicher
Funktionen ohne Verstaatlichung der Gewerkschaften vorgesehen. In den Diskussionen auf dem
XI. Kongreß stand zu Beginn der neuen ökonomischen Politik die Frage der Konfliktregelung
wieder im Mittelpunkt. Solange die Elektrifizierung der Landwirtschaft und der Industrie nicht
wenigstens in den Grundzügen abgeschlossen sei „und damit die Axt an alle Wurzeln des Klein-
betriebs und der Marktwirtschaft gelegt ist", solange müßten auch die Kommunistische Partei,
die Sowjetmacht und die Gewerkschaften anerkennen, „daß der ökonomische Kampf besteht"
und „unvermeidlich ist". Denn: „Solange Klassen bestehen, ist der Klassenkampf unvermeidlich."[278]
Ökonomische Kämpfe in der Gestalt von Streikkämpfen, die im Kapitalismus die Zerstörung
des Staatsapparates bedeuteten, könnten jedoch im „proletarischen Staat vom Übergangstypus"
nur dessen Festigung beinhalten, also sich gegen seine „bürokratische(n) Auswüchse . . ., gegen
seine Fehler und Schwächen, gegen die sich seiner Kontrolle entziehenden Klassengelüste der Kapitalisten usw. richten"[279]
Ausschließlich Deformationen rechtfertigten die Anwendung des Streikkampfes. Ihn aber in
Staatsbetrieben abzuwenden war die Aufgabe der Gewerkschaften. „Einer der wichtigsten und
unfehlbarsten Gradmesser für die Richtigkeit und den Erfolg der Arbeit einer Gewerkschaft ist
der Grad, in dem sie Massenkonflikte in Staatsbetrieben erfolgreich durch eine umsichtige Politik verhütet, die auf den wirklichen und allseitigen Schutz der Interessen der Arbeitermassen sowie auf die rechtzeitige Beseitigung der Anlässe für Konflikte gerichtet ist."[280]

Der Verabschiedung dieser Resolution ging auf dem XI. Kongreß der RKP eine längere Diskussion
über die Bedeutung von Streiks im Arbeiterstaat voraus, die einerseits eine Produktionsbefangen-
heit zeigte, indem sie in der wirtschaftlichen Situation und der Abhängigkeit der Revolution von
dieser alle Erklärungen fand, andererseits aber kaum Einschätzungen finden ließ, ob die Kommunistische Partei, die im Augenblick Träger der Macht war, auch die kontinuierliche Avantgarde
der Revolution bleiben konnte. Miljutin etwa schlug vor, Streiks nur in der Privatindustrie zuzulassen, sie aber in der staatlichen Industrie zu verbieten. Tomskij wandte zu Recht ein, daß hinter
solcher Problemstellung eine Definition von Gewerkschaften liege, die einen ungleichen Schutz
der Interessen der Arbeiter beinhalte: in der Privatindustrie würden die Arbeits- und Lebensbedingungen besser, weil im Gegensatz zur staatlichen die Interessen der Arbeiter von den Gewerkschaften verteidigt würden. Oder aber es stehe hinter dieser Aufteilung der Zulässigkeit von
Streiks ein bürokratischer Zugang zum Problem der Streiks, als ob die Arbeiter deshalb streiken
würden, weil der Streik zulässig oder unzulässig sei. Zur selben Zeit fänden in Moskau jeden Monat ca. 30 – 40 Streiks statt, unabhängig davon, ob diese Frage geklärt sei, und in der Mehrzahl
der Fälle handle es sich dabei nicht um politische Streiks sondern um ökonomische. Aus diesem
Grunde müsse die ökonomische Funktion des Streiks als Waffe im Arbeiterstaat geklärt werden.
„Deshalb kann es in der Frage der Streiks keinen Dualismus geben, sondern nur eine einheitliche
Linie. Diese Linie muß sein, den Streik als Methode im Kampf um die Verbesserung der Lage der
Arbeiter zu beenden."[281]
Die Interessenlage der Arbeiterklasse unter den Bedingungen des Arbeiterstaates sei eindeutig:
„Ist die Arbeiterklasse unter solchen Bedingungen an der Störung des geregelten Fortgangs der
Produktion, an einer Unterbrechung, an einem Aufhalten der Produktivität interessiert? Nein, sie
ist es nicht. Deshalb ist der Streik, diese Methode des Kampfes unter den gegebenen Bedingungen
nicht geeignet."[282]
Dennoch nahm Tomskij angesichts der vorhandenen Streiks eine Differenzierung vor: In der Pri-
vatindustrie könne es dann zu Zusammenstößen auch in der Form von Streiks kommen, wenn der

Kapitalist sich erlaubt, die ihm vom Arbeiterstaat gesetzten Grenzen zu überschreiten. Wenn es in der staatlichen Industrie bislang zu Streikkämpfen gekommen sei, dann seien diese nicht gegen den Staat gerichtet gewesen — abgesehen von konterrevolutionären Streiks, die ihn als Waffe gegen den sowjetischen Staat verwenden wollten — sondern vor allem gegen die Träger des sowjetischen Staats, die das Wesen der Diktatur des Proletariats noch nicht völlig begriffen hätten. „Hier ruft das Proletariat zu Recht seine Träger zur Ordnung und lenkt sie auf den proletarischen Weg zurück."[283] Nur sei in diesen Fällen die Methode des Streiks falsch gewählt, da in der staatlichen Industrie eine Einigung in Konflikten faktisch immer möglich sei und es die Aufgabe der Gewerkschaften sei, nach friedlichen Formen der Konfliktlösung in der Schlichtungskammer oder vor dem Schiedsgericht zu suchen.[284] Wenn dagegen Legien in Deutschland das Interesse der Arbeiterklasse an einer friedlichen Konfliktlösung betone, weil sie an der Entwicklung der deutschen Industrie interessiert sei, um nicht selbst von der Arbeitslosigkeit betroffen zu werden, dann unterstütze er in seinem Verzicht auf den Streik den kapitalistischen Unternehmer und den kapitalistischen Staat, während die Interessenlage der Arbeiter im Arbeiterstaat umgekehrt sei.[285] Losovskij wandte sich gegen ein Streikverbot. Denn eine Entscheidung des Kongresses zu dieser Frage bedeute, daß der SNK morgen ein Dekret über ein Streikverbot erlassen und dazu einen Katalog mit Strafen für Arbeitsniederlegungen ausarbeiten müßte. Auch er betonte, daß die Mehrzahl der Streiks nicht aus einer konterrevolutionären Motivation heraus geführt würden, sondern ein Ausdruck der Entfremdung zwischen Arbeiterbasis und den Zellen der Partei sei, daß es Zellen gebe, die in ihrer Arbeit rückständig seien, die sich nicht um die Führung der Arbeiter kümmerten, ihnen aber dennoch vorgesetzt seien.

Losovskij traf hier einen Punkt, den Rjazanov konsequenter verteidigte, als er die Delegierten fragte: „Müssen Sie, Genosse, wenn Sie der Diskussion gefolgt sind und die Stellungnahme lesen, sich nicht selbst fragen, ob wir im Sowjetrußland leben, im Reich der Diktatur des Proletariats? Wann und wo und in welchem Dekret wurde bei uns das Grundrecht der Arbeiterklasse, das Recht auf Koalition, für das ein gewisser Trockij kämpfte, abgeschafft?"[286] An gerade diesem Recht könne man am ehesten bürgerliche Demokratie und Arbeiterdemokratie unterscheiden. Dasselbe gelte für das Streikverbot: es sei niemals verboten worden. Lediglich am 26. Oktober 1917 sei ein Appell des Petersburger Gewerkschaftsrats herausgegangen, in dem die Arbeiter aufgefordert worden seien, die Waffe des Streiks unter den Bedingungen der Sowjetmacht nicht anzuwenden.

„Streiks und Ausstände der Arbeitermassen in Petrograd schaden jetzt nur. Wir bitten Euch, unverzüglich alle ökonomischen und politischen Streiks abzubrechen, bei der Arbeit zu bleiben und sie in vollem Umfang durchzuführen", hatte es 1917 in der Resolution[287] geheißen. Nach den Beratungen einer zu diesem Thema eingesetzten Kommission, schlug Rjazanov vor, die Formulierungen über Streiks gemäßigt zu halten: „Den Arbeitern aller Unternehmen wird das Koalitions- und Streikrecht zuerkannt; der Arbeiterstaat des Übergangstypus stellt eine Reihe von Bedingungen auf, unter denen der ökonomische Kampf der Arbeiterklasse, auch wenn er durch bürokratische Entstellungen dieses Staates, Fehler oder Schwächen ausgelöst wurde . . ., nicht die Form des Streiks annehmen darf."[288] In diesen Fällen müsse generell eine friedliche Lösung gefunden werden. Mit dieser Formulierung wollte Rjazanov generell das Koalitions- und Streikrecht der Arbeiterklasse erhalten, auch wenn er sich vorläufig gegen dessen Anwendung aussprach. Er schloß nicht aus, daß die Arbeiterklasse sich wegen möglicher und z.T. schon sich abzeichnender bürokratischer Verformungen gegen den Arbeiterstaat einmal zur Wehr setzen muß. Radikaler ließe sich formulieren: Die Wahl der Formen des Arbeitskampfes muß autonom bleiben. Zur Abwehr von Fehlern von Wirtschaftsorganen, des Sowjetstaates muß die Koalitionsfreiheit der Arbeiter/ -innen erhalten bleiben. Ein Verzicht auf Streiks kann nur freiwillig von denen vorgenommen werden, die zum Mittel des Streiks greifen wollen.

Auf dem XI. Parteitag wurden nicht einmal die Einwände Rjazanovs gehört. Sie wurden von Tomskij als Konfusion Rjazanovs dargestellt und ihm wurde unterstellt, daß er Streiks zugleich verurteilen und das Streikrecht erhalten wolle. Für Tomskij war die Koalitionsfreiheit gegeben: Die Möglichkeit zu streiken, sie erhalten, indem kein Streikverbot ausgesprochen wurde.[289] Hinter dieser Kontroverse stand die Befürchtung einer offensiven oppositionellen Tätigkeit sowohl der Menschewisten[290] als auch der Anarchosyndikalisten, die zu dieser Zeit schon die Sowjetregierung als Feind des Proletariats bekämpften und zu diesem Zweck die Wiederherstellung des Streikrechts einschließlich des Rechtes des Aufstandes verlangten und sämtliche integrativen Formen wie Schiedssprüche und Reglementierungen von Streiks ablehnten.[291] Als Gegenmodell zur Sowjetregierung forderten sie die Zentralisierung der Betriebsräte.

Im Februar 1922, 6 Wochen vor dem XI. Parteitag, wurde die Rolle der Gewerkschaften in der Neuen Ökonomischen Politik festgelegt. In seinem Referat auf dem II. Plenum des VCSPS verlangte Tomskij, daß die Gewerkschaften sich dem allgemeinen und fast ausschließlichen Prinzip der Volkswirtschaft anpassen müßten, um die wirtschaftliche Entwicklung zu fördern; gemäß dem kaufmännischen Prinzip habe die Wirtschaftsleitung „alle Produktionselemente zu ihrer unbeschränkten Verfügung".[292] Die wirtschaftlichen Bedingungen machten die Einmannleitung zu der zweckmäßigsten. Der Streit über ihre Einführung sei überholt: „Wenn wir uns früher um die Prinzipien der individuellen und der kollegialen Verwaltung stritten, so deshalb, weil wir uns damals die Aufgabe stellten, die Arbeiter so bald wie möglich in die Kunst der Betriebsleitung einzuführen und aus diesem Grunde zu einer gewissen Vermengung der Erziehungsaufgaben mit den Fragen der zweckmäßigen Verwaltung kamen. Jetzt sind wir zu arm zur Lösung dieser Aufgabe und die allgemeine Konjunktur ist für die Einführung der Arbeiter in die Industrieverwaltung zu ungünstig."[293] Die Gewerkschaften wichen freiwillig von schon eroberten Positionen in den Leitungen zurück und hofften, daß eine günstigere Konjunktur diesen Rückzug aufhebbar machen würde. Bis dahin hatten sie sich mit Teilschritten zu begnügen: „Wir können jetzt nur daran denken, die Arbeiter allmählich zur Leitung der Industrie heranzuziehen."[294] Dabei wurde die Notwendigkeit, warum die Gewerkschaften sich nicht mehr an der Verwaltung und Leitung der Industrie beteiligen konnten, aus Tomskijs Argumentation nicht klar. „Es gab eine Zeit, wo die Gewerkschaften wirklich die Grundlage der Industrieleitung waren. Wenn die Sowjetmacht trotz der Knappheit unserer wirtschaftlichen Hilfsmittel sich vier Jahre lang gegen ihre zahlreichen Feinde wehren konnte, und wenn sie länger imstande wäre, sich nötigenfalls auch länger zu halten, so verdanken wir es vor allem der Tätigkeit der Gewerkschaften."[295] Dies wäre eher ein Argument für eine Beteiligung. Scheinbar dialektisch argumentierte er weiter: „Unabhängig von unserer Rolle in der Industrieverwaltung werden unsere Beziehungen zur Produktion durch die ganze Geschichte der verflossenen Jahre bestimmt."[296]

Aus diesem mechanischen Ansatz folgte eine Gleichgültigkeit gegenüber tatsächlichen Veränderungen: „Ob wir die Leitung ausschließlich in unserer Hand halten, oder ob wir an ihr keinen Anteil nehmen, unsere Beziehungen zur Produktion selbst bleiben unverändert."[297] Daß eine Änderung der Institutionen einen Einfluß auf ihre Machtpositionen hatte, übersahen sie. Der Machtverlust kam aber in derselben Rede Tomskijs zum Ausdruck, als er über die tatsächliche Veränderung der Gewerkschaften in der NEP sprach und sie als Institution wieder ähnlich definierte, wie es vor der Revolution der Fall war: „Der Schwerpunkt der gewerkschaftlichen Arbeit muß überall vom Gebiet der Industrieverwaltung auf das der Vertretung der Arbeiterinteressen verlegt werden."[298] Die Einführung der Einmannleitung und die Ausschaltung der Arbeitermassenorganisationen aus der Verwaltung der Betriebe setzte die Arbeiter notwendig in einen Konflikt zu den neuen Leitern der Produktion. Auch die Gewerkschaften, die nun die Interessen der Arbeiter vertreten wollten, befanden sich in demselben Konflikt. Einerseits gab es Konflikte, die durch eine schlechte Leitung der Betriebe entstanden, andererseits waren Konflikte im System der Kollektivverträge beim Abschluß der Tarifverträge systematisch mitangelegt.[299] Die Arbeiterinteressen zu vertreten, bedeutete jedoch, daß die Gewerkschaften in Arbeitskonflikten sich primär an der wirtschaftlichen Lage und der Beziehung der Sowjetmacht orientierten: „Hatten wir Recht, wenn wir in unseren ersten Punkten die allgemeinen Aufgaben der Sowjetmacht und der Arbeiterklasse als die der Entwicklung der Produktivkräfte des Landes bestimmten, selbst wenn diese Entwicklung vom privaten Kapital unter der Leitung unseres Sowjetstaates gefördert wird, so ergibt sich daraus auch unsere Taktik gegenüber den Konflikten zwischen den Arbeitern und der Betriebsverwaltung, zwischen der Arbeit und dem Betriebskapital."[300]

Daraus ließ sich für die Gewerkschaften nur die Strategie der Eindämmung von Konflikten ableiten. „Auch hier müssen wir den Lohnkampf, die Streikwaffe, als das allgemeine Mittel der Kon-

fliktlösung für eine gewisse Zeit vollständig zurückstellen, wir müssen für eine gewisse Zeit es vollkommen außer Acht lassen, ob der Streik in einem privaten oder in einem staatlichen Betrieb eintritt."[301]
Die Frage des Streiks wurde nur unter dem Gesichtspunkt der Zweckmäßigkeit für die wirtschaftliche Entwicklung, nicht hinsichtlich seiner Berechtigung gesehen. Nicht die berechtigten Interessen der Arbeiter, die zum letzten Mittel der Auseinandersetzung griffen – unter Bedingungen, für die Streiks außerordentlich ungünstig waren[302] – zählten, sondern das fiktive Interesse der gesamten Arbeiterklasse: „Um diese Frage zu beantworten, müssen wir den Streik, ohne zu fragen, ob er begründet oder unbegründet ist, als ein Kampfmittel bezeichnen, das die Produktion desorganisiert, ihren regelmäßigen Gang stört und unter den gegenwärtigen Umständen die Produktion vollkommen vernichten kann. Und hier kann die Antwort nur eindeutig sein: unter den gegenwärtigen Umständen ist der Streik als Kampfmittel unbrauchbar."[303] Dabei berief sich Tomskij ohne zu zögern auf die Politik der menschewistischen Gewerkschaften unter Kerenskij. „Auch damit sagen wir nichts Neues. Schon unter dem Kerenskijregime fanden wir, daß der Streik eine unbrauchbare Waffe sei. Daraus ergibt sich unsere allgemeine Taktik in der Lösung der Lohnkonflikte."[304] Er berief sich nicht zufällig auf die gewerkschaftliche Neutralitätspolitik der Menschewiki, nicht auf die Forderung nach Doppelherrschaft und Arbeiterkontrolle durch die Bolschewiki, durch die die Arbeiter auf ihre künftige Alleinherrschaft vorbereitet werden sollten.[305]

Die Taktik, die sich nach Tomskij aus der Ableitung der wirtschaftlichen Lage ergab, war nicht erst durch die Begründung der Haltung zu Streiks zweifelhaft geworden. Sie war es schon, indem sie das Auseinanderklaffen der Interessen der Arbeiter und des Staates leugnete, sich ständig auf den Staat als proletarisches Gesamtinteresse stützte, statt seine Abschaffung zu fordern, und methodisch so verfuhr, als ob das Interesse des einzelnen Arbeiters/der Arbeiterin gegenüber dem mit dem Gesamtproletariat gleichgesetzten proletarischen Staat sich verhalte wie das Einzelinteresse eines Kapitalisten gegenüber dem ideellen Gesamtkapitalisten, dem bürgerlichen Staat.
Die Gewerkschaften versuchten vor allem, integrationistisch zu wirken, Konfliktstoffe zu übergehen: „Die Gewerkschaft ist verpflichtet, auf jede Störung des Produktionsprozesses schnell zu reagieren. Sie muß bestrebt sein, jeden Konflikt durch Verständigung oder durch Schiedsspruch möglichst schmerzlos und rasch zu erledigen, ohne es auf einen Streik ankommen zu lassen."[306]
Die Frage der Differenzierungen, ob Streiks in der staatlichen oder in der privaten Industrie stattfanden, wurde von Tomskij noch einmal aufgenommen: „Die erste Streikart besteht, wenn die Arbeiter in einem Privatbetrieb gegen einen Privatkapitalisten auftreten. Hier haben wir den Kampf gegen den Klassenfeind, den Kapitalisten, der sich der Kontrolle des proletarischen Staates entziehen will, die Arbeitsbedingungen zu verschlechtern und eine Situation zu schaffen versucht, bei der er durch den Druck auf die Lohnarbeiter das alte Regime wieder herstellen kann. Hier haben wir einen klaren Kampf, ein System der wirtschaftlichen Unterdrückung, einen Versuch der Konterrevolution. Hier kämpft der Arbeiter gegen die wirtschaftliche Konterrevolution.
Die zweite Art des Streiks ist der Streik in einem staatlichen Betrieb. Hier kann man auf der Grundlage der wirtschaftlichen Konflikte zweierlei Kampfformen unterscheiden. Ein Lohnkonflikt kann sich daraus ergeben, daß der Vertreter der Betriebsverwaltung die Arbeiterinteressen nicht versteht und ihnen nicht entgegenkommen will. Hier also kämpfen die Arbeiter gegen einen Angestellten der proletarischen Sowjetmacht, der die Politik der Arbeiterklasse mißversteht, der vergißt, in was für einem Staate er tätig ist, der dadurch die Sowjetmacht in Mißkredit bringt und unbewußt oder vielleicht auch bewußt im konterrevolutionären Geiste arbeitet, so daß das Proletariat ihn derb zurechtweisen muß.
Der dritte Fall tritt ein, wenn man versucht, den Streik für den Kampf gegen den proletarischen Staat, also gegen die eigene Klasse zu führen. Hier liegt schon ein Versuch vor, die Arbeiter in den Dienst der Konterrevolution zu stellen. Derartige Streiks muß die Gewerkschaft mit allen Mitteln bekämpfen. In den Streikfragen müssen wir also die strengste Disziplin bewahren. Jedes Nachgeben wäre hier von Übel. Das letzte Wort in den Streikfragen muß dem Zentralvorstand und dem Allrussischen Zentralen Gewerkschaftsrat gehören."[307]

Das Interesse, in der Privatindustrie Streiks zu führen, schwand in den Erklärungen der Gewerkschaften immer mehr zu Gunsten der Beteuerung, daß auch in dieser das wirtschaftliche Interesse der Wiederherstellung der Industrie und damit die Wirtschaftspolitik gegenüber den Unternehmern von Vorrang seien. Faktisch aber hatten die Streiks weder in der Privatindustrie noch in der Staatlichen aufgehört. Bis zum Fünfjahrplan wurden sogar regelmäßig Daten über Streiks veröffentlicht.[308]

Die Beurteilung von Streiks verschob sich immer mehr dahin, daß die u.U. sinnvollen Kämpfe negativ kategorisiert wurden. Streiks wurden zu ‚schädlichem' Verhalten. Die Differenzierung zwischen dem Streik in der staatlichen Industrie und dem Streik als konterrevolutionärer Waffe fiel als erste fort und wurde auf den gemeinsamen Nenner gebracht, daß diejenigen, die in der staatlichen Industrie streikten, „gewollt oder ungewollt eine konterrevolutionäre Politik machen".[309] In seiner Schrift „Die Gewerkschaften auf neuen Wegen" erklärte Tomskij 1922 die Waffe des Streiks zur Lösung von Arbeitskonflikten mit denselben Argumenten für schädlich, die er kurz zuvor auf dem II. Plenum des VCSPS als die der Gewerkschaften der Kerenskij Zeit ausgewiesen hatte: Unter Kerenskij hatte eine ganze Reihe von Gewerkschaften den Streik für eine schädliche Waffe des ökonomischen Kampfes erklärt, die in der gegebenen Situation mit den Interessen der Unternehmer zusammenfiele, die die Produktion sabotierten und die nur einen Vorwand suchten, um die Fabriken zu schließen.[310] „Wenn wir anerkennen, daß die einzige richtige ökonomische Politik, die die nationale Wirtschaft auf die richtigen Wege bringt, die neue ökonomische Politik ist, die von der Sowjetmacht durchgeführt wird, und wenn wir auch anerkennen, daß ihre Grundlage, ihr Wesen in der gesellschaftlichen Produktion auf dem Wege der Errichtung und Wiederbelebung der Warenproduktion besteht und die Entwicklung der Produktivkräfte sogar auf dem Wege der Zulassung von privatem und ausländischem Kapital auf einem freien Markt erfolgen würden, dann müssen wir anerkennen, daß eine Störung, eine Störung des Aufbaus, eine Unterbrechung des geregelten Gangs . . . ein Minuspunkt in der Beziehung der ökonomischen Balance ist, eine Erscheinung, die die normale Entwicklung der Produktivkräfte stört. Und wenn das alles so ist, dann müssen wir anerkennen, daß unter gegebenen Bedingungen der Streik nicht nur eine gefährliche, sondern sogar eine schädliche Waffe im ökonomischen Kampf ist und deshalb als Methode des Kampfes für die Verbesserung der ökonomischen Lage der Arbeiter nicht geeignet ist zur Lösung ökonomischer Konflikte."[311] Und weiter: „Indem auf diese Weise der Streik als Methode des Kampfes für die Verbesserung der ökonomischen Lage der Arbeiter bestimmt wird, machen wir in diesem Fall keinen Unterschied zwischen staatlichen Unternehmen und privatgeleiteten, verpachteten oder in Konzession gegebenen."[312] Das heißt, Tomskij versuchte hier bewußt, den Streik als Methode von den Inhalten zu trennen. Daß diese Position der Gewerkschaften zu Beginn der Neuen Ökonomischen Politik sogar noch ausgeweitet wurde auf Streiks, die sich gegen Privatunternehmer richteten, war ein Moment, das von allen Oppositionsgruppen innerhalb der Partei kritisiert wurde.

Auch auf dem V. Gewerkschaftskongreß im September 1922 gingen verschiedene Redner auf die negative Rolle von Streiks ein. Rudzutak bezog sie unmittelbar auf die Kollektivverträge und auf die Deformation der Wirtschaftsorgane. Wenn ein Streik stattfinde, zeige sich daran, daß die Wirtschaftsorgane bestimmten übernommenen Pflichten nicht nachgekommen seien und die Wirtschaftsorgane so entstellt arbeiteten, daß der Weg der friedlichen Konfliktlösung gar nicht erst eingeschlagen worden sei.[313] Die Wirtschaftsorgane hielten die von ihnen selbst abgeschlossenen Verträge nicht ein. Deshalb komme es vor, daß Streiks „im Innern der gewerkschaftlich organisierten Masse" heranreiften.[314] In der Logik für die Gewerkschaftsführung mochte dies als ein Widerspruch erscheinen. Faktisch gab es jedoch kaum einen anderen Ort, da die freiwillige Mitgliedschaft in den Gewerkschaften gerade erst eingeführt worden war. In den Thesen, die seinem Referat zugrunde lagen, betonte Rudzutak auch noch einmal, „daß Streiks, wie sie bei der Verteidigung der Mitgliederinteressen durch die Gewerkschaft entstehen, als Methode der Lösung von Konflikten ungeeignet sind".[315] Die Gewerkschaften wurden auf die Arbeitergesetzgebung verwiesen, die mit den Schlichtungs- und Schiedskommissionen andere Formen der Konfliktlösung vorschrieb. Der mögliche Fall eines Streiks sollte „genau individualisiert" bleiben im Einklang mit der Bedeutung des entsprechenden Zweiges der Wirtschaft und der Abhängigkeit des gesamten wirtschaftlichen Lebens von diesem. „Deshalb soll die Frage des Streiks nicht nur unter dem Gesichtspunkt der örtlichen Interessen, sondern auch der Arbeiter insgesamt gelöst werden. Von hier leitet sich das Vorrecht des ZK der Gewerkschaft ab, diese Frage zu lösen. Damit diese Taktik genau durchgeführt wird, ist es unumgänglich, daß Streiks genau reglementiert werden. Indem der Kongreß das Vorrecht der Sanktionierung und Liquidierung von Streiks den Industriegewerkschaften überläßt, hält es der Kongreß für notwendig, daß in jeder einzelnen Streikfrage die Zustimmung von der entsprechenden intersyndikalen Vereinigung eingeholt wird"[316] Der organisatorische Rahmen, wann welche Gewerkschaftsorgane über eine mögliche Beteiligung an einem Streik entschieden, wurde zentralisiert. Das Interesse der nationalen Wirtschaft wurde über das der lokalen Wirtschaft gestellt, vor allem aber über das der Arbeiter in diesen Regionen. Einzelne Gewerkschaftsorgane, wie die Betriebskomitees hatten keinen wesentlichen Einfluß mehr auf die Entscheidung, ob ihre Mitglieder sich zu Recht oder zu Unrecht an einem Streik beteiligten. Die ZK der Einzelgewerkschaften waren in ihren Entscheidungen an die Linie der Gewerkschaftskongresse gebunden, die sich klar gegen Streiks ausgesprochen hatten. Selbst wenn ein ZK einer Einzelgewerkschaft von dieser Linie abwich, hatte diese Entscheidung auf die Unterstützung des Streiks durch die Einzelgewerkschaft keinen Einfluß, wenn die intersyndikalen Organe eine andere Auffassung durchsetzten.

Schärfer formulierte F. Revzin die Position, die die Gewerkschaften auf dem V. Kongreß einnehmen sollten, in einem Artikel, der als Material für die Wirtschafts- und Tarifsektion des Kongresses diente[317], indem er von den prinzipiell anderen Verhältnissen in der Sowjetunion ausging, „wo die Industrie der Arbeiterklasse in Person ihrer staatlichen Organisation gehört". Auch er setzte voraus, daß „die Interessen der Arbeiterklasse und der Industrie einander nicht entgegengesetzt, sondern identisch" seien. Diese Identität bestehe darin, daß „die Quelle der Existenz und des Wohlergehens der Arbeiterklasse" von der Industrie abhängig sei, auch wenn diese auf kommerzieller Grundlage arbeit. Aber aus der Abhängigkeit, daß „die Arbeiterklasse . . . ihre materielle Lage nur in dem Maß der Wiederherstellung und Entwicklung der Industrie, nur entsprechend ihrer Mittel verbessern" könne, konstruierte Revzin, daß unter den Bedingungen der neuen ökonomischen Politik die Arbeiterklasse nicht in einen antagonistischen Widerspruch geraten könne. Auch er lehnte deshalb jede Störung des Produktionsprozesses ab: „Deshalb besteht die Aufgabe der Arbeiterklasse darin, ihre Industrie zu errichten und auf jede denkbare Weise zu schützen. Die kleinste Störung des Ablaufs der Produktion, selbst eine kurze Unterbrechung der Arbeit unserer noch nicht zu Kräften gekommenen Industrie verringert ihre Mittel, die den Aufbau verzögern. Deshalb ist der Streik ein direkter Schlag gegen unsere Wirtschaft, schwächt der Streik die Kräfte unserer Wirtschaft, die Kraft einer bestimmten Fabrik, desorganisiert sie, vermindert ihre Mittel, untergräbt sie und deshalb ist der Streik nicht nur für die Industrie, sondern gleichermaßen für die ganze Arbeiterklasse schädlich. Das gilt auch für die Arbeiter, die den Streik führen."[318]

Indem antagonistische Interessen nicht mehr anerkannt wurden, verursachte die Konfrontation gleicher Interessen Schaden. Daß dem Entstehen von Konflikten unmittelbar unterschiedliche Interessen zugrunde liegen, daß sie ja ohne Interessendifferenzen gar nicht erst entstehen könnten, wurde nicht mehr hervorgehoben, sondern in die scheinbare Identität der Interessen integriert. Der einzelne Arbeiter sollte davon ausgehen, daß er im Widerspruch zu seinen eigenen Interessen handelte, wenn er seine Interessen auf einem Wege zu erreichen suche, der ihm versagt wurde. Selbst die Rationalität des Widerstandes gegen das Privateigentum wurde in dem Augenblick bestritten, indem die Rationalität des Widerstandes gegen staatlich verwaltetes Eigentum gesellschaftliche Praxis wurde. Dem in seinem Handeln faktisch entmündigten Arbeiter wurde warnend entgegengehalten: „Die Streikkosten der Produktion sind in Wirklichkeit die Kosten der Arbeiterklasse selbst."[319] Die Entscheidung, ob einzelne Arbeiter der gesamten Arbeiterklasse die Kosten für einen Streik, für einen etwa gerechtfertigten Widerstand zumuten wollten, die Möglichkeit, andere Teile der Arbeiterklasse auf ihre Situation aufmerksam zu machen, sollte ihnen abgenommen werden.

Die Situation, in der eine Gewerkschaft organisierende Aufgaben in einem Streik einnehmen könnte, wurde so weit wie möglich begrenzt. „Nur in außergewöhnlichen Fällen, wenn die

Grundlage eines Konfliktes eine Veränderung des Wesens der Beziehungen ist und damit der Streik unumgänglich ist, kann die Gewerkschaft an seiner Spitze stehen."[320] Aber Revzin verstand unter „Veränderung des Wesens der Beziehungen" nicht etwa die Privatindustrie, die ja gerade durch das NEP zugelassen wurde. „Aber in der Privatindustrie ist der Streik als Methode der Lösung ökonomischer Konflikte in der gegenwärtigen Zeit nicht zweckmäßig. Wir sind an der Entwicklung der privaten Unternehmen interessiert, die unter der Kontrolle des Arbeiterstaates arbeiten und im Interesse der gesamten Arbeiterklasse zum Leben erweckt wurden, um die Entwicklung der Produktivkräfte des Landes zu beschleunigen. Deshalb stimmt die Desorganisation auch der privaten Unternehmen nicht mit unseren Interessen überein." Der Ausnahmefall, in dem ein Streik unter der Führung der Gewerkschaften stattfinden konnte, wurde weiter eingeschränkt: „Nur in Ausnahmefällen, wenn der Unternehmer die friedliche Lösung des Konflikts verweigert, und wenn es für die Gewerkschaftsposition vorteilhaft ist, kann und muß letztere den Streik anwenden."[321] Der Arbeiterklasse wurde damit systematisch jede Kampfmöglichkeit genommen, die sie befähigte, in Situationen der Änderung des Systems, der Erstarkung der Kräfte der Gegenrevolution, die Revolution zu verteidigen. Das gilt sowohl hinsichtlich der der Revolution immanenten Deformationsprozesse, der Bürokratisierung, als auch hinsichtlich der Gefahren, die von dem wiederzugelassenen Privateigentum ausgingen.

Diese Position, wie sie auf dem V. Gewerkschaftskongreß festgelegt wurde, wurde auf dem VI. Gewerkschaftskongreß nur noch kurz wieder aufgenommen, denn die Existenz von Streiks blieb so lange wahrscheinlich, als sich die Bedingungen innerhalb der Industrie nicht verbesserten.

Dogadov stellte als Ergebnis der neuen Taktik gegenüber Streiks fest, daß schon im Jahre 1924 im Vergleich zu den Jahren 1922/23 eine Abnahme der Streiks in den staatlichen Unternehmen festzustellen sei. Es schien hinsichtlich der schließlich etwas abgemilderten negativen Haltung der Gewerkschaften gegenüber Streiks in der Privatindustrie auch nicht völlig verwunderlich, daß im Gegensatz zu den staatlichen Betrieben in der Privatindustrie eine Zunahme der Konflikte zu verzeichnen war.[322] Dogadovs Prognose erwies sich jedoch als zu optimistisch.

Im Frühjahr 1925 wurden die Partei und die Gewerkschaften von einer neuen Welle von Streiks überrascht. Das war der Anlaß, die Streikfrage noch einmal auf dem XIV. Parteitag zu diskutieren.

In seinen vom Politbüro der RKP gebilligten Thesen für den XIV. Kongreß der Partei ging Tomskij noch einmal auf die Diskussion auf dem XI. Parteitag ein und wiederholte die Grundpositionen des Kongresses: „Der XI. Parteikongreß zeigte, daß Streiks unter den Bedingungen des proletarischen Staates Zeugnisse der Unzulänglichkeit des Staatsapparates, der Schwäche der einzelnen Gewerkschaftsorgane und der kulturellen Rückständigkeit der in ihnen vereinigten Massen sind."[323] Normalerweise erlaubten es die Beziehungen zwischen Staatsunternehmen und Gewerkschaften, Konflikte auf dem Schlichtungsweg zu lösen. Deshalb sei selbstkritisch anzumerken, daß ein Streik, der die Gewerkschaften übergeht und ohne ihr Wissen entsteht, immer ein Hinweis auf die nicht genügend umsichtige Politik der Gewerkschaften, auf eine Störung der Beziehung zwischen Masse und Gewerkschaft, auf eine allgemeine Schwäche der Arbeit der Gewerkschaft in dem betreffenden Betrieb"[324] sei. Da die Schlichtungsmethoden die Interessen der Arbeiterklasse sichern sollten, konnte die Störung der Beziehung zwischen Gewerkschaft und Masse nur heißen, daß die paritätischen Schlichtungsorgane den Interessen der Arbeiter und Angestellten nicht gerecht worden waren. Das hieß, daß die Gewerkschaftsvertreter in diesen Organen die Interessen der Administration und der Betriebsleitung vertreten hatten. Das galt überwiegend für die staatliche Industrie.

Diese Interessenidentität von Parteiorganen, Gewerkschaften und Administration machte Tomskij in seiner Rede auf dem XIV. Parteitag für die Herausbildung der Konflikte verantwortlich. „Grundlage der Konflikte bildete der in der Mehrzahl der Fälle widernatürliche Block zwischen Wirtschaftlern, Gewerkschaftlern und Parteifunktionären. Dieser Block entsteht dadurch, daß die Vertreter der Partei-, der Parteizellen oder -kollektive, die Vertreter und Leiter der Gewerkschaftsorganisationen, der Betriebskomitees bisweilen auch höhergestellter Gewerkschaftsorganisationen und die Wirtschaftsorgane eine feste, in sich geschlossene, gleiche Ansichten vertretende Gruppe bilden, die untereinander alle Fragen abstimmen, dabei aber vergessen, diese Fragen mit den arbeitenden Massen abzustimmen. Das ist die Wurzel der Konflikte."[325] Tatsächlich fielen wichtige Entscheidungen, wie z.b. die Anschaffung großer Maschinen, ohne daß diese Beschlüsse mit den Arbeitern abgestimmt wurden, ohne daß die Meinung der Arbeiter zu diesem Punkt auch nur wichtig war.

Die ökonomische Arbeit der Gewerkschaften erweckte bei manchen Gewerkschaftern Zweifel, die dazu führten, daß sie sich an den Konflikten beteiligten und praktisch eine Linie der Gewerkschaften umsetzten, die nicht der offiziellen entsprach. Denn nach Ansicht dieser Gewerkschafter, die die Beschlüsse des XI. Parteitages wörtlich nahmen, sollten die Gewerkschaften auch in der staatlichen Industrie hauptsächlich Organe zur Verteidigung der ökonomischen Interessen der Arbeiter bleiben und diese Aufgabe keinen Augenblick lang vergessen. Tomskij versuchte ihre Kritik abzuwerten. Sie wollten die Gewerkschaften auf eine gerade tradeunionistische Linie festlegen und zugleich den Gewerkschaftsbürokraten sagen: „Auf eure Beteiligung an der Produktion husten wir."[326] Diese Position sei von vielen vertreten worden, obwohl die Position der Gewerkschaften hinsichtlich der Punkte, in denen sie die Wirtschaftler unterstützen sollten, ganz eindeutig seien und kein falsches Bündnis im Sinne einer „Einheitsfront" bedeute: „Wir würden fragen: bitte, gegen wen richtet sich eure Einheitsfront? Die Gewerkschaft soll richtige Anweisungen und Maßnahmen der Wirtschaftler unterstützen, der Vertreter der Gewerkschaften soll keinen Augenblick vergessen, daß der Wirtschaftler in der Fabrik, in dem Unternehmen, in dem Betrieb ein Vertreter der Klasseninteressen der Arbeiter als Erbauer der Grundlage, der Basis des Sozialismus ist. Die Gewerkschaften und ihre Vertreter müssen deshalb alle vernünftigen, in diese Richtung zielenden Maßnahmen der Wirtschaftler unterstützen."[327]

Das hieß, die Gewerkschaften sollten falsche und bürokratische Maßnahmen „korrigieren und nicht jede Entscheidung der Wirtschaftler abstempeln."[328] Da nun sowohl der Wirtschaftler als auch der Gewerkschafter Parteiarbeiter waren, blieb in jedem Fall der Partei bestimmend, welche Linie beide einschlugen. An die gewerkschaftliche Selbständigkeit wurde von Rjazanov appelliert: Dazu gehöre für den Gewerkschafter „nicht nur ein scharfer Verstand, sondern auch Rückgrat"[329]. Denn im Falle von Meinungsverschiedenheiten zwischen dem Wirtschaftler, der ja ebenso von der Partei bestimmt sei, dürfe der Gewerkschafter nicht zu schnell eine Einheitsfront eingehen, die dem Wirtschaftler die Möglichkeit gebe, die Produktivität mit allen Mitteln zu erhöhen. Sondern der Gewerkschafter müsse ihm sagen: „Du bist von der Partei eingesetzt, mich hat die Partei eingesetzt: du hast das Recht, die Produktivität der Arbeit ohne Empfindlichkeit zu entwickeln, aber ich muß im Interesse der Erhaltung dieser Arbeitskräfte arbeiten, die die Hauptproduktionskraft nicht nur im Kapitalismus, sondern im Vertrauen gesagt, auch im Sozialismus sind."[330]

Tomskij kritisierte in den Thesen, daß sich für die privaten Unternehmen in den Auseinandersetzungen die Tendenz verstärke, auf die einzelnen Privatunternehmer administrativen Druck durch die Staatsorgane auszuüben. Damit werde der Klassenkampf der proletarischen Gewerkschaften unterlaufen. Diese Tendenz müsse verurteilt werden, weil „die Arbeiter der Privatunternehmen lernen müssen, ihre Einheit, Organisierung und Solidarität zu entwickeln"[331].

Aufgrund der Positionen der Gewerkschaften zu Streiks, bestand faktisch keine Möglichkeit, zu Einheit, Organisierung und Solidarität zu gelangen. Für diese Erfahrungen wurde kein Raum belassen, in dem die Arbeiter/-innen an eigenen Erfahrungen lernen konnten, sich in Organisationen und zu ihnen zu verhalten, um daraus Schlüsse für oder gegen ihre Organisierung zu ziehen. In Auseinandersetzungen, in denen die Gewerkschaften sich schweren Herzens an Streiks beteiligten, galt es umgekehrt, gewerkschaftliches Ansehen zu stärken. Dies hatte unmittelbar Einfluß auf die Organisierung solcher Streiks: „Alle ökonomischen Kämpfe und Streiks müssen im Interesse ihres Erfolgs besonders in den Privatunternehmen (Konzessionsbetrieben, gemischten Gesellschaften usw.) maximal zentralisiert ablaufen und unter aktiver Unterstützung und Führung der zentralen Gewerkschaftsorgane ablaufen."[332] Der Aktionsraum der niedrigen Gewerkschaftsorganisationen blieb auf die Weisungsbefugnis der Gewerkschaftsspitze beschränkt. Damit war die Organisationsfähigkeit der Arbeiterklasse der Integration der Gewerkschaftsbürokratie in die staatlichen Organe und die Parteibürokratie untergeordnet und faktisch ihr Opfer geworden. Tomskijs Kritik an dem staatlichen Druck auf die Privatunternehmer war letztlich keine Verteidigung der gewerkschaftlichen Arbeitskämpfe, sondern eine Absage an sie. Ohne staatlichen

Druck, nur auf Initiative der Gewerkschaften hätten u.U. einige der Streiks in der Privatindustrie nicht stattgefunden.

Die Frage, die dieser gesamten Streikdebatte zugrunde lag, war grundsätzlicher Art: Kann die Behandlung von Konflikten, gleichgültig, ob sie in der Staats- oder in der Privatindustrie entstehen, von ihren Ursachen gelöst werden? Muß ihrer Behandlung nur die veränderte Wirtschaftspolitik, also die Differenzierung in Privat- und Staatsindustrie zugrunde liegen, oder muß in die Behandlung der Konflikte nicht die gesamte Wirtschaftspolitik in allen ihren Momenten eingehen, also das System der Kollektivverträge, die Lohnhöhe und Lohnzahlungen, wie die Rolle der Produktionsversammlungen, der Arbeitslosigkeit usw.? Oder können die Konflikte losgelöst als Konfliktarbeit der Gewerkschaften behandelt werden? Die falsche, inhaltliche Loslösung geschah vor allem im Fall von Streiks, nicht so sehr im System der friedlichen Konfliktlösung. Im Fall des friedlichen Konflikts wurde die Erklärung eines Konflikts meist in der Rückständigkeit der Arbeiter gesucht, die gerade erst neu in den Produktionsprozeß einbezogen wurden. Eine Eingrenzung der Konflikte wurde häufig durch ihre Verharmlosung versucht, wie sie etwa Andreev vor dem XIV. Parteitag vertrat: „Was kam bei diesen Streiks zum Audruck? Bei diesen Konflikten wurde keine einzige ernstliche, keine einzige politische Forderung aufgestellt, keine wichtige ökonomische Forderung, sondern es wurden hauptsächlich Kleinigkeiten gefordert infolge mangelnder Aufmerksamkeit der Gewerkschafts- und Wirtschaftsorgane."[333] Die Gegenposition, die sich aber auf diesem Parteitag nicht durchsetzen konnte, vertrat wiederum Rjazanov, der die Erklärung der Konflikte im Konzept der Entwicklung der Produktivkräfte suchte und sie schon auf dem VI. Gewerkschaftskongreß gegen eine unkontrollierte Erhöhung der Produktivität ausgesprochen hatte[334], wogegen Tomskij heftig polemisierte. Seine Kritik an der Linie der Partei setzte sich nicht durch. Rjazanovs Teilnahme an der Kommission, die die Endfassung der Gewerkschaftsresolution des XIV. Parteitags ausarbeiten sollte, wurde dem Kongreß nicht einmal mehr zur Abstimmung gestellt.[335]

Streiks und Arbeitskämpfen wurden auch von der Opposition um Trotzki kein besonderer Stellenwert zugemessen, und die Frage der Betriebskonflikte wurde in der Vorbereitung zum XV. Parteitag von der vereinigten Opposition nur erwähnt: „Die vergangenen Jahre waren charakterisiert durch eine scharfe Zunahme von Arbeitskonflikten, die meist durch Zwangsmaßregeln, statt durch Einigung beseitigt wurden."[336] Auch das Widerstandspotential der Arbeiterklasse, das in Streiks zum Ausdruck kam, wurde im Gegensatz zu der allgemeinen Lage der Arbeiter und den Deformationen in der bolschewistischen Partei nicht näher untersucht. Die Opposition versuchte vielmehr frühere, noch unter Lenin getroffene Entscheidungen zu bewahren. „In der Frage von Streiks in den Staatsindustrien bleibt die unter Lenin getroffene Entscheidung des elften Parteikongresses in Kraft."[337]

Wo eine Veränderung der Linie zum XV. Parteitag verlangt wurde, bestand sie in der Forderung nach einer Rückkehr zu den Beschlüssen des XI. Parteitags, bzw. der Einlösung der Beschlüsse dieses Parteitags. Allein die linke Opposition des Jahres 1927, die aus der Gruppe demokratischer Zentralismus des Jahres 1922 entstanden war und die kurz vor dem XV. Parteitag aus der Partei ausgeschlossen wurde und deren Plattform nur noch im Ausland erscheinen konnte, ging ausführlicher auf die Resolutionen des XI. Parteitages ein. Ihre Plattform wurde von Sapronov, Smirnov, Oborin, Kalin und anderen unterzeichnet. Darin hieß es über die Beziehungen innerhalb der Sowjetindustrie: „Anstatt einer allmählichen Heranziehung der Arbeiter zur Leitung der Betriebe, verstärkt sich die Macht der Administration und der mechanischen Disziplin. Die Hinweise der Produktionsberatungen und der Arbeiter auf die zuweilen katastrophalen Fehler der Produktion werden außer Acht gelassen oder noch schlimmer als Krakehlsucht erklärt . . . Die inneren Zustände in der Fabrik nähern sich immer mehr den vorrevolutionären Zuständen.[338] Damit war vor allem Bezug genommen auf die innere Ordnung in der Fabrik, die der Administration eine unbegrenzte Macht zuschrieb, also ihr das ausschließliche Entlassungsrecht, die Verhängung von Disziplinarstrafen zubilligte.[339]

Mit zunehmenden Rechten der Administration ginge einher, daß auch die Gewerkschaften sich nicht mehr gegen die Maßnahmen der Administration zur Wehr setzten und die Arbeiter ohne Schutz ließen. Fänden Streiks mit Wissen der Gewerkschaften statt, so kritisierte die „Linke

Opposition", würde ihnen vorgebeugt, ohne indes die Situation zu verändern, die die Streikbereitschaft hervorrief. „Infolgedessen werden gewöhnlich während der Streiks illegale Streikkomitees gewählt. Es sind auch schon Ansätze zu illegalen Gewerkschaften (z.B. Kassen für Selbsthilfe) vorhanden."[340] In der Atmosphäre der Widersprüche der neuen ökonomischen Politik sei „der Kampf der Arbeiter für die Besserung ihrer Lage . . . unvermeidlich". Die Erfahrungen zeigten aber, daß dieser Kampf „an der Partei und an den Gewerkschaften vorbei- (geht) oder . . . sich sogar gegen sie (richtet)". Damit würden sie „in das Bett der konterrevolutionären Organisationen getrieben".[341]
Streiks wurden also erst durch die Deformationen in den Beziehungen zwischen Partei und Gewerkschaften und Arbeiterklasse ‚konterrevolutionär'. Sie waren es nicht von sich aus. Im Gegensatz zu Tomskij, der auf dem XIV. Parteitag die Deformationen beschrieben hatte, wurden von der linken Opposition des Jahres 1927 Schlüsse gezogen, die auf eine Unterstützung der Kämpfe der Arbeiter hinausliefen, um einer konterrevolutionären Unterstützung zuvorzukommen.[342]
Faktisch änderte sich die Position der Gewerkschaften und der Partei in der Frage der Streiks in der Zeit nach dem XIV. Parteitag nicht mehr. Sie wurde 1928 von Ginsburg noch einmal – unverändert – formuliert: „Durch die Einstellung der Arbeit, die den Produktionsprozeß stört, kann der Arbeiter im Produktionsprozeß ohne Kapitalisten keinen größeren Nutzanteil erhalten; das Gegenteil trifft zu, denn Streiks im proletarischen Staat würden die allgemeinen Ressourcen der Staatsindustrie und folglich auch den Posten schmälern, der der Befriedigung der Bedürfnisse der Arbeiter dient."[343] Die Diskussion um die Arbeit der Konfliktinstanzen, die seit Einführung der NEP geführt wurde, wurde dagegen verstärkt aufgenommen.[344]
Positionen, die ein Streikverbot formal durchsetzen wollten, konnten sich nicht durchsetzen. Zu ihnen zählte Varšavskij, der verlangte, den Gewerkschaften das Recht der Entlassung von Teilnehmern an spontanen Streiks zuzusprechen. § 47 der Arbeitsgesetze (Nichterscheinen bei der Arbeit) sollte den Gewerkschaften dabei als Mittel dienen.[345]

Ein Streikverbot wäre nicht nur formal. Immerhin wurden viele Forderungen von streikenden Arbeitern erfüllt.[346] Dennoch gab es aufgrund des Verstoßes gegen die Linie der Gewerkschaften genügend Handhaben, gegen einzelne Organisatoren von Streiks vorzugehen. Die Reglementierung der Streikenden durch Gewerkschaftsausschüsse und Parteiausschüsse, die auch Entlassungen nach sich ziehen konnten, z.B. als politische Oppositionelle, drängte die Streikbewegung nach und nach zurück. Sie führte dazu, daß die Arbeiter mit ihren Konflikten auf den Instanzenweg gedrängt wurden, auf dem die Konflikte oft Monate, ja Jahre, verschleppt wurden.
Der Arbeiterklasse wurde, indem ihr das Mittel des ökonomischen Kampfes genommen wurde, auch das Mittel des politischen genommen. Erst im ökonomischen Kampf gegen das kapitalistische System hatte sich die Arbeiterklasse als politische Einheit herausgebildet. Erst im ökonomischen Kampf gegen den Kapitalismus begriff sie, daß sie in diesem Kampf die politischen Mechanismen des Systems im ökonomischen außer Kraft setzte und daß diese Kampfformen unmittelbar als politische angewandt werden können. Was im Kapitalismus die höchste Form des Kampfes war, konnte nach der Revolution trotz der ständig stattfindenden Streiks zur niedrigsten werden. Und obwohl das Proletariat im Streik – wie niedrig er auch immer bewertet wurde – seine eigene Macht erfuhr, war es doch nicht in der Lage, diese zu festigen, weil ihm keine Möglichkeit der autonomen Gegenorganisierung, des kollektiven Zusammenschlusses gegen eine Unterdrückung und Benachteiligung des einzelnen Arbeiters offenstand.
Gerade die autonomen Strukturen gingen zugunsten von bürokratischen verloren. Mit ihnen die Formen des Kampfes, die diese Autonomie bewahrt hätten. In diesem Sinne war die Niederlage der Räte die „erste Klassenniederlage des russischen Proletariats"[347] und hing eng zusammen mit dem zunehmenden Verlust der Fähigkeit der Arbeiterklasse, mit Streiks ihre Interessen durchzusetzen. Aber auch ohne eine organisatorische Kontinuität haben sich immer wieder Gruppen von Arbeitern gegen ihre wachsende Einflußlosigkeit gewehrt. Denn „selbstverständlich – zum mindesten für jeden Marxisten selbstverständlich – bleibt trotz all dieser neuen organisatorischen Formen des Klassenkampfes unter den Bedingungen der proletarischen Diktatur in einem Lande, in dem die Klassen und Klassengegensätze in der ökonomischen Struktur der Gesellschaft, der realen Basis des gesamten neuen Staatswesens fortbestehen, *auch die Fortführung des unmittelba-*

ren Klassenkampfes durch die Arbeiter in der alten ‚revolutionären' Form eine absolute und durch keinerlei Dekrete oder neue ‚Theorien' wegzuphantasierende, gegenüber allen Repressionen aus der materiellen Entwicklung heraus mit elementarer Gewalt immer wieder durchbrechende Notwendigkeit". [348]

b) Streikdaten

Daß die Frage von Streiks in der Staats- und Privatindustrie der Sowjetunion zweimal das Thema von Parteitagen war, sagt etwas über den Stellenwert des Problems aus, das sich für die Bolschewiki aus den Streiks der an autonome Aktionen gewöhnten Arbeiterklasse ergab.

Statistiken über Streiks sind außerordentlich unvollständig. Sie wurden von der Gewerkschaft geführt, die jedoch in den meisten Fällen völlig losgelöst von dem Entstehen der Streiks war. 1923 wurden von den in den staatlichen Betrieben aufkommenden Streiks nur 11 genehmigt.[349] Die meisten wurden unter Umgehung der Gewerkschaftsinstanzen ausgerufen, einige direkt gegen die Gewerkschaften, deren örtliche Komitees keine Entscheidung darüber fällen durften, ob sie einen Streik unterstützen.

Nach Voprosy truda gab es in den Jahren 1921 − 23 folgende Streikkämpfe:[350]

	Zahl der Streiks	
	1921 −1922 1. Okt. − 30. Sept.	1922 − 1923 1. Okt. − 30. Sept.
Streiks	447	505
Teilnehmer	183 680	154 278
Verlorene Tage	524 704	322 035

Das heißt, in den Jahren 1921/22 haben monatlich im Durchschnitt über 37 Streiks stattgefunden, an denen sich mehr als 15 000 Arbeiter beteiligten. 1922/23 waren es 42 Streiks mit fast 13 000 Teilnehmern. Dabei lagen den Streiks folgende Ursachen zugrunde:[351]

Ursachen der Streiks in 1922 −1923 (Prozentsatz)		
	Streiks	Teilnehmer
Lohnfragen	79,8	95,9
Abschluß v. Kollektivverträgen	13,7	1,7
Anderes	6,5	2,4
	100	100

Während die Gewerkschaften ihr Schwergewicht auf die Tarifabschlüsse legten, setzten die Arbeiter sich dafür kaum ein. Um so mehr streikten sie dagegen für direkte Lohnerhöhungen. Die Streikdauer kann in Bezug auf die in den Jahren 1922 −1923 stattfindenden Streiks angegeben werden:[352]

Dauer der Streiks (Prozentsatz)		
	1922	1923
1 Tag	40,4	45,1
1 − 2 Tage	19,9	20,9
2 − 3 Tage	9,7	12,1
3 − 5 Tage	14,7	11,1
5 − 10 Tage		6,9
10 − 20 Tage	14,3	3,1
20 − 30 Tage		0,5
mehr als 30 Tage		0,3
	100	100

(1922: 5 − 10 Tage bis mehr als 30 Tage zusammengefaßt = 14,3; 1923: 5 − 10 Tage bis mehr als 30 Tage zusammengefaßt = 10,8)

Die Ergebnisse waren in demselben Zeitraum für die Teilnehmer an Streiks überwiegend günstig.[353]

Ergebnisse der Streiks in 1922 –1923
(Prozentsatz)

	Streiks	Teilnehmer
Gänzlich zufriedenstellend	34,2	17,2
Teilweise zufriedenstellend	31,1	37,6
Ohne Resultat	34,7	45,2
	100	100

Von diesen Streiks fanden ungefähr 66 % in staatlichen Betrieben statt. In dieser Zahl sind 95 % aller Streikenden erfaßt. Sieht man die generelle Haltung der Gewerkschaften zu Streiks, war die Chance der Arbeiter, sich mit dem Mittel des Arbeitskampfes durchzusetzen, trotz erschwerter Bedingungen relativ groß geblieben. A. Stopani sah gerade in der Erfüllung der Forderungen der Streikenden die „Besonderheit unserer Streiks" verglichen mit denen im Kapitalismus. Für 1922 gab er sogar noch positivere Zahlen für die Erfüllung von Streikforderungen an:[354]

Erfüllung/Nichterfüllung der Forderung	1. Halbjahr % der Teilnehm.	2. Halbjahr % der Streiks	Vor der Revolution
ganz erfüllt	40,6	39,0	21,6
teilweise erfüllt	39,7	39,0	37,8
nicht erfüllt	19,7	22,0	40,6
	100	100	100

Später wurde nicht mehr regelmäßig aufgeschlüsselt, inwieweit den Forderungen in Prozent der Streiks oder in Prozent der an ihnen beteiligten Arbeiter nachgekommen wurde. Dennoch blieb das Verhältnis, in dem Forderungen aus Streiks zum Wohl der Arbeiter entschieden wurden, weiterhin positiv.
A. I. Dogadov nannte auf dem VIII. Gewerkschaftskongreß für das Jahr 1926 ein Eingehen zum Vorteil der Arbeiter in 34 % der Fälle, für 1927 sogar in 36 % der Fälle. Nur teilweise wurde auf die Forderungen der streikenden Arbeiter 1926, und zwar in 33 % und 1927 in 32 % der Fälle eingegangen. Nur 32 % im Jahre 1926 und 31 % der Forderungen 1927 wurden nicht erfüllte.[355]

Für die folgenden Jahre gab Avdeev Daten über die Zahl und die Teilnehmer der Streiks an:[356]

Jahr	Zahl d. Streiks	Zahl d. Teilneh.	Verlorene Tage durch Streiks	Teilnehmer	pro Streik Verlorene Tage	Mittlere Dauer in Tage
1924	151	42 800	111 700	283	740	2,6
1925	99	34 000	69 700	343	704	2,0
1926	200	32 600	55 500	163	277	1,7
1. Halbjahr 1927	74	6 543	10 500	88	141	1,6

In Bezug auf ihre Gesamtzahl hatten diese Streiks durchschnittlich eine Dauer von:[357]

Jahr	Zahl d. Streiks	Kürzer als 1 Tag	1 Tag	1–2 Tage	2–3 Tage	3–5 Tage	5–10 Tage	Länger als 10 Tage
1924	151	21,2		27,2	20,5	13,3		17,8
1925	99	22,2		26,3	22,2	19,2		10,1
1926	196	27,6		26,6	25,5	10,2		10,1

Um einen Überblick über die Gesamtzahl der Streiks zu erhalten, müssen die, wenn auch oft unter einfacheren Bedingungen stattfindenden, Streiks in der Privatindustrie genannt werden.[358]

Jahr	Zahl d. Streiks	Zahl d. Teilnehmer	Verlorene Tage d. Streiks	pro Streik Teilnehmer	pro Streik Verlorene Tage	Mittlere Dauer
1924	111	6 056	43 064	55	388	7,6
1925	94	3 349	18 596	36	198	5,2
1926	120	8 894	72 586	74	605	8,2

Die Dauer der Streiks in der Privatindustrie betrug:[359]

Jahr	Zahl d. Streiks	davon dauerten (%) Kürzer als 1 Tag	1 Tag	1–2 Tage	2–3 Tage	3–5 Tage	5–10 Tage	Länger als 10 Tage
1924	111	14,4	11,7	19,9	12,6	11,7	17,1	12,6
1925	91	18,3	15,0	19,4	9,7	16,1	12,9	8,6
1926	120	13,5	16,9	12,7	8,5	14,4	16,2	17,8

Zum Verständnis dieser Daten ist anzuführen, daß Streiks in der privaten Industrie fast immer unterstützt wurden. Dies geschah einerseits, weil die Arbeiter dieser Betriebe eine Nationalisierung unterstützten, andererseits weil die Opposition innerhalb der Partei sowohl die Frage der Arbeitskonflikte als auch die immanenten Gefahren der privaten Betriebe offen kritisierte. So ist es nicht verwunderlich, daß es 1926 in der Privatindustrie einen höheren Verlust an Arbeitstagen gab als in staatlichen Betrieben und die Gesamtzahl der Streiks ebenso hoch wie in der staatlichen Industrie war, obwohl am 1.1.1926 nur 196 000 Arbeiter in Privatbetrieben beschäftigt waren, gegenüber 4,66 Millionen in staatlichen Betrieben.[360] Dabei dauerten Streiks in der Privatindustrie 2 – 4 mal so lange.

Zählt man zu den schon aufgeführten Streiks in der staatlichen und privaten Industrie noch die Streiks in den kooperativen Unternehmen, so ergeben sich insgesamt für die Jahre 1922 – 28, die gesamte Zeit des NEP, folgende Daten:[361]

1921/22   447 Streiks mit 183 680 Teilnehmern. ·
1922/23   505 Streiks mit 154 278 Teilnehmern.
1924   267 Streiks mit 49 574 Teilnehmern.
1925   196 Streiks mit 37 777 Teilnehmern.
1926   330 Streiks mit 42 851 Teilnehmern.
1927   396 Streiks mit 20 100 Teilnehmern.
1. Halbjahr
1928   90 Streiks mit   8 900 Teilnehmern.

Insgesamt kann eine relativ große Streikbereitschaft festgestellt werden, die nach der Periode des Kriegskommunismus ausbrach. Sie umfaßte mehr als 1/6 des damaligen Industrieproletariats, wenn man den Bestand des Proletariats 1921/22 mit 1,2 Millionen zugrunde legt. Entsprechend betrug der Anteil der in die Streikkämpfe einbezogenen Arbeiter 1922/23 bei 2 Millionen Arbeitern nur 1/13 und betrug 1923/24 entsprechend der Verminderung des Streiks bei 1,8 Millionen Arbeitern nur noch 1/42 der Arbeiterklasse. Da die Streikbewegung weiter zurückging und die Arbeiterklasse wieder auf 2,8 bis 3,0 Millionen anwuchs, nahmen die Streiks im Verhältnis zur gesamten Arbeiterklasse nur einen relativ geringen Raum ein. Sie waren allerdings umfangreich genug, um eine harmonisierende Geschichtsschreibung zu entkräften und um die immanenten Widersprüche bei diesem Aufbau, wie sie in diesem Widerstand zum Ausdruck kamen, zu thematisieren.

c) Streikbedingungen

Wir hatten gezeigt, daß ein beträchtlicher Teil der Streiks mit Erfolg geführt wurde, daß sie sich also gegen Bedingungen gewandt haben mußten, die zu verändern waren und die sich in ihren Zielsetzungen nicht gegen den Sozialismus wandten. Dabei ist es allerdings bei Streiks selten möglich, Daten über die Ursache dieser Auseinandersetzungen zu erhalten. Alle Anlässe lassen sich nach offizieller Version zu drei Ursachen zusammenfassen:

a) falsches Auftreten der Wirtschaftsorgane,
b) Tätigkeit von Konterrevolutionären,
c) die Schwäche der örtlichen Gewerkschaftsorgane.[362]

Aus diesen Gründen, die die Schuld im Fehlverhalten von Institutionen suchten, ging die Motivation der Arbeiter, sich Streiks anzuschließen, nicht hervor.
Das Internationale Arbeitsamt ging davon aus, daß in der Mehrzahl der Streiks Lohnfragen auslösend waren. Das für die Arbeiter in den meisten Fällen positive Ergebnis wurde dahingehend interpretiert, „daß diese Streiks von kurzer Dauer eher als Manifestationen anzusehen sind, um den Abschluß von Verhandlungen zu beschleunigen, die sich scheinbar wegen der Schwerfälligkeit der Gewerkschaften außerordentlich lange ausdehnen".[363]
Für das Jahr 1922 gab Stopani für das erste Halbjahr bei 110 Streiks und bei 55 Streiks für das zweite Halbjahr folgende Ursachen an:[364]

Forderungen	1. Halbjahr % d. Teilnehmer	2. Halbjahr % d. Streiks
Lohnerhöhungen	45,4	32,2
Termingerechte Lohnzahlung	41,7	54,2
Lohnerhöhung u. termingerechte Zahlung	8,2	6,8
Wiedereinstellung von Entlassenen	–	3,4
Abschluß d. Kollektivverträge	–	3,4
Andere	4,7	–
	100	100

Nach Angaben von Kozelev fanden von den Streiks 1924 allein 61 im Bereich der Metallarbeitergewerkschaft statt, an denen sich durchschnittlich 330 Arbeiter beteiligten. Sie dauerten meistens weniger als zwei Tage und ihre Ursachen lagen in der Verzögerung von Lohnzahlungen oder in den vorgegebenen Produktionsnormen.[365]
Allgemeine Daten über die Hintergründe von Streiks in der Privatindustrie gab Avdeev für die Jahre 1924 bis 1926.[366]

Jahre	Bei Abschluß der Kollektivverträge	Aufteilung der Streiks in % der Ursache Lohn	andere Ursachen
1924	54,0	28,8	17,2
1925	69,1	23,4	7,5
1926	45,3	43,7	11,0

Konflikte beim Abschluß der Kollektivverträge in staatlichen Betrieben wurden dagegen fast immer auf dem Schlichtungsweg gelöst, während die Gewerkschaften Streiks gegen private Unternehmer, die sich weigerten, die Kollektivverträge zu unterzeichnen, oft unterstützten.
Streiks in der staatlichen Industrie mußten immer ohne Unterstützung der Gewerkschaften aus-

kommen. Lokale Gewerkschaften durften ohne Zustimmung der Zentralkomitees der Einzelgewerkschaften oder sogar des VCSPS keine Streiks unterstützen. Taten sie es dennoch, wurden sie disziplinarisch bestraft, d.h. einzelne Mitglieder wurden aus der Gewerkschaft ausgeschlossen oder die lokale Gewerkschaftseinheit wurde aufgelöst. Tatsächlich wurden diese Sanktionen nicht von Anfang an durchgeführt, was heißt, daß sie nicht durchzusetzen waren. Denn die Organe, die die Streiks verhindern bzw. ihnen vorbeugen sollten, waren ja die Betriebszellen der Gewerkschaften, die nach einer Zeit relativer Autonomie schwierig in den Gewerkschaftsapparat zu integrieren waren. Bei einer fast vollständigen Organisierung der Arbeiter in den Gewerkschaften bedeutete das, daß die streikenden Arbeiter gegen sich selbst vorgehen sollten. So waren z.B. noch im 1. Halbjahr 1922 folgende Gruppen oder Organisationen an der Beilegung von Konflikten beteiligt:[367]

	Zahl der Konflikte
nur das Fabrikkomitee	15
zusätzlich das örtliche Ujezdkomitee[368]	
oder Gouvernementskomitee	41
zusätzlich das Verwaltungsbüro, GSPS	16
zusätzlich das ZK der Gewerkschaften	1
Fabrikkomitee und die RKP-Zelle	1

Entsprechend mischten sich die Gewerkschaften auf dem Wege der Sanktionen anfangs relativ selten in Streiks ein. Für die Streiks, in denen für das Jahr 1922 Daten über Sanktionen vorliegen, gab es in 86,7 % keine Sanktionen der Gewerkschaften, in 6,3 % fanden sie ohne Beachtung möglicher Sanktionen statt, und nur in 7,1 % gab es solche Sanktionen.[369]
Rigider wurde die materielle Unterstützung von Streiks und Streikenden gehandhabt. Sinowjew hatte auf dem 1. Gewerkschaftskongreß verkündet, daß der Staat den Gewerkschaften Geld für Streikfonds zur Verfügung stelle.[370] Im Januar 1920, nachdem die Industrie nahezu vollständig nationalisiert war, erklärte er auf dem 3. Gewerkschaftskongreß, daß die Gewerkschaften nun überhaupt keinen Streikfonds mehr brauchten und daß dieser in einen internationalen Fonds für revolutionäre Gewerkschaften anderer Länder umgewandelt werden solle.[371] So gab es zwar noch Streikfonds, die bis 1925 3 % der Beitragsaufkommen der Mitglieder betrugen, diese Summe wurde jedoch entsprechend der Position der Gewerkschaften und der Partei nicht zur Unterstützung von Streiks eingesetzt, wenn diese in der staatlichen Industrie stattfanden, auch wenn sie Ausdruck einer berechtigten Unzufriedenheit waren. „Die Gewerkschaften bemühen sich, Streiks zuvorzukommen und andere Lösungen von Konflikten zu finden. Und wenn in der Staatsindustrie Streiks waren, dann wurden sie größtenteils von unwissenden, bäuerlichen und nicht genügend disziplinierten Arbeitern geführt. . . . Es werden aber nur die Streiks unterstützt, die in der Privatindustrie von der Gewerkschaft initiiert werden. Alle anderen bekommen keine Unterstützung.''[372] Aus dem Streikfonds, der 1924 nominell ca 122 000 Rubel bei der Metallarbeitergewerkschaft betrug, wurden für Streiks in der privaten Metallindustrie der UdSSR nur 17 700 Rubel ausgegeben. Der Rest wurde als Solidaritätsbeitrag mit Streiks in Deutschland und Schweden überwiesen. Allerdings erhielt das ZK der Metallarbeitergewerkschaft von den 122 000 Rubel nur 11 546 Rubel, der Rest wurde direkt überwiesen bzw. lokal verwandt.

Lokal entstanden in dem Maße, wie der Streikfonds seine Funktion für Arbeitskämpfe der organisierten Arbeiter verlor, Tendenzen, ihn für andere Ziele einzusetzen oder seine Höhe zu reduzieren. Im Rajkom von Ivanova-Vosnensk wurden aus dem Fonds Lebensmittelkarten gekauft, in Odessa wurde er zu einem Arbeitslosenfonds und im Rajkom von Nižegorod wurden aus dem Fonds die Löhne gezahlt, die der private Unternehmer den Arbeitern schuldete, der Fonds also schließlich die umgekehrte Bedeutung seiner ursprünglichen Bestimmung erhielt.[373] Dabei ist nicht auszuschließen, daß der Fonds vorbeugend gegen Streiks eingesetzt wurde. Der VII. Kongreß der Metallarbeiter behandelte noch einmal 1925 die Frage der Streikfonds und unterstrich, daß alle Mittel dieses Fonds zentral verwaltet und vergeben werden müßten. Um unter Umständen sich ausweitende Streiks in den zahlenmäßig zunehmenden Pacht- und Konzessionsunternehmen unterstützen zu können, wurde der Fonds – reduziert auf 2 % des Beitragsaufkommens – beibehalten.[374] Versuche der linken Opposition des Jahres 1927, der Gruppe um Sapronov, u.a. Streikfonds außerhalb der offiziellen Gewerkschaftstruktur einzurichten, scheiterten an der Verfolgung der Mitglieder dieser Gruppe. Nach Korsch stand die Gründung von neuen Gewerkschaften „als eine unabweisbare Notwendigkeit auf der geschichtlichen Tagesordnung", selbst wenn „dabei die zynische Ankündigung der Tomski und Bucharin wahr werden (mögen), daß eine solche Partei in Rußland wohl vorhanden sein kann, aber nur in den Gefängnissen".[375]

d) Streiks in der Privatindustrie

Wie unterschiedlich die Bedingungen in der staatlichen und der privaten Industrie während der Arbeitskonflikte waren, läßt sich klar an der Dauer der Streiks ablesen. Während es in den staatlichen Betrieben keine Unterstützung gab, konnten die Streikenden in Privatbetrieben auf die Hilfe der staatlichen Organe zählen. Dies soll an einzelnen Beispielen verdeutlicht werden.
Während der Neuen Ökonomischen Politik war es für die Arbeiterklasse besonders wichtig, sich in Streikkämpfen direkt gegen ein Wiedererstarken der Bourgeoisie wehren zu können. Auch wenn offiziell diese Streiks nicht gefördert werden sollten, konnte die Gewerkschaft real nicht darauf verzichten, solche Auseinandersetzungen zu unterstützen. Wäre sie zu einer uneingeschränkten Unterstützung des zugelassenen Privateigentums übergegangen, wäre sie nicht nur auf den Widerstand der Arbeiter in den Privatbetrieben gestoßen, sondern auch auf den der Arbeiter in den staatlichen Betrieben. Nicht umsonst nahmen die Auseinandersetzungen in Privatbetrieben in der Regel die Form eines Streik-Boykotts an, d.h., daß nicht nur die Arbeiter des jeweiligen Betriebes streikten, sondern auch Arbeiter staatlicher Unternehmen durch Boykottmaßnahmen den Kampf gegen die Privatunternehmer verstärkten.

Die Ursachen der Streiks in der Privatindustrie beruhten in der Regel auf Verstößen gegen das Arbeitsgesetzbuch. Das heißt, entweder weigerten sich der Inhaber oder die Leitung des Betriebes, den Kollektivvertrag zu unterzeichnen, oder – wie es auch in staatlichen Betrieben häufig der Fall war – die Gehälter wurden nicht regelmäßig ausgezahlt, oder die Angehörigen des Betriebes, die nicht in der Gewerkschaft organisiert waren, wurden zu Bedingungen beschäftigt, die schlechter als die der organisierten Arbeiter und Arbeiterinnen waren. Für solche Streiks standen Auseinandersetzungen in einem oder mehreren Kleinbetrieben. Ein Beispiel, das auch der Regelfall sein könnte: Der Konflikt begann, „nachdem sich die privaten Besitzer zum 1. April geweigert haben, den Kollektivvertrag zu unterzeichnen. Zudem wurden Nichtmitglieder der Gewerkschaft zu schlechteren Bedingungen beschäftigt. Die Gewerkschaft stellte genaue Bedingungen: 17 Rubel, 50 Kopeken für die erste Stufe der achtteiligen Tarifskala, Übergangsgeld nach Entlassungen, die ohne Ankündigung erfolgen, von 1 Monat, bei Ankündigung 2 Wochen, und entsprechend der Situation des Betriebes an die Gewerkschaft 10 – 16 %. Am 6. Mai stellte die Gewerkschaft ein Ultimatum. Die Besitzer wehrten sich, eine Gewerkschaftskontrolle über die Arbeitskräfte zuzulassen. Am 9. Mai streikten die Arbeiter und Angestellten von 13 privaten Restaurants. Unter ihnen waren 41 Mitglieder und 9 Nichtmitglieder der Gewerkschaft. Es wurde ein Streikkomitee gebildet und Pickets organisiert. Auf den Plakaten stand: ‚Bürger geht nicht in dieses Speiselokal. Hier streiken Arbeiter. Unterstützt den Boykott.' Die Besitzer hängten Gegenplakate aus: ‚Die Speisehalle ist geöffnet. Wir bedienen Sie selbst. Bitte, treten Sie ein.' "[376]
Bereits der ökonomische Druck ließ die ersten Unternehmer kapitulieren: „In den ersten 2 Tagen akzeptierten 5 Unternehmer die Bedingungen der Gewerkschaften, die anderen wollten die Streikenden aussperren und entlassen. Einige vertrieben die Pickets mit Gewalt. Die Besitzer gingen auch mit den Preisen herunter. Das Streikkomitee und die Gewerkschaften wandten sich an die übrigen Gewerkschaften in Saratov, um Solidarität zu erhalten. Dabei entstand eine unnormale Situation mit der Künstlergewerkschaft, deren Mitglieder in den Kneipen spielten, ohne irgend einen Kollektivvertrag zu haben. Nach einigem Zögern schlossen sie sich dem Streik an. Dabei argumentierten die Künstlergewerkschaften, daß es dem Streik helfe, wenn die Künstler spielen, da

die Unternehmer die Lohnkosten zahlen müssen. Später sahen sie ein, daß sie selbst für einen Kollektivvertrag streiken müssen."[377]
Im Verlauf dieser Ausweitung des Streiks solidarisierten sich auch die Arbeiter staatlicher Unternehmen zum Streikboykott. Es solidarisierten sich die Straßenbahner und die Arbeiter des Wasserwerkes, die die Schulden für Wasser und Elektrizität eintrieben. Die Finanzabteilung des Gouvernements trieb die ausstehenden Steuern ein und die Miliz führte besonders strenge Warenkontrollen durch. Diese Solidarisierung ließ die Unternehmer besonders schnell nachgeben. „Am 13. Mai ließen die Unternehmer das Streikkomitee wissen, daß sie bereit wären, den Vertrag zu unterzeichnen. Sie weigerten sich jedoch, der Forderung nach Entlassung der Streikbrecher nachzukommen und Streikzeit zu zahlen. Das wurde im Fall der beiden größten Betriebe vor dem Schiedsgericht verhandelt. Einige Verträge wurden vor der Schlichtungskammer unterzeichnet."[378]
In Fällen, in denen ein Gericht hinzugezogen wurde, mußte der Unternehmer mit strengen Strafen rechnen: In Minsk endete ein Streik mit der Entscheidung eines Gerichtes. Es wurde festgestellt, daß der Unternehmer Lichterman nicht die Gehälter auszahlte, die Arbeiter nicht versicherte, die Rasčet-Bücher nicht herausgab, zwei Jahre lang einen Wächter ohne Gehalt beschäftigte, daß er keinen medizinischen Punkt organisierte. Der Unternehmer wurde zu 2 Jahren Haft und anderen Geldsachen verurteilt.[379]
Da die Gewerkschaften streng darauf achteten, daß die Streiks, die sie initiierten, auch zum Erfolg der streikenden Arbeiter führten, hatte oft eine Streikdrohung schon den Erfolg, daß die Unternehmer die Forderungen des Gewerkschaftskomitees erfüllten: „Die Streikdrohung der Holzarbeitergewerkschaft im Gouvernement Novgorod reichte aus, um einen Unternehmer dazu zu bringen, die Forderungen der Gewerkschaften für den neuen Kollektivvertrag zu unterzeichnen. Die niedrigste Gehaltsstufe wurde von 12 auf 16 Rubel erhöht."[380]
In einigen Fällen verhandelten die Unternehmer mit den Gewerkschaften, um eine Stundung der Zahlungen zu erreichen.[381]
Die Fälle der Nichtunterzeichnung von Kollektivverträgen wurden im Jahre 1927 besonders stark verfolgt. So fanden unter Anleitung der Moskauer Gouvernements-Abteilung von Angestellten von 52 Unternehmen im chinesischen Viertel Kitaigorod statt. Auf einer Versammlung wurde ein Streikkomitee gebildet[382] und in Leningrad in 90 Geschäften aus demselben Grund der Streik ausgerufen.[383]
Insgesamt waren die Streiks in den Privatunternehmen der UdSSR kürzer als in kapitalistischen Staaten, da einerseits eine organisierte Solidarität der Betriebe den Unternehmer eher zum Nachgeben zwang und andererseits dem Unternehmer selten Streikbrecher zur Verfügung standen. Die Rolle von Streikbrechern übernahmen in den seltensten Fällen eingeschriebene Arbeitslose. Denn die Möglichkeit, eine Arbeitsstelle durch die Arbeitsämter vermittelt zu bekommen, hing von der Mitgliedschaft in der Gewerkschaft ab. Die Gewerkschaft konnte die Einstellung von Nichtmitgliedern in den Betrieben verhindern, so daß Streikbrecher entweder ganz neu für den Betrieb vom Dorf rekrutiert werden mußten, oder aber wegen Verstoß gegen die Gewerkschaftsdisziplin aus der Gewerkschaft und dem Arbeitsamt ausgeschlossen wurden. Allerdings gab es, wie das Beispiel eines Streiks in Vitebsk zeigt, auch Fälle mangelnder Koordination zwischen dem Arbeitsamt und den Streikenden: „Der Streik am Buffet von St. Vitebsk wurde wegen Verletzung des Arbeitsrechts ausgerufen: Einstellungen unabhängig von dem Arbeitsamt von Nichtmitgliedern der Gewerkschaft, Nichteinhalten des Achtstundentages. Der Streik wurde auch durch die Eisenbahner unterstützt und Passagiere, die die Plakate sahen, gingen nicht ins Buffet. Zu dieser Zeit schickte das Vitebsker Arbeitsamt auf Anforderung des Pächters Arbeitslose, die durch Pickets, wie Streikbrecher, zurückgehalten werden mußten."[384]
Die Form der Aussperrung war zwar nicht gesetzlich untersagt, wurde jedoch von den Unternehmern nur so lange angewandt, solange sich die zentrale Gewerkschaftsorganisation noch nicht in den Streik eingeschaltet hatte, bzw. die Form des generellen Streik-Boykotts (Einklagung sämtlicher Schulden, Abschneiden von Gas, Strom und Wasserversorgung) ausgerufen war. Diese waren dann aber so wirksam, daß den Forderungen des Streiks schnell nachgegeben wurde.

IV. Die Entwicklung der Konfliktschlichtung

a) Die Kollektivverträge

Im Arbeitsgesetzbuch von 1918 wurden die Arbeitsbedingungen in den staatlichen Dienststellen „durch die im Namen der Zentralen Sowjetmacht vom Volkskommissariat für Arbeit bestätigten Tarifbestimmungen geregelt".[385] Für die privaten Betriebe, wie für die nationalisierten und öffentlichen Betriebe galt, daß die Arbeitsbedingungen „durch die von den Gewerkschaften im Einvernehmen mit den Leitern oder Inhabern von Betrieben und Wirtschaften ausgearbeiteten und vom Volkskommissariat für Arbeit bestätigten Tarifbestimmungen geregelt" wurden.[386] Im Falle des Konfliktes, wenn es nicht möglich war, „mit den Leitern oder Besitzern der Betriebe und Wirtschaften zu einem Einvernehmen zu gelangen, werden die Tarifbestimmungen von der Gewerkschaft ausgearbeitet und direkt dem Volkskommissariat für Arbeit zur Bestätigung eingereicht".[387] Die Konfliktlösung wurde überwiegend in die Hände der Gewerkschaften gelegt, bzw. des NKT, das sich aber in den ersten Jahren seiner Tätigkeit von der der Gewerkschaften nicht wesentlich unterschied. Eine Konfliktregelung mit spezifisch für diese Aufgabe vorgesehenen Instanzen gab es nicht. Der Arbeiter oder die Arbeiterin, die sich im Streit mit den Wirtschaftsbehörden oder dem Privatunternehmer befand, weil er bzw. sie mit der Einstufung des Lohns nicht einverstanden war, hatte die Möglichkeit, „bei der örtlichen Abteilung der Arbeit und dann bei der Gebietsabteilung der Arbeit Beschwerde ein(zu)legen, deren Entscheidung endgültig ist und gegen die keine weitere Beschwerde eingelegt werden kann".[388]
Für eine Zahl von Pflichten, die von jedem Werktätigen eingehalten werden mußte (sorgfältiger Umgang mit Werkzeugen und Material, Befolgen von Anweisungen der Betriebsleitung, Einhalten der Arbeitszeit), wurden Sanktionen in der Betriebsordnung festgelegt,[389] für andere legte das Gesetz die Sanktionen selbst fest. So konnte der Arbeiter bzw. die Arbeiterin bei Nichterreichen der Leistungsnormen als „Folge mangelnder Gewissenhaftigkeit oder grober Fahrlässigkeit des Werktätigen"[390] gemäß Artikel 46 und 47 entlassen werden. Eine Beschwerde gegen Entlassung war bei den örtlichen Abteilungen der Arbeit einzureichen.[391]
Die wichtigsten arbeits- und konfliktorganisatorischen Änderungen fielen in die Zeit des NEP. Eine der für das NEP grundlegenden Entscheidungen war die graduelle Aufhebung der Arbeitspflicht und die Rückkehr zu einem Arbeitsmarkt, in dem Rekrutierungen nicht mehr vom Komitee für Arbeitspflicht vorgenommen wurden. Nur in wirtschaftlich unabdingbaren Fällen blieben Rekrutierungen noch dem NKT unterstellt. So standen Bereiche wie die Waldbearbeitung, die Bereitstellung von Zugpferden, die Zuckerindustrie etc. bis Mitte des Jahres 1921 unter Arbeitspflicht.[392] Die Entscheidung für die Aufhebung der Arbeitspflicht, die der X. Parteitag unmittelbar nach Kronstadt im März 1921 traf, brauchte bis zu ihrer vollständigen Durchsetzung einige Monate. Im November des Jahres 1921 wurde die Kategorie der Personen, die durch die Arbeitspflicht mobilisiert werden durfte, strikt begrenzt. Im Februar 1922 wurde schließlich die Grundlage einer flexibleren Anstellung aber auch Entlassung der Arbeiter gelegt, wobei sowohl Anstellung als auch Entlassung mit dem Arbeitsgesetz und dem neu eingeführten Kollektivvertrag übereinstimmen mußten.[393]
Auch die Kameradschaftsgerichte wurden in ihren Funktionen näher bestimmt. Zum Beispiel wurden die Zeiträume festgelegt, die die von ihnen festgelegten Strafen begrenzten. Sie unterstanden zwar nach wie vor den Gewerkschaften, aber neben ihnen führte nun das Kommissariat für Justiz die Aufsicht, während es vorher der STO und der VSNCh waren[394], die Anträge auf Einweisung in Arbeitslager stellen konnten. An dem Charakter der Gerichte änderte sich nur insofern etwas, als nicht nur strafrechtlich belangbare Handlungen den Gerichten übergeben wurden, son-

dern nun auch schwere Disziplinarverstöße.[395]
Das NEP setzte an die Stelle zentraler Steuerung der Betriebe durch den Staat und die Gewerkschaften Vertragsbeziehungen – die Kollektivverträge – zwischen dem Betrieb und dem Staat. Für die Erfüllung der die Produktion betreffenden Bestimmungen des Kollektivvertrages waren formal nicht mehr die Gewerkschaften zuständig, sondern allein die Betriebsleitungen. Den Gewerkschaften kam dafür aber die Aufgabe zu, die Vertretung der Arbeiter und Angestellten zu übernehmen, in ihrem Namen mit den Betrieben und den zentralen Wirtschaftsorganen die Kollektivverträge über Tarife und Produktionsleistungen abzuschließen, und vor allem dafür zu sorgen, daß die Arbeiter die von den Gewerkschaften vertraglich eingegangenen Pflichten auch einhielten.
Die Kollektivverträge, die neben den individuellen Arbeitsverträgen bestanden, und die die Verfügbarkeit der Arbeitskraft als Ware wiederherstellten, wurden durch die Verordnung des Rates der Volkskommissare als freiwillige Übereinkunft zwischen den Gewerkschaften und den Wirtschaftsorganen, den Arbeitgebern geschaffen. In ihnen wurde der allgemeine Rahmen festgelegt, in dem sich individuelle Arbeitsverträge bewegen konnten.[396] Dabei waren sowohl für die individuellen Verträge als auch für die Kollektivverträge diejenigen Bestimmungen ungesetzlich, die die Arbeitsbedingungen der Arbeiter verschlechterten. Je nach territorialem Bereich, auf den sich die Verträge erstreckten, waren zum Abschluß der Kollektivverträge die Zentralkomitees der Gewerkschaften und die Zentralen Wirtschaftsorgane bzw. die jeweilig an der Übereinkunft beteiligten Parteien der Gouvernements oder Kreise berechtigt. Die Verträge, die nach ihrem Inkrafttreten Gesetzeskraft erlangten, durften nicht länger als ein Jahr gelten.
Bei der Einführung der Kollektivverträge war vor allem die Frage der Freiwilligkeit des Abschlusses des Vertrages strittig. Tomskij verteidigte 1922 auf dem V. Gewerkschaftskongreß das Prinzip der Freiwilligkeit. In den kapitalistischen Ländern sei der Kollektivvertrag der Ausdruck der Beziehung zwischen Kapital und Arbeit. Das aber sei nicht die Bestimmung dieses Vertrages im sozialistischen Staat. Denn das gesamte Proletariat sei an der Wiederherstellung der staatlichen Industrie als ihr unteilbarer Bestandteil interessiert. Deshalb handle es sich im Verhältnis von staatlicher und privater Industrie um innere Widersprüche.

Die drei Elemente des Kollektivvertrages, die den Vertrag ausmachten, der rechtliche Teil, der tarifliche Teil und die Festsetzung der Gültigkeit des Vertrages könnten – so Tomskij – nicht einfach dekretiert werden. Vielmehr müsse der Abschluß des Kollektivvertrages im Rahmen einer Bewegung für die Verbesserung der Lebensbedingungen der Arbeiterklasse gesehen werden und eine Bewegung könne nur auf dem Prinzip der Freiwilligkeit und nicht auf dem Wege der Verfügung entstehen. Damit sei auch die allgemeine Politik der Gewerkschaften beschrieben, die sich immer auf die Verbesserung der wirtschaftlichen Lage der Klassenkampfes ausrichte, die stets und ständig eine industrielle Avantgarde sei.[397] Die Rückkehr zum Klassenkampf, Verhandlungen mit dem Unternehmer Staat und dem kleinen Privatunternehmer während der NEP über Löhne und Arbeitsbedingungen hieß für die Gewerkschaften nicht Opposition, hieß nicht Kampf um Machtpositionen für die Arbeiter. Die offizielle Wiedereinführung des Klassenkampfes war umgekehrt ein Ersatz, der für die Aufgabe der Selbstverwaltung angeboten wurde. Sie hieß Arbeitsteilung zwischen Gewerkschaften und Unternehmensleitung: „Der Unternehmer übernimmt die volle Verantwortung für die Betriebsverwaltung, wir übernehmen die volle Vertretung der Arbeiterinteressen."[398]

In dem Rundschreiben des VCSPS an alle Gewerkschaftseinheiten vom 22.2.1922 wurde der Kollektivvertrag als Mittel bezeichnet, durch das sich die neuen Beziehungen zwischen Gewerkschaften und Betriebsleitung herstellen und festigen sollten. Dabei wurden folgende Prinzipien festgelegt:
1. Die Verantwortung der Betriebsleitung, der der Betrieb anvertraut wurde, sei ungeteilt. „Keine Verleumdung über die Einmischung der Gewerkschaftsorgane in die Tätigkeit der Leitung, die im Falle einer schlechten Arbeit des Unternehmens, zu ihrer Rechtfertigung dient." Gleichermaßen sei jede Einmischung der Gewerkschaften „in die Leitung des Unternehmens unzulässig".[399] Im

Falle, daß das Betriebskomitee oder andere Gewerkschaftsorgane eine unrichtige Handlung der Wirtschaftsleitung feststelle, könnten sie sich nicht direkt einmischen, sondern „sie sind verpflichtet, darüber den höheren gewerkschaftlichen und wirtschaftlichen Instanzen Mitteilung zu machen".[400]

2. Beim Abschluß des Kollektivvertrages zwischen den örtlichen und den allrussischen Gewerkschaftsverbänden müßten

a) die Gewerkschaften und die Wirtschaftsorgane bestrebt sein, mehr als das Minimum des Lohnes festzusetzen. Insbesondere die Gewerkschaften müßten das Ziel haben, den Reallohn zu erhöhen;

b) die Kollektivverträge bindend sein und für ihre Nichterfüllung „tragen die eine wie die andere Seite die volle Verantwortung"[401];

c) die Gewerkschaften „die Verantwortung für die Nichterfüllung durch die Gewerkschaftsmitglieder (und wenn sich der Vertrag auf Nichtgewerkschaftsmitglieder erstreckt, auch für diese) auf sich nehmen"[402];

d) die Produktionsnormen und die Akkordsätze geprüft werden. Dabei

. müsse die Verwaltung bedenken, daß die Normen erfüllbar sein sollten, und daß sie ihre Verpflichtungen erfülle, so daß es nicht aus der Nichterfüllung der Forderungen heraus zu Konflikten mit den Arbeitern komme. Das Unternehmen solle in den Fällen, in denen es nicht in der Lage sei, befriedigende Verpflichtungen beim Abschluß des Kollektivvertrages einzugehen, eher von der Unterzeichnung Abstand nehmen, als einen Konflikt mit den Arbeitern wegen Nichterfüllung der Bedingungen einzugehen. Die Verantwortung, welche Bedingungen dann eingesetzt würden, liege bei den zentralen Wirtschaftsbehörden.[403]

Damit sollten sowohl die Verantwortlichkeit der Vertragsabschließenden festgelegt werden, als auch von vornherein die Konfliktmöglichkeiten durch den Eingriff übergeordneter Wirtschaftsorgane ausgeschlossen werden. Ein willkürliches Herbeiführen von Konflikten durch die Administration, auch infolge einer unumsichtigen Wirtschaftspolitik „wird unerbittlich bestraft".[404].

3. Aus der festen Beziehung zwischen Wirtschaftsorganen und Gewerkschaften — durch den Abschluß des Kollektivvertrages hergestellt — „ergibt sich, daß bei jeder Frage, die unter den Arbeitern auftaucht und die Änderung der Vertragsbeziehungen betrifft, und bei allen Konflikten, die über Fragen oder Mißverständnisse im Unternehmen entstehen, die entsprechende Verwaltungsstelle verpflichtet ist, die Leitung der Gewerkschaften (das zavkom) unmittelbar zu benachrichtigen, mit ihr in engeren Kontakt zu treten und die jeweiligen Vertreter zur Beilegung eines möglicherweise auftretenden Konflikts aufzufordern"[405]

Die vertragliche Verankerung der Kommunikation zwischen beiden Vertragspartnern zeigte in der Anlage bereits parallele Schlichtungsstrukturen, bei denen es gewissermaßen zufällig war, an welche der Apparate der Arbeiter oder die Arbeiterin sich wandte, wenn er bzw. sie mit Verträgen, Normen oder Tarifen nicht einverstanden war oder sich Probleme bei der Erfüllung und Einhaltung der Normen ergaben.

Die Vertretung der Arbeiterinteressen wurde von Tomskij gleichgesetzt mit den Interessen der Wiederherstellung der Industrie. Indem der Schwerpunkt der gewerkschaftlichen Arbeit auf diesen Punkt hin konzentriert wurde, mußten die Gewerkschaften ihre Forderungen nach der jeweiligen wirtschaftlichen Lage ausrichten. Dabei legten sie kaum Nachdruck darauf, daß sich die Situation der Arbeiter verbessern sollte: „Unter den gegenwärtigen Verhältnissen ist die Politik der festen Arbeitslöhne offenkundig unhaltbar. Wir müssen im Einvernehmen mit der Regierung die Mindestsätze der Arbeitslöhne für Sowjet-Rußland festsetzen."[406]

Bei feststehenden Mindestsätzen sollte die Produktivität der Arbeit erhöht werden und diese als Normenerhöhung in die Kollektivverträge eingehen. Wenn eine Bedingung für die Kollektivverträge war, daß sich die Arbeitsbedingungen nicht verschlechtern dürften, dann wäre jede Normenerhöhung, die nicht Produkt verbesserter Technologie war, per se ein Bruch dieses Prinzips. Die Festlegung der Normen und Tarife konnte nur die Aufgabe haben, die Arbeitsbedingungen für eine bestimmte Zeit festzuschreiben. Darin war immer auch eine Vorableistung der Arbeiter enthalten, die die Werte erst schaffen mußten, um einen Anteil von diesen ausgezahlt zu bekommen. Diese Vorableistung glaubte Tomskij auf dem II. Plenum des VCSPS minimieren zu können, indem er Lohnerhöhungen den Leistungen voranstellte: ,,Die Erhöhung dieser Normen muß durch Kollektivverträge erreicht werden, die den folgenden wichtigen Punkt enthalten müssen: ,Die Bedingungen des gegenwärtigen Kollektivvertrages können innerhalb der und der Frist nicht zuungunsten der Arbeiter und Angestellten des bestreffenden Betriebes umgeändert werden.' Wenn wir, in dieser Weise organisiert, für höhere Lohnsätze, für Vergrößerung des Lohnfonds, für Erhöhung der Mindestlöhne, für Hebung der Durchschnittslöhne kämpfen, so erreichen wir die Grundnormen, die bei der bestehenden wirtschaftlichen Lage des Landes zu erreichen sind."[407] Die Vorableistung ist jedoch das Prinzip jeder Akkumulation, auch der sozialistischen.

Trotz dieser Belastung der Arbeiter/-innen wollten die Gewerkschaften das Zustandekommen der Kollektivverträge als eine Massenbewegung verstanden wissen. So forderte Tomskij auf dem II. Plenum des VCSPS, daß ,,die Verwirklichung der Tarifpolitik in die Hände der Massen über (geht)".[408]

Verwirklichungen durch die Massen bezog sich dabei weniger auf das Zustandekommen der Tarife. Denn der durchschnittliche Arbeitslohn, der ,,als Minimum für das ganze Sowjetrußland gelten" mußte, von dem zugleich behauptet wurde, daß es sich bei ihm um ,,die höchsten Löhnsätze"[409] handelte, ,,bildet eine Grundlage, auf der jeder Betrieb die ihm zur Verfügung stehenden Hilfsmittel . . . ausnützen kann".[410]

Dafür erarbeitete der VCSPS auch eine Differenzierung der Löhne zwischen den einzelnen Kategorien von Arbeitern. Aber nachdem dieser Rahmen gesteckt sei, gehe ,,die Verwirklichung der Tarifpolitik . . . in die Hände der Massen über".[411] Diese Verwirklichung war wörtlich zu nehmen. Mit ihrer Hände Arbeit sollten die Arbeiter die Verträge erfüllen. Denn vor allem eine Garantie wollten die Gewerkschaften haben: ,,daß der von uns geschlossene Kollektivvertrag nicht durch wilde Aktionen gebrochen wird". Deshalb wollten die Gewerkschaften sicher sein, ,,daß die Arbeiter verstehen, um was es sich hier handelt, daß sie wissen, was der Vertrag enthält, warum er so und nicht anders beschaffen ist, warum die Gewerkschaft im betreffenden Zeitpunkt nicht höhere Sätze fordern kann, warum die Arbeitnormen so und nicht anders sind usw.".[412] Die Mitwirkung der Massen der Arbeiter lag in dem Verzicht auf Konflikte. Das Mittel, Konflikte zu vermeiden, war nicht die Veränderung der Lage, sondern die auferlegte Selbstbeschränkung, in Form der nun von den Gewerkschaften vorgenommenen ,,Aufklärung" darüber, warum sich die Arbeiter aufgrund der wirtschaftlichen Lage über zentral festgesetzte Normen und Tarife nicht zu beklagen hätten.

Da dieses Prinzip der Massenarbeit das Aufkommen von Konflikten keinesfalls ausschloß, mußte ein besonderes System zur konfliktlosen Regelung von Konflikten geschaffen werden, das vor allem die Aufgabe hatte, die Dynamik von Konflikten, in ihrer politisch-ökonomischen Sprengkraft wie bei Streiks, auszuschalten.

b) Das Schlichtungssystem

In der Verfügung des SNK über die Kollektivverträge wurde festgelegt, wie strittige Fragen gelöst werden sollten: ,,Differenzen zwischen den wirtschaftlichen Organen und den Gewerkschaften, die den Abschluß eines Kollektivvertrages betreffen, können, falls sie nicht durch die örtliche Schlichtungskammer gelöst werden, vom NKT auf Antrag einer Partei an ein Schiedsgericht überwiesen werden."[413]

In der Diskussion um die Einführung des Schlichtungsprinzips argumentierten die Gewerkschaften zunächst dagegen, daß sich die staatlichen Organe mit den einzelnen Konflikten befassen sollten. So wandte Tomskij auf dem II. Plenum des VCSPS ein, welche Konsequenzen die staatliche Konfliktregelung für den Staat selbst hätte und welche politischen Folgen für die Arbeiterklasse

entstehen könnten. „Werden wir jeden Konflikt einem Regierungsorgan vortragen, so wird die Regierung tatsächlich die ganze Verantwortung für die Ergebnisse aller Konflikte übernehmen müssen, und die Arbeiter, die mit dem Schiedsspruch der staatlichen Organe unzufrieden sein werden, werden ihrer ganze Unzufriedenheit, die sich unter anderen Verhältnissen gegen die Unternehmer richten würde, jetzt gegen den Staat selbst richten."[414]
Allerdings war Tomskij schnell bereit, Ausnahmen festzustellen, nach denen das staatliche Schlichtungsprinzip zulässig wäre: „Erstens, wenn in einem staatlichen Betrieb die Gewerkschaft und die Betriebsverwaltung im Falle eines Konflikts sich nicht über die Person des Vorsitzenden des Schiedsgerichts einigen können. In diesem Falle steht den Gewerkschaften das Recht zu, einen Vertreter des Volkskommissariats für Arbeit als Superarbiter[415] vorzuschlagen; zweitens, wenn die Klein- und die Heimindustriellen oder die einzelnen zerstreuten Arbeiter der Privatbetriebe, die nicht in die gewerkschaftliche Organisation und in die Kollektivverträge einbezogen sind, sich an die Schlichtungsausschüsse des Arbeitskommissariats wenden; drittens, wenn sehr große wirtschaftliche Konflikte und Streiks die wirtschafltichen Staatsinteressen dermaßen in Mitleidenschaft ziehen, daß sie den Staat zu gefährden drohen. Dann muß dem obersten Staatsorgan, dem Allrussischen Zentral-Exekutiv-Komitee das Recht zustehen, sich an der Lösung des Konflikts zu beteiligen."[416]
Damit anerkannte Tomskij die Schlichtung durch das NKT als Notwendigkeit: „Wir sagen: da die Interessen der Arbeiterklasse nur bei der Wiederherstellung der Produktivkräfte der Arbeiterrepublik gewahrt werden könne, so decken sich die Interessen der Arbeiterklasse vollkommen mit den Staatsinteressen."[417]
In den Thesen zu dem Referat von Tomskij hieß es im Widerspruch dazu, daß sich der Arbeiter- und Bauernstaat weder in konkrete Konflikte in privaten Betrieben noch in staatlichen einmischen dürfe, und daß das Prinzip der staatlichen Schlichtung folglich abgelehnt werde. In Ausnahmefällen war die Kompetenz staatlicher Schlichtung noch deutlich begrenzt: nämlich nur in Abwesenheit von gewerkschaftlich unterzeichneten Kollektivverträgen sollte der Staat tätig werden.[418]
Nicht alle Gewerkschafter wollten sich mit den geringen Brocken, die sie für den Verzicht auf die Arbeiterkontrolle bzw. die Selbstverwaltung erhielten, zufrieden geben. Es wurden Positionen in den Gewerkschaften kritisch wirksam, die vorschlugen, daß die Gewerkschaften nicht mehr kandidieren sollten, nachdem ihnen die Möglichkeit genommen worden sei, die Betriebsleitung zu stellen. Im Fall der staatlichen Schlichtung mußte Tomskij sich in der Diskussion sogar gegen den Vorwurf wehren, daß die Bolschewiki mit dem Schlichtungsprinzip dieselbe Politik wie die Menschewiki machten. Dies wies Tomskij zurück, weil „jede Taktik von den Verhältnissen abhängt, unter denen sie zur Anwendung kommt".[419] Er wehrte eine Diskussion über die Wege der Konfliktlösung ab, die er selbst kurz zuvor noch als „die schmerzvollste und meist umstrittene Frage"[420] bezeichnet hatte.

Die Konfliktregelung wurde auf dem V. Gewerkschaftskongreß, der dem II. Plenum des VCSPS folgte, mit einiger Polemik diskutiert. In einem Artikel stellte G. Revzin der tarifökonomischen Sektion des Kongresses Thesen vor, in denen ein militantes und organisiertes Austragen von Konflikten an der Basis der Arbeiterklasse abgelehnt wurde, und Konflikte in geregelte Bahnen geleitet werden sollten. Aus der Aufgabe der Gewerkschaften, Konflikten rechtzeitig vorzubeugen, leitete Revzin die Rolle und Taktik der Gewerkschaften bei der friedlichen Regelung der Konflikte ab.[421] Zunächst müsse untersucht werden, ob es sich um einen Verstoß bzw. ein Nichteinhalten der Arbeitsgesetze handle oder ob es sich um Konflikte unter den Bedingungen schon bestehender Kollektivverträge handle oder ob der Konflikt ganz anderer Art sei. Für die Gewerkschaften seien im Gegensatz zu den Gerichten vor allem die Konflikte von Bedeutung, die sich auf dem Boden der neu errichteten Rechtsbeziehungen entwickelten. Das seien vor allem Forderungen nach Erfüllung und Verbesserung von bestehenden Arbeitsgesetzen für die Arbeiter, nach Erhöhung der Löhne beim Abschluß, der Veränderung oder Vervollständigung der Kollektivverträge, sowie Konflikte, die durch die Auslegung der Kollektivverträge entstünden. Diese Systematisierung in Konflikte aus den unerfüllten Forderungen der Gewerkschaften und aus Unstimmigkeiten über die Interpretation der Kollektivverträge sollte in allen folgenden Diskussionen und Statistiken wieder auftauchen.

Die Abschlüsse der Kollektivverträge löse die staatliche Funktion der Gewerkschaften ab, hieß es: „Es ist nötig, sich ein für alle mal zu merken, daß die Gewerkschaften unter den jetzigen Bedingungen keine staatliche Funktion haben und daß sie bei der Festlegung der Arbeitsbedingungen die Seite sind, die die Interessen der Arbeiter auf dem Wege des Abschlusses der Kolllektivverträge über diese oder jene Arbeitsbedingungen sichern."[422] Dabei dürften sich die Gewerkschaften jedoch nicht verantwortungslos irgendwelche Arbeitsbedingungen aufdrängen lassen. „Die Unternehmen sind beim Abschluß der Kollektivverträge keine objektiven Gesetzgeber, sondern gleichberechtigte Vertragsseiten."[423]

Für den Fall des Entstehens von Konflikten folge aus der Existenz der Verträge, daß „es keine einseitige Selbständigkeit der Gewerkschaften bei der Lösung von Konflikten geben" könne.[424]

Deshalb müsse die Lösung von Konflikten in paritätischen Organen geschehen oder durch ein von den Gewerkschaften festgesetztes Schlichtungsverfahren. Wenn also in der Normierungs- und Konfliktkommission dem RKK, der ersten und paritätischen Instanz des Konflikts, keine Übereinkunft gefunden werden könne, dann „muß der Vertreter der Gewerkschaften sich unmittelbar im Betrieb einfinden und muß sich bemühen, in direkten Verhandlungen mit der Administration in Anwesenheit des Fabrikkomitees oder auch der Arbeiter eine zufriedenstellende Lösung des Konflikts zu erreichen".[425] Mit der direkten Verhandlung sollten die Gewerkschaften wieder auf ihre Basis aufmerksam gemacht werden, die sie durch ihre Staatsfunktionen aus dem Auge verloren hätten. „Die Gewerkschaften müssen ihre Arbeit am Ort, in der Fabrik durchführen. Hier finden sie ihre Konfliktlösung."[426] Und weiter hieß es: „Hier am Ort empfindet die Gewerkschaft eher ihre Bindung an die Arbeiter und mit der Produktion, hier am Ort ist es möglich, schneller und erfolgreicher einen Konflikt zu lösen."[427] Jeder Konflikt bedeute, daß sich die Gewerkschaften aus den Unternehmen entfernt hätten. Das hieß aber, daß die Gewerkschaften ihre Aufgabe, vor allem die Produktivität zu erhöhen und die Ausweitung der Produktion zu stützen, nicht erfüllt hätten. Und sie waren den Konflikten nicht zuvorgekommen.

Die Möglichkeit des Eingriffs der Gewerkschaften wurde auf die Verhandlung mit der Administration beschränkt. Strikt „unzulässig sind irgendwelche Gewerkschaftskommissionen mit einseitig gewerkschaftlicher Besetzung".[428]

Dem Eingreifen der Betriebskomitees in die Leitung der Betriebe wurde so vorgebaut. Die Betriebskomitees konnten in Konflikten nur die Verhandlungen mit der Administration im RKK aufnehmen. Höhere Gewerkschaftsorgane sollten sich nicht an die Administration wenden. „So sind die Unternehmen als (juristische) Personen durch sein RKK oder durch Verhandlungen der Gewerkschaft mit der Administration die erste Instanz der Lösung von Konflikten."[429]

Für Revzin gab es keine objektiven Konflikte, die aus entgegengesetzten Zielen und Aufgaben von Institutionen entstehen. Das Interesse der Betriebe, die Produktivität zu erhöhen, stehe nicht im Gegensatz zu dem Interesse des Arbeiters, der eine Mehrleistung erbringe. Zumindest solange die Erhöhung der Produktivität nicht durch eine verbesserte Technologie vollzogen wurde, mußte das Ziel der Betriebsleitung jedoch — auch wenn es durch die Verwendung des Mehrwertes dem Proletariat diente — in direkten Widerspruch, d.h. objektiven Konflikt zu den Interessen der Arbeiter/-innen treten. Zu diesem bleibt sie in Konflikt, solange der Einzelarbeiter nicht durch eigene Entscheidung über den von ihm geschaffenen Mehrwert verbunden ist, mit seinem Interesse über seine Mehrarbeit selbst zu entscheiden. Beides war in der Sowjetunion nicht gegeben. Für Revzin war das besondere Interesse des Einzelnen im allgemeinen der Klasse widerspruchsfrei aufgehoben. Widersprüche, die dennoch aufträten, würden mit der Zeit verschwinden.

c) Staatliche oder gewerkschaftliche Schlichtung.
Die Diskussion um die Rolle der RKK auf dem V. Gewerkschaftskongreß

In den Diskussionen auf dem V. Gewerkschaftskongreß war vor allem die Funktion der RKK strittig. Die Verfügung über die RKK wurde erst nach dem V. Gewerkschaftskongreß, einige Tage vor dem Erscheinen des neuen Arbeitsgesetzes, im November 1922 veröffentlicht. Differenzen über die Kompetenzen der RKK bestanden vor allem zwischen dem NKT und den Gewerkschaften. Avdeev kritisierte in der Diskussion, die dem Rechenschaftsbericht Šmidts über die Tätigkeit des NKT folgte, vor allem das Auftreten des NKT in den Verhandlungen mit den Gewerkschaften. So habe das Volkskommissariat, statt die Verhandlungen mit dem VCSPS im Einvernehmen zu führen, die Gewerkschaften „mit Produkten der eigenen Phantasie gefüttert".[430] Die Verfügung über die RKK sei den Gewerkschaften in einer Fassung vorgelegt und dann aber in einer anderen Version veröffentlicht worden, mit der die Gewerkschaften nicht einverstanden seien. Auch in den Instruktionen über die Schlichtungskammern und Schiedsgerichte habe das NKT die „kitzligen Fragen" über die paritätische Schlichtung so geändert, daß sie der dem VCSPS vorgelegten Fassung widersprächen.

Šmidt faßte vor dem V. Gewerkschaftskongreß den Stand der Diskussion über die Konfliktregelung zusammen: „Das II. Plenum des VCSPS lehnte das Projekt einer staatlichen Schlichtung ab. Alle Streiks sollen durch die Schlichtungsbüros laufen, und nur in dem Fall, in dem keine Einigung erzielt wird, sollen sie dem NKT übergeben werden. Individuelle Konflikte dagegen werden auf dem Wege der Zwangsordnung geregelt. Konflikte, die im Zusammenhang mit den Kollektivverträgen entstehen, sollten in jedem Fall nicht ohne die Gewerkschaften gelöst werden. Und nur, wenn sich die Gewerkschaften an das NKT wenden, kommt dieses ihnen zu Hilfe"[431] Auf den von Avdeev angesprochenen Konflikt ging Šmidt nicht ein, da nicht klar sei, über welchen Punkt es Uneinigkeit zwischen dem NKT und den Gewerkschaften gegeben habe. Avdeev versuchte in einem Artikel über die Normierungs- und Tarifkommissionen für die Tarifökonomische Sektion[432] noch einmal die Differenzen zu zeigen, die es über die Rolle gab, die die RKK spielen sollten. Es sei zwar unbestritten, daß das RKK ein paritätisches Organ sein solle. Der Streit beginne aber damit, daß die eine Seite davon ausgehe, daß das RKK für die Aufteilung von Arbeitern und Angestellten auf die einzelnen Tarifklassen zuständig sein müsse, indem es selbst die Akkord- und Tarifnorm aufstelle. Damit solle die gewerkschaftliche Kontrolle durch die paritätische Entscheidung aller Arbeitsverträge erreicht werden. Dagegen gehe die andere Seite davon aus, daß das RKK eine Konfliktinstanz sein solle, in der nur Streitfragen behandelt würden, die aus den Arbeitsverträgen hervorgingen. Hinter der ersten Position standen die Gewerkschaften, insbesondere die Einzelgewerkschaften, die sich für eine Erhaltung der gewerkschaftlichen Rechte der Verwaltung der Betriebe einsetzten und hinter der anderen Seite stand das NKT, das ehemals gewerkschaftliche Funktionen als staatliches Organ übernehmen wollte. Zwischen beiden versuchte Avdeev zu vermitteln. Er argumentierte, daß der Kollektivvertrag selbst schon die Instanz der freiwilligen Übereinkunft der Gewerkschaften mit den Arbeitsabteilungen der Wirtschaftsorgane sei. Durch sie sei der Inhalt der künftigen Arbeitsverträge genau bestimmt. Der Abschluß des Rahmentarifvertrages, den die Gewerkschaften pauschal abschlössen, bestimme nur einen allgemeinen Rahmen. An ihm könne sich die Konfliktarbeit der Gewerkschaften nicht orientieren. Um den RKK Möglichkeiten zu geben, Konflikte zu lösen, müßten die RKK auf das Zustandekommen der Normen Einfluß haben. Mehr an gewerkschaftlichem Einfluß sei nicht gefordert. Konkrete Entscheidungen wie Anstellungsverträge oder die Aufteilung der einzelnen Arbeiter auf die einzelnen Tarifklassen verlange die Gewerkschaft nicht: „Die Aufteilung der Arbeiter auf die einzelnen Tarifklassen ist Bestandteil der Anstellungsverträge. Sie kann nicht in die Kompetenz der RKK fallen, da den Arbeitern und Angestellten das Recht auf den freien Arbeitsvertrag mit dem Arbeitgeber erhalten bleiben muß."[433]

Den RKK sei diese Arbeit auch zu viel. Denn in solchem „Fall ist es nötig, sich von der Idee des Arbeitsvertrages (d.h. des persönlichen Anstellungsvertrages) abzuwenden. Im letzteren Fall würde die Notwendigkeit entstehen, daß außerhalb der Kollektivverträge noch verbindende Verträge existieren, die sich auf die Arbeit und Bezahlung jedes einzelnen Arbeiters oder Angestellten in paritätischer Weise im RKK beziehen. Hier ist es objektiv unumgänglich, die RKK von der Frage der persönlichen Anstellung zu entlasten".[434]
Die Metallarbeitergewerkschaften, die sich für die gewerkschaftliche Beteiligung bei der Einstellung einsetzten, hätten mit ihrem Standpunkt unrecht, kritisierte Avdeev. Denn wenn der Kollek-

tivvertrag den Inhalt der Anstellungsverträge genau bestimmen solle, dann müßten in sie folgende Fragen aufgenommen sein:

„ 1. Welche Produktionsnormen für eine bestimmte Arbeit (mit genauer Bezeichnung) existieren müssen.
2. Welche Stücklohnsätze für die Arbeit festgesetzt sind (bei genauer Bezeichnung der Arbeit) und der Bedingungen der Arbeit).
3. Welche Kontrollen es für den neu beschäftigten Arbeiter geben soll und welche Prüfungen es für den oder jenen Beschäftigten in dieser oder jener Funktion geben soll.
4. Welche Schutzvorrichtungen für diese oder jene Arbeit existieren sollen."[435]

Solch präzise Bedingungen bestimme aber faktisch „kein einziger Kollektivvertrag und sie sind sicher nicht in den Kollektivverträgen festzulegen, weil von Seiten der Gewerkschaften dann genaue Untersuchungen über die konkreten Produktionsbedingungen vorgenommen werden müßten, d.h. die Gewerkschaften müßten wissen, welche Teile gefertigt werden, wieviele Operationen dazu notwendig seien und wie fehlerfrei die einzelne Operation sein muß".[436] Diese Arbeit aber könne nicht von den Gewerkschaften übernommen werden. Deshalb müsse so verfahren werden, daß die konkreten Fragen der Vertragsbeziehungen den RKK übertragen werden. „So ist die Arbeit der RKK die Fortsetzung der Vertragsbeziehungen im einzelnen Betrieb."[437] Nachdem kurz zuvor Avdeev noch argumentiert hatte, daß die RKK von den Einzelverträgen entlastet werden müßten, versuchte er seine Mittelposition zwischen dem NKT und dem radikaleren Gewerkschaftsflügel genauer zu bestimmen. Es sei unverantwortlich, „die Durchsicht der Arbeits- und Lohnfragen der Administration unter den Bedingungen der wirtschaftlichen Rechnungsführung bzw. des wirtschaftlichen Gewinns (in den Privatunternehmen) zu überlassen. Denn das heißt, im vorhinein einen Konflikt zwischen der Administration und den aktiven Arbeitern, die ihren Wert kennen, ansteuern und der Administration die Möglichkeit geben, die weniger aktiven Arbeiter zu übervorteilen. Hierzu zählte er vor allem die Bedrohung durch die Entlassung unter den Bedingungen von Arbeitslosigkeit".[438] Aus diesem Grunde bestimmte Avdeev die Aufgaben des RKK so, daß das RKK zwar nicht die Bedingungen festsetzen sollte, unter denen die Arbeiter beschäftigt würden. Es solle jedoch nach den Normen des Kollektivvertrages die Vorschläge der Administration prüfen und bestätigen; der Prüfung durch die RKK liege die Arbeit der Administration zugrunde und diene ihr als Anleitung. Bei Avdeev heißt es:

„ 1. Das RKK prüft und bestätigt die Aufteilung der Arbeit, der Berufe und Pflichten im Unternehmen nach den Tarifklassen, die auch der Administration beim Abschluß der Arbeitsverträge mit den einzelnen Arbeitern und Angestellten zu Grunde liegt.
2. Bei Arbeiten mit Massencharakter oder einmaligen sich systematisch wiederholenden Tätigkeiten prüft und bestätigt das RKK die Produktionsnormen und Stücklohnsätze, die auch der Administration als Anleitung bei den Berechnungen des Arbeitslohnes oder bei der Aufstellung von Stücklohnsätzen dienen.
3. Das RKK prüft und bestätigt Verzeichnis und Normen der Sicherheitsmaßnahmen . . ., und leitet so die Administration beim Erwerb von Arbeitsschutzgegenständen an.
4. Das RKK setzt den Charakter der Kontrollen und Prüfungen fest, die für die Aufteilung der Arbeiten oder Funktionen erforderlich ist, denen sich die Arbeiter und Angestellten unterziehen, wenn sie eine Arbeit antreten oder zu einer anderen überwechseln."[439]

Avdeevs Entwurf hatte den Nachteil, daß er scheinbar Positionen der Gewerkschaften bewahrte, ohne sie inhaltlich zu verteidigen. Denn das RKK prüfte bei der Festsetzung der Tarife die Grundlagen der Entscheidungen, jedoch nur im Konflikte die Anwendung auf den Einzelfall. Die Gewerkschaften konnten damit Konfliten nicht real vorbeugen.
Wie einzelne Arbeiter sich in Konflikten mit der Administration verhalten sollten, und welches dabei die Rolle der Betriebsgewerkschaftsorganisation wäre, faßte Avdeev in der Formel zusammen:

„Wenn ein einzelner Arbeiter mit dem Vorgehen der Administration nicht zufrieden ist, wird dies durch das Fabrikkomitee ins RKK gebracht. Seine Entscheidung ist für den Arbeiter wie für die Administration verbindlich. . ."[440]

Am folgenden Tag des V. Gewerkschaftskongresses nahm die Konfliktabteilung des NKT zu den Entwürfen Stellung.[441] Bei der kritisierten Veröffentlichung[442] handle es sich nur um eine der Varianten, die in der Diskussion seien, und noch nicht um einen bindenden Entwurf. Die Auffassung der Konfliktabteilung lasse sich vorläufig etwa so zusammenfassen: Es sei aufgrund der Verfügung des VSNCh Nr. 443 über die RKK unbestritten, daß die Tarifaufgaben der RKK begrenzt sein sollten. Dennoch müsse die Frage, ob die RKK nur die Aufgabe von Konfliktlösungen erhalten sollten, aufgrund der anhaltenden Meinungsverschiedenheiten weiter diskutiert werden. Es sei zwar erwünscht, daß die Gewerkschaften sich mit der Untersuchung von Konflikten befassen, die nicht vom RKK gelöst würden, aber dem müsse zugrunde liegen, daß

a) die Durchsicht und die Lösung, die die Gewerkschaften vorschlügen, nicht für beide Seiten bindend seien;

b) nur die Einzelgewerkschaften und nicht die Unionsgewerkschaften die Durchsicht übernähmen, da nur die Einzelgewerkschaften die Fälle durch ihre Nähe zum Produktionsprozeß besser übersähen;

c) von den Gewerkschaften keine besonderen Organe zur Untersuchung der Konflikte aufgebaut werden dürften (Konfliktkommissionen, Schlichtungskammern usw.), da diese Organe einseitige Organe der Arbeiterklasse und nicht Organe des Staates seien. Nur wenn die Gewerkschaften die Taktik einer vorbereitenden Beilegung des Konfliktes verfolgten, die sich nicht auf gerichtlichen Zwang stütze, könne eine Verschärfung der Konflikte verhindert werden.[443]

In dem Rechenschaftsbericht über die Tätigkeit des VCSPS, der über die gerade administrativ gelösten innergewerkschaftlichen und innerparteilichen Konflikte nichts sagte, ging Avdeev auf die Arbeit der Gewerkschaften in Betriebskonflikten ein: „Im Verlauf des Jahres sind bei uns 102 Streiks mit 43 000 Teilnehmern registriert worden. Wir haben keine Angst, diese Zahlen vor dem Angesicht der ganzen Welt zu veröffentlichen, denn diese Zahlen sind im Vergleich zu der ungeheuren Welle von Streiks, die die kapitalistische Industrie des Westens zerfleischen, erbärmlich."[444] Er nahm sogar an, daß die Zahl der Konflikte noch mehr sinke, wenn erst die im Entstehen begriffenen Schlichtungsbüros[445] anfingen, sich mit den Konflikten zu beschäftigen. Denn die bisherige Praxis der Konfliktarbeit habe bei 4 156 Konflikten, die in der Mehrzahl zum Vorteil der Arbeiter gelöst wurden, gezeigt, daß die Taktik der Gewerkschaften richtig sei. Sie „zeugt davon, daß es unter unseren Bedingungen nicht schwer ist, es zu erreichen, daß Streiks wertlos werden".[446]

Rudzutak erklärte in den Thesen zu seinem Referat auf dem V. Gewerkschaftskongreß, daß es den Vertragsbeziehungen zuwider laufe, wenn einzelne Gewerkschaften versuchten, eine einseitige Lösung der Konflikte zu erzielen.[447] Das Prinzip, das logisch aus der Vertragsbeziehung folge, sei das der Übereinkunft – und indem unter Übereinkunft paritätische Einigung der Vertragspartner verstanden werde, solle diese durch die untersten Organe der Konfliktinstanzen, dem RKK in den Betrieben, gelöst werden. „Die entstehenden Konflikte sollen erstinstanzlich im RKK gelöst werden; die in den örtlichen RKK nicht gelösten Konflikte sollen den offiziellen Konfliktweg (Schlichtungskammer und Schiedsgericht) einschlagen."[448] Der „offizielle" Konflikt begann also erst auf staatlicher Seite, beim NKT, bzw. der Konflikt wurde erst dann zu einem, wenn er durch unmittelbare Einigung der Vertragspartner nicht gelöst werden konnte. Alle Versuche, das Prinzip der gleichgewichtigen Einigung zugunsten der Gewerkschaften, also auch zugunsten der in den Betrieben Beschäftigten, zu verschieben, wurden von Rudzutak angegriffen. „Die Versuche, die Entscheidungen aller Konflikte den Gewerkschaften zu übertragen, müssen verurteilt werden, da sie zu einer kanzleibürokratischen Art der Konfliktregelung führen."[449]

In der tarifökonomischen Sektion des Kongresses kam es zu einer Auseinandersetzung zwischen Rudzutak und Kozelev, dem Vorsitzenden der Metallarbeitergewerkschaft, in der Kozelev die Mehrheit der Sektion gewann. Der Streit war grundlegender Art, da er noch einmal die Ordnung, nach der die Konflikte behandelt werden sollten und die Stellung der Gewerkschaften in diesem Prozeß zum Gegenstand hatte. Kozelev warf Rudzutak vor, daß er die Gewerkschaften faktisch von den Konfliktlösungen fernhalten wolle. Denn indem nicht den Gewerkschaften, sondern den staatlichen Organen die Konfliktregelung übergeben werden solle, sei die Autorität der Gewerkschaften gemindert. Die Tendenz gehe dahin, daß bald die Mehrzahl der Konflikte von administrativen Organen gelöst werde.[450] Kozelev schlug deshalb vor, daß, wenn es den RKK nicht gelinge, die Konflikte zu lösen, diese nicht an das NKT überwiesen, sondern von den Gewerkschaften zur Lösung übernommen werden sollten. Rudzutak kam dem Vertreter der Metallgewerkschaft, der auch als Sprecher der Moskauer Delegierten auftrat, an einem Punkt entgegen. Die Stellung der Gewerkschaften sei nicht geschwächt, weil ihnen alleine das Recht der Übertragung der Klage an die staatlichen Organe allein zustehe. Dadurch seien die Gewerkschaften nicht von der Konfliktarbeit entbunden. Sie seien nur von der Notwendigkeit befreit, einen eigenen Konfliktapparat aufzubauen. Gegen einen Spezialapparat der Gewerkschaften zur Lösung von Konflikten hatte sich auch Kozelev gewandt.[451] Kozelev blieb aber unverändert bei seiner Forderung, den Gewerkschaften eindeutig und nicht verschleiert die Kompetenz der Konfliktlösung zu lassen. In der Abstimmung über die Thesen Rudzutaks, in der Rudzutak unterlag, entfielen schließlich die Formulierungen, die die Konfliktregelung direkt in die Kompetenz des Staates, d.h. des NKT gaben. Zwar blieb die erste Konfliktinstanz nach wie vor das RKK, wie es das VCSPS-Plenum im Februar 1922 festgelegt hatte, an die Stelle der eindeutigen Bestimmung: „Werden Konflikte am Ort nicht gelöst, müssen sie den offiziellen Konfliktorganen (Schlichtungskammer und Schiedsgericht) übergeben werden" – trat jedoch die Formulierung: „Werden Konflikte am Ort nicht gelöst, können sie nur durch die Gewerkschaften – Bezirkskomitee (rajkom) und Gouvernementabteilung (gubotdel) – an die offiziellen Konfliktorgane übergeben werden, die Maßnahmen zur Lösung der Konflikte durch unmittelbare Übereinkunft mit den Wirtschaftsorganen einleiten. Dies darf nicht zu einer ständigen Einrichtung von Konflikt- und Schlichtungsorganen bei den Gewerkschaften führen. Der Kongreß hält auch die Erhaltung des einseitigen Gewerkschaftsrechts, eine Zwangsschlichtung einzuleiten, für unumgänglich."[452] Diese Formulierung war in den Thesen Rudzutaks weniger klar gewesen. Die Konflikte sollten den offiziellen Konfliktorganen übergeben werden, wenn die Gewerkschaften alle Möglichkeiten ausgeschöpft hätten, mit den entsprechenden Wirtschaftsorganen zu einer Einigung zu gelangen.[453]

Aus der Resolution Rudzutaks entfiel auch eine denunziatorische Wendung gegenüber den Gewerkschaften, daß die Konfliktregelung durch die Gewerkschaften „kanzleibürokratisch" erfolge. Die Intervention der Vertreter der Einzelgewerkschaften konnte jedoch nur an der Resolution über die Tarif- und Wirtschaftsarbeit der Gewerkschaften verändern. Die Rolle des NKT blieb in der Endfassung der Resolution trotz der Angriffe Avdeevs gegen die Arbeitsweise des NKT unverändert. Damit war im Wesen auch die Konfliktarbeit des NKT bestimmt. Im Entwurf wurde die Aufgabe des NKT so gefaßt: In Individualkonflikten, die aus Verstößen gegen die gesetzlich festgelegte Form hervorgingen, besaß das NKT als Instanz staatlichen Zwanges das Recht, über die Konfliktorgane – also mit Beteiligung der Gewerkschaften – die Arbeitsbedingungen zu regulieren. Darüberhinaus gehörte es zu dem Aufgabenbereich des NKT, das staatliche Minimum dieser Arbeitsbedingungen festzulegen und für dessen Einhaltung zu sorgen.[454] Die Resolution sah in der Bildung der Konfliktorgane beim NKT den Ausdruck der veränderten Rolle des Arbeitskommissariats unter den Bedingungen der NEP. Schiedsgerichte und Schlichtungskammern sollten mit Unterstützung der Gewerkschaften und ihrem Apparat eingerichtet werden, wobei das NKT verzichtete, als staatliches Organ in dieser oder jener Form auf die Regelung der Konflikte Druck auszuüben.[455]

Mit der Resolution des V. Gewerkschaftskongresses konnte dann auch die Verfügung über die RKK verabschiedet werden – nur wenige Tage bevor das neue Arbeitsgesetzbuch erschien.[456] Damit war das RKK, wie die Schlichtungskammer und das Schiedsgericht, ein paritätisches Organ, das sich aus Gewerkschaftsvertretern und den Vertretern der Leitung des Betriebes zusammensetzte. Es sollte in allen staatlichen und privaten Unternehmen entstehen, um die Abmachungen des Kollektivvertrages zu vollstrecken, Streiks zu schlichten und eine interne Ordnung innerhalb der Fabrik auszuarbeiten. Dazu gehörte die genauere Bestimmung der Lohndifferenzierung entsprechend der den Beschäftigten zugewiesenen Arbeit, die Festsetzung der Normen, die Länge der

Ferien, die Untersuchung der Beschwerden einzelner Arbeiter oder von Fabrikkomitees. Die RKK waren nur für die Konflikte zuständig, die sich aus der Interpretation oder der Durchsetzung der Kollektivverträge ergaben. Sie durften nicht solche Konflikte zur Schlichtung annehmen, die sich direkt gegen den Kollektivvertrag richteten, so daß zusätzliche Abschlüsse zu den Tarifverträgen notwendig wären. In sehr großen Betrieben sollte es besondere RKK der Abteilungen geben. Konflikte und die interne Fabrikordnung mußten durch Übereinkunft geregelt werden. Normen und Tarifeinstufungen wurden nach der Mehrheitsentscheidung der Kommission geregelt. Nur wenn keine Übereinkunft gefunden werden konnte, wurde der Fall auf dem normalen Konfliktregelungsweg im NKT entschieden.

Auch wenn sich in den Abstimmungen auf dem V. Gewerkschaftskongreß diejenigen durchsetzen konnten, die den Gewerkschaften eine größere Autonomie gegenüber dem Staat zusprechen wollten, hatten sie es doch an dem prinzipiellen Punkt, nämlich der Unzulässigkeit einer staatlichen Schlichtung an sich, nicht gekonnt. Denn indem dieses Vorrecht den Gewerkschaften ausdrücklich abgesprochen wurde, blieb die Bestimmung, daß nur die Gewerkschaften das Recht hätten, die staatliche Schlichtung einzuleiten, eine vorläufige Kompromißformel[457], die unter veränderten Kräfteverhältnissen leicht rückgängig gemacht werden konnte, was später dazu führte, daß Gewerkschaften und Wirtschaftsführung gleiche Rechte bei der Anrufung der staatlichen Konfliktorgane bekamen, d.h. das Vorrecht der Gewerkschaften, dies allein zu tun, beseitigt wurde.

Die Einrichtung der Schlichtungsorgane beim NKT und der RKK war mit der Aufforderung verbunden, daß die Gewerkschaften über keinen eigenen Konfliktapparat mehr verfügen sollten. Die Mehrzahl der Einzelgewerkschaften beugte sich diesen Beschlüssen. Dennoch gab es einzelne Gewerkschaften, in denen sich noch Jahre nach dem Beschluß des Gewerkschaftskongresses solche eigentlich abgeschafften gewerkschaftlichen Kommissionen großer Beliebtheit erfreuten. So wurde im Herbst 1925 über die Gewerkschaft für Nahrungsmittel berichtet, daß es in ihr noch eine Schlichtungskommission beim örtlichen Gewerkschaftskomitee gab, die das RKK ersetzte und ähnlich wie das Schiedsgericht beim NKT arbeitete. Vorsitzender dieser Schiedskommission, die in Anwesenheit des Arbeitgebers und der Arbeiter/-innen verhandelte, war ein Mitglied des örtlichen Gewerkschaftsausschusses. Im Gegensatz zu den Konfliktorganen beim NKT hatte diese Schlichtungskommission eine so ungewöhnliche Aktivität zu verzeichnen, daß das ZK der Gewerkschaft für Nahrungsmittel auch gegenüber dem NKT auf der Notwendigkeit der Beibehaltung der Kommissionen bestand. Denn obwohl Entscheidungen vor allem auf Kosten der privaten Unternehmer gefällt wurden, ging kaum ein Unternehmer vor dem Volksgericht in Berufung. Aus diesem Grunde wandten sich fast alle in der Nahrungsmittelbranche tätigen Heimarbeiter an diese Schlichtungskommission, und kannten deren gewerkschaftlichen Charakter oft nicht einmal.[458] Diese Kommission entsprach in ihrer Funktionsweise den ursprünglichen Vorstellungen der Gewerkschaften. Daß sie sich in der Gewerkschaft für Nahrungsmittel halten konnte, dafür sprach, daß in den Bereichen, in denen überwiegend privater Besitz an Produktionsmitteln vorherrschte, Auseinandersetzungen rigider geführt wurden, und daß Konflikte mit „Elementen" des Klassenkampfes ausgetragen wurden.

Als im Jahr 1926 aufgrund des starken Anwachsens der Konflikte und der Unfähigkeit der Konfliktorgane, diese noch zu bewältigen, diskutiert wurde, welche Konfliktinstanzen abgeschafft werden sollte, um die Konfliktlösungen zu beschleunigen, wurden von den Volkskommissariaten vor allem die bei den Gewerkschaften noch bestehenden Einigungskommissionen genannt. Da ihre Entscheidung keine juristische Folgen hällte, seien sie auch als Institutionen überflüssig.[459]

Der Ausgang der Konflikte war es vor allem, der dazu beitrug, auch diese gewerkschaftlichen Kommissionen abzuschaffen. Denn mit 29 % der Entscheidungen gegen die Arbeiter entschied die gewerkschaftliche Konfliktregelung des Jahres 1925 zwar öfter als das NKT des Jahres 1924 gegen Arbeiter/-innen, wo 27 % der Entscheidungen gegen die Arbeiter/-innen ausgingen. Sie lag aber 1925 weit unter den gegen die Arbeiter gerichteten Entscheidungen während des Lohnstopps 1925, als die Konfliktorgane des NKT zu 90 % gegen die Arbeiter entschieden.[460]

d) Die Stellung des NKT und die Arbeit seiner Konfliktorgane

Die Konfliktinstitutionen des NKT, die Schlichtungskammern und Schiedsgerichte wurden nach einer Verfügung des SNK bereits im Juli 1922 beim NKT eingerichtet.[461]
Ihnen fiel die Aufgabe zu, die schwierigen Konflikte, die zwischen Management und den Arbeitern bzw. Arbeiterinnen auftraten, zu lösen, wenn sie durch den Abschluß oder Ausführung des Kollektivvertrages entstanden oder wenn es sich um Konflikte handelte, die die Intervention des Staates erforderten.

Die Schlichtungskammer wurde tätig, wenn beide Seiten sie anriefen, das NKT informiert war und eine Einigung vorher im RKK nicht möglich war. Wenn keine Einigung erzielt wurde, entschied das Schiedsgericht. Wenn beide Seiten unmittelbar eine Entscheidung des Schiedsgerichts verlangten, wurde das Schiedsgericht des NKT sofort tätig. Wenn es zum Konflikt in einem staatlichen Betrieb kam und Gewerkschaften und Administration sich nicht einigen konnten, konnte die Gewerkschaft das Einsetzen eines Schiedsgerichts verlangen.[462]
Die Schlichtungskammer unterschied sich nicht wesentlich von dem Aufbau des RKK. Ihr lag wie diesem das Prinzip der Einigung zugrunde. Der Unterschied bestand nach Revzin in ihrer moralischen Autorität, also darin, „daß Hilfe mittels der Autorität dritter Personen gegeben wird, denen beide Seiten trauen und die von den jeweiligen Seiten ausgesucht werden oder vom NKT festgelegt werden".[463]
Allseitig sollte die Ursache des Konfliktes geklärt werden, wobei die Klärung der Lage des Unternehmens ebenso wie die der Arbeiter und Arbeiterinnen eingeschlossen war, um herauszufinden, inwieweit die Forderungen der Gewerkschaften berechtigt seien und welche Möglichkeiten das Unternehmen habe, die Forderungen zu erfüllen. Aufgrund dieser Angaben sollte der Konflikt lösbar werden.

Die Instanz, die der Schlichtungskammer folgte, war das Schiedsgericht, das dieselben Aufgaben wie die erste hatte. Im Unterschied zu dieser besaß der oberste Schiedsrichter, der hinzugezogen wurde, das Recht, selbst zu votieren. Seine Stimme war im Konfliktfall ausschlaggebend und für beide Seiten bindend.

Ein Schema der Konfliktordnung, das A. Stopani als Beauftragter des NKT nach dem V. Gewerkschaftskongreß veröffentlichte, verdeutlichte die Kompetenzen der einzelnen Organe. Es zeigte darüber hinaus, daß die Beschlüsse des Gewerkschaftskongresses für das NKT überraschend kamen. Die Spalten, in denen er das Recht, die staatliche Zwangsschlichtung anzurufen, für beide Seiten – die Gewerkschaften und die Wirtschaftler – aufführte, tauchten noch auf, enthielten aber den Vermerk „auf dem V. Gewerkschaftskongreß geändert". Auch in den Erläuterungen zu dem Schema, das den Konfliktorganen als Anleitung dienen sollte, wurde noch einmal betont, daß nur die weniger wichtigen Konflikte direkt in die staatliche Schlichtung, in die Konfliktkommissionen beim NKT eingehen sollten. Alle anderen würden durch die Gewerkschaften behandelt und nur auf Initiative der Gewerkschaften weitergeleitet.[464] Es ist bezeichnend, daß diese Konfliktarbeit der Gewerkschaften, die der des NKT vorgeschaltet war, in dieses Schema aber keinen Eingang fand. Denn real waren die Gewerkschaften in der Konfliktarbeit geschwächt.
Zu den Konfliktorganen des NKT kamen in diesem Schema die Konfliktkommissionen bei den Organen des NKT, die ganz andere Aufgaben hatten. Sie waren immer dann zuständig, wenn gegen den Kollektivvertrag verstoßen wurde, d.h. sowohl in Individualkonflikten als auch in den Konflikten, die das gesamte Unternehmen betrafen. Dies galt für staatliche und private Unternehmen und wurde für die staatlichen eingeschränkt, da die Konfliktkommissionen des NKT in ihnen nur auf Forderung der Gewerkschaft tätig werden durften.

Art des Falles — Konfliktorgane

Art der Konfliktorgane: Schlichtungs- und Schiedsgerichtsordnung

Konfliktorgane	Art des Unternehmens oder Büros	Konflikte bei Vorhandensein des Kollektivvertrages — Bei Abschluß und Veränderung des Kollektivvertrages	Bei Auslegung des Kollektivvertrages (ohne Verstoß gegen ihn)	Bei Verstoß gegen den Kollektivvertrag — Verstoß gegen die Interessen des ganzen Unternehmens	Verstoß gegen die Interessen einzelner Personen (Verletzung der Arbeitsverträge)	Konflikte bei Abwesenheit des Kollektivvertrages — Konflikte die der Einmischung des Staates bedürfen, da sonst das ganze Unternehmen in Mitleidenschaft gezogen wird	Individualkonflikte Verstoß gegen den Arbeitsvertrag
RKK	staatlich	nicht zugelassen	obligatorisch	obligatorisch	obligatorisch	kein RKK	kein RKK
	privat oder kollektiv	ebenso	ebenso	ebenso	ebenso	ebenso	ebenso
Schlichtungskammer beim NKT	staatlich	nur bei Übereinkunft der Seiten	nur bei Übereinkunft der Seiten	nur bei Übereinkunft der Seiten	nicht zugelassen	nur bei Übereinkunft der Seiten	nicht zugelassen
	privat oder kollektiv	ebenso	ebenso	ebenso	ebenso	nicht zulässig	ebenso
Schiedsgericht des NKT — Nach Übereinkunft der Seiten (wenn in der Schlichtungskammer keine Übereinkunft erzielt wurde oder die Schlichtungskammer im Einverständnis beider Seiten gemieden wurde)	staatlich	nur bei Übereinkunft der Seiten	nur bei Übereinkunft der Seiten	nur bei Übereinkunft der Seiten	nicht zugelassen	nur bei Übereinkunft der Seiten	nicht zugelassen
	privat oder kollektiv	ebenso	ebenso	ebenso	ebenso	nicht zugelassen	ebenso
Auf Forderung der Gewerkschaften (§9 d. Verfügung über Schlichtungskammer und Schiedsgerichte)	staatlich	obligatorisch nach der Verfügung d. V. Gew.kongresses	obligatorisch	obligatorisch	nicht zugelassen	obligatorisch	nicht zugelassen
	privat oder kollektiv	—	—	nicht zugelassen	ebenso	nicht zugelassen	ebenso
Auf Forderung der Gewerkschaften bei Einverständnis der Organe des NKT (§7 der Verfügung über Kollektivverträge)	staatlich	geändert auf dem V. Gewerkschaftskongreß	nicht zugelassen	—	nicht zugelassen	—	nicht zugelassen
	privat oder kollektiv	—	—	—	ebenso	—	ebenso
Konfliktkommissionen bei den Organen des NKT	staatlich	nicht zuständig	nicht zuständig	zuständig auf Forderung der Gewerkschaften	zuständig	zuständig auf Forderung der Gewerkschaften	zuständig
	privat oder kollektiv	ebenso	ebenso	zuständig	ebenso	zuständig	ebenso

(Schiedsgericht des NKT — vollstreckend (nach der Schlichtungskammer oder ihrer Umgehung))

Die Konfliktkommissionen waren parallele Organe zu den Gerichten, besondere „Arbeitsgerichte". Streit über die Kompetenz dieser Konfliktorgane beim NKT gab es Anfang 1922 durch einen Entwurf, der die Kompetenzen nur auf die Privatindustrie beschränkte. Obwohl die Konfliktkommissionen beim NKT keine gesetzliche Basis hatten, sondern durch die Gesetze eher eingeschränkt waren, und sich jeder Arbeitgeber an die Volksgerichte wenden konnte, um die Entscheidungen der Konfliktkommissionen aufzuheben, wurde ihre Arbeit als außerordentlich erfolgreich beschrieben.[465]

Bei mehreren tausend Konflikten, die durch die Konfliktkommissionen gelöst wurden, gab es nur zwei Fälle, in denen gegen die Entscheidung der Konfliktkommission protestiert wurde. In nicht mehr als 6 % der Fälle wurde das Volksgericht angerufen. Die Besonderheit der Konfliktorgane beim NKT bestand nach Sapronov in der schnellen Regelung der Konflikte, so daß sich die Arbeiter, die sich auch an die regulären Gerichtsorgane wenden konnten, es vorzogen, sich an das NKT zu wenden. Auf der IV. Sitzung des VCIK wurde der Streit, ob das NKJu oder das NKT für diese Kommissionen mit gerichtsähnlichen Kompetenzen zuständig wären, durch einen Kompromiß geklärt. Es wurde eine besondere Gerichtsbarkeit, die Sondersitzung des Volksgerichts geschaffen, dessen Vorsitzender ein Volksrichter war. Seine zwei Beisitzer waren je ein Vertreter der Gewerkschaften und des NKT. Die Kontrollkommissionen beim NKT wurden damit zu Arbeitsgerichten.

Die Endfassung der Arbeitsgesetze, deren Entwurf an die Delegierten auf dem V. Gewerkschaftskongreß verteilt wurde[466], nannte die Kompetenzen der ehemaligen Konfliktkommissionen. So sollten Verstöße gegen die Arbeitsgesetze in den besonderen Sitzungen der Volksgerichte, aber auch in den Schiedsgerichten behandelt werden:

„Angelegenheiten über Verstöße gegen die Arbeitsgesetze sowie alle sich bei der Beschäftigung von Werktätigen ergebenden Streitigkeiten werden entweder auf dem Zwangswege – in besonderen Sitzungen der Volksgerichte – oder im Schiedsgerichtsverfahren in den Tarif-Konflikt-Kommissionen, den Schlichtungskammern und Schiedsgerichten verhandelt, die auf paritätischer Grundlage gebildet werden. Alle genannten Stellen verhandeln auf Grund von Vorschriften, die für jedes dieser Organe besonders erlassen werden.

Sämtliche Verstöße gegen das Arbeitsgesetzbuch und alle anderen Arbeitsgesetze sowie gegen Kollektivverträge, soweit diese strafrechtlich verfolgt werden, werden auf besonderen Sitzungen der Volksgerichte verhandelt. Diese Sitzungen finden in folgender Zusammensetzung statt: ein Volksrichter als Vorsitzender und zwei Mitglieder davon ein Vertreter des Volkskommissariats für Arbeit und ein Vertreter der Gewerkschaftsorganisationen.

Auf den genannten Sitzungen der Volksgerichte können auch alle individuellen und Kollektivstreitigkeiten zwischen den Betrieben und Arbeitern und Angestellten verhandelt werden, wenn sie nicht den Schiedsstellen übergeben werden."[467]

Die übrigen Ausführungen des Arbeitsgesetzes entsprachen den Ausführungen der Kompetenzen, wie sie Stopani zusammengestellt hatte[468]:

„Die Schlichtungskammern und Schiedsgerichte verhandeln: alle Streitigkeiten über den Abschluß, die Durchführung, Auflösung und Abänderung von Kollektivverträgen oder Tarifabkommen; alle zwischen den Partnern eines Arbeitsvertrages entstehenden Streitigkeiten, wenn die Partner mit dieser Art der Verhandlung ihr Einverständnis erklären, mit Ausnahme der im ersten Teil des Artikels 169 vorgesehenen Streitigkeiten.

Die Schlichtungskammern verhandeln nach Vereinbarung der Partner Streitigkeiten, die sich aus der Durchführung von Kollektivverträgen ergeben. Die Schlichtungskammer verhandelt erst dann, wenn eine vorherige Verhandlung der Tarif-Konfliktkommission stattgefunden hat und es zu keiner Entscheidung gekommen ist. Vor der Schlichtungskammer wird ausschließlich mit Einverständnis der Partner verhandelt.

Sowohl vor der Schlichtungskammer verhandelte als auch dort nicht verhandelte Angelegenheiten werden im gegenseitigen Einvernehmen der Partner dem Schiedsgericht übergeben. Im Falle von Konflikten in staatlichen Dienststellen und Betrieben bilden die Organe des Volkskommissariats für Arbeit auf Antrag der Gewerkschaften Schiedsgerichte, deren Bestätigung für staatliche

Betriebe oder Dienststellen obligatorisch ist. Im Falle schwerwiegender Konflikte, die die Staatssicherheit gefährden, kann auf besondere Anordnung der höchsten Staatsorgane (Gesamtrussisches Zentralexekutivkomitee, Rat der Volkskommissare und Rat für Arbeit und Verteidigung) ein Schiedsgericht gebildet werden.
Vor den Tarif-Konfliktkommissionen werden nur Streitigkeiten verhandelt, die sich aus der Anwendung von Kollektiv- und Arbeitsverträgen ergeben, sowie die in diesem Gesetz besonders dafür vorgesehenen Fälle. Die Tarif-Konfliktkommissionen können nur im Einverständnis der Partner entscheiden, anderenfalls wird die Angelegenheit einer höheren Instanz übergeben.
Anmerkung. Streitigkeiten, die sich grundsätzlich gegen den Inhalt eines Kollektivvertrages richten, Forderungen, einzelne seiner Teile aufzuheben, sowie neue oder zusätzliche Bedingungen in den Kollektivvertrag aufzunehmen, fallen nicht in die Zuständigkeit der Tarif-Konfliktkommissionen.
Gegen die Entscheidungen der Tarif-Konfliktkommissionen, gegen die Vereinbarungen der Schlichtungskammer, die Rechtskraft besitzen, sowie gegen die Entscheidungen der Schiedsgerichte kann keine Beschwerde eingelegt werden.
Die Vereinbarungen der Schlichtungskammer werden von den Partnern freiwillig durchgeführt. Die Beschlüsse der Schiedsgerichte werden, falls der Betrieb sie nicht freiwillig durchführen will, durch das Volkskommissariat für Arbeit dem Volksgericht übergeben. Dieses verfügt im Laufe von 24 Stunden die Durchführung auf dem Zwangswege. Die Kontrolle eines Beschlusses des Schiedsgerichts, der in diesem Zusammenhang Werktätige betrifft, wird von der Gewerkschaft ausgeübt."
Im Gegensatz zu dem Arbeitsrecht des Jahres 1918, das keine besonderen Organe zur Konfliktregelung kannte, war in der Folge der Wiedereinführung des Privatbesitzes an Produktionsmitteln 1922 ein System der Konfliktregelung eingeführt worden, das speziell für Konflikte zwischen Arbeitgebern und Arbeitern zuständig war.[469] Dabei veränderte sich die Rolle und Stellung des NKT sowohl in der Konfliktarbeit als auch generell als staatliche Institution, der die Verwaltung der Ware Arbeitskraft oblag.
Der Freiraum, der dem Privatkapital eingeräumt wurde, wurde durch eine stärkere staatliche Kontrolle wieder aufgehoben.
Auf die Veränderung der Stellung des NKT wie der Gewerkschaften ging eine Plattform des NKT aus dem Jahre 1923 ein:[470]
So sei vor allem eine Position im Arbeitsstreitrecht während der 5jährigen nachrevolutionären Entwicklung gleichgeblieben. Und diese sei höchstes Gesetz geblieben: Das Interesse der Revolution: „Salus revolutiae suprema lex."[471] Es beinhalte die Einheitlichkeit der Wege und den Zusammenhalt der Interessen der verschiedenen Insititutionen der staatlichen Industrie entsprechend ihren jeweils bestehenden Realitäten. In den Etappen der nachrevolutionären Entwicklung sei die Behandlung der Arbeitskonflikte nach diesem Gesetz verlaufen, habe jedoch stets neue Schwerpunkte erhalten. So sei während der ersten Etappe der Revolution, während der Liquidierung des Privatbesitzes, der Kampf gegen das Kapital der Mittelpunkt gewesen, unter dem Arbeitskonflikte behandelt worden seien.
In dieser Zeit seien die Gewerkschaften dabeigewesen, ihren Apparat aufzubauen. Das NKT habe als Organ der proletarischen Staatsmacht Funktionen gehabt, die in die Kompetenz der Gewerkschaften fielen.
Im Kriegskommunismus, der zweiten Etappe der Revolution, seien die Gewerkschaften schon etwas stärker geworden; aber die staatliche Regulierung der Arbeit, die die Aufgabe des NKT war, sei noch kaum gelöst gewesen. Trotzdem wäre der Bedarf nach besonderen Konfliktorganen „abgestorben", denn das Prinzip der Arbeitspflicht und die Mobilisierung der Arbeitskraft hätte das Wesen der Konflikte verändert. Entsprechend seien die Konfliktorgane nicht abgeschafft worden, sondern wären in Gestalt der mit Disziplinarangelegenheiten befaßten Kameradschaftsgerichte, die die Arbeitsdesertion als Haupt-Konfliktform verfolgten, beibehalten. Da die Kameradschaftsgerichte bei den Gewerkschaften gebildet worden seien, hätte den Gewerkschaften die Überwachung der Einhaltung der Disziplin oblegen. Nur die Arbeitsdesertion sei dem Hauptkomitee für Arbeit, dem Glavkomtrud, übergeben.
Solch eine Verantwortung der Gewerkschaften während des Kriegskommunismus sei nun — in der

Zeit der neuen ökonomischen Politik – ein Problem. Weder die Gewerkschaften noch das NKT, noch die Wirtschaftsorgane hätten mit dem Beginn der NEP ihre Politik einfach umstellen können. Den Gewerkschaften sei es nicht gelungen, sich vom staatlichen Dirigismus abzugrenzen. Das NKT könne sich aufgrund seiner gemeinsamen Tradition mit den Gewerkschaften nicht sofort zu einer selbständigen Institution entwickeln. So sei es passiert, daß die Praxis der Gewerkschaften, des NKT oder der Wirtschaftsorgane zu Beginn der NEP eher an die Zeit des Kriegskommunismus erinnert hätte als an die Arbeitsgesetzgebung des Jahres 1922. Denn dieselbe Entwicklung, die die Institutionen durchgemacht hätten, habe das gesamte Arbeitsrecht und alle Instanzen durchzogen, die zur Regelung der Konflikte geschaffen worden seien.

Der Argumentationsgang Stopanis, der hier wiedergegeben wurde, charakterisierte den Übergang vom Kriegskommunismus zur NEP in seine Fakten richtig, ging jedoch eindeutig von einem Modell des Gleichgewichts aus, in dem die Wirtschaftsorgane sich auf einer Seite befanden, und die Gewerkschaften auf der anderen die Balance halten sollten. Hatten die Gewerkschaften nämlich vorher zu eindeutig die Interessen von Staat und Wirtschaftlern vertreten, bedurfte es nun des gewerkschaftlichen Gegenpols, um Widersprüche aufzufangen.

So hieß es über die Gegner in Arbeitskonflikten:

„Bei uns ist es so, daß es in unserem Arbeitsgerichtsprozeß eigentlich keine ‚sich bekämpfenden‘ Seiten gibt . . ."[472] Denn: „Die Seiten sind in unserem Arbeitsprozeß von ein und demselben Wunsch erfüllt: die Streitfrage zu lösen und dabei nicht nur formal vorzugehen . . ., sondern vielmehr die jeweilige Lage der Streitenden zu beachten, d.h. die Interessen der Arbeitenden und gleichzeitig die Interessen unserer Industrie und ihrer realen Möglichkeiten."[473]

Reichte das Gleichgewicht der Pole nicht aus, um sich ‚angeblich‘ bekämpfende Positionen wieder in den Ruhezustand zu bringen, sollte sich der dritte und neutralste im Bunde, der Staat einschalten: „Und wenn es den Seiten schwer fällt, genügend objektiv zu bleiben, dann erfüllt der staatliche Vermittler, der üblicherweise ein Vertreter des NKT ist, diese Aufgabe in den Arbeitsgerichten und beschließt, nachdem er die Interessen ausreichend erwogen hat . . ."[474] Entsprechend sah Stopani die künftige Aufgabe darin, das NKT in seiner Konfliktarbeit zu stärken und es zu einem „sich auf Autorität stützenden staatlichen Regulator" zu machen.[475]

Die Plattform Stopanis enthielt ein leicht verändertes Schema der Konfliktinstanzen und ihrer jeweiligen Kompetenzen:[476] (siehe Schema)

Im Unterschied zu der Kategorisierung des Konfliktablaufs im Jahre 1922 gab es nun kaum noch Konfliktfälle, die in völliger Abwesenheit eines Kollektivvertrages entstanden. Dagegen spielten die Konflikte, die unmittelbar aus den Arbeitsverträgen hervorgingen, eine größere Rolle. In der Plattform von 1923 entfiel auch die Aufgliederung der Verstöße gegen den Kollektivvertrag in: Verstöße gegen die Interessen des ganzen Unternehmens und in Verstöße gegen die Interessen einzelner Personen. Sie tauchte nunmehr allgemein als Verstoß gegen den Kollektivvertrag beziehungsweise den Arbeitsvertrag auf, so daß nicht mehr abzulesen war, ob ein Verstoß gegen die Interessen des Unternehmens vorlag, oder ob mit dem Verstoß gegen den Arbeitsvertrag zugleich auch ein Verstoß gegen den Kollektivvertrag gegeben war.

Dies konnte zur Folge haben, daß nach dem Schema von 1923 bei Verstößen gegen den Kollektivvertrag die Schlichtungskammer nach Übereinkunft beider Seiten tätig werden durfte, was 1922 im Fall von Verstößen gegen Bestimmungen des Kollektivvertrages, die die Rechte des Arbeiters oder der Arbeiterin verletzten, ausdrücklich untersagt war. Das Interesse der Arbeiter/-innen, daß ihre Arbeitsbedingungen nicht durch einen Kompromiß verschlechtert werden dürften, war 1923 nur noch in den aus Arbeitsverträgen entstehenden Konflikten vorgesehen. In Individualkonflikten konnte 1923 das Schiedsgericht wieder vollstreckend auf den Antrag höherer staatlicher Organe hin tätig werden. Dies war in der Konfliktordnung von 1922 nicht vorgesehen, denn der V. Gewerkschaftskongreß hatte gerade die relative Unabhängigkeit vom Staat aufgrund der mit ihm einzugehenden Vertragsbeziehungen hervorgehoben. Die Konfliktordnung Stopanis des Jahres 1923 kannte den staatlichen Eingriff wieder entsprechend § 171 des Arbeitsgesetzbuches. Der staatliche Eingriff blieb aber auf „schwerwiegende Konflikte, die die Staatssicherheit

Art der Konfliktorgane	Konfliktorgane \ Art des Falles	Art des Unternehmens oder Büros	Konflikte, die an den Kollektivvertrag gebunden sind			Konflikte, die aus den Arbeitsverträgen entstehen	
			Bei Abschluß oder Änderung des Kollektivvertrages	Bei der Auslegung des Kollektivvertrages (ohne Verstoß gegen ihn)	Bei Verstoß gegen den Kollektivvertrag	Konflikte, in denen die Gewerkschaften eine Seite vertreten	Konflikte, in denen einzelne Personen oder Gruppen eine Seite darstellen
	RKK	staatlich	nicht zugelassen	obligatorisch	obligatorisch	bei Existenz eines RKK obligatorisch	bei Existenz eines RKK obligatorisch
	RKK	privat oder kollektiv	ebenso	ebenso	ebenso	ebenso	ebenso
Schlichtungs- und Schiedsgerichtsordnung	Schlichtungskammer beim NKT	staatlich	nur bei Übereinkunft der Seiten	nur bei Übereinkunft der Seiten	nur bei Übereinkunft der Seiten	nur bei Übereinkunft der Seiten	nicht zugelassen
	Schlichtungskammer beim NKT	privat oder kollektiv	ebenso	ebenso	ebenso	ebenso	ebenso
	Schiedsgericht des NKT — Nach Übereinkunft der Seiten (wenn in der Schlichtungskammer keine Übereinkunft erzielt wurde oder die Schlichtungskammer im Einverständnis der Seiten gemieden wurde) — vollstreckend (nach Annahme oder Ablehnung der Maßnahmen)	staatlich	nur nach Übereinkunft der Seiten	nur bei Übereinkunft der Seiten	nur bei Übereinkunft der Seiten	nur bei Übereinkunft der Seiten	nicht zugelassen
		privat oder kollektiv	ebenso	ebenso	ebenso	ebenso	ebenso
	Auf Forderung der Gewerkschaften (Art. 171 Kzot)	staatlich	obligatorisch	obligatorisch	obligatorisch	obligatorisch	nicht zugelassen
	Auf Anweisung höherer staatlicher Organe (Art. 171 Kzot)	privat oder kollektiv	—	nicht zugelassen	nicht zugelassen	nicht zugelassen	ebenso
		staatlich	zugelassen	zugelassen	zugelassen	zugelassen	zugelassen
		privat oder kollektiv	ebenso	ebenso	ebenso	ebenso	ebenso
	Konfliktkommissionen bei den Organen des NKT (künftig: Arbeitsrichter)	staatlich	nicht zuständig	nicht zuständig	zuständig auf Forderung der Gewerkschaften	zuständig auf Forderung der Gewerkschaften	zuständig
		privat oder kollektiv	ebenso	ebenso	zuständig	ebenso	ebenso

gefährden" beschränkt. Aus diesem überwiegend politisch bestimmten Aufgabenbereich waren die Gewerkschaften ausgeschlossen.
Die Konfliktkommissionen wurden in diesem Konfliktschema noch dem NKT zugeordnet. Über ihre Umwandlung in Arbeitsgerichte war jedoch schon entschieden worden.
Hatten die Spannungen zwischen NKT und Gewerkschaften zu einem Teilsieg der Gewerkschaften auf dem V. Gewerkschaftskongreß geführt — so gewann in den Auseinandersetzungen nach diesem Kongreß das Volkskommissariat für Arbeit erheblich an Einfluß. Zu derselben Zeit, in der das NKT die Debatte um die Konfliktregelung mit neuen Plattformen nährte, erklärte Mel'ničanskij über die Arbeit der Moskauer Gewerkschaften: „In der Tarif- und Konfliktarbeit muß zu den Meinungsverschiedenheiten auf dem V. Gewerkschaftskongreß angemerkt werden, daß die Gewerkschaften sich aus der Konfliktarbeit nicht zurückgezogen haben."[477]
Von den Konflikten, die die Gewerkschaft unmittelbar behandelte, überwies sie 1/3 an die Arbeitsabteilungen des Volkskommissariats. Alle übrigen wurden durch Übereinkunft von den Gewerkschaften gelöst.

e) Konflikte in den Jahren 1922 und 1923

In den Organen des NKT oder der Gouvernementsabteilungen der Arbeit nahmen die Konflikte schnell zu. In einer Übersicht über das Jahr 1922, über „ein Jahr unserer Tarif-Konfliktarbeit"[478] gab Stopani Daten über den Anstieg der Konflikte in der zentralen Konfliktkommission[479] und den übrigen Konfliktorganen beim NKT.

	Zahl der Fälle in		In Prozenten zum 1. Vierteljahr in	
	ZKK	Schlichtungskommission und Schiedsgericht	ZKK	Schlichtungskommission und Schiedsgericht
April – Juni	58	7	100	100
Juli – Sept.	92	14	159	200
Okt. – Dez.	169	33	291	471
	319	54		

Da 1922 das Jahr war, in dem sich die Konfliktkommissionen erst herausbildeten, zeigt diese Aufstellung ein schnelleres Wachstum der in den Schlichtungskammern und Schiedsgerichten behandelten Konflikte als das der in den zentralen Konfliktkommissionen, auch wenn nominal sehr viel mehr Konflikte in der ZKK behandelt wurden.
In dem angegebenen Zeitraum wurden 125 Kollektivverträge im NKT abgeschlossen. 319 Konflikte wurden als Verstöße gegen den Kollektivvertrag behandelt. Mel'ničanskij maß die Erfolge der Moskauer Gewerkschaften und die Politik der Kollektivverträge am Grad der nicht in Streiks umgeschlagenen Unzufriedenheit der Arbeiter/-innen. Unzufriedenheit bedeutete bei Mel'ničanskij die Inanspruchnahme des normalen Konfliktweges. Er stellte so für einzelne Monate des Jahres 1922 folgende Gegenüberstellung über die Moskauer Arbeiter auf:

Monat	Unzufrieden	Streiks
September	76	17
Oktober	56	11
November	44	8
Dezember	33	4

In den 19 Gewerkschaften gab es insgesamt im selben Jahr in den Monaten Juli bis September 742 Konflikte mit 8443 Teilnehmern und in den Monaten Oktober bis November 862 Konflikte mit 17 985 Teilnehmern.[480]
1923 war der Anteil der Konflikte, den die Gewerkschaften an das NKT überwiesen, höher.

Kameneckij gab 4088 Konflikte an, mit denen sich die Gewerkschaften beschäftigten. 2217 waren davon industrielle Konflikte. Insgesamt waren in diese Konflikte 353 838 Arbeiter/-innen und Angestellte einbezogen. In der Industrie waren es 231 053 Arbeiter/-innen und Angestellte. Dem standen staatlicherseits 2719 Konflikte gegenüber, die den Gouvernementsabteilungen der Arbeit bzw. den dortigen Schlichtungskammern und Schiedsgerichten überwiesen wurden. Diese Konflikte betrafen 682 774 Arbeiter/-innen und Angestellte. In der Industrie waren es 446 734 in 1444 Konflikten. Hinzu kamen 130 Konflikte, die beim Abschluß der Kollektivverträge zwischen den Zentralkomitees der Gewerkschaften auf der einen und den Trusts und anderen Arbeitgebern auf der anderen Seite abgeschlossen wurden, und die direkt beim NKT behandelt wurden. 79 Konflikte traten beim Abschluß der Kollektivverträge in der Industrie auf, die 742 400 Arbeiter/-innen und Angestellte betrafen. Mit einer Beteiligtenziffer je Konflikt von 12,3 Arbeiter/-innen lag die Konfliktbereitschaft 1923 unter der durchschnittlichen des Jahres 1922, als pro Tarif-Konflikt 62 – 63 Arbeiter/-innen erfaßt wurden.[481]

Für 1923 gab Šmidt in seinem Bericht auf dem XI. Allrussischen Rätekongreß Daten über den Ausgang der Konflikte, die in den zentralen Konfliktinstanzen des NKT behandelt wurden. Aus ihnen ging ein nahezu gleichverteilter Ausgang der Konflikte für die Wirtschaftsorgane wie für die Arbeiter/-innen hervor. 31,4 % der behandelten Konflikte gingen für die Arbeiter/-innen aus. In diese waren 30,5 % aller an Konflikten beteiligten Arbeiter/-innen involviert. Für die Wirtschaftsorgane gingen 28,7 % der Konflikte mit 27,0 % der Beteiligten aus.[482]

Der Rest der Entscheidungen waren Kompromißentscheidungen. Ob der Kompromiß eher zu Lasten der Arbeiter/-innen oder aber zu Lasten der Wirtschaftsorgane ging, ist unbekannt. Die Kategorie von Entscheidungen, ‚durch Kompromiß gelöst‘, gibt nur Auskunft darüber, ob alle Forderungen der einen oder der anderen Seite erfüllt wurden. Eines ist sicher: ein Arbeiter, der einen Kompromiß in Lohnfragen einging, hatte sicher direktere Einbußen als ein Wirtschaftsorgan, das denselben Kompromiß unterschrieb.

Nach dem Jahr 1923 wurden mir Zahlen über die Konfliktarbeit der Gewerkschaften nicht mehr bekannt. Es wurden statistisch nur noch die Konflikte erfaßt, die zu den Schlichtungskammern oder den Schiedsgerichten beim NKT oder den Abteilungen der Arbeit in den Gouvernements gelangten. Es liegen auch nur unzulängliche Daten vor über die Arbeit der RKK, die über dieses wichtigste Konfliktorgan zureichend Auskunft geben könnten.

Zu der Schwierigkeit der unzulänglichen und unvollständigen Statistiken kommt eine weitere: die Ungleichzeitigkeit in der Herausbildung der Konfliktorgane relativiert notwendig jede Aussage.

f) Kritik an der Gewerkschaftsarbeit in den RKK
Der VI. Gewerkschaftskongreß und die Vorbereitung für den XIV. Parteitag

Die Diskussionen zum VI. Gewerkschaftskongreß begannen bereits im Frühjahr 1924, da er zunächst vom Präsidium des VCSPS[483] für Ende Mai, Anfang Juni geplant war.[484]

In den vorbereitenden Diskussionen wurden die Fehler und Schwächen der Gewerkschaftsarbeit von seiten der Gewerkschaftsführung ausführlich und scharf kritisiert. Mel'ničanskij ging in einer Artikelfolge auf die schwachen Stellen der Gewerkschaftsarbeit ein und kritisierte falsche Vorstellungen, die über die Gewerkschaft herrschten. „Häufig entsteht auf Versammlungen die Vorstellung: alle denken, daß die Gewerkschaften nötig sind, aber viele meinen, daß die Leitung der Gewerkschaften schon der ganze Gewerkschaftsverband ist."[485] Die Arbeiter müßten sehr wohl wissen, daß erst ihre Beteiligung die Gewerkschaften zur Gewerkschaft mache. Aber weil sich die Gewerkschaften in ihren Forderungen allein an die wirtschaftliche Realität angepaßt hatten, entwickelte sich unter den Gewerkschaftern im Betrieb eine Passivität, alle Fragen der Kollektivverträge, ja selbst der Löhne betraf. So forderte Mel'ničanskij: „Zu den grundlegenden Interessen jedes Mitgliedes der Gewerkschaften muß die Frage des Arbeitslohns und der Arbeitsbedingungen gehören. Um diese Frage entwickelt sich unsere gesamte Arbeit, die Lösung dieser Frage bestimmt auch die Stimmung der Arbeiter."[486] Was für die Leitung der Gewerkschaften Mittelpunkt der

Arbeit war, ließ den Arbeiter/-innen, die mit den „Lösungen" konfrontiert waren, nur Raum für emotionale Äußerungen, die sich in Zufriedenheit oder Unzufriedenheit äußern konnten. Die Rolle der Arbeiter/-innen selbst war damit als passiv beschrieben.

Entsprechend schlecht stand es um die Gewerkschaftspolitik in den Unternehmen, was sich unmittelbar in der Arbeit der Tarif- und Konfliktkommission niederschlug. Da die Vertreter der Arbeiter/-innen in den RKK schlechter ausgebildet waren als die Mitglieder der Verwaltung des Betriebes, wurden oft mit den Stimmen der Arbeiter/-innen Entscheidungen gefällt, die gegen Teile des Kollektivvertrages oder gegen das Arbeitsgesetz verstießen. Da die Fabrikkomitees der Gewerkschaften nicht in der Lage waren, die RKK mit Arbeitern oder Arbeiterinnen zu besetzen, die dieser Aufgabe gewachsen waren, griffen die Gouvernementsabteilungen der Gewerkschaften häufig in den Entscheidungsablauf ein. „Viele Gouvernementsabteilungen, die die Schwäche der Arbeit der RKK sehen, konzentrieren aus dem Wunsch, Fehler nicht geschehen zu lassen, die Arbeit der RKK bei sich und nehmen den Fabrikkomitees damit die Möglichkeit der Einflußnahme und damit der direkten Beteiligung an der sehr ernsten Arbeit, der Verteidigung der Interessen der Arbeiter."[487]

Da die qualifizierten Arbeiter/-innen bereits in der Partei oder der Gewerkschaft arbeiteten, waren nicht immer alle Anforderungen an die Qualifikation der Arbeiter/-innen im RKK zu erfüllen. In dem Maße, in dem vom Lande neue Schichten in die Arbeiterklasse integriert wurden, mußten diese solche Funktionen übernehmen. Deshalb forderte Mel'ničanskij die bestmögliche Zusammensetzung des RKK: „Ins RKK sollen die erfahrensten, bewußtesten, qualifiziertesten Arbeiter geschickt werden, damit sowohl Fragen der Nominierung, der Qualifikationsbestimmung und Konflikte nicht nach einem inneren Gefühl, sondern auf der Grundlage der Ordnung, der Qualifikation und der Kenntnis der Produktion gelöst werden."[488] Dabei wurden von dem Arbeiter oder der Arbeiterin Kenntnisse der Methoden des Managements und ihre Akzeptierung verlangt. Sein bzw. ihr Rückhalt sollte das Fabrikkomitee sein, in dem er/sie über die Entscheidungen des RKK berichten sollte. In wichtigeren und prinzipielleren Fällen mußte das Fabrikkomitee diskutieren, welche Position der Arbeitervertreter im RKK vertreten sollte. Die Abhängigkeit von der Grundorganisation der Gewerkschaft sollte die Bevormundung durch höhere Gewerkschaftseinheiten eingrenzen. „Es ist unumgänglich, daß der Kandidat für das RKK die Gewerkschaftsstatuten, die Verfügung über die RKK, die Arbeitsgesetze und den Kollektivvertrag kennt, damit er eine Vorstellung über die grundlegenden Ziele der Produktion und ihre einzelnen Arbeitsprozesse hat."[489]

In die Diskussion um die Arbeit der RKK ging dieselbe Auseinandersetzung ein, die im Konflikt um die Zuständigkeit der RKK eine Rolle gespielt hatte. Das Plenum des VCSPS wandte sich auf seiner V. Tagung gegen die Verwandlung der RKK in Organe der Gewerkschaften. Es wiederholte die Position, daß es gleichermaßen nicht auf eine reine Konfliktarbeit beschränkt werden dürfe. Seine Aufgabe sei vielmehr in der Koordination der Durchführung der Kollektivverträge zu sehen.[490]

Hauptthema des VI. Gewerkschaftskongresses war die Bindung der Löhne an die wachsende Produktivität. In der Resolution über Wirtschafts- und Tarifarbeit der Gewerkschaften, die von M.P. Vladmirov vorgelegt wurde und in allen wesentlichen Punkten die Mehrheit des Kongresses erhielt, hieß es: „In Fragen der wirtschaftlichen Verbesserungen, die die Produktivität des Unternehmens steigern sollen, muß gefordert werden:

– die möglichst vollständige Auslastung des Unternehmens, die Ausdehnung der Produktion und des Handels,
– die Verbesserung der Lage des administrativ-technischen Personals,
– die Errichtung geregelter organisatorischer und wirtschaftlicher Beziehungen innerhalb der staatlichen Industrie, die auf einer größeren Selbständigkeit und Verantwortung der Unternehmensleitung beruhen, die Überprüfungen regeln und den Parallelismus in den Verantwortlichkeiten beseitigen soll,

- die Verbesserung der technischen Ausstattung und eine maximale Belohnung der Arbeiter und des technischen Personals für alle Erfolge bei Erfindungen, Verbesserungen und bei der Sparsamkeit in der Produktion,
- die Vereinfachung und maximale Begrenzung der Warenlager mit dem Ziel, die Bedürfnisse des Marktes und den Übergang zur Massenproduktion möglich zu machen.
...usw."[491]

Aus diesen Rahmenforderungen ergab sich auch eine Verschiebung der Tätigkeit der Gewerkschaften. Die Gewerkschaftsaufgaben sollten auf unternehmerische Funktionen beschränkt werden: „Das Problem der Hebung der Produktivität der Arbeit muß eine der ernstesten Aufgaben der Wirtschaftsarbeit aller gewerkschaftlichen Organisationen vom Betriebskomitee bis zum VCSPS sein."[492]
Gegen diese Festlegung auf Unternehmensziele erhob sich auf dem Gewerkschaftskongreß nur eine Stimme. Es war Rjazanov, der aber nicht ernst genommen wurde. In Zwischenrufen und einem polemischen Wortgefecht mit Tomskij sprach er sich gegen die Hebung der Produktivität aus.[493]
Tomskij war es damit leicht gemacht, die Wirtschaftsarbeit der Gewerkschaften zu verteidigen: „Ich teilte die Fehler des Genossen Rjazanov im Jahre 1918, als wir gegen Vladimirov Gastev und andere kämpften, die schon im Jahre 1918 die Losung von der Intensivierung der Arbeit entwikkelten ... Es ist möglich, sich im Laufe eines Jahres zu irren, aber nicht im Laufe von 7 Jahren."[494]

Die von ihm und Dogadov vorgelegte Resolution band denn auch jede Verbesserung der materiellen Lage der Arbeiter an tatsächlich erzielte Produktionsergebnisse: „Wenn wir davon ausgehen, daß die weitere Verbesserung der materiellen Lage der Arbeiter abhängig ist von der Entwicklung unserer Industrie und Landwirtschaft, ist es unumgänglich, den Anteil der Gewerkschaftsorganisationen an den Wirtschaftsorganen zu stärken, d.h. vor allem letzteren in ihrer praktischen Arbeit bei der Erhöhung der Produktivität der Arbeit zu helfen."[495] Eine Einschränkung erfolgte nur in dem Sinne, daß die Arbeitsgesetze eingehalten werden müßten, d.h. die materielle Lage der Arbeiter sich nicht verschlechtern dürfe: „Der Einführung des unbegrenzten Akkordlohns muß die Prüfung der bestehenden Produktionsnormen vorausgehen."[496] Die Nichteinhaltung der Gesetze durch die Wirtschaftsorgane wurde nicht mehr als ein Vergehen interpretiert, das bestraft werden müßte, sondern als ein Hindernis, die zu erzielenden Produktionsleistungen zu realisieren: „Die nicht rechtzeitige Auszahlung des Arbeitslohns bewirkt nicht nur eine materielle Verschlechterung für die Arbeiter, sondern schadet auch der Arbeit im Sinne einer Steigerung der Produktivität der Arbeit."[497] Die Arbeitskraft wurde zum Werkzeug, das nicht anders als andere Werkzeuge behandelt wurde. Sie wurde zur Größe, über vor allem zweckmäßig und vollständig ausgelastet werden sollte. Im Sinne wirtschaftlicher Verbesserung wurde „die zweckmäßige und vollständige Ausnutzung der Werkzeuge und der Arbeitskraft nach den Erkenntnissen der NOT"[498] wie auch „die Einführung des Systems der einfachen Stücklohnarbeit"[499] verstärkt verlangt. Mit Druck wurden höhere Produktionsleistungen vor allem gegen die Arbeiter durchgesetzt. Verstiessen die Wirtschaftler gegen Vorschriften, kamen sie häufig besser davon. Auf dem VI. Gewerkschaftskongreß mußte sich das NKT die Fragen des Mitglieds des ZK der Metallarbeitergewerkschaften Petrosov gefallen lassen, ob nun, da die Wirtschaftsorgane abermals nicht bereit und in der Lage seien, Sozialabgaben zu zahlen, der Staat wiederum gedenke, die Schulden der Unternehmen zu amnestieren. Die unentschlossene Haltung des NKT und die mangelnde Verpflichtung der Wirtschaftler, die Leistungen aufzubringen, die von ihnen verlangt wurden, habe nicht nur Auswirkungen auf die von den Schulden betroffenen Kranken, sie demoralisierten die gesamte Arbeiterklasse. Mit der Forderung nach Änderung verband er ein nach Sanktion: „In diesen Beziehungen brauchen wir einen starken Druck. Sag, Genosse Šmidt: Wieviele Fälle gab es, in denen Sie Ihre verehrten Wirtschaftler beim Schopf packten und sie ins Gefängnis warfen? Es gab vielleicht 2 – 3 Beispiele."[500] Wenn der Sprecher des ZK der Metallarbeitergewerkschaft kritisierte, daß das NKT seine Aufgabe nicht erfüllte, daß es dem NKT nur darum gehen dürfte, die Linie durchzusetzen, die durch die Gesetzgebung bezeichnet sei und sie mit dem nötigen Druck zu versehen, kritisierte er faktisch, daß Gesetze nicht eingehalten wurden. Er wandte sich gegen das

ängstliche und übervorsichtige Verhalten des NKT und warnte, die Gesetze, einfach weil sie schwer zu erfüllen seien und ihre Nichterfüllung auf Kritik stoße, zu verändern. „Es ist für das NKT in der künftigen Arbeit nötig, sich nicht vor Begeisterung mitreißen zu lassen und auch nicht unter dem vorhandenen Druck terrorisiert zu fühlen, es ist nicht nötig zu entscheiden, daß unser Arbeitsgesetzbuch korrigiert werden muß."[501]
Auf die Konfliktarbeit des NKT aber ging der VI. Gewerkschaftskongreß in seinen Entscheidungen nicht ein, obwohl in den vorbereitenden Diskussionen zu diesem Kongreß heftige Kritik an der Arbeit dieser Organe geübt worden war. Entgegen der Kritik stellte Dogadov die Konfliktarbeit des NKT als unstrittig und bewährt dar. Das System der Schlichtungs- und Schiedsgerichts-Untersuchung wie auch der Tarif-Konfliktkommissionen würde den Aufgaben, die ihnen zugewiesen wurden, gerecht. Es könne festgestellt werden, daß sich die Zahl der Konflikte im Wirtschaftsjahr 1923/24 im Gegensatz zum Wirtschaftsjahr 1922 – 1923 erheblich vermindert habe. Entgegen den Erwartungen aber seien vor allem die Konfliktorgane in Anspruch genommen, die eine Schiedsfunktion besaßen, während die, die nur die Aufgabe der Konfliktschlichtung hatten, weniger beliebt gewesen wären.[502] Dies bestätigt, daß Interessen, die in Konflikt gerieten, so einfach nicht zu versöhnen waren.
Avdeev, der gegen Ende der NEP und zu Beginn des ersten Fünfjahrplans für das Arbeitsrecht und die Konfliktarbeit des NKT zuständig war und in dieser Funktion gegen die Vereinigte Opposition um Trockij und Zinov'ev polemisierte, bemühte sich, die Arbeit des NKT als neutral und unabhängig darzustellen. „Bei den Organen des NKT geht es überwiegend um das Abwägen zwischen den berechtigten Bedürfnissen der Arbeiter, ihre materielle und kulturelle Lage zu verbessern und der Möglichkeit, diese Bedürfnisse zu erfüllen."[503]
Insoweit konnte auch das Fehlverhalten der Wirtschaftsorgane bagatellisiert werden. Immerhin mußte es aber genannt werden. „Die Wirtschaftsorgane, die den Kampf um die Entwicklung der Industrie führen, kümmern sich darum, die Mittel in die Ausweitung der Produktion zu stecken, und vergessen manchmal die laufenden Bedürfnisse der Arbeiter. Von daher entstehen Konflikte bei der Erfüllung der Bedingungen des Kollektivvertrages und bei der Erörterung der neuen Bedingungen des Kollektivvertrages."[504] Aus der pragmatischen Formel: es kann nur das verteilt werden, was auch produziert wird, war die Frage nach der Verfügung über das Mehrprodukt gelöscht. Unterschiedliche Interessen über die Prioritätensetzung solcher Verteilung wurden darauf reduziert, daß die laufenden Bedürfnisse der Arbeiter möglichst nicht ganz vergessen würden.
Während das NKT relativ wenig kritisiert wurde, wandte sich die Hauptkritik gegen die Gewerkschaften. Ihnen wurde Blockpolitik mit den Wirtschaftlern zum Vorwurf gemacht, obwohl ihnen – wenn sie nicht in Opposition geraten wollten und/oder völlig aus dem wirtschaftlichen Entscheidungsprozeß ausgeschaltet werden wollten – keine andere Möglichkeit offenstand, als sich an die Wirtschaftsorgane anzulehnen, sich an sie anzupassen und als „bessere Wirtschaftsorgane" den Druck zu einer erhöhten Produktionsleistung gegenüber den Arbeitern durchzusetzen. Einfluß blieb den Gewerkschaften quasi nur durch die Anpassungspolitik erhalten – und dies nur solange, als sie durch eigene Macht potentiell in der Lage waren, eine autonome, von der KPR unabhängige Klassenbewegung zu entfesseln. Die Konfliktarbeit der Gewerkschaften wurde im Gegensatz zu den Diskussionen vor dem Kongreß auf dem VI. Gewerkschaftskongreß nur erwähnt. Die Resolution Vladmirovs bezog sich zwar noch auf die Positionen des V. Gewerkschaftskongresses, beinhaltete aber eine Kritik an der Arbeit der RKK: daß diese eine Tendenz zu einseitig gewerkschaftlichen Organen hätten. In diesem Sinne sollten die Gewerkschaftsorganisationen der Anleitung ihrer Arbeitervertreter mehr Aufmerksamkeit schenken[505], d.h. sie sollten aufpassen, daß sich die RKK nicht zu sehr in Basisorgane der Arbeiterklasse verwandelten. Damit wurde der Weg für Beschlüsse des XIV. Parteitags geebnet.
Es ist zu vermuten, daß die Diskussion, die auf dem V. Gewerkschaftskongreß eine so wichtige Rolle spielte, gerade wegen der Brisanz des Themas nicht weiter diskutiert wurde. In den Diskussionen, die dem XIV. Parteitag vorangingen, faßte Mel'ničanskij noch einmal den Stand der Konfliktarbeit zusammen. Er erklärte im Nachhinein die Existenz der Konflikte zu Beginn der NEP: Mit der Einführung der Kollektivverträge sei eine ganze Reihe von Konflikten verbunden gewesen. In sie seien so viele Arbeiter verwickelt worden, daß die Konfliktarbeit für die Gewerkschaften

eine zentrale Stellung einnahm. Das Engagement der Gewerkschaften ergebe sich aus ihrer Aufgabe, die Interessen der Arbeiter zu verteidigen, wenn diese beim Abschluß der Kollektivverträge in Konflikt zu den Interessen der Wirtschaftsorgane gerieten.

Da seit Beginn der NEP die Arbeitsbedingungen von 84,7 % aller Lohnarbeiter in Kollektivverträgen festgelegt wurden – das entsprach 4 873 000 Gewerkschaftsmitgliedern – war es eine beträchtliche Anzahl von Arbeitern, die sich in Konflikten befand. Mel'ničanskij gab sie mit mehr als 50 % der in der Industrie Beschäftigten an. Solche Massenkonflikte entstanden in diesem Zeitraum vor allem durch eine Umstellung der Normen, durch die Neuberechnung der Tarifsätze und des Lohnsystems, die zur Erhöhung der Produktivität der Arbeit vorgenommen wurde.[506] Auf Grund dieser Konflikte hatte sich bei der Umstellung des Lohnsystems die Tendenz verstärkt, die Kollektivverträge über die Löhne längerfristig abzuschließen. Darin sah Mel'ničanskij jedoch keine Gefahr. Aus dem begründeten Interesse an einer Planung des Lohnfonds sei nicht die Schlußfolgerung zu ziehen, daß „die Bedingungen des Wirtschaftslebens eben dieselben Probleme bei uns hervorbringen, die in europäischen Ländern aufkommen, wo die Verträge längerfristig für 2 – 3 Jahre abgeschlossen werden".[507]

Die Schwächen der Gewerkschaftsarbeit leitete Mel'ničanskij aus der Geschichte her. Zwar sei in der Neuen Ökonomischen Politik eine „größere Klarheit der Beziehungen zwischen Wirtschafts- und Gewerkschaftsorganen geschaffen"[508], der Einfluß des Kriegskommunismus aber, während dessen die Fabrikkomitees die Unternehmensleitungen innehatten, sei nicht überwunden. „Es gab von Zeit zu Zeit besonders bei den niedrigen Zellen Rückfälle."[509] Bezeichnend war auch hier, daß als Rückfall der Gewerkschaftszellen immer eine Rückkehr zur Selbstverwaltung gewertet wurde. Mel'ničanskij kritisierte: „Die Gewerkschaftsorgane gehen von der insgesamt richtigen Vorstellung ihres Interesses an der Hilfe des Aufbaus und der Ausweitung der Produktion aus und stellen sich oft nicht klar genug vor, wie sie dies praktisch ausdrücken sollen."[510] Deshalb mischten sie sich entweder in die Arbeit der Wirtschaftler ein, oder „sie übernehmen die Verantwortung für die Tätigkeit der Wirtschaftler vor den Arbeitermassen".[511] Sie schützten die Wirtschaftler dann nicht nur, sondern stärkten sie durch ihre gewerkschaftliche Autorität. „Am Ende können die Arbeiter nicht mehr unterscheiden, wo die Verwaltung aufhört und wo das Fabrikkomitee anfängt."[512]

Das hier kritisierte Versagen war aber strukturell notwendig. Denn bei den Gewerkschaften lag unverändert die Aufgabe, die Produktivität zu erhöhen. Ihnen fehlten jedoch alle Instrumente, diese durchzusetzen. Sollten sie ihrer Aufgabe gerecht werden, mußten sie sich entweder an die Administration anpassen, oder aber sich in ihre Geschäfte mischen usw., d.h. sie übernehmen. Da institutionell innerhalb der Administration für die Aufgabe der Gewerkschaft kein Rahmen existierte, wie es im Rätemodell der Fall wäre, konnte dieser Anpassungsprozeß langfristig nur auf Kosten der Vertretung der Interessen der Arbeiter gehen. Fälle, in denen die Gewerkschaften die Administration dominierten, sind anfangs häufig vorgekommen, verloren aber bald an Bedeutung. Dieses Dilemma der Gewerkschaftsarbeit machte sich auch in der Konfliktarbeit bemerkbar. Fälle, in denen Konflikte durch Fehler der Administration ausgelöst wurden und von den Gewerkschaften nicht aufgedeckt, sondern gedeckt wurden, kritisierte Mel'ničanskij als Produkte der Willkür. „Eine ganze Reihe von Konflikten wurden durch Willkür und Taktieren der Administration und durch fehlendes Feingefühl der Gewerkschaften ausgelöst."[513] Die Abhängigkeit der Gewerkschaften von der Administration, wo ihnen die autonome Produktionsentscheidung nicht gegeben war, mußte sich in den untersten Konfliktorganen besonders deutlich zeigen. Die gesamte Arbeit der Tarif-Konfliktkommissionen befand sich in der Spannung zwischen gewerkschaftlicher Verwaltung und Wirtschaftsverwaltung, wie sich aus der paritätischen Zusammensetzung der RKK notwendig ergab. Mel'ničanskij beschrieb die Auswirkungen: „Unser Unglück besteht darin, daß die Arbeit der RKK bis jetzt nicht genügend gut war. Sie verstanden ihre Arbeit nicht, es gab Willkür, Verlängerung von Konflikten, Unterordnung des Arbeitervertreters unter den Einfluß des Wirtschaftlers. Und das verbesserte bisher nicht die Lage der Arbeiter."[514]

Die unzulängliche Konfliktregelung bestärkte die Arbeiter/-innen darin, die Konflikte selbst zu lösen. Sie wollten eine Lösung durch die Konfliktorgane nicht abwarten, in einigen Fällen nicht einmal die Ankunft des Gewerkschaftsvertreters. Das heißt, sie versuchten direkt die Bezahlung von Überstunden, die Auszahlung der Löhne, die Ausgabe von Arbeitskleidung usw. durchzusetzen.

Entgegen den offiziellen Einschätzungen über die Schädlichkeit von Streiks mußte den Forderungen von Streiks besonders schnell nachgegeben werden, damit sie sich nicht auf andere Teile der Industrie ausbreiteten. Der Streik als Methode des Kampfes — und zwar als erfolgreiche — kam so durch die Hintertür in einem Augenblick wieder herein, in dem Gewerkschaftsführung annahm, die Gefahr von Streiks ein für alle mal gebannt zu haben.

Das unmittelbare Interesse der Arbeiter/-innen geriet hier in Widerspruch zu den Interessen des Gewerkschaftsvertreters. Und dies in zweierlei Hinsicht: Einerseits stand die spontane Aktion der gewerkschaftlich organisierten Arbeiter/-innen im Widerspruch zu den Prinzipien ihrer Organisierung und zweitens verstieß eine Aktion, die eine höhere Bezahlung oder eine Verminderung der Normen forderte, gegen die Verpflichtungen, die der Gewerkschafter als Vertreter der Arbeiter/-innen im Abschluß der Kollektivverträge eingegangen war. Die Gewerkschaften gerieten in Widerspruch zu den von ihnen selbst eingegangenen Verpflichtungen, eine bestimmte Zahl, Menge oder Intensität der Produktion zu garantieren. „Wenn die Leitung der Gewerkschaften, die im Namen der Arbeiter handelt, von den Wirtschaftlern eine Festsetzung der Arbeitsbedingungen und des Lohnes fordert, dann nehmen die Gewerkschaften und die Arbeiter damit die Verantwortung für die Handlungen auf sich, die den Vertrag stören."[515] Die Verantwortung der Arbeiter setzte also erst bei der Erfüllung der Verträge ein. Die Schwäche der ‿Gewerkschaften sah Mel'nič̌anskij jedoch nicht in einer Verpflichtung, die keine Verpflichtung der Arbeiter/-innen war, sondern in der mangelnden Bekanntheit der Bestimmungen des Kollektivvertrages, die durch eine erhöhte Disziplin der Gewerkschaftsmitglieder besser verbreitet werden könnte. Aus dem Vertragsabschluß ergab sich eine legalistische Verschiebung in den Verantwortlichkeiten, sobald es zu einem Konflikt kam. Hatte früher das Schlichtungsprinzip seine Begründung aus dem nicht-antagonistischen Charakter der Produktionsbeziehungen gezogen, so leitete es Mel'nič̌anskij anders ab. Aus der Tatsache des Vertragsabschlusses selbst leitete er die Möglichkeit, ja sogar die Notwendigkeit, zu schlichten ab, weil in den Vertragsabsprachen alle möglicherweise strittigen Punkte enthalten sein sollten. Indem die Gewerkschaften den Vertrag unterzeichneten, nahmen sie nicht nur eine Produktionsgarantie in einer festgelegten Höhe auf sich, sondern auch die Garantie, „daß in Sowjetrußland jeder Konflikt und jedes Mißverständnis durch die Übereinkunft der Seiten gelöst werden kann, ohne daß der Gang der Produktion gestört wird".[516]

Diese Einigung konnte aber nur erfolgen, wenn nicht nur Gewerkschaften und Wirtschaftler sich an das Prinzip der Einigung hielten, sondern die Arbeiter selbst. Die Mitglieder der Gewerkschaft waren an Disziplin gebunden. „Die Mitgliedschaft der Gewerkschaft muß wissen, daß die Unterbrechung der Arbeit ohne vorhergehende Information und ohne Billigung der Gewerkschaften nicht statthaft ist."[517] Somit waren die Verpflichtungen, die die Gewerkschaften durch den Kollektivvertrag eingingen, für die Mehrzahl der Arbeiter verbindlich. Ein Verstoß gegen die Gewerkschaftsdisziplin kam einem möglichen Verlust des Arbeitsplatzes bei gleichzeitigem Ausschluß von der Vermittlung neuer Arbeit durch die Arbeitsbörsen gleich. Die gewerkschaftliche Disziplin erfüllte mit der Drohung der Entlassung quasi dieselbe Funktion, wie es Berufsverbote und die Gefährung des Arbeitsplatzes im Kapitalismus tun: Sie wirkte politisch integrativ.

g) Wachstum der Konflikte in den Jahren 1924 und 1925

Gegen Ende 1924 und während des Jahres 1925 stieg die Zahl der Konflikte aus Lohngründen. Der Grund dafür lag in der Entscheidung des ZK der RKP vom August 1924 „über die Lohnpolitik".[518] Für einige Zweige der Industrie wurde ein Ansteigen der Reallöhne angekündigt, für andere zumindest eine rechtzeitige Zahlung der Löhne versprochen. Durch die Bindung der Löhne an Produktivität und Ressourcen sowie durch die Aufforderung an die Wirtschaftsorgane und die Gewerkschaften, Kampagnen zur Erhöhung der Produktivität einzuleiten, bedeutete der Beschluß aber faktisch einen Lohnstopp, der mit dem Beginn des Wirtschaftsjahres 1925 wirksam wurde.

Die Löhne entwickelten sich von Oktober 1924 bis Mai 1925 wie folgt:[519]

1924	In konventionellen Rubeln	In Červonec Rubeln
Oktober	25,58	42,25
November	22,92	38,54
Dezember	23,54	39,71
1925		
Januar	23,56	40,07
Februar	22,72	39,77
März	23,02	41,74
April	22,79	41,53
Mai	23,78	43,33

Die Löhne sanken nach Oktober 1924 so weit, daß sie den Stand vom Oktober 1924 in konventionellen Rubeln erst im Juni/Juli 1925 – in Červonec im Mai 1925 – wieder erreichten. Der Verschlechterung der Lebensbedingungen entsprach das Wachstum der Konflikte: Über 90 % der Streiks fanden aus Lohngründen statt.[520] Nach D. Švarcman führten die Verhandlungen zwischen Wirtschafts- und Gewerkschaftsorganen nicht zu Resultaten, die beide Seiten zufriedenstellten.[521]

Das Wachstum dieser Meinungsverschiedenheiten sagte etwas über die Interessenunterschiede zwischen den Gewerkschaften und den Wirtschaftsorganen. War 1923 schon deutlich, daß die Gewerkschaften Streiks zuvorkommen mußten, so war es aufgrund der Diskussion in der Partei und in der Gewerkschaft noch selbstverständlich anzunehmen, daß die Unzufriedenheit unter den Arbeitern sich in Streiks verwandeln konnte. 1925 dagegen war die Definition des Arbeitskonfliktes bereits so auf die ,,Auseinandersetzung" zwischen Gewerkschaften und Wirtschaftsorganen in den Konfliktorganen des NKT beschränkt, daß statistisch nicht einmal mehr die Konflikte erfaßt wurden, die unmittelbar im Betrieb gelöst wurden. Das betraf die gesamte Arbeit der RKK. Wäre die Konfliktarbeit der Tarif- und Konfliktkommissionen (RKK) nicht schlecht gewesen, und hätten die Gewerkschaftsvertreter dies nicht beklagt, wären die sich streitenden Parteien nicht häufig gegen Entscheidungen in Berufung gegangen, wären aus dem Jahre 1925 keine Konflikte bekannt geworden.[522]

Die zentralen Instanzen des NKT – zuständig für Konflikte über zentral abgeschlossene Kollektivverträge, und die örtlichen Abteilungen der Arbeit[523] – lösten die Konflikte, die sich aus Kollektivverträgen mit lokalem Wirkungsbereich ergaben. Nach der Unterscheidung zentraler/örtlicher Konfliktlösung betrug die Zahl der Konflikte im Jahr 1924 und im ersten Halbjahr 1925:[524]

Untersuchte Konflikte	zentral	örtlich	Summe
Januar – Dezember 1924	166	3 968	4 134
Januar – Juni 1925	154	3 273	3 427

In demselben Zeitraum betrug die Zahl der in diese Konflikte verwickelten Arbeiter/-innen:[525]

Untersuchte Konflikte	zentral	örtlich	Summe
Januar – Dezember 1924	1 027 900	726 200	1 754 100
Januar – Juni 1925	1 144 883	426 241	1 571 124

D. Švarcman veröffentlichte kurz nach Mel'ničanskij für das erste Halbjahr 1925 eine höhere Zahl lokaler Konflikte: In 3 641 Konflikten waren 548 674 Teilnehmer verwickelt:[526]
Nicht alle dieser Konflikte spielten sich in der Industrie ab. 1924 waren es zentral 51,9 % aller Beteiligten und lokal 51,2 %. In Zahlen waren industrielle Konflikte:[527]

	zentral		örtlich	
	Konfl.	Teilnehmer	Konfl.	Teilnehmer
1924	51	533 000	2 036	481 427
1. Halbj. 1925	25	312 306	1 661	293 566

Dabei waren Konflikte, die beim Abschluß der Kollektivverträge aufkamen, wesentlich häufiger als die, die aus anderen Gründen entstanden. Da die Abschlüsse über Tarife und Arbeitsbedingungen überwiegend zwischen den Gewerkschaften und der Administration ausgehandelt wurde, waren diese Konflikte Auseinandersetzungen zwischen Institutionen, nicht jedoch tatsächliche Arbeitskämpfe. Ein adäquater Begriff für die Konflikte, die beim Abschluß des Kollektivvertrages auftraten, ist deshalb der der bürokratischen Massenarbeitskonflikte.

Von diesen bürokratischen Massenarbeitskonflikten waren 1924 die überwiegende Zahl der Arbeiterinnen und Arbeiter betroffen.[528]

	zentral	örtlich
Beim Abschluß des Kollektivvertrages	84,7 %	77,7 %
andere Gründe	15,3 %	22,3 %

Die Daten für das erste Halbjahr 1925 erfaßten nur noch die Industrie. Die Verteilung war ähnlich.[529]

	zentral	örtlich
Beim Abschluß des Kollektivvertrages	88,0 %	80,0 %
andere Gründe	12,0 %	20,0 %

Strittig waren vor allem Fragen des Lohnes, also des Tarifsatzes, des Tarifnetzes und der Normen. An zweiter Stelle folgten Konflikte infolge von Entlassungen, über die Sicherheit am Arbeitsplatz oder auch Überbrückungsgelder beim Wechsel von einer Arbeitsstelle zur anderen. In den zentralen Konfliktorganen wurden folgende Gründe für die im Jahr 1924 entstandenen Konflikte genannt:[530]

	Konflikte	Teilnehmer
wegen Bezahlung	83,7 %	89,4 %
wegen Entlassung	18,7 %	39,6 %
wegen Sicherheit am Arbeitsplatz	13.9 %	32,6 %

Auffallend war der hohe Anteil von Teilnehmern in Konflikten über Entlassung und Sicherheit am Arbeitsplatz, gemessen an ihrem Anteil an der Zahl der Konflikte überhaupt. Nahezu 40 % der Beteiligten hatten 1924 mit Konflikten um den Arbeitsplatz zu kämpfen und über 30 % wandten sich gegen Verstöße gegen die Bestimmungen über die Sicherheit am Arbeitsplatz.[531] Nicht nur in den zentral behandelten Konflikten stand der Lohn im Vordergrund, sondern auch in den örtlichen Abteilungen der Arbeit.[532]

	Konflikte	Teilnehmer
Lohn	65,2 %	75,7 %
Entlassung	11,4 %	30,8 %
Sicherheit am Arbeitsplatz	8,8 %	16,6 %

Für das erste Halbjahr 1925 wurden von Švarcman folgende Streitursachen bei zentral und örtlich behandelten Konflikten benannt. Angegeben wurde der Anteil der am Streit Beteiligten:[533]

	zentral	örtlich
Lohn	91,7 %	67,7 %
Entlassung	26,5 %	50,0 %
Übergangsgeld	0,6 %	29,0 %
Sicherheit am Arbeitsplatz	14,0 %	45,2 %

Auch aus den Daten für das Jahr 1924 ging hervor, daß die Mehrzahl der Konflikte über Lohnfragen durch Kompromiß gelöst wurde. Das galt sowohl für die zentralen Konfliktorgane als auch für die örtlichen. Im Jahre 1924 entschieden die zentralen Konfliktorgane:[534]

	Konflikte	Teilnehmer
Kompromiß	49,7 %	67,9 %
für die Arbeiter	27,5 %	21,2 %
für den Arbeitgeber	22,8 %	10,3 %
	100,0 %	99,4 %

Die lokalen Organe entschieden 1924:[535]

	Konflikte	Teilnehmer
Kompromiß	39,6 %	52,4 %
für die Arbeiter	37,6 %	23,8 %
für den Arbeitgeber	22,8 %	10.8 %
	100,0 %	87,0 %

Während in den zentralen Konfliktorganen nur 27,5 % der Konflikte für die Arbeiter entschieden wurden, waren es lokal 37,6 %. Je dezentraler Konflikte gelöst wurden, desto eher schienen sie zu Gunsten der Arbeiter auszugehen. Über den Konfliktausgang pro Teilnehmer läßt sich aufgrund des ungenauen Zahlenmaterials über die Teilnehmer an Konflikten im Jahre 1924 nichts sagen.

Gerade weil den Entscheidungen der Schiedsgerichte reale Konflikte zugrunde lagen, war das System der Entscheidungen sehr fragil. So war die Sorge bei allen Institutionen über den Ausgang der Konflikte zu verstehen. Wenigstens optisch durften die Arbeiter nicht zu oft unterliegen. Dasselbe galt für die Wirtschaftsorgane, sollte die Disziplin in den Betrieben nicht untergraben werden. Und so schoben sich Wirtschaftsorgane und Gewerkschaften die Schuld für den Ausgang von Konflikten jeweils gegenseitig in die Schuhe. Das begann schon damit, daß sie der Gegenseite die Gründe nicht zubilligten, aus denen ein Koflikt begonnen wurde. Auch das NKT versuchte sich der Verantwortlichkeit über selbst herbeigeführte Entscheidungen zu entledigen: ,,Oft wissen die Wirtschaftler nicht, welche Fragen den Gewerkschaften zur Durchsicht in der Konfliktordnung gegeben werden müssen . . . Sehr oft übergeben die Gewerkschaften völlig unbegründete Forderungen zur Überprüfung an die Schiedsgerichte. Fälle dieser Art werden schließlich nicht zum Wohl der Arbeiter entschieden. Die Gewerkschaft wäscht ihre Hände in Unschuld. Die Schlichtungsstelle sagt, die Gewerkschaft hat uns in eine schlechte Lage gebracht und gibt sich nicht Rechenschaft darüber ab, daß sie damit beginnt, die Autorität der Schiedsgerichte zu unterminieren. Und das Resultat solch leichtfertiger Verfügungen ist, daß in den letzten zwei Monaten von allen Prozessen, die im Konfliktverfahren behandelt wurden, mehr als die Hälfte (52,0 %) zum Vorteil der Wirtschaftler entschieden wurden.''[536] Die neue Tendenz des Ausgangs der Konflikte im Jahre 1925 gegenüber 1924 war durchaus erklärbar. Erinnern wir uns, daß im Jahr 1925 90,0 % aller an Konflikten Beteiligten die Schlichtungsorgane des NKT aus Lohngründen anriefen und daß das Augustplenum des ZK der RKP 1924 und der VI. Gewerkschaftskongreß im November 1924 faktisch einen Lohnstopp gebilligt hatte. So war es nicht verwunderlich, daß im 1. Halbjahr 1925 die Zahl der Lohnkonflikte, die zu Gunsten der Gewerkschaften ausgingen, gegenüber 1924 auf 3,2 % der Konfliktbeteiligten sank. Entsprechend stieg die Zahl der Kompromißentscheidungen auf 96,2 %. Nicht zuletzt aus optischen Gründen wurden nur 0,6 % zu Gunsten der Wirtschaftsorgane entschieden.[537] Da die Konfliktorgane an Weisungen gebunden waren und keine eigene progewerkschaftliche Politik machen konnten, mußten sie faktisch gegen die Gewerkschaften entscheiden, auch wenn mehrere Gewerkschafts-Einheiten sie in Lohnfragen anriefen. Dabei beklagten sie zugleich ihre Ohnmacht, dies tun zu müssen, als eine Unbedachtsamkeit der Gewerkschaften, die aufgrund der geltenden Lohnpolitik die Konfliktorgane gar nicht erst hätten anrufen sollen. Es war sogar die Mehrzahl dieser Lohnkonflikte, die von niedrigen Gewerkschaftsorganen eingeleitet wurde, denen die Konsequenz der Beschlüsse des VI. Gewerkschaftskongresses nicht klar war, oder die sich absichtlich dagegen wandten. Im Laufe des Jahres 1926 häuften sich Konflikte bei den Schiedsgerichten, die die Lohneinstufungen einzelner Arbeiter oder Angestellter in Frage stellten. Offiziell wurde aber diesen Konflikten keine prinzipielle Bedeutung beigemessen.[538]

h) Beispiele für geschlichtete Arbeitskonflikte

Zur Verdeutlichung typischer Konflikte seien Beispiele für den Konfliktablauf genannt:[539] Der erste Fall endete vor den Gerichten. Aufgrund von Klagen der Arbeiter einer Ölmühle wußten die Gewerkschaften seit einiger Zeit, daß in der Fabrik eine Reihe von Gesetzen über die Sicherheit am Arbeitsplatz nicht eingehalten wurde. Die Intervention der örtlichen Gewerkschaften wurde von den Wirtschaftsorganen nicht beachtet. Zuletzt verschärfte sich der Konflikt, als für einige Gruppen von Arbeitern zusätzliche Ruhepausen und die Zahlung von Übererfüllung der Norm nicht gestattet wurden. Der Trust begründete seine Weigerung, zusätzliche Ruhepausen zu geben, mit der Haltung des NKT in dieser Frage. Das NKT ging bei der Bewilligung von zusätzlichen Ruhepausen für einzelne Gruppen von Arbeitern davon aus, daß sie nur dann nötig seien, wenn es in der jeweiligen Fabrik keine Ventilisation gebe. Solche aber seien in diesem Fall vorhanden. Das ZK der Nahrungsmittelgewerkschaft und die RKI untersuchten daraufhin zusammen mit der sanitären Inspektion die Bedingungen in der Fabrik und stellten fest, daß Ventilation, Heizung und Licht unzureichend waren und oft gar nicht funktionierten. So erhielten die Arbeiter vom ZK der Gewerkschaft Recht.
Frauen, die in demselben Betrieb arbeiteten, wurden um ihren gesetzlichen Anspruch auf Pausen gebracht, indem sie keine Festanstellung erhielten. Die Produktionsversammlung hatte in Anwesenheit der Administration des Betriebes beschlossen, die Zahlung von Überproduktion an die sparsame Verwendung von Rohstoffen zu binden. Daraus entwickelte sich ein zusätzlicher Konflikt. Als die Fettrückstände etwas über dem zulässigen Minimum lagen, weigerte sich der Trust, die Mehrarbeit zu zahlen. Nachdem das ZK der Nahrungsmittelgewerkschaft die Berechungen prüfen ließ, empfahl es der Smolensker Gouvernementsorganisation, ein Gerichtsverfahren gegen den Trust wegen Verstoßes gegen die Arbeitsgesetze einzuleiten.
In einem anderen Fall entschied der oberste Schlichter, der Vorsitzende des NKT Šmidt, über die vom Unternehmen GUVP zu zahlende Lohnerhöhung.[540] Die Metallarbeitergewerkschaft hatte 12,5 % Lohnerhöhungen verlangt, während der Trust nur bereit war, 2,0 % zu zahlen. Šmidts Entscheidung lag in etwa zwischen beiden Forderungen, wenn er auf dem Wege der staatlichen Schlichtung eine Lohnerhöhung von 7,2 % für die Arbeiter in Tula und 8,0 % für die Arbeiter in Leningrad sowie eine allgemeine Durchsicht der Normen festlegte.
Einzelne Betriebe stellten die Kompetenzen von Organen wie dem RKK in Frage, obgleich diese gesetzlich geregelt waren. So führte Moskvo-ugol Klage darüber, daß die Produktionsnormen allein durch die Administration festgesetzt werden sollten und diese nicht mehr vom RKK geprüft werden dürften.[541] Gegen die Ansicht des Trusts, daß so die Zahl der Konflikte abnähme, stellte das Gericht fest, daß es gerade zu dem Aufgabenbereich des RKK gehörte, Normen festzusetzen, um auf diese Weise Konflikten vorzubeugen.
Nicht immer entsprachen die Entscheidungen der Schlichter den Forderungen der Gewerkschaft oder der Wirtschaftsorgane. Es gab Entscheidungen von Schlichtern, in denen die Gewerkschaften direkt umgangen wurden. Aus der Chemiearbeitergewerkschaft wurde über einen Konflikt berichtet, in dem die Gewerkschaft für die Unternehmen Tarkovičskij und Mogutovskij 13 Rubel 50 Kopeken Lohn verlangte, während das Exekutivkomitee des dortigen Sowjets 13 Rubel für richt-

tig hielt. Der Schlichter schlug für die 1. Tarifklasse sogar 16 Rubel vor, verband damit aber eine Durchsicht aller Tarifklassen. Die Entscheidung kam für die Gewerkschaften unerwartet. Es bestand die Gefahr, daß mit der Durchsicht der Tarifklassen trotz der Erhöhung eine Verminderung der Lohnsätze einherging, die eine Lohnminderung wäre. Dazu sollten die Arbeitsbedingungen überprüft werden. Die Gewerkschaft bat, die Entscheidungen zu vertagen, um eine neue Vorlage zu erarbeiten und sie mit den Arbeitern abzustimmen. Der Vertreter des Exekutivkomitees aber hatte sich bereits auf der Sitzung der Schlichtung am Tage zuvor in einer Fabrik direkt mit den Arbeitern unter Umgehung der Gewerkschaften auf einen Tarifsatz der Klasse 1 von 15 Rubel, 50 Kopeken bei einer Durchsicht aller Tarifklassen geeinigt. Der Richter, der über diesen Streit entschied, verfügte den Satz von 16 Rubeln und die Durchsicht aller Klassen gegen den expliziten Wunsch der Gewerkschaft. Die Gouvernementsorganisation der Gewerkschaften lehnte es ab, diese Entscheidung zu akzeptieren, weil der Gewerkschaft keine Möglichkeit gegeben war, sich mit den Arbeitern abzustimmen. Sie ging gegen die Entscheidung bei der Abteilung der Arbeit in Berufung und forderte die Änderung der Entschließung auf dem Aufsichtsweg.[542]

i) Die Gleichstellung von Gewerkschaftern und Wirtschaftlern bei der Konfliktregelung auf dem XIV. Parteitag

In der Vorbereitung des XIV. Parteitags kritisierte Tomskij in seinen Thesen die Tendenz, sich in der Konfliktlösung der Verantwortung zu entziehen. Er kritisierte einerseits die Übertragung der Konfliktregelung auf Parteiorgane, weil das die Autorität der Konfliktorgane untergrabe, und auch die Lösungen von Konflikten als eine parteiliche Angelegenheit erscheinen lasse, in der nicht parteigebundene Arbeiter benachteiligt werden könnten. Darüberhinaus bringe die Zentralisierung der Konfliktlösungen durch die Gewerkschaften und die Wirtschaftsorgane eine Komplizierung der Konflikte mit sich und fördere die unorganisierte Konfliktregelung durch die Arbeiter selbst. Die Lösungen, die er vorschlug, waren jedoch direkt zum Nachteil der Gewerkschaften: „Um diese Anomalitäten zu beseitigen ist es unumgänglich:
a) das Recht der Übertragung der Konflikte zur Überprüfung durch den staatlichen Schlichter, das nur die Gewerkschaften besitzen, auch der anderen Seite, den Wirtschaftsorganen, zuzugestehen;
b) das Recht der RKK auf dem Gebiet der Konfliktlösung auszudehnen und ihre Zusammensetzung durch die Delegierung autorisierter Vertreter beider Seiten zu stärken;
c) die Praxis der Schlichtungsinstanzen beim NKT auszudehnen und ihre Arbeit zu beschleunigen;
d) der Praxis der Wahlen zum Obersten Schiedsrichter des Schiedsgerichts mehr Aufmerksamkeit zu schenken;
e) die Konfliktuntersuchung zu dezentralisieren, um den Kreis der zentral gelösten Konflikte einzugrenzen."[543]
Diese Thesen wurden unverändert vom XIV. Parteitag verabschiedet.[544]
Mit diesem Beschluß wurde die Resolution des XI. Parteitags aufgehoben, die noch eine Gleichgewichtigkeit von den Interessen aller Gruppen von Arbeitern, einzelner Gruppen von Arbeitern und dem Arbeiterstaat festgelegt und die Gewerkschaften mit den Aufgaben der Konfliktregelung betraut hatte.[545] Nachdem die Konfliktregelung einmal an das NKT übergeben worden war, blieb die Anrufung der Schlichtung nicht lange ein Vorrecht der Gewerkschaften. Die Position des V. Gewerkschaftskongresses wurde aufgehoben. Das Vorrecht der Gewerkschaften, Positionen der Wirtschafter in Frage zu stellen – wogegen sie in Berufung zu gehen schon keine eigene Entscheidungsbefugnis hatten – wurde ersetzt durch gleiches Recht für die Wirtschaftsorgane. Damit war es nicht mehr das Recht der Organisationen der Arbeiterklasse. Auch wenn die Gewerkschaften deformierte Klassenorganisationen darstellten, blieben sie dem Interesse der Klasse mehr verbunden als Wirtschaftsorgane. Mit dem Beschluß des XIV. Parteitags hatten die Wirtschaftsorgane die Möglichkeit, ihre Interessen an der erhöhten Produktion und an den Methoden, diese zu erreichen, unmittelbar gegen die Gewerkschaften auszuspielen.
Die Vereinigte Opposition um Trockij und Zinovev' wie die linke Opposition um Sapronov des

Jahres 1927 kritisierten die Beschlüsse des XIV. Parteitags mit ähnlicher Tendenz. Nachdem in der Plattform der linken Opposition dargelegt wurde, daß die Arbeiter in den Konflikten mit den Wirtschaftlern nunmehr überhaupt keine Möglichkeit mehr hätten, den Streik anzuwenden, nachdem alle anderen Möglichkeiten der Konfliktlösung gescheitert seien, sei der XIV. Parteitag in seinen Maßnahmen gegen die Arbeiterklasse noch schärfer geworden: „Nochmehr: In der Resolution des XIV. Parteitags über die Arbeit der Gewerkschaften wird es als notwendig befunden, das den Gewerkschaften zustehende Recht der Anrufung der staatlichen Schiedsgerichte auch der anderen Seite, d.h. den Wirtschaftsorganen zuzuerkennen. Auf diese Weise kann das wirtschaftliche Organ, das früher durch die Gewerkschaften bei jedem Konflikt genötigt werden konnte, sich dem Spruch des Schiedsgerichts zu unterwerfen, heute die Angelegenheit unabhängig von den Gewerkschaften vor das Schiedsgericht bringen."[546]

Die Plattform der Vereinigten Opposition vor dem XV. Parteitag kritisierte: „Indem man der wirtschaftlichen Leitung die Rechte einer Zwangsentscheidung gab, hob man den gemeinsamen Vertrag auf, indem man ihn aus einer beiderseitigen Übereinkunft in eine behördliche Anordnung verwandelte."[547]

Die Kritik der Opposition, daß hier die Grundlage der Neuen ökonomischen Politik angegriffen sei, wurde durch die Entwicklung nach dem XIV. Parteitag voll bestätigt. Die Liquidierung des Vertragssystems als einer Grundlage des NEP zog auch die Funktionslosigkeit der Gewerkschaften nach sich, deren Kongresse immer seltener wurden.[548]

Bereits vor dem XIV. Parteitag schrieb A. Bachutov, daß die Konfliktarbeit des NKT und der Gewerkschaften „einem Bombardement von seiten der Wirtschaftler ausgesetzt" sei.[549] Insofern konnten gerade die Entscheidungen des XIV. Parteitags nicht ohne Auswirkungen auf den Ausgang der Konflikte bleiben. Der Druck der Wirtschaftsorgane auf die Organe des NKT war produktivistisch orientiert. Dabei gaben die Vertreter des NKT häufig dem stärksten Druck nach. Dies sei an einem Beispiel aus der Praxis der Konfliktlösung verdeutlicht: Im Oktober 1925 war mit dem Trust „Sevzaples" in Ergänzung eines Kollektivvertrags ein Tarifabkommen geschlossen worden, in dem eine 25 %-ige finanzielle Zulage für nichtqualifizierte Arbeiter und für nicht im Akkord eingesetzte qualifizierte Arbeiter beschlossen worden war. Als der Trust dieses Abkommen so interpretierte, daß es nur in den Fabriken gültig sei, in denen es auch Akkordarbeit gäbe, wurde die Abteilung der Arbeit des Gouvernements angerufen. Die Tarif-Konflikt-Abteilung gab unter der Leitung des Vorsitzenden der Gouvernementsabteilung Avdeev dem Trust Unrecht. Dieser ging in Berufung und zahlte die tariflichen Zulagen nicht. Die Arbeiter/-innen begannen, dagegen zu protestieren, und das Gewerkschaftskomitee des Rayons wurde telegraphisch benachrichtigt, daß sich die Lage in der Fabrik verschärfe. Diesmal entschied derselbe Avdeev in der Funktion des Hauptschlichters und erklärte nun die Position des Trusts für richtig, so daß die Gewerkschaft beim NKT in Berufung gehen mußte. Denn: „Das Gewerkschaftskomitee des Rayons kann nicht verstehen, wie in so kurzer Zeit beim Genossen Avdeev zwei Meinungen entstehen können, denn im Text der Übereinkunft wurde keine Änderung getroffen."[550]

Nicht umsonst wurde die Rolle der Zwangsschlichtung und die Rolle des Schlichters von Tomskij besonders hervorgehoben.

„Es ist unumgänglich, die Autorität und die Rolle des NKT bei den Konfliktentscheidungen in der staatlichen Industrie zu stärken. Dies gilt gleichermaßen für den objektiven Schlichter (Superarbiter), der auf Begehren einer der Seiten über entstehende Konflikte in der staatlichen Schiedsuntersuchung entscheiden muß und dabei seine Entscheidungen auf der Grundlage der übereinstimmenden Interessen der Entwicklung der sozialistischen Industrie im Interesse der gesamten Arbeiterklasse mit den ökonomischen Interessen einzelner Arbeitergruppen fällt."[551]

Auf dem Parteitag wurde die Arbeit der Gewerkschaften kritisiert. Die Zahl der Konflikte zeige, „daß die Gewerkschaften ihre Hauptaufgabe häufig vergessen" hätten.[552] Waren die Aufgaben, die die Gewerkschaften zu erfüllen hatten schon so umdefiniert, daß ihr eigentliches Aufgabengebiet, die Interessen der Arbeiter zu verteidigen, schon nicht mehr bestand? Die linke Opposition um Sapronov beschrieb dies: „Die völlige Entartung der Partei- und Gewerkschaftsfunktionen läßt die Arbeiter ohne Schutz und diskreditiert so diese Organisationen in den Augen der Arbeiterschaft."[553] Dies geschah vor allem, wenn die Partei und die Gewerkschaften alle Maßnahmen der Wirtschaftler zu verteidigen begannen[554], so daß die Arbeiter glaubten, einem Dreierblock gegenüberzustehen. Auch Tomskij hatte diesen Dreierblock häufiger kritisiert, ihn als Grundlage der Konflikte bezeichnet. Rjazanov vertrat die Ansicht, daß der Block bereits zu einem Bund geworden sei.[555]

In der Konfliktlösungspraxis tauchte auch die Formulierung auf, daß sich die Parteiorgane „in ein Gewerkschafts- und Wirtschaftsorgan verwandeln".[556] Eine Folge der Zusammenarbeit von Partei, Gewerkschaften und Wirtschaftsorganen als Dreierblock war, daß die RKK in ihren Entscheidungen häufig einseitig die Interessen der Wirtschaftsbehörden vertraten und dabei gegen die Abmachungen der Kollektivverträge oder Arbeitsgesetze verstießen. Spätestens hier mußten dann die höheren Partei- und Gewerkschaftsorgane (zumindest formal) Widerspruch gegen den Gesetzesverstoß einlegen. Die Taktik des Dreierblocks hatte schließlich die Autorität der unteren Konfliktorgane so unterminiert, „daß die Rolle der RKK weniger wichtig wird. Die Mehrzahl der Konflikte wurde aus ihrer Zuständigkeit genommen und höher und höher getragen".[557]

Die einseitige, zu Lasten der Arbeiter gehende Konfliktentscheidung der RKK war verbunden mit einer Übernahme allgemein administrativer Funktionen. Die ursprüngliche Intention, die Arbeit der RKK nicht nur auf Konflikte zu beschränken, um auch das Zustandekommen der Normen zu überprüfen, hatte Folgen, die dem Intendierten völlig zuwiderliefen: die Beteiligung von Arbeitervertretern an administrativen Entscheidungen stellte ein Feigenblatt für die betriebliche Leitung dar. Gegen solche Deformationen der Arbeit der RKK halfen keine Schulungen der Mitglieder, keine Zirkulare des NKT. So kritisierte P. Avdeev die Arbeit der RKK: „Obwohl es RKKs bei uns schon seit ungefähr 4 Jahren gibt und über ihre Tätigkeit nicht nur einmal berichtet wurde, instruierende Versammlungen einberufen wurden, Rundschreiben und Erklärungen geschrieben wurden, gibt es eine Unzahl von Entscheidungen der RKK, die zeigen, daß die RKK ihre Aufgabe nicht kennen oder ihre Funktion überschreiten."[558]

Er führte eine Reihe von Fällen an. in denen die RKK in Fragen von Einstellungen und Entlassungen die Aufgaben der Administration übernahmen, Fälle, in denen sich die Administration hinter den Entscheidungen der RKK versteckte, oder umgekehrte Fälle, in denen das RKK schablonenhaft die Handlung der Administration billigte und dies auch in Fällen von Entlassungen von Arbeitern und der Verschlechterung von Arbeitsbedingungen.

Die Angaben Avdeevs stützten sich auf eine Reihe von Berichten über die Arbeit der RKK in den Gouvernements. So hatte 3 Monate vor der Tarifversammlung des NKT und vor dem XIV. Parteitag der VKP (b) ein Korrespondent aus Stavropol über eine solche Überprüfung berichtet: „Die letzte Überprüfung der Arbeit der RKK in 18 Unternehmen hat eine Reihe von Mißständen in der Arbeit der RKK aufgezeigt.

Zu den schlimmsten gehören: Übernahme rein administrativer Funktionen; Billigung von Überstundenarbeit gemäß § 104 Kzot, ohne daß diese unumgänglich war; eine Neigung der RKK, sich an der Ausarbeitung von Betriebsordnungen zu beteiligen. In manchen Betrieben wurden die Pausen ohne Beteiligung der RKK festgesetzt. Auch die Arbeitsweise der RKK ist oft ungenügend. Im Protokoll steht nicht das Wesen der untersuchten Sachen, und die Anordnung wird oft so undeutlich formuliert, daß es Grund zu unterschiedlichen Interpretationen gibt.

Besonders oft arbeitet das RKK dann schlecht, wenn es nicht um Konflikte geht. Die Administration legt dem RKK alles zur Entscheidung vor, was ihr unter die Finger kommt: Das RKK setzt die Zahl der Beschäftigten fest, legt die Arbeit fest, entläßt, setzt die Tarifklassen fest, die Auslastung mit Arbeit, verfügt über die Ausgabe von Unterstützungen, tadelt für Zuspätkommen. Solchermaßen trägt das RKK rein administrative Züge, und das führt zur Entfremdung der Arbeitervertreter im RKK von den Massen.

Andererseits werden Konfliktfälle gelöst und die Arbeitssitzungen des Volksgerichts nur in seltenen Fällen angerufen. In den Schlichtungskammern oder in den schiedsgerichtlich untersuchten Fällen wurden nur selten Entscheidungen verwandelt. Hier hat sich insgesamt die Autorität des RKK verstärkt."[559]

Nicht zuletzt aufgrund des Lohnstopps und der Rationalisierungsmaßnahmen des Sparsamkeitsregimes kann die Einschätzung Avdeevs Fakten nicht standhalten. Aus den Abteilungen der Arbeit in Moskau wurde bekannt, wieviele Entscheidungen der RKK tatsächlich geändert werden mußten: „Von 4 500 Entscheidungen der RKK, die vor die Abteilung der Arbeit gebracht wer-

den, wurden 43 % geändert, da sie gegen die Arbeitsgesetze verstießen."[560]
Dies führte dazu, die Arbeit der RKK etwas zu präzisieren. Für das NKT zog Avdeev die Folgerungen in seinem Resolutionsentwurf: „Das RKK soll tatsächlich die Arbeitsbeziehungen zwischen der Administration und den Arbeitern regeln. Jeder schablonenhafte Charakter muß entschieden überwunden werden.
Konfliktfragen können im RKK nur auf Klage der Arbeiter oder Angestellten in Bezug auf eine Handlung der Administration gestellt werden und nicht auf Anforderung der Administration, um deren Verantwortung auf die RKK zu übertragen."[561]
Ziel der Vorschläge Avdeevs war es, die Wirtschaftsorgane dazu zu bringen, ihre Verantwortungen einzuhalten und die Entscheidungen über eine Erhöhung der Normen, über Entlassungen nicht länger den paritätischen Organen, dem RKK, zu überlassen. Damit wäre ein neues Vorrecht für die Arbeiter geschaffen worden, nachdem alle einseitigen Vorrechte einer Vorherrschaft der Arbeiter vorher abgebaut worden waren. So war es nicht verwunderlich, daß diese Position Avdeevs nicht repräsentativ war. Sehr bald setzten sich technokratischere Positionen durch.
Aus dem vorgeschlagenen Vorrecht für die Arbeiter gegen Entscheidungen der Administration allein vorzugehen, ging hervor, daß die Arbeiter/-innen dieses Recht besitzen sollten, um die Administration zu zwingen, ihre Pflichten zu erfüllen. Das Recht, den Beschwerdeweg zu beschreiten, erschien so nicht als ein Weg für die Arbeiter/-innen, die eigenen Interessen zu sichern, sondern als ein Hebel, um die Administration zu disziplinieren.

In der Diskussion spielten darüberhinaus die Anlässe, aus denen Konflikte entstanden, eine Rolle. Ausgehend von den Daten des NKT gab V. Gornostaev ein Wachstum von Konflikten an, die nicht im Zusammenhang mit dem Abschluß von Kollektivverträgen standen. So betrug der Anteil der Konflikte, die weder mit dem Abschluß der Kollektivverträge, mit ihrer Erfüllung, Änderung oder Interpretation zu tun hatte, im Jahre 1923 43,7 % aller Konflikte, die in den Schlichtungskammern oder Schiedsgerichten des NKT behandelt wurden. Dieser Anteil stieg im Jahre 1924 auf 59 % und betrug 1925 bereits 73 % aller in diesen Konfliktorganen behandelten Fälle.[562] Gornostaev sah in der Verschiebung der Konfliktebene eine Deformation, die durch eine Änderung der Zuständigkeit gelöst werden könnte. Er nahm an, daß Individualkonflikte vielfach durch ein Verschulden der Wirtschaftler entstanden, die sie ohne richtige Einschätzung einfach an die Konfliktorgane weiterleiteten.
Gornostaev zog aus diesem Umstand andere Schlußfolgerungen als Avdeev. Er wollte die Individualkonflikte gänzlich aus dem Bereich der Konfliktregelung entfernen. Eine solche Änderung der Arbeitsgesetze sei bereits Ende 1925 auf der Tarif-Konfliktversammlung der Abteilungen der Arbeit der Hauptindustriezweige vorgeschlagen worden. Sie sei auch von der V. Allrussischen Sitzung der Organe der Arbeit verlangt worden, die im Mai 1926 in der Anwesenheit des Vertreters des Volkskommissariats der Arbeit verlangt worden, die im Mai 1926 in der Anwesenheit des Vertreters des Volkskommissariats der Arbeit der RSFSR Bachutov, des Volkskommissars der SSSR Šmidt und dem Vertreter des Präsidiums der Gewerkschaften Vladimirov stattfand.[563]
Laut Gornostaev sei es unumgänglich, die bestehenden Gesetze über die Schlichtungskammern und Schiedsgerichte zu ändern, so daß in ihnen nur noch die im Zusammenhang mit den Kollektivverträgen aufkommenden Konflikte eine Rolle spielen könnten. Indiviualkonflikte, die mit der Durchführung oder der Nichterfüllung der Kollektiv- oder Arbeitsverträge, oder der Arbeitsgesetzmäßigkeit zu tun hätten, sollten dagegen direkt in den Sitzungen des Volksgerichts behandelt werden.[564]
Auf der genannten Sitzung der Organe der Arbeit aber, waren die Meinungen nicht ganz so einheitlich gewesen, wie Gornostaev sie referierte. Šmidt vertrat z.B. die entgegengesetzte Position.[565]
Vladimirov setzte für die Gewerkschaften die Prioritäten: Neben den Fragen des Arbeitsschutzes müßten vor allem die Fragen der Konfliktarbeit in den Mittelpunkt gestellt werden. Die Klagen der Arbeiter über die unzulängliche Konfliktlösung seien berechtigt. Dasselbe gelte für Klagen über die Regelung des Arbeitsmarktes. In allen Fällen könnten Organe der Arbeit auf die Unterstützung der Gewerkschaften zählen.[566] Ivanov, Mitglied des Präsidiums des VSNCh empfahl, die wirtschaftlichen Schwierigkeiten durch die Entwicklung der Industrie zu lösen. Da die alten Ressourcen erschöpft seien, könne die Entwicklung der Industrie nur eine Neuentwicklung sein.

Dabei sei die Tätigkeit der Organe der Arbeit wichtig. Es sei ihre Aufgabe, die Produktivität der Arbeit mit der Entwicklung der Löhne in Einklang zu bringen, denn der mangelnde Bezug beider bringe zahlreiche Konflikte hervor.[567]

Die jetzigen Schwierigkeiten der Industrie — so Šmidt — tauchten infolge der Erschöpfung der Reserven der Industrie auf, wie der Integration neuer Schichten von Bauern in die Produktion, deren Qualifikation erst angehoben werden müßte. Beides führe zu dem Sinken der Produktivität. Es sei an der Zeit, sich mit den Arbeitsbedingungen zu befassen.

Über die Gesetzesänderungen hieß es: Die Jahre friedlichen Aufbaus hätten die Bedingungen so verändert, daß es nunmehr nötig sei, die Arbeitsgesetze des Jahres 1922 in einigen Punkten zu verändern. Dies hieße in der Konfliktarbeit, die auch für Šmidt eine der Hauptaufgaben des NKT darstellte, daß die Arbeit der Schlichtungsorgane an Wichtigkeit zunehme, während die früher übliche Lösung von Konflikten auf dem Gerichtsweg abnehmen solle.[568] Bachutov präzisierte eine Position innerhalb des NKT, die den angeführten Darlegungen und Resolutionsentwürfen Avdeevs zuwiderlief. Da die Wirtschaftsorgane nicht die Verantwortung für Konfliktlösungen übernehmen wollten, die durch eine Übereinkunft mit den Gewerkschaften erzielt worden seien, müsse das Recht, die Konflikte an den staatlichen Schiedsrichter zu übertragen, auch auf die Wirtschaftler ausgeweitet werden.[569]

j) Das Sparsamkeitsregime und das Ansteigen der Zahl der Konflikte

Der Erschöpfung der Reserven der Industrie sollte durch eine Erhöhung der Produktivität begegnet werden. Dies wurde in den Jahren 1925 und 1926 mit der Einführung des Sparsamkeitsregimes forciert. Das Aprilplenum 1926 des ZK der VKP (b) behielt die Stagnation der Löhne aus dem Vorjahr bei und verband diese mit der Forderung nach Erhöhung der Produktivität. Der Forderung nach einer Produktivitätserhöhung lag aber keine Rationalisierung der Produktion zugrunde, sondern vor allem eine „Intensivierung des Arbeitstages, eine Stärkung der Arbeitsdisziplin wie der Kampf gegen das Fernbleiben von der Arbeit usw.".[570] Die Intensivierung der Arbeit sei eines der Grundelemente des Sparsamkeitsregimes. Dies wurde immer wieder betont. Die übrigen:

Disziplin und fehlende Rationalisierung. Weder die finanziellen Ressourcen noch das vorhandene technische Niveau erlaubten es, in der Mehrzahl der Unternehmen Rationalisierungen und Investitionen vorzunehmen. Die Wirtschaftler sollten die aus finanziellen Gründen nicht möglichen Rationalisierungen durch erhöhte Forderungen an die Produktionsleistungen der Arbeiter ausgleichen.

Auch die Parteiorganisationen sollten eingreifen und folgende Maßnahmen ergreifen: „Die Fortsetzung der ununterbrochenen systematischen Arbeit als wichtigster Quelle sozialistischer Akkumulation, der Kampf für die allgemeine Produktivität der Unternehmen, der Kampf gegen Nichterscheinen bei der Arbeit, Schwänzen usw."[571] Das Sparsamkeitsregime war nur auf Kosten der Arbeiter/-innen durchzusetzen. Da dies nicht gegen die Arbeiterklasse möglich war, war man auf ihre Unterstützung angewiesen. Diese Notwendigkeit unterstrich Tomskij auf der XV. Parteikonferenz. In seinen Thesen über „die Resultate der Arbeit und die grundlegenden Aufgaben der Gewerkschaften"[572] führte er im Zusammenhang mit dem Sparsamkeitsregime aus, daß dieses „eine Festigung und Entwicklung der Oktober-Errungenschaften der Arbeiter und Arbeiterinnen regelt und daß es nur bei einer unverzichtbaren, aktiven Unterstützung größter Arbeitermassen erfolgreich durchgeführt werden kann".[573] Diese Unterstützung sei notwendig sowohl zur Verbesserung der Unzulänglichkeiten der staatlichen Wirtschaftsorgane, der nicht produktionsgebundenen Kosten und der Arbeitsdisziplin. Hier ist zu vermerken: Das Engagement der Arbeiter/-innen, die eigene Disziplin verstärkt zu kontrollieren, wandte sich gegen die Grundlagen der Solidarität der Arbeiter/-innen untereinander.

Und die Unterstützung der Arbeiter und Arbeiterinnen war keineswegs so einhellig, wie Tomskij sie sich wünschte. Vielmehr wurde aus den Gouvernements ein sprunghaftes Anwachsen von Arbeitskonflikten gemeldet. So erhöhte sich die Zahl der in Kiev in den Schlichtungskammern behandelten Fälle im Wirtschaftsjahr 1925/26 von 158 Fällen im 1. Quartal, auf 288 im 3. Quartal. Der Anstieg der Konflikte betrug anteilmäßig 82 %.[574] In den RKK von Kiev hatte er sich bereits in den Monaten des Wirtschaftsjahres 1925/26 gegenüber 1924/25 versechsfacht. An den 370 Konflikten hatten sich mehr als dreimal so viele Arbeiter/-innen beteiligt.[575] Auch in Archangelsk verdreifachten sich die Konflikte.

Dem unerwarteten Anwachsen der Konflikte standen die Abteilungen der Arbeit erst einmal ratlos gegenüber: „Es wäre verständlich, wenn diese in einer Periode der Kollektivvertragskampagne aufträten. Aber bei uns ist in den letzten zwei Monaten Kollektivvertragsstille."[576] Bei diesem Anstieg handelte es sich nicht überwiegend um ein Anwachsen der Konflikte in Privatbetrieben, sondern es waren die staatlich geführten Unternehmen, die überproportional an ihnen beteiligt waren. „Es ist durchgehend charakteristisch, daß sich im 3. Quartal (im Vergleich zum ersten) die Anzahl der Fälle in den privaten Unternehmen um 21,5 % verringerte, die Anzahl der Fälle in den kooperativen Betrieben um 50 % anstieg und die Zahl der Fälle, die die Arbeiter der Staatsbetriebe und Büros betraf, sich genau verdoppelte, d.h. um 100 % wuchs."[577] Die Ursachen waren: nicht mit den Gewerkschaften abgesprochene Produktionsnormen und die Akkordberechnung. An dritter Stelle stand die Sicherheit am Arbeitsplatz. Wenn die Gewerkschaften solche Mißstände an den Wandzeitungen anprangerten, reagierten die Wirtschaftler so unnachgiebig, daß 50 % aller Konflikte von den Gewerkschaften an die Arbeitssitzungen der Volksgerichte (trudsessija) oder an die Organe des NKT übergeben werden mußten.[578] In Trud wurde berichtet, daß das Sparsamkeitsregime – wie zu erwarten – Auswirkungen auf die Entscheidungen des NKT hatte. So entschied das NKT im 1. Quartal 1925/26 in 51,1 % der Fälle zu Gunsten der Arbeiter. Im 3. Quartal desselben Jahres waren es nur noch 27,9 % der Fälle. Die Zahl der Entscheidungen zu Gunsten der Administration stieg von 23 % auf 36,3 %.[579]

Vor dem Hintergrund dieser Entwicklung sind Äußerungen Tomskijs zu sehen, für den das Fehlverhalten der Wirtschaftsorgane weniger wichtig erschien als die Widerstandsbereitschaft einzelner Arbeiter/-innen oder Gruppen von Arbeitern und Arbeiterinnen. Er kritisierte zwar das Fehlverhalten von Wirtschaftlern: „Wir müssen zugeben, daß es bei der Durchführung des Sparsamkeitsregimes von seiten einzelner Wirtschaftsorgane zu völlig unzulässigem Verhalten kam. Sie führten es nicht als eine Rationalisierung der Produktion oder eine Verminderung der Lieferkosten, sondern als einen Eingriff in lebensnotwendige Bedürfnisse und Interessen der Arbeiter: Sie verzögerten deren Anteil, prüften nicht fristgemäß die Normen und Tarifsätze. Es kam zu wirtschaftlich unbedeutenden Kriteleien im Verhalten des administrativen Personals. Es kam sogar zu direkten Verstößen gegen das Arbeitsgesetzbuch und den Kollektivvertrag."[580]

Wichtiger für ihn erscheint jedoch die Frage der Disziplin der Arbeiter/-innen: „Zudem ist es die Hauptaufgabe der Gewerkschaften, eine gezielte und unermüdliche Arbeit für die Verankerung der gewerkschaftlichen und Arbeitsdisziplin zu leisten. Es muß ein entschiedener Kampf gegen anarchistische Handlungen einzelner Gruppen von Arbeitern bei der Lösung von Wohn- und Wirtschaftsfragen geführt werden (Bummelei, Streiks ohne Zustimmung der Gewerkschaften usw.), die die gesetzlichen und normalen Methoden, ihren Anspruch zu erhalten, nicht ausnutzen."[581]

Die Kritik am Übergriff der Wirtschaftsorgane gegen die Interessen der Arbeiter und Arbeiterinnen trat sehr schnell hinter einer Definition der gewerkschaftlichen Arbeit zurück, die diese als Transmissionsriemen für die Disziplinierung der Arbeiter/-innen bestimmte. Die Appelle an die Arbeiter/-innen, die Kampagne für das Sparsamkeitsregime zu unterstützen, blieben ein moralischer Appell, der, wenn sie ihn befolgten, ihren Interessen verstieß.

Die Unzufriedenheit der Arbeiter/-innen und das Anwachsen der Konflikte wurden in der parteiinternen Diskussion von der Opposition aufgegriffen, die mit einer eigenen Resolution auf dem Aprilplenum des ZK und auf der XV. Parteikonferenz auftrat. Inhalt ihrer Forderungen war vor allem, daß die Partei über die Sparsamkeitskampagne nicht die Lebens- und Arbeitsbedingungen vergessen, also daß sie auf keinen Fall ein weiteres Mal auf eine Lohnerhöhung verzichten dürfe.[582] Die Vorschläge der Opposition wurden zurückgewiesen. Sie dienten in der Vorbereitung der XV. Parteikonferenz sogar dazu, die Forderungen nach Lohnerhöhungen als „verantwortungslose Demagogie und Intrigenpolitik"[583] zu diffamieren.

Bald allerdings verfiel die Mehrheit selbst in den „Fehler", die „verantwortungslose Demagogie" in ihren wirtschaftspolitischen Entscheidungen durchführen zu müssen. Denn der Druck, die Löhne nicht einzufrieren, wurde durch die Unzufriedenheit der Arbeiter/-innen so stark, daß entgegen den erklärten Prinzipien der Sparsamkeitskampagne schon im September 1926 eine Lohnerhöhung vorgenommen werden mußte. Damit wurden die Produktionskosten verteuert und die erhöhte Produktivität konnte die gesteigerten Lohnkosten nicht mehr einholen. Der Anstieg der Produktivität konnte die gesteigerten Lohnkosten nicht mehr einholen. Der Anstieg der Produktivität betrug zwar 12 %[584], zugleich aber stiegen die Kosten der Produktion um 1,2 %, statt um 7 % zu sinken.[585]

An der Kampagne für das Sparsamkeitsregime wurde nach der XV. Parteikonferenz vom VII. Gewerkschaftskongreß offiziell kritisiert, daß nicht am administrativ-wirtschaftlichen Apparat gespart worden war, sondern daß es durch „Lohnsenkung zur Verschlechterung der Lebensbedingungen der Arbeiter und Angestellten" kam, daß es einen „einseitigen Druck ausschließlich zur Erhöhung der Arbeit und nicht zu einer besseren Organisation der Produktion und ihrer Technik" gab und daß es sich schließlich um eine kurzfristige Kampagne handelte, die mit rein bürokratischen Mitteln wie Planung, Instruktion, endlosen Versammlungen geführt wurde.[586]

Auf dem 7. Gewerkschaftskongreß wurden zahlreiche Beispiele genannt, welchen Einfluß das Sparsamkeitsregime auf die Arbeitsbedingungen hatte. So sei eine Tendenz der Schiedsgerichte festzustellen, sich in ihren Entscheidungen nicht an die Gesetze oder an die Kollektivverträge zu halten, sondern an die jeweilige Politik. So „sparten" die Schiedsgerichte aufgrund des Sparsamkeitsregimes vor allem an der Arbeitskleidung.[587] Auch an der Sicherheit am Arbeitsplatz und technischen Sicherheit werde aus diesem Grund „gespart".[588] In einigen Fällen wurde im Kompromiß zwischen den Wirtschaftlern und dem NKT gefunden. In den Betrieben sei er dann aber nicht durchgeführt worden.[589] Es könne nicht angehen, führte Lebel' als Mitglied der KK RKI aus, eine Sparsamkeit auf Kosten der Arbeiter und Angestellten durchzuführen.[590] Daß eine Reihe von Maßnahmen des Sparsamkeitsregimes zur Erhöhung der Produktivität auf die „Muskelkraft der Arbeiter" gehe, sei kein Geheimnis.[591] Auch die Arbeit der Gewerkschaften sei falsch eingesetzt, wenn sie statt für eine Verbesserung der Situation der Arbeiter/-innen zu kämpfen, alles dafür einsetzen müßten, um eine Direktive des VSNCh an alle Direktoren rückgängig zu machen, da in ihr dazu aufgefordert wurde, zur Durchführung des Sparsamkeitsregimes, die Ausgaben über die Sicherheit am Arbeitsplatz zu überprüfen.[592]

Die Kritik am Verlauf des Sparsamkeitsregimes führte schließlich zur Beendigung der Kampagne. Es wurde zwar weiter rationalisiert, aber die Versuche, die Arbeitsdisziplin zu erhöhen und Bummelei und Fehlen am Arbeitsplatz zu unterbinden, wurden nicht mehr in einer Kampagne direkt mit der Rationalisierung und der Produktivität der Arbeit verbunden.

k) Die „Planung" der Löhne – der VII. Gewerkschaftskongreß

Als Unklarheiten in den Kollektivverträgen wurden in den Diskussionen zum VII. Gewerkschaftskongreß auch Schwierigkeiten bei der Rationalisierung genannt: daß nämlich die Kollektivverträge als Verträge zwischen den Wirtschaftsorganen und den Gewerkschaften ihrer Aufgabe, die Löhne festzulegen, nur unzureichend gerecht wurden. Im Kollektivvertrag wurde nur die 1. Tarifstufe festgelegt – der genaue Lohnsatz des einzelnen Arbeiters dagegen erst im Unternehmen.

So kritisierte Vejnberg die Normhöhe, die für die Produktion vorgegeben wurde, ihr Zustandekommen und die Festsetzung der Lohnhöhe: „Der Tarifvertrag bestimmt nur als Muster die Grundnorm des Lohns, die erste Tarifklasse. Er bestimmt nicht den faktischen Lohnumfang und den Gesamtlohn."[593] Da die Lohnhöhe auch nicht von der Administration einseitig festgelegt wurde, war sie von einer Position aus festgesetzt, die sich zwischen Gewerkschaften und Administration befand, aber weder Gewerkschaft noch Administration war. „Die Regulierung des Lohns, dieses Grundnervs und Hebels unserer Produktion, liegt vor allem in der Hand des Meisters."[594] Dieser hatte zwar keine eigenen Machtbefugnisse. Vielmehr „befindet sich dieser selbst zwischen Hammer und Amboß, zwischen Verwaltung und Arbeitern."[595] Das Ergebnis war aber, daß für Normen und Lohnsätze entscheidend war, welche Kraft mehr auf den Meister einwirkte.

In einigen Fällen waren 1926 bereits die neu eingerichteten Tarif- und Normierungsbüros (TNB) für die Lohnfestsetzung zuständig. Aber während der Meister wenigstens ein geübtes Auge hatte und den Produktionsablauf kannte, waren in den TNB junge Spezialisten tätig, die gerade erst die Schule verlassen hatten. Wenn sie Normen bestimmten, waren diese oft falsch — entweder zu niedrig oder viel zu hoch. Da die Arbeiter der Normierung direkten Widerstand entgegensetzten, konnten die unerfahrenen Spezialisten nicht auf die Hilfe der Arbeiter rechnen. Eine Unterstützung des TNB wäre einem Verstoß gegen ihre Interessen gleichgekommen.

Die Unsicherheit der Arbeiter über das Zustandekommen der Normen führte in dem Maße zu Konflikten, in dem der Lohn an Normen gebunden war. Nach dem Sparsamkeitsregime mit seinem unmittelbaren Druck auf Disziplin und Mehrarbeit wurde die Rationalisierung zum Hauptslogan für eine höhere Produktivität. Hier gewannen die TNB an Wichtigkeit, ohne daß sie ihrer Aufgabe gerecht werden konnten. Auf die bislang kaum entwickelte Normierungsarbeit wurde die Aufmerksamkeit der Gewerkschaften gelenkt, die aufgefordert wurden, über ihre Zentralkomitees in Zusammenarbeit mit den Wirtschaftsorganen diese Arbeit energisch anzupacken.[596] Die präzise Bestimmung der Normen sollte unmittelbar Rückwirkungen auf die Intensität der Arbeit haben und auf den Rückgang der Konflikte. Fälle, in denen Akkordarbeiter für dieselbe Arbeit unterschiedliche Löhne bekamen, sollten seltener werden.[597]

Nachdem es in der Entwicklung der Industrie nicht mehr darum ging,, „stilliegende Fabriken wieder in Betrieb zu setzen und überhaupt Produktion und Verteilung wieder in Gang zu bringen", sondern eine Erweiterung des Produktionsapparates zur Erhöhung der Produktion nötig wurde, zeigte sich „ein wesentlicher Unterschied zu den Jahren des Wiederaufbaus . . . in der viel langsameren Zunahme der Produktion. Da der alte Produktionsapparat nahezu voll ausgelastet ist, läßt sich eine Produktionserweiterung in der Regel nur mit Hilfe neuer Anlagen durchführen."[598] Wenn die Produktivität nicht oder nur wenig wuchs, konnten Reininvestitionen oder Neuinvestitionen aber nur auf Kosten des Lohnes erfolgen. Der Angriff auf die bestehende Praxis der Kollektivverträge folgte unmittelbar. Und zwar aus wirtschaftlichen Prioritäten, die — verbunden mit den planwirtschaftlichen Versuchen — eine genauere Kontrolle des Lohns erforderten. Die Gewerkschaften waren bereit, auf die Forderung nach einer Planung der Löhne einzugehen, noch ehe die Planungsbehörden erwogen, andere Planungselemente in den Plan einzubeziehen. Sie leisteten einen Vorschub an das Prinzip der Planung, unabhängig von den Folgen einer unzulänglichen Planrealität. So hieß es in der Diskussion zum VII. Gewerkschaftskongreß: „Das Prinzip des Planes wird in der Entwicklung unserer Wirtschaft immer wichtiger."[599] Deshalb wurde die Einbeziehung der Tarifpolitik in die Planung vorausgesetzt: „Die Planung der Wirtschaft ist nicht möglich ohne die Planung eines ihrer grundlegenden Elemente. Und das ist der Lohn."[600] Der Lebensstandard wurde zur Plangröße. „Künftige Lohnerhöhungen sind nur denkbar als geplante Erhöhungen, die zentral geregelt werden."[601] Den Gewerkschaften mußte also die Verantwortung für die Lohnhöhe und den Lebensstandard der Arbeiterklasse genommen werden. Waren zu Beginn der NEP im Abschluß der Kollektivverträge noch Elemente der Organisierung der Arbeiter enthalten gewesen, auch wenn die Gewerkschaften aus der Verantwortung gegenüber der sozialistischen Wirtschaft auf höhere Lohnforderungen und auf Kampfmittel verzichteten, so trat gewerkschaftliches Vorgehen nun hinter einen zentral geplanten Wachstum zurück, auf das die Gewerkschaften keinen unmittelbaren Einfluß mehr ausüben konnten.

So deutlich sich der Verlust gewerkschaftlichen Einflusses auch abzeichnete, so deutlich sollte er auch verschleiert werden. Um dieser Verschleierung willen entstanden organisatorische Kompromisse, in die sowohl die Interessen der Planung als auch die der Gewerkschaften eingehen sollten, also ein sowohl als auch waren, in denen gegensätzliche Intentionen und Positionen miteinander verbunden werden sollten. Da sowohl der Planungsapparat als auch der Gewerkschaftsapparat bereit waren, Positionen aufzugeben, war diese Verquickung zunächst möglich.

Zunächst sollten die Gewerkschaften noch nicht völlig auf die Kollektivverträge verzichten: Gindin hielt es sogar für einen Irrtum, wenn Genossen von einer staatlichen Normierung der Löhne sprachen. Kollektivverträge sollten nunmehr auf folgende Art zustande kommen: „Damit die geplante Regulierung der Lohnerhöhungen nicht in einen Gegensatz zu den bewährten Vertragsmethoden treten, muß sie nach unserer Meinung auf folgende Art erfolgen: Die Verwaltung stellt unter Beteiligung der Gewerkschaften den Umfang des erhöhten Lohnfonds auf, spezifiziert ihn nach Industriezweigen, in denen der Lohn erhöht werden soll, und die Gewerkschaften teilen diesen Fonds auf die einzelnen Trusts auf, nachdem er vom VSNCh genehmigt ist. Sie berücksichtigen bei der Aufteilung das jeweilige Lohnniveau, die Wichtigkeit des Trusts, seinen Beschäftigungsstand im Zusammenhang mit den Löhnen einzelner Gruppen von Arbeitern. Nach der Genehmigung schließen die Gewerkschaften den Kollektivvertrag unmittelbar mit dem Trust."[602] Der Entscheidungsablauf, der dem Abschluß der Verträge vorausgehen sollte, zeigt, welch ein Balanceakt vollführt werden mußte, um einerseits den Gewerkschaften formal eine Vorrangstellung zu lassen und andererseits die Planungsinteressen der Wirtschaftsbehörden durchzusetzen. Der Entscheidungslauf, in den die Gewerkschaften integriert bleiben sollten, wurde kompliziert, war weder im Sinne der Planer, noch im Sinne der Gewerkschaften gelöst. Deutlich an ihm wurde eigentlich nur, daß bei der Vielzahl der involvierten Institutionen bereits im Vorhinein ein Hang zur Bürokratisierung vorausgesetzt werden mußte und daß die Arbeiter selbst an dem Lohnfindungsvorgang keinen Anteil haben konnten. Ihre Interessen – hieß es – "werden berücksichtigt".

Die Tarifhoheit der Gewerkschaften blieb dagegen in den Gebieten vollständig erhalten, in denen die Planung realistisch noch überhaupt nicht durchzusetzen war: in der lokalen und in der Kleinindustrie. Die Tarife sollten sich hier an den zentralen Entscheidungen orientieren. In der lokalen Industrie "bleibt die bisherige Politik der Gewerkschaften bestehen. Sie darf aber nur in dem Umfang der allgemein zentral geplanten Erhöhung der Löhne in diesen Industrien zustimmen."[603]

Die Unmöglichkeit, den Plan überall zugleich durchzusetzen, führte dazu, daß die Gewerkschaften die Unzulänglichkeit des Planapparates auszugleichen hatten. Eine ähnliche Ungleichzeitigkeit wie in der lokalen und zentralen Planung hatte es für die Gewerkschaft in der Streikfrage gegeben, als die Gewerkschaften in der privaten, aus Gründen der Effizienz nicht verstaatlichten bzw. reprivatisierten Industrie das Streikrecht anwenden durften und zum Teil auch sollten, während es in der staatlichen Industrie nicht erwünscht war.

Um die Befürchtungen einiger Gewerkschafter, die die Haltung der Gewerkschaften zur Planung kritisierten, zu zerstreuen und um das Konzept der Lohnplanung als erstes Element staatlicher Planung als Fortschritt schmackhaft zu machen, wurde allgemein von der "Planung der Erhöhung der Löhne" gesprochen.[604] Diese Sprachregelung ging davon aus, daß Planung an sich nicht in die Gefahr geraten könne, gegen Arbeitsgesetze zu verstoßen, daß also eine Verschlechterung der Lebensbedingungen per se nicht denkbar sei. Weil Planung nicht Verschlechterung des Lebensstandards bedeuten könne, sei die Integration der Löhne in die Planung nicht einfach nur eine Planung der Löhne, sondern eine Planung der Lohnerhöhung. "Ich unterstreiche Lohnerhöhung, denn von einer Minderung kann keine Rede sein."[605] Dabei war das Sinken und die Stagnation der Löhne durch den Lohnstopp und durch die Preiserhöhungen das Hauptproblem, mit dem sich die Gewerkschaften hatten auseinandersetzen müssen. Die Planung der Löhne ohne eine Planung der Kosten konnte keine Garantie für ihre Erhöhung darstellen, sondern bedeutete die Festlegung ihrer Höhe und eine Inflexibilität in ihrer Veränderbarkeit. Wenn z.B. durch Preiserhöhungen der Lebensmittel der Reallohn sank, war eine Anpassung der Löhne an die gestiegenen Lebenshaltungskosten schwieriger. Während der Sparsamkeitskampagne war die beschlossene Stagnation der Löhne in ihren negativen Auswirkungen auf den Lebensstandard der Arbeiter noch auszugleichen gewesen.

Der Zentrale Gewerkschaftsrat reagierte empfindlich auf Forderungen, die aus den Einzelgewerkschaften an ihn herangetragen wurden, in denen die Erhaltung der Reallöhne verlangt wurde. Tomskij kritisierte solche Forderungen als prinzipiell falsch. Seiner Ansicht nach beinhaltete die Forderung nach der Erhaltung der Reallöhne einen Verstoß gegen die Interessen der Arbeiterklasse, auch wenn sie per definitionem eine Minimalforderung der Arbeiterklasse war. Der Grund läge in der Verantwortung der Gewerkschaften für den proletarischen Staat. Denn was hätte die Unterstützung der Forderung nach Erhaltung des Reallohnes durch den VCSPS bedeutet? "Es wäre das Eingeständnis gewesen – das offizielle Eingeständnis: der Červonec fällt nicht nur, sondern er fällt progressiv. Und das hätte Verzicht auf harte Valuta bedeutet."[606]

Nicht die Tatsache, daß hier statt einer maximalen oder einer Übergangsforderung nur eine Minimalforderung gestellt wurde, galt als ein Verstoß gegen die proletarischen Interessen, sondern umgekehrt: ein Außenhandelsaspekt, der die Valutakurse verschleiern sollte, wurde zum unmittelbaren proletarischen Interesse erhoben. Um Finanzgeschäfte mit kapitalistischen Staaten nicht offenzulegen, mußten die Forderungen der Gewerkschaften im Rahmen der Valutapolitik bleiben.

So blieb den Mitgliedern der VKP (b) und der Gewerkschaften nur übrig, sich pragmatisch an Wirtschaftskennziffern und Plandaten zu orientieren, und dabei — wollten sie nicht dem Pragmatismus anheimfallen — Idealist im eigentlichen Sinne werden. Dies wurde auch explizit von Tomskij gefordert: überhaupt müsse ein Mitglied der Klasse an die Zukunft denken. Er verlangte faktisch, auf die Durchsetzung der Forderungen der Arbeiter zu verzichten.

In diesem Zusammenhang wurden die Aufgaben des Kommunisten neu bestimmt: im Kapitalismus „ist der Kommunist verpflichtet, in Fragen der Lohnerhöhungen stets der Anführer zu sein, unabhängig von den Bedingungen, in denen sich die Fabrik und die ganze Volkswirtschaft befinden. Jedoch unter den Bedingungen der Diktatur des Proletariats darf der Kommunist so nicht denken."[607]

Beinhaltete die erste Neudefinition der Aufgaben des Kommunisten nach der Revolution lediglich die Umstellung von einer antikapitalistischen Destruktion auf eine konstruktive Arbeit, auf die Verteidigung der revolutionären Errungenschaften bzw. ihrer Ansätze, so mußte sich der Kommunist nun nach der neuen Definition weiter umstellen. Sein Ziel konnte nicht mehr unmittelbar in den verbesserten Arbeitsbedingungen der Arbeiter liegen. Er konnte seine Arbeit in den Gewerkschaften nicht mehr an solchen Erfolgen messen. Sein Ziel war vielmehr erst über die Entwicklung der gesamten Volkswirtschaft zu erreichen, deren Ergebnisse sich vielleicht irgendwann in der Lebenshaltung der Arbeiter niederschlügen.

Andrejev argumentierte für den Plan mit der Gefahr, „daß wir im Gang der Entwicklung der Wirtschaft nicht hinter den Forderungen zurückbleiben, die das Leben stellt".[608] Es sei notwendig gewesen, sich über die Elemente des Kollektivvertrags Rechenschaft abzulegen. Und das Ergebnis sei, „daß der Lohn seinen genauen Platz in unserem Wirtschaftsplan einnehmen muß".[609] Wenn es so sei, daß der Lohn im Plan notwendig eine Rolle spiele und der Plan als notwendig vorausgesetzt werde, dann werde die Entwicklung antizipierbar. „Der Plan wird immer mehr Zweige der Wirtschaft erfassen. Deshalb ist es nötig, daß wir uns darauf vorbereiten, so daß der Teil des Planes über den Lohn nicht ohne uns entschieden wird."[610] Hier zählte vor allem der letzte Teil des Arguments. Die Angst, daß die Gewerkschaften aus dem Planungsprozeß ausgeschlossen werden könnten, dürfte entscheidend gewesen sein.

Die Kritik an der Planung war — soweit sie vorgetragen wurde — keine grundsätzliche Infragestellung der geplanten Volkswirtschaft. Sie war eine Kritik an einer zu frühzeitigen Planung der Löhne, einer zu frühzeitigen Liquidierung des Systems der Kollektivverträge. Es gehe nicht an — so Vejnberg aus Leningrad[611] — daß die Planwirtschaft allein bei den Löhnen beginne. Während in der Diskussion in den Gewerkschaften die Frage der Zentralisierung wie ein roter Faden immer wieder auftauche, sei in den Diskussionen der Wirtschaftler zur selben Zeit gerade die Frage der Dezentralisierung aktuell. Es werde diskutiert, ob einzelne Fabriken das Recht erhalten sollten, selbständig Kollektivverträge abzuschließen oder Aufträge zu vergeben. Bei Lohnerhöhungen entstünden dann neue Probleme. Eine Zentralisierung der Kollektivverträge könne nicht darin bestehen, daß der zentrale Kollektivvertrag einfach Bestandteil des Planes werde und entscheide, „wie und wieviel gegeben wird, sondern wem gegeben wird und wie die Normen festgelegt werden".[612]

Krol' ging noch weiter. Als Mitglied des ZK der Gewerkschaft für Nahrungsmittel kritisierte er, daß — ehe neue Formen der Entscheidung gefunden würden — die Gewerkschaft erst einmal ihren grundlegenden Funktionen genügen müsse. Diese Notwendigkeit bestehe vor allem bei der Tarifarbeit, in der die Hauptaufgabe der Gewerkschaften liege.[613] Es gehe nicht an, kritisierte auch Demitriev aus Murmansk, daß Tomskij davon spreche, daß es keine Lohnsenkungen gegeben habe, da solche Lohnsenkungen doch eine Tatsache seien. Die Kritik an der einseitigen Planung der Löhne auf Kosten der Arbeiter wurde von Tomskij und Kujbyšev zurückgewiesen, da zwar eine Zentralisierung des Planes durchaus von einer Dezentralisierung der Verwaltung begleitet sein könne[614], die Planung von Menschen und Dingen jedoch unvergleichbar sei: die Planung von

Menschen sei im Gegensatz zu der Planung von Brennmaterial eine politische Frage, „die Millionen von Leuten umfaßt, die alle trinken und essen wollen".[615] Aber eben diese Kritik an solcher Planung von Menschen wurde nicht beantwortet.

Nicht widerlegt wurden auch die Beispiele, die einzelne Delegierte vorbrachten, mit denen sie auf negative Folgen einer zu frühen Zentralisierung und einer zu einseitig auf die materielle Opferbereitschaft der Arbeiterklasse ausgerichteten Wirtschaftspolitik aufmerksam machten.

Gegečkori, Mitglied des ZK der Gewerkschaft der Angestellten des Sowjethandels beschrieb den Autoritätsverlust der Betriebskomitees der Gewerkschaften, der bereits durch die Zentralisierung der Entscheidungen über die Tarife ausgelöst worden sei. Es sei nunmehr dahin gekommen, daß sich die Angestellten nicht mehr an die Gewerkschaften wandten, um Lohnerhöhungen zu erhalten, sondern sie hätten unabhängig von der Gewerkschaft eine Petition an die Betriebsleitung verfaßt „mit der ‚demütigsten' Bitte um Lohnerhöhung".[616] Der Lohn der Landarbeiter sei so niedrig, klagt Komissarov[617], daß sich diese inzwischen bei den Kulaken zusätzlich zu ihrem Lohn verdingen müßten.

Da die Thesen Tomskijs, die vom ZK gebilligt wurden, eine grundsätzliche Umorientierung der Gewerkschaften beinhalteten, so daß zu ihrer Aufgabe, die Interessen der Arbeiter zu verteidigen, eine neue hinzukäme: nämlich zum wirtschaftlichen Aufbau hinzugezogen zu werden[618], wurde von mehreren Delegierten auch die undemokratische Vorbereitung des Kongresses kritisiert. So gehe es nicht an, daß die Thesen und Resolutionsentwürfe nicht an die einzelnen Orte verschickt wurden, also nicht von den Gewerkschaftsmitgliedern vor dem Kongreß diskutiert werden konnten.[619] Gewerkschaftsdemokratie müsse richtig durchgeführt werden. Sie erschöpfe sich nicht darin, daß Arbeiter für ein Amt kandidierten.[620]

Der Verlauf des Kongresses, die mangelnde Bereitschaft der Leitung des VCSPS und des NKT, auf die vorgetragene Kritik einzugehen, verunsicherte die Delegierten im Zusammenhang mit den bereits erfahrenen Verstößen gegen die innergewerkschaftliche Demokratie. Einige verlangten, daß Resolutionsänerungen, die von ihnen vorgeschlagen wurden, im Plenum behandelt würden, damit sie nicht in die Gefahr gerieten, in den Kommissionen und Ausschüssen unbeachtet zu bleiben.[621] Gerade weil die Funktion der Gewerkschaft im wirtschaftlichen Aufbau zu bejahen sei, argumentierten sie, sei es um so nötiger, die Gewerkschaften für diese Aufgabe organisatorisch vorzubereiten. Um so wichtiger sei allerdings auch die Kritik an der mangelnden gewerkschaftlichen Demokratie. Daß das undemokratische Vorgehen auf dem VII. Gewerkschaftskongreß so offen genannt wurde, hatte zur Folge, daß Kritik auf dem VIII. Gewerkschaftskongreß kaum mehr zu hören war, obwohl dort die Veränderungen der Gewerkschaftspolitik durch die Ausschaltung Tomskijs, Šmidts usw. noch deutlicher und grundsätzlicher waren.

Während in den Beiträgen der Vertreter des VCSPS auf dem VII. Gewerkschaftskongreß in Tariffragen vor allem von einer Zentralisierung gesprochen worden war, wurde in der Konfliktarbeit eine dezentralisierende Position eingenommen. Mit der Aufforderung, „es ist Zeit, die Konflikt-Prozeß-Sucht zu beenden", ging Tomskij auf die Konfliktarbeit der Gewerkschaften ein. Er kritisierte die Praxis als unzulässig, daß Konflikte nicht im Betrieb selbst gelöst würden. Daß jeder Arbeiter, der keine Schutzhandschuhe erhalte, sich unter Umgehung der Schlichtungsinstanzen direkt an das Schiedsgericht wende, sei ein Ausdruck solch unzulässiger Politik, die dazu führe, daß in jeder Fabrik ein kolossaler Apparat von Schiedsgerichten aufgebaut werde.[622] Seine Vorschläge seien ein Appell an die Moral der Wirtschaftler.

Die gesamte Konfliktarbeit ließe sich erleichtern, wenn in den RKK die Streitfragen genau formuliert würden und wenn die Alltagsfragen des Arbeiters mehr Aufmerksamkeit fänden. Denn Sauberkeit und Ordentlichkeit, die zu den Alltagsfragen der Arbeiter in den Betrieben gehörten, seien sehr ernste Fragen. Eine Untersuchung des VCSPS habe ergeben, daß die Arbeiter als Wurzel der Konflikte die schlechte Arbeit der Gewerkschaften und der Wirtschaftsorgane angäben, die sich nicht um die Beseitigung der Alltagsprobleme kümmerten. „Ich erwarte und denke, daß man mit mit übereinstimmt, daß 9 von 10 unserer Konflikte, die vor das Schiedsgericht gebracht werden, sich schmerzlos lösen ließen . . ."[623]

Zwei Jahre vorher hatte die Kritik am Block zwischen Gewerkschaftern und Wirtschaftlern noch im Mittelpunkt seiner Analyse gestanden. Jetzt wollte Tomskij niemandem mehr die Schuld ge-

ben: „Ich behandle hier nicht die Frage, wer das verschuldet hat – die Wirtschaftler oder die Gewerkschafter. Möglicherweise beide."[624]
Dogadov, der das Korreferat zu Tomskij hielt, gab Daten zur Entwicklung der Konflikte und den Ursachen ihres Entstehens. So hatten sich die Konflikte, die aus dem Verstoß gegen Gesetze oder bestehende Kollektivverträge ergaben, im 1. Halbjahr 1926 vervierfacht. Zu den „Alltagsfragen", wegen derer die Arbeiter die Schiedsgerichte anriefen, gehörten Fragen wie Entlassungen, die Gesetzmäßigkeit von Normen, Verstöße gegen den Kollektivvertrag. Wurden von diesen Konflikten 1924 „nur" 77,0 % den Gerichten übergeben, so waren es 1925 schon 84,0 % der Fälle und im 1. Halbjahr 1926 83,6 % der Fälle. Entsprechend sank der Anteil der durch Schlichtung gelösten Fälle in den Schlichtungskammern. 1924 waren es noch 22,0 % der Fälle, 1925 15,0 % und 1926 16,0 %.[625]
Nach einer Übersicht des VCSPS, die sich auf Daten aus 91 Gouvernements bezog, entstanden allein im 1. Quartal des Jahres 1926 1 177 Konflikte mit 412 000 Beteiligten. Zu derselben Zeit wurden 3 992 Konflikte gezählt, die bereits abgeschlossene Kollektivverträge betrafen und an denen 91 816 Arbeiter beteiligt waren.[626]
Die Tendenz des Anwachsens der Konflikte, die sich im 1. Vierteljahr 1926 abzeichnete, sollte sich im Laufe desselben Jahres bestätigen. Šmidt wies auf dem VII. Gewerkschaftskongreß auf die schlichtungs- und schiedmäßig behandelten Konflikte hin und sagte über ihr Wachstum: „In der ersten Hälfte des Jahres 1926 gibt es so viele Konflikte, wie im ganzen Jahr 1925."[627] In absoluten Zahlen hieß das: im 1. Halbjahr 1926 waren es 12 956 Konflikte und im ganzen Jahr 1925 gab es 11 869 Konflikte. Beide Zahlen liegen etwas höher als die vom VCSPS zusammengestellten Daten. Beide bestätigen aber dieselbe Entwicklungsrichtung.
Zusätzlich waren schließlich die Konflikte zu nennen, die in den Arbeitssitzungen der Volksgerichte behandelt wurden. Diese betrugen im Jahre 1924 allein 24 900 Fälle und lagen im 1. Halbjahr 1926 bereits bei 14 500. Die Angaben des NKT lagen hier weit über allen von den Gewerkschaften genannten Zahlen. Von den Konflikten, die im 1. Halbjahr 1926 aufkamen, entstanden 2 776 beim Abschluß des Kollektivvertrages, dagegen 10 180 nach seinem Abschluß.

l) Kritik am Instanzenweg

Der Instanzenweg, den Konflikte bis dahin durchliefen, unterlag vielfacher Kritik. In dem bereits zitierten Bericht des NKT[628] wurde er von Šmidt vor dem VII. Gewerkschaftskongreß thematisiert. Es gebe immer dann ein Durcheinander der Instanzen, wenn in einem Konflikt kein Einverständnis erzielt werden könne. Ein Fall könne vom RKK in die Schlichtungskammer und bis zum Schiedsgericht wandern. Auch gegen die Entscheidung des Schiedsgerichts könne Einspruch erhoben werden. Sowohl Arbeiter als auch die Wirtschaftsorgane gingen in der nächst höheren Instanz, der Abteilung für Arbeit des Gouvernements, gegen Entscheidungen der Schiedsgerichte vor. Gegen deren Entscheidung wiederum gingen sie bei dem NKT der Republiken vor, und wenn sie mit dieser nicht zufrieden seien – beim NKT der UdSSR. In einigen Gewerkschaften[629] sei es fast zur Regel geworden, daß die Entlassung eines Arbeiters den Staat mehrere tausend Rubel koste und daß die Dauer eines Konflikts ca. 1 – 1 1/2 Jahre betrage. Der Umfang des Konfliktvorgangs, den jede Instanz studieren und zu dem sie eigene Stellungnahmen hinzufügen müsse, betrage mehrere hundert Seiten, in einem Fall über 500.
Dabei handelte es sich nicht um Protokolle und Aussagen, sondern auch um Resolutionen von Arbeiter/-innen. Šmidt interessierte weniger für die Stellenwert der Solidarisierungen gegen Entlassungen, für ihn zählte nur der Zeitaufwand, den die Mitglieder der RKK aufbringen mußten. Auch über die verlorene Arbeitskraft derer, die solche Resolutionen verfaßten, stöhnte er: „Wer das schrieb, wer das las?"[630] Zeitlich sei dieser Aufwand nicht zu vertreten.
Die Erwägungen Šmidts gingen dahin, eine endgültige und abschließende Instanz zu finden und festzulegen. Nach seinem Vorschlag sollten dies die Kommissariate der Arbeit der einzelnen Republiken werden. Bislang gebe es Überschneidungen der Konfliktwege. Eine Entscheidung der

RKK trete normalerweise in Kraft. Laut Gesetz dürfe der Werktätige den schon im RKK behandelten Konflikt nicht an die Arbeitsgerichtssitzung des Volksgerichts geben. Trotzdem geschehe das häufig. Der Arbeiter, der mit einer Entscheidung der RKK unzufrieden sei, wende sich an die Gerichte. Und die Gerichte nähmen den Fall an, erkennten die Entscheidung des RKK als falsch an und änderten sie. Dagegen wiederum protestiere die Administration oder der Arbeitervertreter, weil solch eine Entscheidung ungesetzlich erfolge. Das Berufungsgericht übergebe sie dem Gouvernementsgericht, das den Fall auf dem Wege der Berufung an das Höchste Gericht der Republik weitergebe. Es beginne eine unglaubliche zeitliche Verschleppung der Konflikte. Nach 3 – 4 Jahren würden schließlich rechtsgültige Entscheidungen getroffen, und dann seien die Fälle, die ein Konflikt geführt hatten, nicht mehr aktuell, die Zeugen nicht mehr aufzutreiben. Dokumente gingen verloren. Deshalb müßten die Instanzenwege voneinander abgegrenzt werden.

Ein weiterer Punkt der Kritik Šmidts war die Fluktuation der Gewerkschaftsvertreter bei den Arbeitsgerichtssitzungen. Hier sei die Frist, für die ein Vertreter der Gewerkschaft diesen Posten einnehme, zu kurzfristig. Wegen der zeitlichen Verschleppung der Konflikte müßten sich in die einzelnen Fälle jeweils neue Vertreter einarbeiten. Dies sei kein haltbarer Zustand, da diese Vertreter sehr ernste Angelegenheiten verhandelten, nämlich die Konflikte der Arbeiter.[631]

Die Darstellung Šmidts, wie mit den Konflikten verfahren wurde, zeigt, warum die Arbeiter in dringenden Konfliktsituationen gezwungen waren, andere Formen der Durchsetzung ihrer Interessen zu finden. Die Streikfrage, die von den Gewerkschaften und der Partei ausgeschaltet werden sollte, tauchte immer wieder auf. Der Interessengegensatz zwischen der Partei, den Gewerkschaften, den Wirtschaftlern und dem proletarischen Staat auf der einen Seite und den Arbeitern und Arbeiterinnen am Arbeitsplatz auf der anderen Seite, mußte in dem Augenblick notwendig zu militanten Formen der Auseinandersetzung führen, wenn friedliche Wege der Konfliktlösung faktisch nicht zur Lösung der Probleme beitrugen.

Während Šmidt in seiner Kritik an der Praxis der Konfliktlösung den Konfliktorganen bzw. den Vertretern der Gewerkschaften oder den Wirtschaftlern die Schuld für die Versäumnisse gab, gingen andere auf die Fehler des NKT ein. An der Überlastung der Organe des NKT durch eine Vielzahl von Fällen, sei vor allem das NKT selbst schuld. Rozenbljum aus Leningrad beschrieb im Gegensatz zu Tomskij, Dogadov und Šmidt, daß sogar von den Organen des NKT ausgehe, die Konflikte nicht auf dem Schlichtungsweg zu lösen sondern durch eine Entscheidung des Schlichters. Dieser Druck werde ausgeübt, obwohl auch eine Vielzahl von Entscheidungen des staatlichen Schlichters gezeigt hätte, daß sie gegen die Arbeitsgesetze verstießen und einseitig zum Vorteil der Wirtschaftsadministration gefällt würden.[632]

Eindeutig einseitige Entscheidungen der Schlichter traten vor allem während des Sparsamkeitsregimes auf. Wenn schließlich Entscheidungen für die Arbeiter günstig verliefen, wurde ihre Erfülung von den Wirtschaftlern lange hinausgeschoben. Und wenn vom Schlichter ein Vollstreckungsbefehl verlangt wurde, dann lehnte er dies mit der Begründung ab, er könne die Vollstreckung nicht ohne die Zustimmung der Wirtschaftler verfügen.[633]

An einigen Orten seien die Organe des NKT so schwach, daß die Wirtschaftler ihren Entscheidungen nicht einmal Beachtung schenkten.[634]

Wegen der monatelangen Verzögerungen der Lösung der Arbeitskonflikte würden sich die Arbeiter/-innen für den Ausgang der Konflikte nicht mehr interessieren und suchten – weil sie die Geduld verlören, sich ärgerten, nach anderen Möglichkeiten der Konfliktregelung.[635] Hinzu kam, daß sich die Arbeiter/-innen nur mit Mühe durch die Instanzen durchfanden, deren Entscheidung oft nicht einmal für die Firma bindend waren. So wurde nach den Konfliktunterlagen die Arbeiterin Elena Ščegoleva am 18.9.1926 wegen 3-minütiger Verspätung und einmaligen Fehlens entlassen, obwohl sie nachweisen konnte, daß sie krank war. Das RKK hatte die formalen Gründe der Entlassung geprüft und für richtig befunden. Die Betriebsversammlung stimmte der Entlassung jedoch nicht zu, weil Elena Ščegolevas Fehlen begründet war und weil sie als ernsthafte Arbeiterin bekannt war. Der Fall kam vor die Moskauer Abteilung der Arbeit. Diese änderte die Entscheidung, gab den Fall an das RKK zurück, welches die Entlassung jedoch erneut bestätigte. Der Fall kam vor die Tarif-Konflikt-Abteilung der Abteilung der Arbeit des Gouvernements. Diese änderte die Entscheidung erneut. Im November wurde die Klage der Arbeiterin für berechtigt erklärt und die Arbeiterin sollte in ihre alte Funktion wieder aufgenommen werden. Gegen die Entscheidung des Gerichts ging nun das Unternehmen vor. Das Gouvernementsgericht wies die Klage der Firma Ende Dezember ab. Aufgrund des Beschlusses verlangte die Arbeiterin von der Firma die Wiedereinstellung. Aber diese war nur bereit, eine Abfindung für erzwungenes Fernbleiben von der Arbeit zu zahlen, war bereit, eine Selbstkritik zu leisten, daß sie in der Sache der Arbeiterin Ščegoleva nicht korrekt, sondern bürokratisch vorgegangen sei, war aber nicht bereit, die Ščegoleva wieder einzustellen. Gegen diesen Teil der Entscheidung ging die Firma vor dem nächst höheren Gericht in Berufung und drohte sogar, daß sie – wenn die Entscheidung wiederum gegen die Firma ausginge – den Fall vor den nächsten Sowjetkongreß bringe.[636]

Auch die RKI, die Arbeiter- und Bauerninspektion, kritisierte solche Mißstände. Es gehe nicht an, daß sich sogar in Moskau Konflikte 5 – 6 Monate hinzögen und daß manche dieser Konflikte überhaupt entstünden, obwohl in zahlreichen Fällen in den Gesetzen klare Bestimmungen angegeben seien. Nach Angaben des Vertreters der RKI, Pavlovič, prüfe die Arbeiter- und Bauerninspektion, ob es möglich sei, die Konfliktdauer pro Instanz auf 14 Tage zu begrenzen.[637]

Einige Vorschläge der RKI stießen frühzeitig auf den Widerstand eines Teils der Gewerkschaften. I. Reznikov bestätigte zwar die Kritik an der Konfliktlösung, wandte sich aber gegen Lösungsvorschläge, die eine Vereinigung der Konfliktinstanzen, Schlichtungskammer und Schiedsgericht vorsahen, weil die Möglichkeit, Konflikte auf dem Wege der Einigung zu lösen, bei den Vorschlägen der RKI verlorenginge. In einer gemeinsamen Kammer bliebe das Prinzip der Schlichtung nur formal. In dem Verzicht auf Schlichtung bei Lohnkonflikten sah Reznikov die Errichtung einer staatlichen Normierung der Löhne. „Statt daß beide Vertragspartner die Verantwortung für den Vertrag gegenüber höheren Instanzen auf sich nehmen, soll diese Verantwortung nun auf eine dritte Person, das NKT, übertragen werden. Und das heißt faktisch an den Staat."[638] Damit werde eine Verantwortungslosigkeit gegenüber denen kultiviert, die von den Verträgen betroffen seien. In den Thesen Reznikovs tauchte der alte Widerstand der Gewerkschaften gegen das NKT auf. Die Abwehr staatlicher Normierung sollte allerdings angesichts der nun massiv eingeleiteten Planversuche und der Ausschaltung jeder potentiellen Opposition auch in den Gewerkschaften kaum eine Chance haben.

Die Kontroverse über die Konfliktregelung wurde Anfang 1928 verstärkt zwischen dem RKI, den Gewerkschaften und dem NKT geführt. Dogadov verfaßte auf die Weisung des VCSPS, des VSNCh, des NK RKI und des Staatsanwalts ein Schema des verkürzten Konfliktweges.[639] Bis dahin hatte ein Konflikt 23 Instanzen durchlaufen müssen: das RKK, die Kammer der Arbeitsinspektion, die Gouvernementsabteilung der Arbeit, wiederum das RKK, dann die Schlichtungskammer, das Schiedsgericht, abermals die Kammer der Arbeitsinspektion, abermals die Gouvernementsabteilung der Arbeit, dann das NKT, die Arbeitssitzung des Volksgerichts (trudsessija), das Gouvernementsgericht, nochmals die Arbeitssitzung, dann der Staatsanwalt des Gouvernements, das Plenum des Gouvernementsgerichts, ein drittes Mal in die Arbeitssitzung, zum dritten Mal zum Gouvernementsgericht, abermals zum Staatsanwalt des Gouvernements und zum Plenum des Gouvernementsgerichts, schließlich zum Staatsanwalt beim Obersten Gericht, direkt zum Obersten Gericht, zum Vorsitzenden des Obersten Gerichts, oder zum Staatsanwalt der Republiken und zuletzt zum Plenum des Obersten Gerichts. (Siehe Schema Seite 103)

Die Kommission, der Dogadov vorstand, schlug gegenüber dieser verwirrenden Vielzahl von möglichen Berufungsinstanzen, in denen die Konflikte behandelt werden konnten, folgende Vereinfachung vor. Die Zahl der Instanzen sollte auf 8 beschränkt werden. Das waren das RKK, die Kammer der Arbeitsinspektion, die Gouvernementsabteilung der Arbeit, erneut das RKK, die Arbeitssitzung (trudsessija), das Gouvernementsgericht, der Staatsanwalt des Gouvernements und das Plenum des Gouvernementsgerichts. Im Schema sah dieser Konfliktweg so aus:[640] (Siehe Schema Seite 104)

Nach den Vorstellungen der Kommission sollten nunmehr alle Konflikte, die einklagbare Rechtsansprüche beinhalteten und die mit Entlassungen zusammenhingen, vor Gericht gebracht werden, wenn im RKK keine Einigung möglich war oder aber die Entscheidung des RKK durch das NKT geändert wurde. Im Vorschlag Dogadovs fiel das gesamte bis dahin gültige Schlichtungs- und Schiedssystem durch das NKT weg. Es blieb allein die Rechtsaufsicht über Entscheidungen des

Konfliktinstanzen

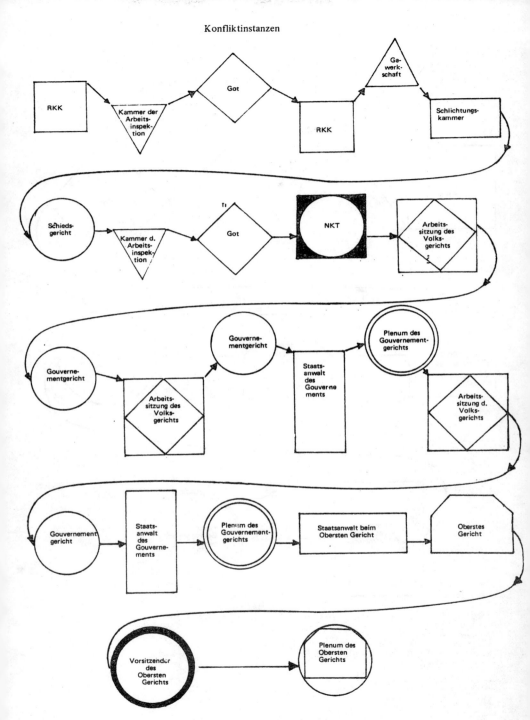

Verkürzter Weg der Konfliktinstanzen

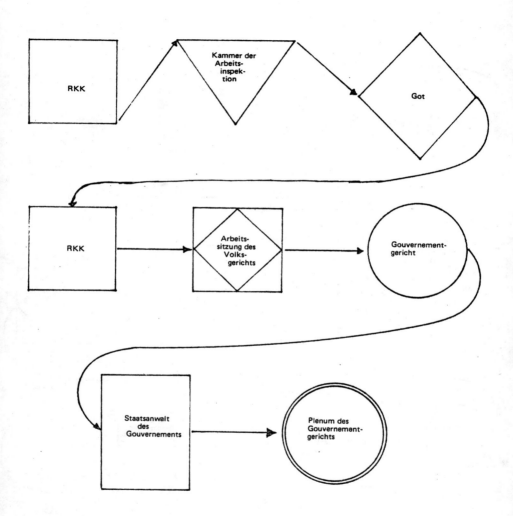

RKK. Zugleich blieb das RKK die obligatorische Instanz, die alle Konflikte durchlaufen mußten. Die Instanz, auf die das NKT Einfluß hatte, blieb allein die Abteilung der Arbeit des Gouvernements (GOT). Entscheidungen der lokalen RKK unterstanden der Aufsicht der GOT, die überprüfen sollten, ob die Arbeitsgesetze oder die Kollektivverträge verletzt wurden. Das GOT wäre im System der Konfliktregelung die letzte Instanz, gegen deren Entscheidungen nur noch auf dem Klageweg vorgegangen werden konnte. Letzte gerichtliche Instanz sollte für Arbeitskonflikte das Plenum des Gouvernementsgerichts sein.

Für die Konflikte, die beim Abschluß der Kollektivverträge entstanden, sah die Kommission eine andere Lösung vor. Hier sollten die Entscheidungen der Kammer der Arbeitsinspektion auf dem Aufsichtsweg nur von der Gouvernementsabteilung der Arbeit in letzter Instanz behandelt werden können.[641]

An diesen Vorschlägen war von Bedeutung, daß die zentrale Schlichtung durch das NKT herausfiel, auf die bislang als Möglichkeit staatlicher Einflußnahme größter Wert gelegt wurde, und die Anfang der zwanziger Jahre gegen den Widerstand der Gewerkschaften durchgesetzt wurde. Die staatliche Schlichtung durch das NKT bedeutete zu Beginn der NEP das Mittel, auf die Vertragsverhältnisse zwischen Gewerkschaften und Unternehmen Einfluß zu nehmen. Mit der Dezentralisierung der Schlichtungsinstanzen auf die Gouvernements ergab sich notwendig eine größere Vielfalt der Einflußnahme des staatlichen Schlichters. Das hieß auch, daß der Stellenwert der zentralen staatlichen Schlichtung an Bedeutung verlor. Die Überbelastung der zentralen Schlichtungsinstanzen hätte sich auch durch eine Verstärkung des Schlichtungsapparates des NKT beseitigen lassen. Der Einfluß der staatlichen Planung auf den Kollektivvertrag und auf die Normierung der Löhne machte den staatlichen Schlichter inzwischen weniger wichtig als den Planer.

m) Diskussion um die RKK

Ein Artikel von Larin löste eine heftige Diskussion aus, welche Konfliktorgane welche Kompetenz behalten sollten. Larin zitierte[642] die Fälle von zwei Arbeitern, denen es nicht gelang, die Urteile der Gerichte, die ihnen in jedem Verfahren Recht gaben, bei der Administration des Betriebes durchzusetzen. Die Verfahren dauerten in beiden Fällen mehr als 5 Jahre, während derer die Leitung des Betriebes immer von neuem in Berufung ging, nie Recht erhielt, aber immer neue Instanzen mit dem Fall beschäftigte. Die Notwendigkeit, den Konfliktweg zu präzisieren und die Urteile vollzugsfähig zu machen, war in solchen Fällen eindeutig. Die einzige Möglichkeit, sich gegen Verstöße der Betriebe gegen richterliche Entscheidungen zu wehren, beruhte bislang allein im persönlichen Engagement der Schlichter. Es sei häufiger vorgekommen, daß sich die Volkskommissare Kalinin, Šmidt oder Ordžonikdse als Schlichter in Einzelfälle eingeschaltet hätten. Aber selbst sie hätten bei weitem nicht alles erreichen können. Ein Arbeiter, der erst solcher Fürsprache bedürfte, um sein Recht durchzusetzen, hätte faktisch keinen Rechtsanspruch, da der Weg persönlicher Einflußnahme durch Volkskommissare meist unerreichbar sei.

Gegen Deformationen, denen Urteile ausgesetzt seien, helfe allein eine gesetzliche Absicherung der Ansprüche. Larin schlug an Hand der genannten Beispiele der Verschleppung von Konflikten vor, daß die Wirtschaftsleitung eines Betriebes kein Klagerecht haben sollte, vor einer zweiten gerichtlichen Instanz in Berufung zu gehen, wenn der Arbeiter in der ersten Instanz Recht erhielt. Es könne dann nicht mehr vorkommen, daß die Administration das Urteil in Frage stelle, weil sie den Arbeitern den Lohn nicht zahlen oder ihn nicht weiterbeschäftigen wolle. „Das Urteil des Gerichts muß für den Arbeiter endgültig sein. Es ist weder aus formalen noch aus subjektiven Gründen anfechtbar, und zwar weder im Appellations- noch im Berufungsverfahren."[643] Was der Administration nicht gestattet werden sollte, sollte aber für die Arbeiter/-innen und Angestellten möglich bleiben: „Den Arbeitern und Angestellten bleibt das Recht, gegen das Urteil in Berufung zu gehen, erhalten, wenn das Gericht ihre Klage gegen die Administration ablehnt. Aber der Administration und allen Unternehmen soll das Recht zu klagen und zu verzögern genommen werden, wenn das Gericht in der ersten Instanz . . . einmal für den Arbeiter entschieden hat."[644] Nur in dem der Arbeiterklasse zugestandenen Recht der Berufung liege das Mittel, alle zeitlichen Verschleppungen von Konflikten zu verhindern. Was wie ein Interesse im Sinne der Arbeiter/-innen aussah, wurde mit Effektivität begründet. Die Erfahrung habe gezeigt, daß es relativ selten vorkomme, daß eine Entscheidung, die in erster Instanz für die Arbeiter/-innen gefällt wurde, in einer nächsten in eine Entscheidung gegen die Arbeiter/-innen umgewandelt wurde. Für die wenigen Fälle, in denen solche Entscheidungen doch zu Ungunsten eines Arbeiters oder einer Arbeiterin umgewandelt wurden, gälten Gründe der prozessualen Effektivität: für den Staat sei es immer noch besser, diesen Arbeiter in den Vorteil eines für ihn günstigen Rechtsspruchs kommen zu lassen und ihn vielleicht für etwas zu bezahlen, was ihm nicht zustehe, als umgekehrt schließlich Recht zu bekommen, dafür aber die monatelange und jahrelange Verschleppung der Instanzen in Kauf zu nehmen, d.h. für den Konfliktablauf schließlich mehr zu zahlen, als im Konflikt selbst beansprucht wurde.

Die Vorschläge Larins lösten eine Polemik in der Presse aus, an der deutlich wurde, daß Larin einen wunden Punkt getroffen hatte, indem er eine Parteilichkeit für die Arbeiter forderte. Die Diskussion wurde öffentlich geführt und in ihr wurden unterschiedliche Standpunkte deutlich. In einer Veranstaltung in einem Gewerkschaftshaus griff Šol'c, der Vorsitzende des Hauptdisziplinargerichts, Larin an, daß er die Interessen der Arbeiter mit denen des Staates konfrontiere. Es sei vielmehr so, daß Staat und Arbeiter ein einheitliches Interesse verträten. Einen Widerspruch in dem einheitlichen System von Interessen schloß er aus. „Unter unseren Bedingungen sind die Administratoren Vertreter der staatlichen Interessen."[645] Damit war über die Interessen der Arbeiter/-innen wenig gesagt. Es war auch logisch, daß über sie nichts gesagt werden mußte, denn, ausgehend von einem einheitlichen Interesse aller, waren die Interessen der Arbeiter/-innen per definitionem in der Interessenidentität von Staat und Administration enthalten. Daß dies nicht der Realität entsprach, muß nicht mehr hervorgehoben werden.

Safonov als stellvertretender Staatsanwalt für Arbeitsgerichtverfahren wandte gegen Larin ein, daß der zeitlichen Verschleppung der Konflikte nur durch eine Verbesserung der Gerichtsorgane zu begegnen sei, nicht aber durch ihre Aufhebung, oder wie er es formulierte: ihre Umgehung. Er hielt die Vorlage Larins schlicht für schädlich. Nicht zufällig aber sprachen sich die auf der Versammlung zu Wort kommenden Arbeiterkorrespondenten eindeutig für die Vorstellungen Larins aus. Für sie wäre eine Lösung am eindeutigsten, wenn sie im RKK fiele, d.h. alle Konflikte sollten im RKK gelöst werden.

Der Vorsitzende des Moskauer Gouvernementsgerichts, Stel'machovič, berichtete in dieser Diskussion aus der Moskauer Gerichtspraxis, daß 97 % der Entscheidungen der 1. Instanz richtig gelöst wurden. Er bestätigte die Vorstellungen Larins. Kindel' trat dagegen als Vertreter des NKT kategorisch gegen Larin auf. Es sei den Arbeitern und Angestellten nicht zuzumuten, daß sie alle Konflikte vor das RKK bringen müßten. Eine solche Stellung könne das RKK zwar in den Großindustrie haben, nicht jedoch in den Kleinunternehmen, in denen der Unternehmer Leiter des Betriebes und Buchhalter zugleich sei. Gegen eine solche Position könnten die Arbeiter sich dann nur schwer wehren.[646]

Anders als Kindel' vertrat Radus-Zenkovič für die Zentrale Kontroll-Kommission (ZKK) und die Arbeiter- und Bauerninspektion (RKI), daß von allen Konflikten in Moskau 80 % im RKK gelöst wurden.[647] In der Ukraine waren es zwischen 70 und 80 %.[648] Die übrigen 20 % wurden nur deshalb in anderen Konfliktinstanzen behandelt, da das RKK keine Kompetenz habe, sie zu behandeln. Aus dieser Bilanz zog auch Radus-Zenkovič die Folgerung, daß in der auszuarbeitenden Konfliktordnung, die die des Jahres 1922 ersetzen sollte, das RKK zur einzigen Instanz für die Lösung von Arbeitskonflikten werden sollte.

Im Rahmen dieser Diskussion führte Radus-Zenkovič noch präzisere Daten über die Arbeit der RKK an.[649] Nach den Angaben des Moskauer Gewerkschaftsrates (MGSPS), der über Daten von Entscheidungen von 500 RKK verfügte, waren 74,8 % bzw. 80,0 % in den Jahren 1926 und 1927 endgültige Entscheidungen, die auch in Berufungsverfahren unverändert blieben. Die Zahl schwankte in den einzelnen Gewerkschaften und betrug in einigen bis zu 94,0 % unveränderter Entscheidungen. Wurden die Konfliktfälle nach Ursachen gegliedert, so betrug der Anteil der un-

verändert bleibenden RKK-Entscheidungen jedoch bei Entlassungen 85,0 % und 81,0 % bei Lohn-streitigkeiten.
Von den Entscheidungen der RKK wurden durchschnittlich nur 3 − 4 % durch das NKT verän-dert. Die meisten seien vollständig bestätigt worden. Das galt auch für Berufungen gegen Entlas-sungen, die 59,0 % aller Berufungen ausmachten. Bei diesen Konfliktfällen handelte es sich vor al-lem um solche, die bei der Nichterfüllung der Bestimmungen der Kollektivverträge entstanden waren.
Interessant an diesen Daten ist, daß die Aussagen über die Arbeit der RKK konträr zu den Kriti-ken waren, die seit Jahren auf der Tagesordnung der Gewerkschaftskongresse gestanden hatten. Stand vorher ihre mangelnde Kompetenz im Zentrum der Kritik, daß ihre Entscheidungen häu-fig im Widerspruch zu den Arbeitsgesetzen und den Kollektivverträgen gefällt worden seien, daß die in den RKK tätigen Arbeitervertreter unfähig seien, sich gegen die Administration des Be-triebs durchzusetzen, so war von all dem nun keine Rede mehr. Nunmehr wurde die Unfähigkeit der RKK als Stärke interpretiert, so daß die Unterlegenheit der Arbeitervertreter die RKK gerade-zu für eine Konfliktregelung prädestinierte, mit der eine effiziente Wirtschaftspolitik durchgeführt werden konnte. Bei der Beibehaltung der Schwäche der RKK, gegen die vorher polemisiert wur-de, gegen die aber nichts Effektives unternommen worden war, wurde es für die betriebliche Ad-ministration einfach, ihre Vorstellungen in diesem Organ der Konfliktregelung durchzusetzen. Von allen Seiten wurde nun darauf hingewiesen, daß das RKK jetzt alle Konflikte lösen sollte und daß jeder Arbeitskonflikt im RKK seine Lösung finden müsse.[650]
Ein zweites Argument, das früher in der Diskussion war, spricht dagegen, daß sich die Daten über die RKK-Entscheidungen einfach dahingehend interpretieren lassen, daß andere Konfliktinstan-zen nicht mehr nötig seien. Die Argumentation hieß bislang, daß gerade die Existenz anderer Konfliktorgane korrekte bzw. relativ korrekte Entscheidungen der RKK garantiere. Die Möglich-keit des Arbeiters oder der Arbeiterin, jede beliebige Instanz anzurufen, um zu seinem/ihrem Recht zu gelangen, hieß es, sei eine Garantie dafür, daß auch die untersten Instanzen der Konflikt-organe unanfechtbare Entscheidungen träfen und daß der auf sie wirkende Druck der Administra-tion weniger stark sei, als wenn die RKK die einzigen Konfliktorgane wären.
Mit dieser Argumentation setzte die Kritik des NKT an den Vorschlägen des RKI an. Das NKT wehrte sich nicht nur gegen eine Eingrenzung der Konfliktorgane auf die RKK, sondern auch da-gegen, daß dem Kommissariat die Aufsicht über die Entscheidungen der RKK entzogen werden könnte. Kindel' argumentierte mit der geleisteten Arbeit des NKT: ,,Die Autorität des NKT kann nicht ignoriert werden, was die hohe Zahl der obersten Schlichter, die aus dem NKT gewählt wer-den, beweist."[651]
Dem NKT gab Radus-Zenković teilweise nach. Er schlug vor, das NKT nicht vollständig aus der Konfliktregelung auszuschalten, sondern vor allem die dezentralen Organe des NKT zu entlasten und den örtlichen Organen der Arbeit die Aufsicht über die Entscheidungen der RKK zu überge-ben.[652]
Den Kern der Auseinandersetzungen zwischen NKT und RKI, zwischen Larin, Kindel', Radus-Zenković und schließlich dem VCSPS traf Šulikov, Mitglied in der Tarifabteilung des VCSPS; wenn jeder Bürger der Sowjetunion das Recht besitze, gegen jedwede Entscheidung bei Gericht vorzugehen, dann sei vollständig unklar, warum den Arbeitern und Angestellten dieses Recht ent-zogen werden sollte. Genau um diese arbeitsrechtliche Einschränkung der Prozeßfähigkeit der Ar-beiterklasse ging die Auseinandersetzung. Šulikov kritisierte, daß das RKK nach den Vorschlägen von Radus-Zenković einer Einigungskommission gleichkomme. Gesetzlich müsse aber die Mög-lichkeit bestehen, gegen Rechtsverletzungen in Berufung zu gehen.[653] Šulikov hielt die Vorschlä-ge von Radus-Zenković für untauglich, da er zusätzliche Konfliktorgane einführen wolle. Eine Einigungskommission lasse sich nicht in ein Gerichtsorgan verwandeln. Wenn die Vorlage der RKI akzeptiert würde, dann bedeute das, daß die RKK die Aufgabe bekämen, Gesetzesverstöße zu verschleiern.[654]
Als weiterer Vertreter des NKT griff Bachutov in die Auseinandersetzung ein. Er befürchtete, daß das RKK als paritätisches Organ nicht in der Lage sei, alle Konflikte zu behandeln, zumal die Ge-richte versuchen könnten, Konflikte, mit denen sie sich befaßten, auf die RKK abzuwälzen. Da-

mit bestehe die Gefahr, daß die RKK sehr schnell zu einem bürokratischen Apparat anwüchsen. Der Sinn der Umstrukturierung der Konfliktarbeit wäre damit verfehlt und das RKK könne die korrekte Einhaltung der Kollektivverträge nicht mehr überwachen. In kleineren Unternehmen sei der unmittelbare Einfluß der Administration und des Betriebsleiters auf den Arbeitervertreter im RKK besonders wirksam. Da es keine Garantie gebe, daß die Konfliktregelung sich durch die Erweiterung der Kompetenzen der RKK verbessere, sei es sinnvoller, dem Arbeiter die freie Wahl der Konfliktorgane zu erhalten.[655]

Die Vorschläge der RKI stellten die bisherige Arbeitsweise des NKT insgesamt in Frage. Aus diesem Grunde bezog das NKT für die freie Wahl der Konfliktinstanzen Stellung, ohne damit konkrete Vorteile für die Arbeiterklasse zu verbinden. So grenzte Bachutov als Vertreter des NKT seine Position nicht nur von den Vorstellungen der RKI, sondern vor allem von Larin ab. „Diese Vorlage ist demagogisch und führt faktisch nicht zu einer Abschaffung, sondern zu einer Vergrößerung der Prozeßsucht."[656]

Das NKT wandte sich sogar ausdrücklich dagegen, daß Arbeiter als Beisitzer die Konfliktlösung in den Konfliktorganen verbessern könnten.[657] Die Hinzuziehung von Arbeitern erschwere die Arbeit der Organe. Eine richtige Integration der Arbeiter in die Konfliktarbeit des NKT könne nur auf dem Wege der Beförderung des einzelnen Arbeiters vollzogen werden. Darin bestehe die „organische" Integration der Arbeiter in die Organe des NKT.

Während das NKT vor allem seine bisherigen Formen der Arbeit weiterführen wollte, formulierte der Oberste Volkswirtschaftsrat erneut seine Bedenken an der Arbeit der RKK. Es waren dieselben, die seit dem V. Gewerkschaftskongreß in der Diskussion waren: die Normierungsaufgaben der RKK. Die Wirtschaftsorgane wollten die Normierung noch immer allein in die Kompetenz der Wirtschaftsverwaltung und ihrer spezifischen Kommissionen legen. Sie argumentierten, daß im Interesse der Produktion die Arbeitskonflikte nahe am Arbeitsplatz, also dem Bereich, wo sie entstehen, gelöst werden sollten. Eine Überbelastung durch die Normierung sei für die RKK eher hinderlich. Die Normierungsaufgabe der RKK sei nicht nur eine zeitraubende Arbeit, sondern sie binde die RKK bei der Lösung der Konflikte an einmal festgelegte Normen, komme in Konflikten die Normierung zur Sprache. Die Gegenseite — gleichgültig ob sie Vertreter der Gewerschaften oder der Administration wären — erkläre dann: „Aber Sie selbst haben ja die Normen unterschrieben."[658] Aus diesem Grunde höre das RKK freiwillig-unfreiwillig auf, die Normen mechanisch abzuzeichnen, mische sich also in die Normierungsarbeit ein.

Der VSNCh kritisierte, daß die RKK tatsächlich oder potentiell eine Kontrollfunktion einnahmen. Wenn das RKK — oder wenigstens der Teil, der die Arbeiter vertreten sollte — sich im Konfliktfall die Kriterien seiner Normierungsarbeit überlegte, dann konnte darin ein gewisser Schutz für die Arbeiter liegen. Die Forderung des VSNCh: „Das RKK muß von jedweden Funktionen außerhalb der Konflikte befreit werden"[659], wollte die noch partiell funktionierenden Kontrollen einschränken, da sie einer unbeschränkten Erhöhung der Intensität der Arbeiter entgegenwirkten.

In den Diskussionen um die Umorganisierung des Konfliktlösungswesens sprachen sich die Vertreter der Betriebsleitungen meist für die Vorlage von Radus-Zenković aus, da sie die schnelle Lösung der Konflikte als einen Vorteil für die Verwaltung ansahen.

Demgegenüber trugen die Vertreter der Arbeiter in den RKK Bedenken vor, die die eigene Schwäche ansprachen.[660] Ihre Stellungsnahmen waren sehr unterschiedlich. Die Vielfalt ihrer Meinungen spiegelte ihre Erfahrungen wider. Sie waren der Ausdruck der faktischen Nichtorganisierung der Arbeiterklasse entlang ihrer Interessen. Während alle Institutionen ihre Interessen organisiert darbrachten, konnte sich die Arbeiterklasse zu dem Thema, wie ihre Konflikte in den Organen behandelt werden sollten, nicht organisiert äußern. Aus den Betrieben kamen immer nur einzelne Vertreter der Arbeiter zu Worte. Die Vereinzelung der Meinungen dieser Arbeitervertreter entsprach der Beliebigkeit mit der ihre Meinungen aufgenommen wurden. Keiner warf in der Öffentlichkeit die Frage der Streiks mehr auf, sondern bezog nur noch Position zu den konkurrierenden Vorschlägen der Institutionen NKT oder RKI oder VCSPS.

Einige der Arbeitervertreter unterstützten, daß die RKK die einzige Instanz werden sollte; andere hoben hervor, daß die Gerichte zur Lösung von Konflikten weiter herangezogen werden sollten, daß ihre Stärke im Gegensatz zu den Arbeitervertretern im RKK in der Unabhängigkeit von der Administration liege.[661] Die Notwendigkeit der Unabhängigkeit wurde häufiger hervorgehoben. Mit ihr plädierte ein Teil der Arbeiter, die selbst in den RKK arbeiteten, für die Beibehaltung der Wahl der Konfliktwege. Auch wenn die RKK die Bedingungen, unter denen die Konflikte entstanden, besser kannten als die staatlichen Konfliktorgane, so wären die Nachteile wichtiger. Ihre eigene Befangenheit, nicht unter den Druck der Administration zu gelangen, um selbst keine Repression zu erfahren, d.h. selbst nicht in einen Konflikt mit der Administration zu kommen, zählte für sie, so daß sie die Abgehobenheit staatlicher Schlichter lieber in Kauf nahmen.[662] Auf der Sitzung kamen noch einmal alle Positionen zu Wort. Das NK RKI versuchte seine Tendenz der Entmachtung des NKT in Konfliktfragen durch einen Kompromißvorschlag zu verwischen. Radus-Zenković schlug vor, daß das RKK nicht mehr in allen Konflikten die erste Instanz sei, sondern nur und vor allem in den Konflikten, die eine Auswirkung auf die Produktion, auf die Lage am Arbeitsplatz hätten. In anderen Fällen, vor allem in Geldauseinandersetzungen, stehe die Wahl der Konfliktorgane den Arbeitern offen. Dennoch gäbe es Konflikte, die nach Ansicht der RKI unverzichtbar in den RKK behandelt werden müßten: es waren die Fälle von Entlassungen, die die große Mehrzahl der Konflikte darstellten. Von Klagen gegen Entlassungen war der Gerichtsapparat aufgrund der Arbeitslosigkeit überlastet.

Unter den Mitgliedern des Präsidiums fand der Kompromißvorschlag des NK RKI keine Unterstützung. Ginsburg wandte gegen den Vorschlag ein, daß ein Arbeiter, der sich nach einer Entlassung an das RKK wende, seinen Fall nicht mehr vor das Gericht bringen könne, da Entscheidungen der RKK nur rückgängig zu machen seien, wenn sie gegen ein Gesetz verstießen[663] Bachutov wiederholte seine Kritik. Auch Šmidt sprach sich gegen die Vorlage aus, da sie eine Gefahr für die Verankerung der Gewerkschaften in den Betrieben darstelle. Da zu erwarten sei, daß die RKK häufig gegen die Arbeiter entschieden, werde die Autorität der unteren Gewerkschaftseinheiten in Frage gestellt.[664] Somit schloß sich das Präsidium des VCSPS den Vorstellungen des OTE VCSPS, der Tarifabteilung, an, daß auch bei Entlassungen die Arbeiter und Angestellten die Konfliktinstanzen frei wählen können sollten.

In der Auseinandersetzung mit dem RKI gelangten die Gewerkschaften und das NKT zu einer gemeinsamen Position. Dennoch bestand der alte Konflikt zwischen ihnen. Er brach bei dem Versuch des NKT aus, die Aufsicht über die Entscheidungen der RKK zu erlangen, um falsche Entscheidungen auf dem Aufsichtsweg zu ändern.

Šmidt sprach die Befürchtung aus, daß sich trotz der Stellungnahmen von VCSPS und NKT die Position der RKI durchsetzen könne: falls die RKK nämlich zur verbindlichen ersten Konfliktinstanz würden, müßten die Entscheidungen der RKK den Abteilungen der Arbeit vorgelegt werden. Diese könnten den RKK falsche Entscheidungen zu einer erneuten Prüfung vorlegen. Für den Fall, daß das RKK sich weigere, eine andere Entscheidung zu treffen, müßten die Abteilungen der Arbeit deshalb das Recht erhalten, die Entscheidungen zu ändern.

In der Entscheidung des Präsidiums des VCSPS über das Recht des NKT, die Entscheidungen der RKK zu verändern, waren die Positionen vom NKT wieder getrennt − anders als beim Konflikt mit dem RKI.

Während Bachutov als Vertreter des NKT die Vorlage seines NKT-Kollegen Šmidt unterstützte, traten die Gewerkschafter Ginsburg und Ancelović dagegen auf. Die Abteilungen der Arbeit seien bereits mit Konfliktfällen ausgelastet. Auch wenn sie kompetenter mit Konflikten umgingen, bestehe doch ein Vorteil der Arbeitsgerichte vor den Organen des NKT darin, daß in ihnen auch ein Vertreter der Gewerkschaften sitze. Radus-Zenković und Dogadov versuchten, einen Kompromiß zu finden: die Abteilungen der Arbeit sollten Konflikte entscheiden können, wenn Entscheidungen der RKK aus formalen Gründen nicht zulässig seien. Das Präsidium des VCSPS entschied sich gegen die Vorlage des NKT und lehnte es ab, den Abteilungen der Arbeit das Recht zuzugestehen, den von NKT getroffenen Konfliktlösungen Rechtskraft zu verleihen.[665]

Die Verfügung über die RKK, die im Dezember 1928 in Kraft trat, sah schließlich vor: in allen Betrieben, in denen es Grundeinheiten der Gewerkschaften gab, sollten RKK eingerichtet werden.

In kleineren Unternehmen sollte eine Konfliktkommission für mehrere Betriebe zuständig sein, in großen Unternehmen wurden auch in einzelnen Abteilungen RKK eingerichtet. Neben der Festsetzung der Normen und der Tarifklassen für einzelne Arbeiter oder Gruppen von Arbeitern, sowie der Arbeitsbedingungen gehörten zu den Konfliktaufgaben der RKK nun auch Entscheidungen über Entlassungen wegen Untauglichkeit und Nichterfüllung der Pflicht. Nicht von den RKK wurden dagegen die Entlassungen wie Einstellungen von leitenden Angestellten behandelt, die das Recht hatten, selbst Einstellungen und Entlassungen vorzunehmen.[666] Die Aufgaben, die das RKK schon immer hatte, nämlich Konflikte über Werkzeuge, Arbeitskleidung, Sonderzulagen, Überstunden und Prämien zu klären, blieben erhalten. In allen anderen Fällen konnte sich der Arbeiter entscheiden, ob er das Gericht anrufen wollte oder ob er sich an das RKK wandte.

Die Entscheidungen der RKK sollten — unverändert — nach Übereinkunft der beiden Seiten fallen — unabhängig davon, wieviele Vertreter der einen oder anderen Gruppe anwesend waren. Kam es im RKK zu keiner Einigung, sollten die Schiedsgerichte oder die Schlichtungskammern bzw. die Arbeitssitzungen der Gerichte angerufen werden.
Die strittige Frage der Aufsicht über die Entscheidungen wurde so gelöst, daß über Arbeitsbedingungen, wie sie im Tarifabschluß festgelegt wurden, die Schlichtungskammer entschied. Konflikte über künftige Arbeitsbedingungen blieben damit bei Konfliktorganen des NKT. Fälle, denen Gesetzesverstöße zugrunde lagen, wurden an die Arbeitssitzungen des Gerichts verwiesen. Das NKT hatte die Aufsicht über die Gesetzmäßigkeit von Entscheidungen. Neu war auch, daß Entscheidungen der RKK dann vollstreckt werden konnten, wenn das NKT nicht gegen die Entscheidung vorgehen wollte.[667]
Über Entscheidungen der RKK der Abteilungen erhielt das RKK des Unternehmens die Aufsicht.[668]
Im Gegensatz zu früheren Konfliktordnungen gab es in der Verfügung über die RKK einige Veränderungen, die über die Streitfrage, ob das RKK die einzige und obligatorische Konfliktinstanz zu sein habe und wer die Aufsicht über die Entscheidungen der RKK führte, hinausgingen. Wesentlich war, daß der Kollektivvertrag kaum noch eine Rolle spielte. Konflikte waren in allen Verfügungen über die RKK — in den Jahren 1922 ebenso wie 1926 — stets definiert worden, daß sie entweder beim Abschluß der Kollektivverträge oder bei der Erfüllung der Vertragsbestimmungen auftraten. 1928 dagegen hieß es, daß das RKK sich bilde, unabhängig davon, ob es einen Kollektivvertrag gebe oder nicht.[669]
Auch der Inhalt der Arbeit der RKK, der sehr viel genauer als in allen früheren Verfügungen aufgeschlüsselt wurde, bezog sich nicht mehr auf den Kollektivvertrag, sondern auf die Arbeitsbedingungen. Hierzu zählten wiederum die Überprüfung der Normen und die Einteilung der Arbeiter auf die einzelnen Tarifklassen. Weiter gehörten hierzu die Konfliktfragen, die zu einem Rechtsanspruch führten, also Klagecharakter hatten, d.h. alle Disziplinarbrüche, Strafen und Entlassungen.
So formalisiert der Abschluß der Kollektivverträge vorher auch gewesen war: sie in der Verfügung über die RKK außer in einer Fußnote überhaupt nicht mehr zu erwähnen, bedeutete in der Gewerkschaftsarbeit, daß sich die Gewerkschaften noch mehr auf einzelbetriebliche administrative und disziplinarische Arbeit festlegen mußten. Die Organe der Konfliktarbeit waren nicht mehr Foren einer Auseinandersetzung, in dem miteinander unverträgliche Ansprüche auf einen Nenner gebracht werden sollten. Sie waren erst recht nicht mehr die Organe, in denen in Kollektivverträgen Erkämpftes und Festgeschriebenes staatlichen Rückhalt finden konnte wie zu Beginn der NEP. Sie wurden reduziert zu einem Ort, an dem sich die Arbeiter beklagen konnten, wenn ihnen etwas gegen den Strich ging.[670] Die Isolierung der einzelnen RKK voneinander, die keine Vereinheitlichung erfuhren, erschwerte es, Konfliktlösungen auf andere Betriebe zu übertragen, wenn dort ähnliche Mißstände vorhanden waren. Das RKK eines Betriebes wäre faktisch darauf angewiesen gewesen, daß das Gewerkschaftsorgan eines zweiten Betriebes Konflikte aus anderen Betrieben zur Sprache brachte. Damit war aber bei der relativ schlechten Koordination der einzelnen Betriebskomitees untereinander nicht zu rechnen.
Gegenüber den zentralen Wirtschaftsorganen des Staates, der Entwicklung eines einheitlichen Volkswirtschaftsplans, bedeutete die Dezentralisierung der Konfliktarbeit eine Schwächung der sich im Konflikt befindlichen Arbeiter. Denn die Lösung des Konfliktes war der Konfliktinstanz mit der niedrigsten Durchsetzungskraft anvertraut, so daß sich im Konflikt das RKK wohl gegen

die Ansprüche des einzelnen Arbeiters, nicht jedoch gegen zu hohe Anforderungen des Staates durchsetzen konnte. In den wesentlichen Punkten der Auseinandersetzung um die neue Konfliktordnung hatte sich die Arbeiter- und Bauerninspektion durchgesetzt. Kurz danach wurde auf dem VIII. Gewerkschaftskongreß die Ablösung Šmidts als Kommissar des NKT bekanntgegeben. Die Dezentralisierung der Konfliktarbeit, die einem Funktionsverlust des NKT gleichkam, war das Gegenbeispiel zu dem Vorgang, durch den das NKT die Konfliktarbeit einst von den Gewerkschaften übernommen hatte. Damals wurde das NKT als eine relativ von der Basis isolierte Institution mit der Arbeit betraut, weil die Konfliktarbeit der Gewerkschaften angeblich zu parteilich die Interessen der Arbeiter vertreten hatte. Diesmal waren es die in den Betrieben sehr schwach verankerten Betriebskomitees, die Einfluß auf die paritätische Konfliktarbeit nehmen sollten und sich mit der Administration einigen mußten. Hinter ihnen stand kein zentraler Konfliktapparat der Gewerkschaften mehr und auch kein engagiertes Volkskommissariat, sondern nur noch ein in seinen Aufgaben beschränktes NKT, das die Betriebskomitees gegenüber Planern und Wirtschaftlern nicht zu schützen imstande war. Eine Koordinierung der Konfliktarbeit durch Arbeitervertreter mehrerer Betriebe hatte es Mitte der 20er Jahre nur sporadisch gegeben. Sie wurde nicht in die Verfügung aufgenommen.

Die Verfügung über die RKK besaß eine weitere Schwäche, deren Bedeutung im Zusammenhang der wachsenden politischen Unterdrückung und der Verschärfung der disziplinarischen Maßnahmen gegenüber den Arbeitern und Arbeiterinnen zu sehen ist. Die erzwungene Behandlung der Konflikte im eigenen Betrieb beinhaltete eine bessere Kontrolle über die Arbeiter, die sich gegen ihre Situation zur Wehr setzten. Denn ein kritisches Verhalten der Arbeiter konnte von der Administration mit Entlassung beantwortet werden. Dies war häufig der Fall.

Kritik von Arbeitern oder Arbeiterinnen selbst in der konstruktiven Form von Verbesserungsvorschlägen wurde selten akzeptiert. Ein Arbeiter, der Verfolgung und Entlassung fürchtete, würde den Konflikt, den er mit der Betriebsleitung hatte, kaum vor die Konfliktorgane tragen, in denen die Administration dominierend war. Sogar die Arbeiter/-innen in den RKK und den Betriebskomitees hatten mit Entlassung zu rechnen, waren sie zu kritisch, urteilten sie parteilich im Sinne der Arbeiter. In der Verfügung über die RKK gab es keinen Schutz für die Vertreter der Arbeiter, wenn sie Beschlüsse der Administration nicht guthießen, und es im RKK keine Einigung gab.

Bereits 1927 war von der Vereinigten Opposition beschrieben worden, daß die Unzufriedenheit der Arbeiter, „die in den Gewerkschaften keinen Ausdruck findet, ... sich unterirdisch aus (breitet)"[671] Es wurden Äußerungen von Arbeitern zitiert wie: „Man darf nicht zu sehr hervortreten. Wenn du dein bißchen Brot behalten willst, dann rede nicht so viel!"[672] Solche Worte seien häufig gefallen. Deshalb verlangte die Opposition: „Durch einen besonderen Artikel im Strafgesetzbuch sollte jede offene oder geheime Verfolgung eines Arbeiters wegen einer Kritik, wegen eines Abänderungsvorschlags oder wegen seines Wählens als ein schweres Verbrechen gegen den Staat bestraft werden."[673] Dasselbe sollte für die Korrespondenten der Arbeiterpresse gelten.

n) Konflikte in den Jahren 1927 und 1928

Angaben über die Konflikte beschrieben für 1928 ein Sinken der Arbeitsstreitigkeiten gegenüber 1927. So seien von 100 Verträgen, die 1927 in der Staatsindustrie abgeschlossen worden seien, in 26,6 % Konflikte eingetreten. 1928 seien sie nur in 13 % der Fälle aufgetreten. In den einzelnen Gewerkschaften sei das Verhältnis das folgende gewesen: 1927 waren bei den Chemiearbeitern 27 % Konflikte und 1928 nur 21 %; bei den Metallarbeitern sank diese Zahl von 26,6 % auf 18,4 %, bei den Textilarbeitern von 35,8 % auf 14 %.[674]

Es sei nicht nur die Zahl der Konflikte geringer geworden. Auch die Arbeit der Konfliktinstitutionen sei entsprechend der Resolution des VII. Gewerkschaftskongresses, der sich mit der Frage der Konfliktpraxis besonders intensiv befaßt hatte, besser geworden. So sei die Schlichtungskammer, in der die Gewerkschaften und die Wirtschaftler zusammenarbeiteten, wichtiger geworden:

wurden 1927 nur 16 % der Konflikte in der Schlichtungskammer behandelt, so waren es 1928 24 % der Fälle.
Tolstopjatov gab für die Abnahme der Konflikte absolute Zahlen. Im 1. Halbjahr 1926/27 gab es 3 155 Konflikte, an denen 2 436 000 Arbeiter beteiligt waren. Im 1. Halbjahr 1927/28 sank die Zahl der Konflikte auf 2 661 mit einer Zahl beteiligter Arbeiter von 1 874 000. Die Zahlen bezogen sich sowohl auf den Abschluß als auch auf die Interpretation der Kollektivverträge.[675] Werden die Konflikte aber nach ihren Ursachen aufgeschlüsselt, war ein Anstieg zu verzeichnen. Im 1. Halbjahr 1926/27 entstanden 74 % der Konflikte aus Lohngründen. Im 1. Halbjahr 1927/28 waren es 75,3 %. Über Lohnzuschläge entstanden im 1. Halbjahr 1926/27 42 % der Konflikte und im 1. Halbjahr 1927/28 46 %.[676] Hier war also ein relatives Wachstum zu verzeichnen.
Die Daten, die Tolstopjatov anführte, stimmten nicht mit denen anderer Vertreter des NKT derselben Zeit überein. Avdeev hatte die Zahl der Konflikte im 1. Halbjahr 1927 beim Abschluß der Kollektivverträge mit 3 561 angegeben, wobei 2 608 000 Arbeiter in diesen Konflikten erfaßt worden seien. Zusätzlich gab Avdeev 12 338 Konflikte an mit 353 000 Arbeitern, die auf der Grundlage der bestehenden Kollektivverträge entstanden wären. Das waren zusammen 15 899 Konflikte, an denen 2 961 000 Arbeiter beteiligt waren.[677] Die Angaben Avdeevs lagen höher als die Tolstopjatovs, der sich ausdrücklich auf die Konflikte bezog, die „beim Abschluß und der Interpretation der Kollektivverträge" entstanden.[678] Dabei kann auch von den Daten Avdeevs gesagt werden, daß er schon durch die Wahl statistischer Methoden die Zahl der Konflikte bewußt verkleinerte.[679]
In allen Daten waren die Konflikte, die in den RKK behandelt wurden, nicht enthalten, obwohl die RKK zu dieser Zeit zu der Instanz wurden, in der alle Konflikte behandelt werden mußten. Da die RKK bereits 1927 80 % aller Konflikte behandelten, tauchten faktisch in den Statistiken des NKT über die Konflikte des Jahres 1927 nur etwa 20 % aller tatsächlich behandelten Konflikte auf.

V. Rationalisierung und 7-Stunden-Tag

Zu den Versuchen, die Produktivität zu erhöhen, gehörte auch die Einführung des Dreischichtsystems und des Siebenstundentages zum 10. Jahrestag der Oktoberrevolution. Bucharin versprach auf einem Kongreß der Moskauer Gewerkschaften am 12. Oktober 1927 erstmals den Übergang zu einem kürzeren Arbeitstag. Es sei eine neue Aufgabe für die Gewerkschaften, diesen Übergang vorzubereiten. Das Konzept einer Verkürzung des Arbeitstages war in der Öffentlichkeit noch nicht diskutiert. Selbst die Delegierten, die am 14. Oktober 1927 im VCIK den Siebenstundentag ohne Diskussion per Akklamation verabschiedeten, erfuhren von dem Vorschlag des Siebenstundentages erst nach ihrer Ankunft auf dem Kongreß. Nach Zinovev' galt dies gleichermaßen für Mitglieder des Politbüros wie für einfache Delegierte.[680] Das Manifest über den Siebenstundentag sah vor, daß die Lohnhöhe beibehalten werden sollte und daß die Produktivität der Arbeit in der verkürzten Arbeitszeit steigen sollte.
Die Opposition wehrte sich vergeblich: die Einführung des Siebenstundentages sei nicht mit den Erfahrungen des Sparsamkeitsregimes zu vereinbaren: ein Mehr an Produkten ließe sich nur durch die Erhöhung der Intensität der Arbeit oder durch die Verlängerung des Arbeitstages erreichen. Die Verkürzung des Arbeitstages erschien der Opposition im Zusammenhang mit der Forderung nach einer Erhöhung der Produktivität der Arbeit als undurchführbar und damit als rein propagandistisch.
Zudem war die Einführung des Siebenstundentages organisatorisch nicht vorbereitet. Noch im Jahre 1930/31 waren zahlreiche Unternehmen dabei, ihre Arbeitszeit auf 7 Stunden umzustellen. Über die Einführung des Dreischichtsystems war ebenfalls nicht diskutiert worden. Noch auf dem VII. Gewerkschaftskongreß war das Zweischichtsystem besprochen worden, ohne daß der Gedanke an 3 Schichten überhaupt aufkam.[681] Erst nach der Dekretierung des Siebenstundentages begannen VSNCh und Gosplan das Dreischichtsystem zu diskutieren, wobei in diesen Diskussionen vor allem der Optimismus über die Erhöhung der Produktionsziffern und die Möglichkeit, die Arbeitslosigkeit zu reduzieren, im Vordergrund standen. Der Verschleiß der Maschinen, die Unmöglichkeit, Reparaturen an ihnen vorzunehmen, sie wieder instand zu setzen, wenn an ihnen ununterbrochen gearbeitet wurde, wurde erst problematisiert, als zahllose Maschinen durch Überbelastung ausfielen.
Das Dreischichtsystem sollte zu einer neuen Belastung für die Arbeiter werden, zumal nicht im kontinuierlichen Siebenstundentag, sondern in der Mehrzahl der Fälle trotz des Protestes der Gewerkschaften in zwei halben Schichten von je 3 1/2 Stunden pro 24 Stunden gearbeitet wurde. Am 1. Oktober 1928 berichtete Trud, daß dieses System fast überall in Kraft war, obwohl auch das NKT sich gegen die Einführung der zwei Halbschichten gewandt hatte. Zu den Schwierigkeiten bei der Umstellung auf den Siebenstundentag kamen die der Halbierung der Schichten. Bildeten vor der Einführung des Siebenstundentages neben der Arbeitslosigkeit der geringe Lohn und die Wohnverhältnisse die Hauptschwierigkeiten der Arbeiter und Arbeiterinnen, nicht jedoch die Länge des Arbeitstages, brachten die täglich zu arbeitenden zwei halben Schichten in das Leben der Arbeiter und Arbeiterinnen eine Diskontinuität, die sie den Produktionsanforderungen in größerem Maße auslieferte als zuvor. Die Diskontinuität wurde durch lange Fahrzeiten zur Arbeit und ein schlechtes Transportsystem verstärkt.
Die Einführung des Dreischichtsystems bzw. des zwei mal drei Schichtsystems implizierte selbst hohe Kosten. Mit dem Dreischichtsystem ging ein Ansteigen der Abwesenheit am Arbeitsplatz einher, so daß eine Zeitlang die Produktivität nicht nur nicht stieg, sondern sogar um 5 − 15 % sank. Dieses wurde jedoch aus der mangelnden industriellen Integration der neu rekrutierten Arbeiter erklärt.[682]

Formen der Arbeitsverweigerung, wie sie vorher nur die Militarisierung der Arbeit kannte, griffen um sich und wurden bestraft. Die Entlassungen, die in den Einzelfällen wegen Disziplinbruchs, Fehlen am Arbeitsplatz, Unpünktlichkeit oder Nichterfüllung der Normen erfolgten, zogen in den Unternehmen eine Fluktuation der Beschäftigten nach sich. Diese Fluktuation wurde so groß, daß sie absolut unwirtschaftlich wurde, d.h. die Entlassungen wegen Disziplinbruchs, die die Aufgabe haben sollten, die Produktivität durch einen Druck auf die Arbeiterklasse zu erhöhen, bewirkten das Gegenteil. Aus einzelnen Unternehmen wurde berichtet: Donugol hatte 1925/26 eine Fluktuation von 270 Prozent[683], Yugostal erreichte in 6 Monaten 1926/27 etwa 200 Prozent[684] und Dneprostroi erreichte jährlich eine Fluktuation von 100 Prozent[685].

Entlassungen machten die gesamte Fluktuation aus. Hinzu kam eine Wanderungsbewegung, weil sich die Arbeiter/-innen in anderen Städten bessere Lebens- und Arbeitsbedingungen versprachen und die ihren so schlecht waren, daß sie gezwungen waren, sich nach besseren umzusehen.
Eine Folge der Überbelastung der Produktionsmittel war auch der Zustand der Fabriken, die Zunahme von Arbeitsunfällen, die wiederum zu einem häufigeren Fernbleiben von der Arbeit führten. So wurde über Unternehmen in Kiev berichtet:
„Die große Mehrzahl der Fabriken sind abscheulich schmutzig und ohne sanitäre Anlagen. Die Fenster sind bedeckt mit dicken Ruß- und Schmutzschichten. Die Sonne kann in die Arbeitsräume nicht mehr eindringen. Haufen von Abfällen und Resten blockieren die Gänge. Es gibt kaum Ventilatoren und die Maschinen haben keine Schutzvorrichtung . . ."[686]
Dazu kam eine relative Überbeschäftigung – gemessen am Raum und an der Kapazität der Maschinen. Die Fabriken waren mit Arbeitern überfüllt.[687]
Die katastrophalen Zustände in den Fabriken und die Akkordarbeit brachten sogar eine neue Krankheit hervor: den Traumatismus. Beim Traumatismus verfielen die Arbeiter/-innen in geistige Abwesenheit, sie reagierten nicht mehr auf die einzelnen Vorgänge im Arbeitsprozeß und gerieten in die Maschinen, weil sie noch eine weite bäuerliche Kleidung trugen usw.[688] Erklärt wurde der Traumatismus wiederum durch die kulturelle Rückständigkeit der Arbeiter, die neu in den Produktionsprozeß eingegliedert wurden. Das hatte zur Folge, daß sich die Arbeiter so weit wie möglich dem Druck der Rationalisierung entzogen. Auch das Interesse der Arbeiter an den Produktionsberatungen, durch die die Arbeiter an den Produktionsentscheidungen beratend teilnehmen sollten, nahm immer mehr ab, da die Proteste der Arbeiter nicht gehört wurden. „Die Arbeiterversammlungen werden ungern besucht, öfters nur unter dem Druck administrativen Zwanges (Sperrung der Tore usw.)."[689]
Unter diesen Bedingungen beteiligten sich die Arbeiter bei den Produktionskonferenzen nicht an den Diskussionen über Rationalisierung. Daraus wurde aber nicht abgeleitet, daß die Rationalisierung in der Art, wie sie vorgenommen wurde, gegen die elementaren Interessen der Arbeiter verstieß, sondern, daß es falsch sei, die Produktionskonferenzen mit der Rationalisierung zu befassen: „Von den Produktionskonferenzen kann man keine ernste Beteiligung an der Rationalisierung der Produktion verlangen, die Rationalisierung bedarf vielmehr einer wissenschaftlichen Grundlage, so wie einer umfassenden technischen Bildung.
Die Zusammensetzung der Arbeiter hinsichtlich ihrer Bildung ist aber so, daß dies ihre Fähigkeiten übersteigt. Wenn die Arbeiter auf den Produktionskonferenzen Fragen der Rationalisierung beurteilen sollen, dann beteiligen sich die Arbeiter wenig an der Diskussion, weil diese Fragen von ihnen wenig verstanden werden."[690]
Obwohl über Rationalisierung an den Folgen des Sparsamkeitsregimes diskutiert wurde, schienen sich die Methoden der Rationalisierung kaum verbessert zu haben. Auf dem V. Plenum des VCSPS Ende Oktober 1928 wurde deutlich, daß die Durchsicht der Normen für den Abschluß neuer Kollektivverträge notwendig wurde, daß praktisch aber noch nichts vorbereitet war. Da ein Abschluß des Kollektivvertrags ohne feste Normen unmöglich war, schlug Ginsburg eine provisorische Lösung vor: die alten Normen sollten während der Dauer des Kollektivvertrages verändert werden können. Sie sollten dann aber für ein ganzes Jahr gelten.[691] Eine vorzeitige Überprüfung der neuen Normen sollte während des Jahres, für das die Normen festgelegt waren, nur möglich sein, wenn die Arbeitsorganisation eines Unternehmens sich aufgrund von neuen Maschinen so veränderte, daß die alten Normen nicht mehr zuträfen.

114

Der Kompromiß, den Ginsburg bereit war, einzugehen, richtete sich gegen den Bestand des Systems der Kollektivverträge. Die Überprüfung der alten Normen sollte unabhängig von den Bestimmungen des Kollektivvertrags festgesetzt werden. In der Praxis entstand damit das Dilemma, daß entweder die Löhne durch den Vertrag fixiert waren und die Normen unbeachtet blieben, oder umgekehrt die vertraglich festgelegten Normen ohne Bezug zu den tatsächlichen Löhnen blieben, weil die Normen unabhängig von den Löhnen erhöht werden konnten.

Die Auskoppelung der Normen aus den Kollektivverträgen hatte für die Kampagne negative Folgen. Materielle Anreize, mit denen die Gewerkschaften die Arbeiter vielleicht hätten mobilisieren können, gab es in der neuen Kollektivvertragskampagne nicht. Kraval' sagte sehr deutlich, daß die Tarifrunde keine Lohnerhöhungen bringen sollte.[692] Da sich auch weder an den Normen noch an der rechtlichen Lage etwas veränderte, fragte Rosenbljum: ,,Also es gibt keinen positiven Punkt. Womit wollen wir schließlich zu dem Arbeiter mit einer Kampagne über die Kollektivverträge kommen?"[693] Was die Gewerkschaften überhaupt noch tun konnten, beschrieb Ugarov aus Leningrad: ,,Am besten wir gehen zu den Arbeitern, erklären ihnen die schlechte wirtschaftliche Lage und verlängern die alten Kollektivverträge."[694] Ginsburgs Versuch, die Strategie für die Kollektivvertragsabschlüsse zu präzisieren, endete darin, daß die Gewerkschaften darauf achten sollten, daß die Normen nicht mechanisch durchgesehen würden und daß das Wachstum der Produktivität der Arbeit ausschließlich durch Kapitalinvestitionen zustande kommen sollte. Damit war kein Bezug mehr zu den Verträgen gegeben. Einige Gewerkschafer sprachen die Befürchtung aus, ,,daß die Wirtschaftler die Erhöhung der Produktivität der Arbeit durch Normerhöhungen durchführen. Diese Gefahr besteht."[695]

Eine weitere Folge der Rationalisierungskampagne war die Intensivierung der Ansätze, einzelne Arbeitsgänge so zu normieren, daß eine Berechnung der Kosten für ein Produkt beim einzelnen Arbeiter vorgenommen werden konnte. Hier wurden vor allem die Gewerkschaften kritisiert, weil sie sich wehrten, daß es nicht ihre Aufgabe sei, die Arbeit der Wirtschaftler zu tun.[696] Vorstellungen, daß sich die Gewerkschafter als Zeitnehmer neben die Maschine stellen sollten, um die Dauer der einzelnen Arbeitsgänge zu messen, kritisierte Ginsburg. ,,Es ist klar, daß unsere Normierungsarbeit nicht mit der der TNB verwechselt werden darf."[697] Nachdem die Wirtschaftler sich gegen die Normierungsarbeit in den RKK gewandt hatten, versuchten sie nun den RKK die Aufgaben zu übertragen, die eigentlich die Normierungsbüros erfüllen sollten. Nach Rosenbljum übernahmen vor allem die neu gegründeten RKK der Abteilungen die Normierungsarbeit.[698] Der Appell an die Wirtschaftler, die Normierung über die TNB zu organisieren, war 1928 jedoch wie auch in den folgenden Jahren noch unrealistisch.

Die TNB waren nicht zuletzt aufgrund des Widerstandes der Arbeiter nicht funktionsfähig. Die Arbeiter nannten den Spezialisten häufig falsche Zahlen, so daß die Produktivität nicht stieg, sondern sank. Durch die Fehlergebnisse, die aufgrund der Kalkulationen der TNB-Spezialisten zustande kamen, sank das Ansehen der TNB bei den Arbeitern weiter. Sie machten sich über die Hilflosigkeit lustig, mit der die Spezialisten reagierten, wenn die Förderbänder mit Fett eingeschmiert waren, damit sie schlecht transportierten, oder wenn den Arbeitern, bei denen Zeit genommen wurde, schlechtes Material hingelegt worden war. Aus den Namen, die sie den Zeitnehmern gaben, ging diese Verachtung hervor. Sie nannten sie Tanja Barinja (Tante Schmarotzerin) oder wurden angeredet mit ,,tjani našego brat'a" (bringt unseren Bruder mal auf die Beine).[699] Die erfahrenen Arbeiter waren den anfangs schlecht ausgebildeten Spezialisten überlegen: ,,Wir kennen deine Berechnungen. Es ist ja auch nicht schwer: Du nimmst Dmitrovka mal Soljanka und kriegst die Kuzneck-Brücke raus."[700]

VI. Der Angriff auf die Selbständigkeit der Gewerkschaften auf dem VIII. Gewerkschaftskongreß

Hatten die Gewerkschaften die Arbeiter/-innen in Konflikten stets vor dem NKT oder gegenüber dem Betrieb vertreten, so blieb die Umstrukturierung der Konfliktwege nicht ohne Auswirkungen auf die Politik der Gewerkschaften. Wie immer standen zunächst wirtschaftliche Erwägungen im Vordergrund. Die Notwendigkeit von Neuinvestitionen wurde immer dringender, sollte nicht die Produktion zusammenbrechen. Die Kosten für die Akkumulation konnten dabei nur entweder auf die Arbeiter oder auf die Bauern abgewälzt werden.
Innerhalb der Partei war es über diese Frage zur politischen Trennung zwischen Bucharin und Stalin gekommen. Der Einfluß der linken und der Vereinigten Opposition war durch Partei- und Gewerkschaftsausschlüsse irrelevant geworden. Wegen seines Konzepts des langsameren Wachstums der Industrie, um die Kosten für die Akkumulation nicht im vollen Umfange auf die Bauern abzuwälzen, wurde Bucharin nun der rechten Abweichung bezichtigt. Vor diesem Hintergrund wurde der VIII. Gewerkschaftskongreß abgehalten.
Tomskij, der sich Bucharin angeschlossen hatte, vertrat als Gewerkschaftsführer, daß die Arbeiter die vollen Kosten der Industrialisierung ebensowenig tragen konnten. Das Bündnis Tomskij-Bucharin trug die Parteiauseinandersetzungen in die Gewerkschaften hinein. Im Gegensatz zu der Gruppe um Stalin hatten die alten Gewerkschaftskader immer ein Konzept für die Arbeit der Gewerkschaften, das zwar nicht Autonomie war, wohl aber die Selbständigkeit der Gewerkschaft auch gegen Integrationsversuche der Wirtschaftler und Planer zu verteidigen suchte. Die Ausschaltung der alten Gewerkschaftskader auf und nach dem VIII. Kongreß bedeutete das Ende gewerkschaftlicher Selbständigkeit. Es bedurfte keines besonderen Beschlusses zur Auflösung der Gewerkschaften mehr. Der achte Gewerkschaftskongreß war der letzte, auf dem Differenzen sichtbar wurden. Und außer einer absoluten Farce eines Gewerkschaftskongresses im Jahre 1932 war es auch der letzte während der Periode der Industrialisierung überhaupt. Das Volkskommissariat für Arbeit, in dem bis zur Zeit des VIII. Gewerkschaftskongresses ebenfalls alte Gewerkschaftskader tätig waren, wurde, nachdem die alten NKT-Kader ihre Position zur Zeit des VIII. Gewerkschaftskongresses schon verloren hatten, durch ein Dekret am 10.9.1933 aufgelöst. Vor diesem Hintergrund ist die Tragweite der Diskussionen auf dem VIII. Gewerkschaftskongreß einzuschätzen.
Die Abwälzung der Kosten der Industrialisierung auf die Arbeiter beinhaltete nicht einfach ein Einfrieren der Löhne oder die Erhöhung der Normen, sondern primär, daß die Arbeiterklasse jeder Möglichkeit beraubt wurde, sich gegen eine zu schnelle Industrialisierung mit all ihren Fehlplanungen und Fehlkalkulationen zu wehren. Die Auseinandersetzung um die Eigenständigkeit der Gewerkschaften wurde nicht als Debatte um den Stellenwert der Gewerkschaften in der Planwirtschaft an sich geführt, wie dies auf allen früheren Kongressen der Fall war. Sie wurde vielmehr durch eine Säuberung der Gewerkschaften ersetzt, die zum Teil hinter den Kulissen des Kongresses erfolgte. In einigen Redebeiträgen wurden die Vorgänge jedoch veröffentlicht.
Auf dem Kongreß wurde wiederholt, was auf dem V. Plenum des VCSPS bereits vorbesprochen wurde. Tomskij hatte, bevor es zum offenen Bruch kam, ein langsames Wachstum der Löhne und eine verschärfte Arbeitsdisziplin angekündigt. „Wir müssen den Arbeitern als die Organisation, die ihnen verantwortlich ist, direkt sagen, daß das Tempo des Wachstums der Löhne sich verlangsamt."[701]
Die Voraussetzung dafür sei die 100 %ige Einhaltung der Kollektivverträge. Eindringlicher als früher wurden die Wirtschaftler und Gewerkschafter aufgefordert, beim Abschluß der Verträge alle

Möglichkeiten zu nutzen. Nach ihrem Abschluß ginge es darum, sie bedingungslos einzuhalten. Faktisch aber gab es keine Möglichkeit mehr, in den Abschluß der Kollektivverträge kritisch einzugreifen und die eine oder die andere Bestimmung zu verändern. Da die Vereinigte Opposition höhere Löhne und bessere Lebensbedingungen statt der Verkürzung des Arbeitstages verlangt hatte, wurden die, die nun höhere Löhne, mehr Wohnungen und ausreichende Arbeitskleidung in den Kollektivverträgen verankern wollten, als Trotzkisten hingestellt. Diese Tendenz wurde in mehreren Beiträgen deutlich. Vejnberg vom ZK der Gewerkschaft für Nahrungsmittel polemisierte gegen die Kritiker der Kollektivvertrags-Kampagne:
„Zur Zeit führen wir die Kollektivvertragskampagne. Es entstehen eine Reihe von großen Hindernissen. Fremde Elemente, die auf der anderen Seite der Barrikade stehen, treten auf — die Trotzkisten. Unser Aktiv ist unzureichend ausgerüstet, um gegen diese Elemente Widerstand zu leisten. Es ist unzureichend politisch gerüstet, um den Massen die Aufgabe zu erklären, die vor der Arbeiterklasse steht."[702] Zur Durchsetzung der Kollektivverträge wurden wieder die Gewerkschaften herangezogen. Tomskij wehrte sich dagegen, daß den Gewerkschaften die Arbeitsdisziplin allein überlassen werden sollte.
Er verlangte, daß die Wirtschaftler sich in Disziplinarfragen der Verantwortung nicht entzögen. „Der Wirtschaftler ist schlecht, der dieser Arbeit ausweicht und sie den Gewerkschaften übergibt. Solch ein Wirtschaftler muß aus der Fabrik gejagt werden."[703] Die Gewerkschaft sollte jede wirtschaftliche Maßnahme unterstützen, die zur Erhöhung der Produktivität beitrage, unterstützen. Vejnberg kritisierte dagegen, daß die Gewerkschaften den Massen die Notwendigkeit einer Erhöhung der Produktivität unzulänglich erklärt hätten: „Ich denke, bei aller Mühe müssen wir jedem Arbeiter und jeder Arbeiterin sagen, daß wir auf dieser Stufe der Produktivität auf keinen Fall stehen bleiben können, daß wir in dieser Hinsicht Jahr für Jahr weiter vorangehen müssen und daß die Höhe der Produktivität der Arbeit eng mit der Durchsicht der Normen verbunden ist."[704]

Vejnberg verfocht das Konzept der Industrialisierung auf Kosten der Arbeiterklasse. Die Neuanschaffung von Maschinen erwähnte er im Zusammenhang der Erhöhung der Produktivität gar nicht: „Wir müssen den Massen klar machen, daß die Arbeiterklasse vor schwierigen Opfern steht, damit wir das vollenden können, was wir begonnen haben."[705] Um eine höhere Produktivität zu erreichen, sei kein materieller Anreiz nötig. Vielmehr müsse der Tendenz, daß die Erhöhung der Produktivität der Arbeit von einer Erhöhung der Löhne abhinge, dringend ein Ende gesetzt werden. Die Mehrarbeit sollte selbst genug Anreiz für die Erhöhung der Produktivität sein. Angesichts der materiellen Lage der Arbeiter und Arbeiterinnen, die ja gerade erst wieder das Lebensniveau von 1913 erreicht hatten, hieß das: Mehrarbeit ohne bessere Reproduktionsbedingungen. Der Angriff auf die Existenzbedingungen des Proletariats wurde von Vejnberg und den Vertretern des Komsomol so krude geführt, daß alle bisherigen Formen der Erhöhung der Produktivität, alle Zeitmeßverfahren des CIT[706] vergleichsweise harmlos erschienen. Zu den von Vejnberg Angegriffenen gehörten auch Gastev und das CIT.[707] Tomskij trat in der Diskussion gegen Vejnberg auf. Die Gewerkschaften hätten Produktivität und Arbeitsdisziplin ausreichend propagiert: „Die Kritik des Genossen Vejnberg an der Arbeit ist nicht richtig. An die Frage der Produktivität der Arbeit läßt sich wie an jede Frage von verschiedenen Seiten herangehen. Wir sind für die Erhöhung der Produktivität der Arbeit, aber wenn dann eine Kritik an der Produktivität der Arbeit aufkommt, die sagt: ‚Wirtschaftliche Mißerfolge gibt es, weil die Produktivität der Arbeit niedrig ist; die Qualität der Produkte ist schlecht, weil die Produktivität der Arbeit gering ist', usw., wenn also alles auf die Produktivität der Arbeit geschoben wird, eingeschlossen der Verfall, das Fehlen der Arbeitsdisziplin usw., dann werden alle Unzulänglichkeiten allein auf den Arbeiter geschoben. Verzeihung, was für ein unschönes Bild geben wir als Gewerkschaften ab, wenn wir sagen: ‚An allem sind letzten Endes die Arbeiter schuld.' "[708] Tomskij kritisierte erstmals offen, den Sozialismus auf diese Weise aufzubauen. „Im Vaterland des Sozialismus kann man so nicht arbeiten — so läßt sich der Sozialismus nicht aufbauen."[709] Er forderte, daß bei einem solchen Verständnis von Produktivität der Arbeit die Gewerkschaft die Arbeiter verteidigen und die Interessen der Arbeiter gegen falsche Forderungen nach Erhöhung der Produktivität in Schutz nehmen müsse. Wenn nämlich die Fehler der Produktionsmittel, die schlechte Wirtschaftsführung auf die Produktivität der Arbeit geschoben würde, „dann muß Trud die Arbeiter verteidigen und sagen: ‚Verzeihung,

Produktion ist Produktion – wir dagegen müssen unseren Kopf anstrengen.' Wenn alles auf die Produktivität der Arbeit geschoben wird, so ist das sehr leicht, denn der Arbeiter, auf den alles geschoben wird, ist weit weg."[710] Tomskij bezeichnete solch eine Linie der Industrialisierung als unseriös.

Ždanov griff als Vertreter der Stalin-Gruppe in seiner Funktion als Vorsitzender des Komsomol Tomskij öffentlich an: Tomskij sei aufgrund der prinzipiellen Differenzen nicht in der Lage, die Interessen der jungen Arbeiter zu vertreten.[711]

In einer Kommissionssitzung unternahm Tomskij einen letzten Versuch, auf die Beschlüsse des VIII. Gewerkschaftskongresses Einfluß zu nehmen. Gegen einige ZK's der Einzelgewerkschaften versuchte Tomskij zu verhindern, daß die Zahl der Mitarbeiter und die Mittel des VCSPS gekürzt würden. Er argumentierte, daß angesichts der Planarbeiten, die den Gewerkschaften als neue Aufgabe bevorständen, eine Kürzung der Mittel gleichbedeutend wäre mit einem Verzicht auf Einfluß auf die Planung. In dieser Sitzung konnte Tomskij sich bereits nicht mehr durchsetzen[712], nachdem Ždanov und andere Vertreter der Gruppe um Stalin die Mittelkürzungen mit der Bürokratisierung der Gewerkschaft rechtfertigten. Die Position Tomskijs, daß ein Abbau der bestehenden Bürokratie nicht durch eine Mittelkürzung zu erreichen sei, sondern umgekehrt eine wachsende politische Einflußnahme der Gewerkschaften Voraussetzung wäre, wurde nicht zufällig nicht als Weg zum Abbau der Bürokratie begriffen. Denn die Kritik an der Bürokratie war für den Stalin-Flügel nur ein Instrument, diejenigen innerhalb der Bürokratie zu entfernen, die seiner Politik nicht folgten. Politische Konflikte wurden durch Personentausch gelöst.

Tomskij interpretierte die Angriffe des Vorsitzenden des Komsomols als Rücktrittsforderung. In den Wahlen für das neue Präsidium stand Tomskij zwar noch an erster Stelle. Er selbst verließ jedoch den Kongreß vorzeitig und nahm das Amt des Vorsitzenden des Gewerkschaftsrates nicht mehr wahr. Šmidt war im NKT abgelöst worden, weil auch er eine zu selbständige Rolle der Gewerkschaften und des NKT vertrat. Er bezeichnete sich bereits auf dem VIII. Gewerkschaftskongreß, ohne daß er auf die Gründe seiner Ablösung einging, als einen ehemaligen Arbeiter im NKT.[713] Krol' wurde das Mandat entzogen. Ein Vorschlag, ihn auch aus der Gewerkschaft auszuschließen, wurde vermutlich nicht abgestimmt, weil Tomskij gegen seinen Ausschluß, wohl aber für den Entzug seines Mandats plädierte, als Krol' der offiziellen Resolution eine Gegenresolution entgegenzusetzen versuchte. Krol' wurde beim Verlesen der Resolution niedergeschrien.[714] Er hatte schon vor dem Kongreß seine Funktionen im Präsidium der Nahrungsmittelgewerkschaft verloren.

Die Hauptreferate auf dem VIII. Gewerkschaftskongreß wurden nicht mehr von Šmidt und Tomskij gehalten. Dogadov und Tolstopjatov, die an ihre Stelle traten, beschrieben die Kampagne zum Abschluß der Kollektivverträge ungeachtet der auf dem Kongreß geäußerten Kritiken als positiv. Laut Dogadov gelänge es, immer breitere Arbeitermassen in die Kollektivvertragskampagne zu integrieren, so daß von einer Abnahme der Zahl der Konflikte und einer Verminderung ihrer Verschleppung gesprochen werden könne. Tatsächlich traten aber die Maßnahmen, die gegen die Konfliktverschleppung beschlossen wurden, erst zur Zeit des VIII. Gewerkschaftskongresses in Kraft. Veränderungen wären dann – glaubt man Dogadov – allein aufgrund der Kampagne gegen die Verschleppung und der Diskussion über die Rolle der RKK eingetreten. Dazu aber hätte es keiner Veränderung der Instanzen der Konfliktwege bedurft. Die Erfahrungen zeigten zudem, daß sich die Umstrukturierung des Konfliktapparates sehr schwerfällig vollzog.

VII. Arbeitsdisziplin und sozialistischer Wettbewerb

Die ersten Monate, die nach Plan gearbeitet wurde, brachten nicht die gewünschten Ergebnisse. „Außer ein paar Ausnahmen wurde in nahezu allen Teilen der Industrie im 1. Quartal der Plan für die Selbstkosten nicht erfüllt. Und wenn bei der Mehrzahl der Unternehmen ein Zurückbleiben hinter den Aufgaben zu verzeichnen ist, gibt es sogar eine Reihe von Trusts (und nicht wenige), bei denen die Selbstkosten im Vergleich zum Vorjahr sogar gestiegen sind."[715]
Aus diesem Grunde wurde versucht, wieder einmal sämtliche Ressourcen der Arbeitskraft zu mobilisieren. Zunächst durch Propaganda gegen Faulenzer und Schwänzer, dann – nach der 16. Parteikonferenz – durch die Einführung des sozialistischen Wettbewerbs.
Obwohl sich nach den Angaben des zentralen statistischen Büros (CSU) die Arbeitsdisziplin 1928 gegenüber 1927 deutlich gebessert hatte, „die Arbeiter 1927/28 1,3 Tage weniger fehlten als 1926/27[716] standen Kampagnen für eine „sozialistische Disziplin" im Vordergrund.

Insgesamt fehlten die Arbeiter/-innen in den Jahren 1923 – 35 unentschuldigt:[717]

1923	9,8 Tage
1924	8,8 Tage
1925	7,4 Tage
1926	7,9 Tage
1927	6,9 Tage
1928	5,7 Tage
1929	4,1 Tage
1930	4,5 Tage
1931	6,0 Tage
1932	6,0 Tage
1933	0,9 Tage
1934	0,7 Tage

Obwohl sich nach diesen Angaben die Disziplin erst 1930 und noch mehr 1931 verschlechterte, nahmen schon nach dem 8. Gewerkschaftskongreß 1928 in der Presse Berichte über Disziplinbrüche der Arbeiter zu, aus denen die Versuche der Gewerkschaften, die Produktivität der Arbeit anzuheben, unmittelbar abzulesen sind. Aus der Leningrader Fabrik Golodaevskij wurden 29 143 Fehltage gemeldet, die Arbeitsdisziplin lockerte sich immer mehr. „Die Arbeiter kommen betrunken in die Fabrik. In der Nachtschicht schlafen die Arbeiter. Der Meister kommt dann, um sie zu wecken."[718] Neue Maschinen gingen aus Unaufmerksamkeit kaputt, das Werkzeug wurde gestohlen. Von 1 200 Arbeitern erhielten 803 eine Rüge. 74 wurden bei Golodaevskij entlassen. Aus den Moskauer Textilfabriken wurde ähnliches berichtet. Dort sei es schon so schlimm, daß sich Frauen nachts nicht mehr in die Nähe der Fabrik trauten. Ein Arbeiter, der wie die anderen betrunken die Nachtschicht durchbummelte, versuchte den Meister mit einem Messer zu bedrohen, ein betrunkener Zahlmeister schlug sich mit der Wache und selbst der Sekretär des Fabrikkomitees wurde betrunken auf der Straße angetroffen. Der erste und zweite Vorsitzende des Theaterkreises klauten den Arbeitern Hühner und brieten sie nachts im Kulturklub.[719]

Die Diebstähle in den Fabriken nahmen zu. Als ein Arbeiter erwischt wurde, als er einen elektrischen Schalter im Gang aus der Wand nehmen wollte, antwortete er: „Ich arbeite hier 3 Jahre. Ich habe das Recht zu nehmen."[720] In der Trechgornij Manufaktur hatten die Diebstähle systematischen Charakter. „Da Diebstähle ab 15 Rubel vor Gericht gebracht werden, und die unter 15 Rubel von der Administration behandelt werden, stehlen die Arbeiter für 14 Rubel 75 Kopeken oder für 14 Rubel 90 Kopeken. In solchen Fällen haben die Diebstähle gewöhnlich nur einen Tadel zur Folge."[721]
Über die Arbeitsdisziplin im Transportwesen wurde besonders geklagt. „Auf einer Station sollte Schichtwechsel sein. Die erste Schicht kam betrunken an. Es wurde eine andere herbeigerufen. Aber sie konnte auch nicht an die Arbeit gelassen werden, weil sie auch . . . betrunken war. Der Zug mußte warten, bis . . . die Brigade ausgenüchtert war."[722]

In der Dzerźinskij Fabrik kam es wegen des Schlafens des Maschinisten und seines Stellvertreters zum Stillstand der gesamten Fabrik. Der Schaden betrug etwa 1/2 Million Rubel.[723]
In der Schuhfabrik Proletarij kamen 2 Arbeiter betrunken zur Arbeit. Als der Meister sie nicht an ihre Arbeitsplätze lassen wollte, fingen sie an, ihn zu schlagen.[724]
In der Fabrik Krasnaja vetka ärgerten sich die Arbeiter so sehr über die Versuche eines Mechanikers, die Disziplin wiederherzustellen, daß sie eine Produktionsversammlung einberiefen. Während der Verhandlung erboste sich ein Arbeiter auf der Tribüne und rief: „Der Mechaniker soll aufhören, uns rumzukommandieren. Ich habe in Ivanovo-Voznensk schon einmal einen Mechaniker verprügelt. Und von diesem hier habe ich auch die Schnauze voll."[725]

In einem der Betriebe von Donugal gab ein Ingenieur einem Arbeiter einen Befehl. Der Arbeiter weigerte sich, ihn zu befolgen. Der Ingenieur erklärte dem Arbeiter: „Wenn du an meinem Platz säßest, würdest du mir befehlen. Aber einstweilen hast du zu gehorchen." Ohne zu zögern schlug der Arbeiter dem Ingenieur vor, wegzugehen, setzte sich auf dessen Platz und erklärte: „Jetzt werde ich Ihnen befehlen."[726]
In der Stalinfabrik waren Rationalisierer und Normierer so systematisch Beschimpfungen und Drohungen ausgesetzt, daß für sie „fast ständig unnormale Arbeitsbedingungen herrschten".[727]
„Es kam zu einer Atmosphäre, in der es schwer ist, von den Ingenieuren zu verlangen, daß sie voll und ganz ihre Fähigkeiten für die Interessen der Produktion einsetzen."[728]

Übergriffe gegen das technische und administrative Personal — Spezialistenfresserei genannt — standen nicht allein. In der Fabrik Rykov gab es 4 Fälle, in denen Arbeiter durch Meister geschlagen wurden, andere wurden durch den Hauptmechaniker geschlagen. Die Fabrikverwaltung war bemüht, diese Fälle zu vertuschen.[729]
In Mariupol waren es die Gewerkschaften selbst, die zu vertuschen suchten, daß ein Wirtschaftler einen aktiven Gewerkschafter erschlug. Aber die Erregung der Arbeiter/-innen war so groß, daß sie zur Selbstjustiz gegen den Wirtschaftler übergehen wollten.
Das wurde wiederum von den Gewerkschaften verhindert, deren Vertreter dazu kamen, als die Arbeiter schon über die Strafe für den Wirtschaftler verhandelten.[730]

Ein großer Teil der „Disziplinbrüche" war verursacht durch den unzulänglichen Verkehr, die schlechte Versorgung und die Überbeanspruchung von der zunehmenden Intensität der Arbeit. „Gegen Fehlen am Arbeitsplatz war es besonders schwer durch kulturelle oder Strafmaßnahmen vorzugehen. Das Zuspätkommen lag meist daran, daß der Zug mit den Arbeitern Verspätung hatte."[731]
Es sei üblich, daß die Arbeiter während der Arbeitszeit in die Kooperative zum Einkaufen gehen, um dort nach Brot, Butter usw. anzustehen.[732] Die Jagd nach Disziplinbrüchen machte selbst vor Krankheiten nicht halt. Der Anstieg der Akkordkrankheit Traumatismus, der in kurzer Zeit von 5 % auf 30 % anstieg, wurde als Ansteigen des Simulantentums interpretiert und entsprechend behandelt.[733]

A. Savcov führte Daten über die Arten der Disziplinbrüche aus 8 Unternehmen der Metallindustrie an:[734]

Schwänzen	77 827	73,00 %
Schlaf während der Arbeitszeit	2 178	2,04 %
Simulantentum	1 803	1,69 %
Nichtbefolgung von Anordnungen der Administration	2 621	2,46 %
Beleidigung d. Administration und d. technischen Personals	1 042	0,98 %
Zerstörung von Werkzeug und Maschinen	1 613	1,51 %
Trunkenheit	1 023	0,96 %
Rauditum	889	0,83 %
Übriges	17 629	16,54 %
	106 624	100,00 %

Das ZK der Metallarbeiter wollte die Arbeitermassen gegen diese Schwächung der Disziplin, Trunkenheit und Gewalttätigkeit der Arbeiter mobilisieren. Es berichtete in einem Direktivschreiben, daß allein in der Iževskijfabrik 35 Arbeiter wegen Trunksucht vom Arbeitsplatz entfernt werden mußten. In der Kučinskij Fabrik hätte eine Gruppe von Arbeitern 7 Flaschen Wein zur Arbeit zur Arbeit mitgebracht und sie bis zum Ende der Schicht ausgetrunken. In der Stalinfabrik erschlug ein Heizer den Gehilfen des Zechenleiters, in der Šulinskij Fabrik schlug ein betrunkener Arbeiter mit einem Eisenstab auf den Zecheningenieur ein, weil dieser ihn nicht betrunken an seinen Arbeitsplatz ließ. In der Fabrik Dzeržinskij schliefen der Maschinist und sein Gehilfe auf dem Pumpenhaus ein, als sie Dienst hatten. Das Resultat war ein Schaden von mehr als 1/2 Million Rubel. Aber auch Ingenieure oder Meister gingen betrunken zur Arbeit – so in den Fabriken Elektroapparat in Leningrad oder in dem Werk Katav-Ivanovsk. Die Gewerkschaften sollten endlich aufhören, solche Arbeiter auch noch zu verteidigen.[735] Zugleich wollte aber die Administration für die Entlassungen häufig nicht verantwortlich sein. So erklärte die Administration einer Metallfabrik in Stalinsk einem Arbeiter, der wegen Schwänzens entlassen wurde: ,,Wir würden Sie wieder einstellen. Aber die Gewerkschaft läßt es nicht zu.''[736] Während das Zentrale Amt für Statistik (CSU) angibt, daß schon 1928 immer weniger Arbeiter/-innen an ihrem Arbeitsplatz fehlen, der Durchschnittswert pro Arbeiter/-in von 1,6 Tagen im ersten Quartal auf 1,48 Tage im 4. Quartal gesunken sei, stiegen in den einzelnen Unternehmen die Disziplinbrüche kontinuierlich an. In der Fabrik Makeevskij waren es im 1. Quartal 1928 394 Fälle, im 1. Quartal 1929 bereits 800.[737] Selten wurde über Fabriken geschrieben – wie die Fabrik Nr. 1 Moskvošeja, in der das Arbeitsschwänzen Anfang 1929 auf 0,7 % der Arbeitszeit sank gegenüber 1,3 % im Jahre 1928. Aber gerade hier gab es – wie bei Grozneft eine charakteristische Entwicklung: es wurde weniger gefehlt. Aber die Zahl der Tadel stieg während dieser Zeit.

Für das Schwänzen der Arbeit lagen nach Ansicht des Präsidiums des VCSPS die Gründe vor allem im Alkohol. ,,Es wird überall getrunken – in den Städten wie in der Provinz. Am meisten aber in den Hauptstädten Moskau, Leningrad, Charkov. Es gibt Orte, in denen auf einen Menschen jährlich 6 Eimer Alkohol kommen[738]. Im Durchschnitt gehen 4 % des Budgets der Arbeiter für Alkohol drauf.''[739] Den Grund für die schlechte Arbeitsdisziplin sahen dagegen die Gewerkschaften vor allem in der Fluktuation der Arbeitskräfte und dem Zustrom neuer Arbeiter vom Land. ,,Bis zu 50 % der Arbeiter sind mit dem Land verbunden. Unter ihnen befinden sich Elemente des Kulakentums. Das ZK gab die Direktive, die Kulaken aufzuspüren und sie vom Arbeitsplatz zu entfernen.''[740] In der Diskussion im Präsidium meinte Ginsburg, daß zwar die neuen Kader zum Sinken der Disziplin geführt hätten, daß aber nicht alles Übel auf die Neuen abwälzen lasse. ,,Es gibt nicht weniger Bummler und Schwänzer unter den alten und auch unter den qualifizierten Arbeitern.''[741] Zum Sinken der Disziplin habe nach Ansicht des VCSPS-Präsidiums auch der häufige Wechsel und die Unfähigkeit der Administration beigetragen. Allein in der Fabrik Makeevskij habe die Leitung des Unternehmens in 6 Jahren 9 mal gewechselt.[742]

Angesichts der beginnenden Kollektivierung der Landwirtschaft, dem Widerstand der Bauern gegen die Landenteignung, der wohl auch von einem Teil der mit dem Land verbundenen Arbeitern getragen wurde, war es jedoch zunehmend einfacher, auch die Mißstände in den Betrieben auf die Bauern zu schieben. Was die Gewerkschaften unter Kulakentum in den Betrieben verstanden, geht aus einem Bericht Savcovs über die Ursachen der schlechten Arbeitsdisziplin bei den Metallarbeitern hervor.[743] In der Fabrik Petrovskij lebten nur 11,5 % Arbeiter/-innen länger als 5 Jahre in der Stadt. Bei Dzeržinskij waren es 12,3 %. In allen Metallbetrieben hatten die Arbeiter durch ihre Herkunft Verbindung mit dem Land oder sogar Landbesitz. Im Unternehmen Alapaevskij waren es 11 % der Arbeiter/-innen, bei Serp i Molot 15 %, bei Komintern 20,1 %, bei Rykov 30 %, bei Dzeržinskij 46,7 %, bei Lenin 54,3 %, auf der Schiffsbauwerft Sormov sind es gar 78 % und bei dem Baltischen Unternehmen 85 %. Von 93 Arbeitern des Baltischen Unternehmens, die ihre Wirtschaften bestellten, beschäftigten 20,8 % ganzjährige Lohnarbeiter, und 6,5 % nur während der Saison. 1 067 Arbeiter von Petrovsk und Lenin hatten 3 500 Desjatinen Land[744], 60 Arbeiter der Fabrik Liebknecht besaßen 600 Desjatinen. Die psychische Struktur der Arbeiter mit Landbesitz wurde verantwortlich gemacht für die Störung der Disziplin in den Betrieben: „Bei ihnen gibt es individualistische Bestrebungen. Sie haben eine psychische Struktur, die nur auf die eigenen Vorteile bedacht ist. Es ist die Psyche der Leute, die nicht versteht, daß Opfer unvermeidlich sind, die nicht unterscheiden kann, daß der Staat kein Ausbeuter ist."[745] Die Zahlen, die Savcov anführte, bestätigten dies: „Und tatsächlich haben die neuen Kader den Haupteinfluß bei der Störung der Disziplin. So wurden in der Kramatorskij Fabrik 75 % aller Strafen gegen Arbeiter verhängt, die bis zu 3 Jahren in der Produktion beschäftigt sind. In den 5 Fabriken von Jugostal' wurden 79 % aller Strafen wegen Störung der innerbetrieblichen Ordnung verhängt. Davon entfielen 82 % wegen Schwänzens auf unqualifizierte Arbeiter", also Bauern und Frauen.
In 4 Metallfabriken der Ukraine wurden 87,6 % der Arbeiter-Bauern eingestellt und 82,7 % entlassen. Diese Einschätzung wurde jedoch nicht allgemein geteilt. Auf der Sitzung der Regierungskommission zur Hebung der Arbeitsdisziplin hieß es dagegen: „In der Beziehung der Arbeit gibt es keinen großen Unterschied zwischen den langjährigen Arbeitern und den Arbeitern, die erst seit kurzem in der Produktion sind."[746] Während der Kampagne gegen Bummelantentum, Schwänzen, Trinken und Rauditum wuchs die Kritik an den Gewerkschaften, vor allem an ihren Grundorganisationen: „Die örtlichen Komitees und RKK mischen sich häufig in Disziplinarangelegenheiten ein. Sie nehmen oft eine unglaublich leichtsinnige Haltung gegenüber Störern ein. Es ist unumgänglich, die Rechte der Administration bei Tadeln auszuweiten."[747]
„Die ungenügende Aufmerksamkeit der Gewerkschaften in Fragen der Arbeitsdisziplin führte dazu, daß die Gewerkschaftszellen in den Fabriken keine Atmosphäre allgemeiner Verurteilung der Störer der Arbeitsdisziplin herstellen konnten. In einer ganzen Reihe von Fällen übernehmen die Gewerkschaftsorganisationen sogar die Verteidigung selbst der bösartigsten Schwänzer und Störer der Arbeitsdisziplin und verhinderten die Erteilung von Strafen oder erreichten die Wiedereinstellung der Entlassenen in den Betrieb."[748]
Dafür, daß nicht nur Gewerkschaftsgruppen Bummelanten und Schwänzer unterstützten, wurden zahllose Beispiele angeführt: Eine Arbeiterin wurde mit Einverständnis des RKK entlassen. Als sie dagegen klagte, erklärte der Richter die Entlassung für unwirksam, weil sie noch nicht genügend Tadel erhalten hätte. Sie kehrte in die Fabrik zurück und „terrorisierte dort buchstäblich das technische Personal".[749]
Ein Maschinist sollte entlassen werden, weil er betrunken die Dienstaufsicht geschlagen hatte. Das RKK stimmte der Entlassung nicht zu, weil „das Schlagen nicht systematischer Art ist und weil es sich ohne Zweifel nicht in der Dienstzeit abspielte, da der Maschinist seinen Dienst schon beendet hatte".[750] Faktisch aber war es das gesamte System von Einstellungen und Entlassungen, das Fälle wie diese ermöglichte. Kraval beklagte sich auf einer Versammlung, die von der Zeitung Ekonomiceskaja Zizn einberufen wurde, über die Schwierigkeit, Strafmaßnahmen durchzusetzen: „Der Wirtschaftler entläßt, das RKK stellt wieder ein. Wenn das RKK der Entlassung zustimmt, stellt der Inspektor der Arbeit oder das Gericht wieder ein. Und wenn all diese Instanzen die Entlassung für richtig halten, dann schickt die Arbeitsbörse den Desorganisator wieder an denselben Arbeitsplatz, in dieselbe Fabrik."[751]

Der Kritik, die sich breitmachte, versuchte D. Švarcman entgegenzutreten: „Wir müssen feststellen, daß die Tatsache, daß der Plan nicht erfüllt wurde, nicht allein am Sinken der Arbeitsdisziplin liegt."[752] Mängel in der Rohstoffversorgung, die nicht fristgerechte Aufstellung neuer Maschinen, falsches Einsetzen der Arbeitskraft und Unfälle trügen gleichermaßen zu den ungenügenden Wirtschaftsergebnissen bei. „Es soll keine Panik um diese Frage ausbrechen, denn es geht nur um das die Aufklärung tatsächlicher Gründe für die ungesunde Entwicklung."[753] Die Offenlegung der Disziplinbrüche übte auf die Gewerkschaften, die für diese direkt verantwortlich gemacht wurden, unmittelbar Druck aus. Švarcman mußte deshalb öffentlich erklären: „Die bestehenden Arbeitsgesetze werden nicht geändert, die Rechte der Gewerkschaften nicht verringert, wie es im Beschluß der Leiter der Abteilungen der Arbeit angedeutet wird. In solchen Veränderungen können keine Mittel zur Verbesserung der Arbeitsdisziplin gefunden werden. Die Verringerung gewerkschaftlicher Rechte bei Einstellungen und Entlassungen, bei Fragen der innerbetrieblichen Ordnung, die Verringerung der Garantien für Arbeiter beim Wechsel von einer Arbeit zu einer anderen — all das gibt keine Garantie, daß sich die Disziplin verbessern wird."[754]
Bereits am 7.3. wurde in Trud die Verfügung des Rats der Volkskommissare (SNK) veröffentlicht, gemäß der nicht nur die Produktivität um 20 % erhöht und die Selbstkosten um nicht weniger als 7 % gesenkt werden sollten, sondern auch die Verantwortlichen festgeschrieben werden sollten: „Ein Grund, der verantwortlich ist, daß die Industrie nicht so schnell wächst, ist das Fallen der Disziplin." Es wurde kritisiert, daß die Organisationen der Arbeit dieser Frage zu wenig Gewicht beimessen, daß selbst die Gerichte nicht scharf genug gegen den Verfall der Disziplin vorgingen. „Das SNK SSSR hält es für unumgänglich, in der gegenwärtigen Zeit, die Aufmerksamkeit ausschließlich auf die Arbeitsdisziplin zu lenken und lädt die breiten Massen der Arbeiter ein, alles zu unternehmen, was sie festigen könne." Damit war faktisch jedoch ein Ausweiten der Rechte der Administration verbunden: „Der Administration der staatlichen Unternehmen soll das Recht gegeben werden, wegen Störung der Disziplin selbständig Strafen gegen Arbeiter zu verhängen. Gegen von der Administration willkürlich festgesetzte Strafen können die Arbeiter und Angestellten beim RKK vorgehen. Das RKK ist die letzte Instanz.
Die Arbeitsbörsen sollen verpflichtet werden, bei der Vermittlung von Arbeit die zu bevorzugen, die nicht wegen wichtiger oder ständiger Störung der Disziplin entlassen werden. Störer der Disziplin sollen nicht an die Unternehmen vermittelt werden, von denen sie entlassen wurden." Zusätzlich sollten Maßnahmen ergriffen werden, damit medizinische, gerichtliche und Handelseinrichtungen auch außerhalb der Arbeitszeit geöffnet sind.[755] Das Volkskommissariat für Justiz (narkomjust) schlug den Gerichtsorganen ergänzend vor, daß sie keine Fälle annehmen sollten, wenn die wegen Störung der Arbeitsdisziplin Entlassenen Wiedereinstellung verlangten, ohne daß sie sich vorher an das RKK gewendet hätten.[756] Auch die Gewerkschaften ließen nicht lange auf eine entsprechende Verfügung warten. Am 26.3. erschien ein Zirkular des VCSPS — für das Dogadov und Ginsburg verantwortlich zeichneten. Darin wurde festgelegt, daß alle Verstöße gegen die Disziplin — dazu zählten auch die Fälle, in denen das administrativ technische Personal geschlagen wurde — bestraft werden sollten. „In diesen Fällen, wenn die Administration gegen die Schuldigen Straßmaßnahmen ausspricht oder sie dem Richter übergibt, sollen die Gewerkschaftsorgane und die Fabrikkomitee ihre Verteidigung sowohl im RKK als auch vor dem Gericht ablehnen. Die Gewerkschaften sollen das selbständige Erlassen von Strafen der Administration gegen Arbeiter und Angestellte, die die Disziplin stören, unterstützen. Dazu gehören auch Entlassungen."[757] Für den so bei den betrieblichen Strafen oder bei Entlassungen der Verteidigung beraubten Arbeiter konnte es kaum überzeugend klingen, wenn Trud in derselben Ausgabe versicherte: „Unter dem Vorwand der Festigung der Arbeitsdisziplin kann es passieren, daß von seiten der Administration die schlechte Wirtschaftsführung oder die Unfähigkeit der Administration auf den Arbeiter abgewälzt wird. Gegen solche Versuche der Administration müssen die Gewerkschaften entschieden auftreten."[758]
Im Zuge der Verschärfung des Disziplinarrechts beschloß der 16. Parteitag, Kameradschaftsgerichte aus Stoßarbeitern einzurichten.[759] Die Gewerkschaften ordneten im September die Bildung der Gerichte in den Betrieben an.[760] 1931 wurde gesetzlich vorgeschrieben, daß in allen Betrieben, die mehr als 100 Personen beschäftigten, ein Kameradschaftsgericht zu bilden sei.[761] Die

Strafen durch die Kameradschaftsgerichte wurden häufig zusätzlich zu denen der Administration verhängt.[762] Allerdings gewannen die Kameradschaftsgerichte nicht mehr die Funktion, die sie während des Kriegskommunismus innehatten, da mit dem sich verschärfenden Disziplinarrecht immer mehr Fälle vor die Volksgerichte gebracht wurden.[763] Die Statistik über Disziplinarverstöße in den Jahren 1930 und 1931 zeigt eine neue Verschiebung der Art der Verstöße. Disziplinarische Maßnahmen hatten immer nur die Wirkung, daß die Arbeiter neue Formen des Widerstands fanden, ihre Unzufriedenheit auf anderen Wegen ausdrückten. Während Schwänzen und Arbeitsbummelei stark und die Verstöße gegen die innerbetriebliche Ordnung etwas zurückgingen, nahmen andere Arten von Verstößen gegen die Arbeitsdisziplin zu. Dazu gehörten nachlässige Einstellung zur Arbeit, nachlässiger Umgang mit dem Inventar und Ausschußproduktion[764]:

	1930	1931
Verletzungen der Arbeitsdisziplin	31,3 %	33 %
Arbeitsbummelei	33 %	25 %
Nachlässige Einstellung zur Arbeit	15 %	18,5 %
Verletzungen der Bestimmungen der innerbetrieblichen Arbeitsordnung	10 %	9,7 %
Nachlässiger Umgang mit dem Inventar	4,8 %	9,7 %
Ausschußproduktion	1,6 %	4,7 %

Schließlich präzisierte das NKT den Beschluß des SNK, daß diejenigen, die wegen Störung der Arbeitsdisziplin entlassen wurden, erst an 2. Stelle wieder für eine neue Arbeit berücksichtigt werden sollten. In dieselbe Fabrik oder dasselbe Büro sollten Arbeiter erst 6 Monate nach ihrer Entlassung wieder aufgenommen werden dürfen. Bei Entlassungen sollten die Unternehmen den Grund angeben. Dieser verblieb bei der Arbeitsbörse. Umgekehrt hatten die Unternehmen nicht das Recht, Einsicht in die Vermerke über die Störungen der Arbeitsdisziplin zu verlangen.[765] RKI, Gewerkschaften und die Staatsanwälte der Gouvernements und Rayons beschlossen schließlich einmütig die Dauer, während der ein Tadel oder Verweis wegen Bruchs der Arbeitsdisziplin galt, von 1 Monat auf 3 Monate zu verlängern. Zerbrach ein Arbeiter oder eine Arbeiterin Material oder Werkzeug, weil er oder sie sich der Arbeit gegenüber nachlässig verhielt, so wurde der Schaden vom Lohn abgezogen. Lag eine absichtliche Zerstörung vor, so wurden die Schuldigen dem Gericht übergeben. Außerdem sollten Listen der Schwänzer ausgehängt und in den Wandzeitungen veröffentlicht werden.[766] Die Höhe des zu ersetzenden Schadens wurden vom SNK und dem CIK festgelegt: Betrug der Schaden, den ein Arbeiter oder eine Arbeiterin durch Disziplinbruch verursacht hatte bis zu 1/3 des Tariflohns, so wurde ihnen der Schaden in voller Höhe vom Lohn abgezogen.[767] Ab 1932 wurde Arbeitsbummelei mit fristloser Entlassung verfolgt. Das galt bereits bei eintägigem Fehlen.[768] 1933 wurden den Arbeitern und Arbeiterinnen in solchen Fällen auch die Betriebswohnungen gekündigt.[769] Zu den Listen der schlechtesten Arbeiter – eine Art antisozialistischer Wettbewerb – kam mit der 16. Parteikonferenz der VKP (b) der positive, der sozialistische Wettbewerb, der seit Anfang 1929 durch die Veröffentlichung der bis dahin unbekannten Schrift Lenins „Wie sollen wir den Wettbewerb organisieren"[770] in der Diskussion war. Formen des Wettbewerbs hatte es in den Unternehmen bereits im Jahre 1926 gegeben. Allerdings beschränkte er sich auf jüngere Arbeiter.[771] Im September 1927 wurde nach dem besten Unternehmen gesucht und im April 1928 verkündeten die Gewerkschaften die Ergebnisse zahlreicher lokaler Wettbewerbe.[772] Moralische Auszeichnungen wie „Held der Arbeit" gab es seit Juli 1927 und im September 1928 folgte das „rote Banner der Arbeit". Die Kampagne zur Erhöhung der Produktivität, die Anfang 1929 an den 8. Gewerkschaftskongreß anschloß, versuchte die Elemente des Wettbewerbs auszubauen. Die 16. Konferenz der VKP (b) rief „alle Arbeiter und werktätigen Bauern" auf, den Wettbewerb und den Fünfjahrplan miteinander zu verbinden. Der Wettbewerb sollte alles erfassen: „Wettbewerb um die Senkung der Produktionskosten, um die Hebung

der Arbeiterproduktivität, um die Festigung der Arbeitsdisziplin, um die Erweiterung der Aussaatfläche, um die Hebung des Bodenertrages, um die Einbeziehung der Bauern in die Kolchosen und Genossenschaften, um die Vereinfachung des staatlichen Verwaltungsapparates und seine festere Verbundenheit mit den Massen, um den Ausbau der Tätigkeit der kulturellen und sozialen Institutionen, die der Befriedigung der Bedürfnisse der werktätigen Massen dienen."[773] Der Wettbewerb unter nicht kapitalistischen Bedingungen wurde damit gerechtfertigt, daß Solidarität im Sozialismus nicht zu zerstören sei: „In Kapitalistischen Gesellschaften hatte der Wettbewerb den Charakter der Konkurrenz und führte zur Ausbeutung der Menschen durch den Menschen. In einer Gesellschaft, in der die Produktionsmittel vergesellschaftet sind, stört der Arbeitswettbewerb nicht die Solidarität, sondern soll lediglich die Summe der Produkte erhöhen." Gegenüber der gesunkenen Arbeitsdisziplin könne der sozialistische Wettbewerb nur positive Funktionen übernehmen: „Der Wettbewerb weckt die Schaffensenergie und die Initiative der Massen und soll andauernd die Arbeitenden zum sozialistischen Aufbau heranziehen." Als Mittel der Erziehung der Arbeiterklasse solle er sich vor allem an die wenden, denen das Bummelantentum in die Schuhe geschoben wurde: die neuen Arbeiter, die aus den Dörfern und kleinbürgerlichen Schichten der Stadt kommen.[774]
Verminderung des Produktionsausschusses und Erhöhung der Arbeitsdisziplin wurden zum Gegenstand von Verträgen zwischen Fabriken, Abteilungen und einzelnen Arbeitsgruppen. Bald waren die Zeitschriften und Zeitungen voll von Erfolgsmeldungen. Im Schacht Nr. 15 der Bergbauverwaltung von Bokovsk stieg die Förderung der Kohle bereits am 1. Tag des Wettbewerbs um 40 %.[775] Die Verbesserung der Arbeitsdisziplin in einer anderen Fabrik um 1,96 % half zwölftausend Rubel sparen.[776] „Wir erkennen, daß der Wettbewerb die menschliche Arbeit in ungeheurem Maße aktiviert."[777]
Auch die Arbeiterfrauen sollten – als „leichte Kavallerie" – in den sozialistischen Wettbewerb einbezogen werden. Mit ihnen wurde über das Leben in den Arbeiterfamilien gesprochen, in denen Väter und Söhne sich betranken und die Arbeit schwänzten. Frauenstäbe für den Kampf gegen Trunksucht und Bummelantentum wurden organisiert.[778]
So reibungslos, wie die Erfolgsmeldungen zum Teil klingen, verlief die Einführung des sozialistischen Wettbewerbs nicht. Der Widerstand gegen die erneute Intensivierung der Arbeit wurde von den Arbeitern und Arbeiterinnen zunächst noch ganz direkt ausgesprochen.
Aus der Leningrader Fabrik Skorochod wurde berichtet, daß sogar offizielle Stellen davon sprachen, daß der sozialistische Wettbewerb dazu diene, den Druck auf die Arbeiter zu verstärken. Und die Arbeiter beklagten sich: „Erst erhöhen sie die Normen und dann führen sie noch den Wettbewerb ein."[779] Und in der Rabočaja gazeta konnte noch eine Kritik erscheinen, in der es heißt, daß „ein Unternehmen zum Feind des anderen wird".[780]
Vor allem die Erhöhung der Akkordsätze durch den Wettbewerb wurde kritisiert, da sie von den Leitern der Unternehmen häufig ausgenutzt wurde, den Lohn unter den freiwilligen Vorschlag der Mehrarbeit der Arbeiter zu senken. Die Arbeiter einer Fabrik in Tula beklagen sich in einem offenen Brief über den Direktor, der gesagt habe: „So ihr habt das Leistungssoll erhöht. Es ist also zu niedrig gewesen. Dann erhöhen wir das Soll um weitere 20 %."[781] In der Ukraine hatten Arbeiter ihr Soll freiwillig um 10 % erhöht. „Das hat die Betriebsleitung bewogen, das Soll für alle Arbeiter um 15 – 20 % zu erhöhen."[782]
In den Eisenbahnwerkstätten in Tver' sah die Situation nicht anders aus. „Selbst in den fortgeschrittensten Abteilungen vollzieht sich der Wettbewerb in einer Atmosphäre des stummen Kampfes. Selbst manche Kommunisten haben die Stoßbrigaden anfänglich mit Mißtrauen betrachtet."[783] Trud selbst erkannte: „Unter solchen schlauen Argumenten glimmt zuweilen die Wut auf den Wettbewerb." Aber Schuld sei nicht der Wettbewerb, sondern die Bauern und Kleinbürger: „Wie sollen die Leute auch nicht wütend sein, wenn der Betriebsplan den Plan der persönlichen Bereicherung zuschanden macht, wenn sie nach der Arbeit im Betrieb keine Kraft mehr haben für die Arbeit im Dorfe?"[785]
Der Metallarbeiter Gožev wurde angegriffen, daß hinter seinem Rücken der Klassenfeind stehe.[786] Er hatte den Wettbewerb in aller Offenheit angegriffen.
„Genosse Redakteur! Warum schreibt man in Ihrer Zeitung viel von Arbeitern, die vom sozialisti-

schen Wettbewerb begeistert sind, und warum sagt man nichts über die Zweifel, die viele Arbeiter bewegen? Warum geben Sie Beschreibungen Platz, die von der Produktivität der Arbeit sprechen, und weshalb verschweigen Sie, welcher Preis dafür gezahlt werden muß? Ich möchte Ihnen meine Auffassung darlegen.
In der Sagow-Fabrik im Bezirk Ivanowo-Voznesensk haben sich 800 Weber geweigert, am sozialistischen Wettbewerb teilzunehmen. Sie berufen sich darauf, daß keine Möglichkeit besteht, die Produktion zu erhöhen, da der Arbeitstag auch ohnehin bis zum äußersten ‚verdichtet' und das Leistungs-Soll bereits erhöht worden ist. Die heutigen Arbeitsverhältnisse werden sowieso schon als ‚Schweißtreiberei' bezeichnet; und dazu noch der sozialistische Wettbewerb — der riecht ja direkt nach kapitalistischer Ausbeutung!
Als alter Arbeiter teile ich diese Ansicht durchaus, und deshalb beteilige ich mich auch selbst nicht am Wettbewerb und versuche nicht, die anderen in bezug auf Leistung zu überbieten.
Sehr billig, Genosse, sind die Erfolge, mit denen alle diese Rekordarbeiter protzen. Also nehmen wir an, so einer kommt auf eine höhere Tagesleistung und schlägt dann vor, daß das Soll heraufgesetzt wird. Na, und wer sind denn die Rekordarbeiter? Jungkommunisten, Jugend voller Kraft, voller Eifer. Wenn man das aufzuweisen hat, kann man natürlich Berge versetzen. Ihrem Beispiel folgen dann ältere Draufgänger, denen auch mal im Übereifer eine Rekordleistung gelingt. Wie lange kann aber dieser Übereifer vorhalten? Einen, zwei Monate, vielleicht sogar ein halbes Jahr kann man unter Umständen durchhalten; für mehr reicht das Pulver nicht. Wir sind aber einfache Arbeiter, wir müssen noch viele Jahre an der Werkbank stehen.
Ich werde das mit Fakten begründen. Vor einem Monat bin ich ins Ščelkovskij Sanatorium gefahren und habe mir dort die Stoßarbeiter angesehen. Dort war eine Stoßarbeiterin — Njura aus der Ščelkovskij Fabrik. Zwei Monate hatte sie „zugestoßen" — dann hatte sie einen Nervenzusammenbruch und kam ins Sanatorium. Da war auch ein alter Weber aus der Fabrik Lancuckij. Er wurde verleitet, sich am Wettbewerb um den besten Weber zu beteiligen. Statt 3 Rahmen übernahm er 4, arbeitete ein, zwei Monate. Dann fingen seine Hände an zu zittern, seine Nerven waren zerrüttet. Heute sagt er: ‚Nein, Brüderchen, lange kann man so nicht arbeiten.' " Schlecht stehe es auch mit der Prämierung. Für all ihren Enthusiasmus und ihre Anstrengung erhielt eine Arbeiterin 1 Rubel 40 Kopeken am Ende des Monats ausgezahlt. Und auf dem Plenum der Metallarbeiter habe es geheißen, daß als Resultat des Wettbewerbs bereits neue Arbeitskräfte eingestellt wurden.[787]
Sicher war es kein Zufall, daß zu Beginn des sozialistischen Wettbewerbs zahlreiche Kurorte für Arbeiter gebaut oder ausgebaut wurden.
Stoßarbeiter/-innen wurden von den übrigen Arbeiter/-innen schließlich so sehr angefeindet, daß das Plenum des Obersten Gerichts sich 1931 gezwungen sah, Richtlinien gegen die Bedrohung von Stoßarbeitern zu verabschieden: „In Anbetracht dessen, daß in Betrieben in einer Reihe von Fällen gehetze gegenüber Stoßarbeitern von seiten rückständiger oder klassenfeindlicher Elemente, die sich in die Betriebe eingeschlichen haben, zu beobachten sind, wird festgestellt, daß Hetze gegenüber Stoßarbeitern zwecks Verhinderung ihrer Stoßarbeit durch Drohungen, Verfolgungen usw. . . . . nach Art. 16 und 71 StGB zu qualifizieren ist . . . Mord an Stoßarbeitern wegen ihrer Arbeitsaktivität ist nach Art. 58 StGB zu qualifizieren.[788] Im Juli 1929 mußten sich die Präsidien der Gewerkschaften und des Volkswirtschaftsrats auf einer Sitzung gemeinsam mit Vertretern des Komsomol, der ZK der Gewerkschaften und Vertretern der Betriebskomitees Rechenschaft über erste Mißerfolge im sozialistischen Wettbewerb ablegen. Švernik erklärte: „Wir haben Kenntnis über die Entwicklung des sozialistischen Wettbewerbs in unseren Fabriken, die zeigt, daß es Hindernisse und Erschwernisse beim Aufschwung der schöpferischen Initiative der breiten Arbeitermassen gibt."[789] Akulov berichtete über die Entwicklung des sozialistischen Wettbewerbs in Einzelheiten: „Unter der Flagge des Wettbewerbs verlängerte sich der Arbeitstag. Die Arbeiter arbeiteten auch Sonntags." Die Wirtschaftler hätten den Wettbewerb „hauptsächlich auf Kosten der Intensivierung der Muskelarbeit der Arbeiter durchgeführt". Und „wie bürokratisch gehen die Wirtschaftsorgane mit Bestrebungen der Arbeiter um, wenn diese freiwillig die Tarife senken. Anstatt die freiwillig erhöhten Normen der Teilnehmer am Wettbewerb zu überprüfen, erhöht das TNB des Betriebs durch administrative Anordnung die Normen aller Arbeiter." Willkür herrsche auch bei der Prämienverteilung. Das Ergebnis sei, daß der Wettbewerb hintertrieben werde. Auch

die höheren Produktionsergebnisse müßten den Arbeitern sinnlos erscheinen. „In einer Charkover Fabrik wird das Produktionsprogramm als Ergebnis des Wettbewerbs schon im August abgeschlossen sein – einen Monat vor Ende des Wirtschaftsjahres. Aber die Arbeiter freut das nicht. Sie wissen nicht, was sie im August machen sollen."[790] Hatte Akulov bereits zugegeben, daß zahlreiche Gewerkschaftsorganisationen die Bedeutung des sozialistischen Wettbewerbs noch nicht begriffen, Entscheidungen des Plenums des VCSPS einfach nicht erfüllt hätten, so nutzen die Vertreter des VSNCh das mea culpa der Gewerkschaften. Kraval kritisierte, daß bislang nur der geringste Teil der Arbeiter im Wettbewerb engagiert sei – in einer Elektrofabrik in Charkov sogar von 7000 Arbeitern nur 100. In einer Fabrik im Ural sei die Zahl der Brigaden von 43 auf 7 gesunken. Und der Ausschuß sei 4 bis 5 mal höher.[791] Kossior fragte für den VSNCh: „Warum beschuldigt ihr die Wirtschaftsorgane für die schlechte Versorgung durch Rohstoffe? Das haben nicht die Wirtschaftsorgane verschuldet." Die eine Fabrik produziere schneller, die andere langsamer; eine besser, die andere schlechter. So müsse es zu Engpässen kommen. Schuld seien die Gewerkschaften, bei denen „die Verantwortung für die Leitung des sozialistischen Wettbewerbs, für die Mobilisierung und Organisierung der Arbeitermassen liegt".[792] Selbst die Initiatoren des Wettbewerbs, die Komsomolzen, zeigten Anzeichen der Ermüdung.[793] Sämtliche Erfolge relativieren sich: „Wir haben bedeutsame Erfolge bei der Senkung der Selbstkosten. Aber die Qualität der Produkte ist schlechter geworden."[794] •

Auch beim III. Plenum des VCSPS im Dezember war die Bilanz für die Neuinvestitionen nicht positiver. Der Ausschuß wuchs. In der Papierindustrie betrug er bereits 50 %. Bei neuen Industrieprojekten wurden Milliarden unrationell vergeudet. Vejnberg kritisierte, daß von den Projekten, für die 4 Milliarden Rubel vorgesehen waren, 55 % aller Objekte noch nicht von der Behörde bestätigt waren – 45 % noch nicht einmal im Plan vorlagen.[795]

Schon zu Beginn des Industriefinanzplans hatte es Berichte über die Verschlechterung der Qualität gegeben. Unter dem Titel „schlechter aber mehr" recherchierte Trud im Ledersyndikat: „Hier antwortete man uns, daß die schlechte Qualität der Schuhe an den schlechten Rohstoffen und an der großen Zahl der neuen Arbeiter liegt. Diese Erklärung ist ungenügend. Denn zur selben Zeit fangen alle an, besser zu arbeiten und die Qualität der Waren wird umgekehrt schlechter. Eine etwas wahrscheinlichere Erklärung gab uns der Leiter der Abteilung der Textilindustrie, Genosse Sarov: Er sagt, in den letzten Monaten hätten viele Textilfabriken versucht, einen möglichst grossen Ausstoß zu haben, um auf diese Weise die Selbstkosten zu senken. Sie haben absichtlich den Ausschuß herabgesetzt, ließen den Ausschuß mit den guten Waren durch und gaben auf die Fertigstellung keine Acht . . . Die Arbeiter fangen an, sich nur noch um das zu kümmern, womit sie am meisten verdienen und denken dabei nicht mehr an Qualität."[796] Mit dem sozialistischen Wettbewerb verstärkte sich diese Tendenz. Die Maschinenfabrik Podolskij produzierte bis zu 40 % Ausschuß. 11 562 Maschinen waren nicht zu Ende gebaut.[797] In der Fabrik Proletarskaja pobeda kamen auf 50 Paar heile Schuhe 105 defekte, d.h. mehr als jedes zweite Paar war kaputt. Aus einer Odessaer Schuhfabrik hieß es: „Wegen der schlechten Qualität der Arbeit verlor die Fabrik in diesem Jahr 600 000 Rubel."[798] · In der Fabrik Nr. 4 MSSPO wurden in den Würsten statt Speck Nägel, Bolzen und Schrauben gefunden.[799] Aus den von Krasnoe znamja gelieferten Makkaroni mußten 264 kg Abfall, Müll, Kohle usw. ausgesondert werden.[800] In den Broten einer Moskauer Brotfabrik fanden sich Lappen, Nägel, Zigarettenstummel, Schnüre und sogar ein Stück Schaufel.[801]

Auf der allrussischen Konferenz über Qualität wurden ähnliche Beispiele gefunden. So soll der Direktor der Fabrik Klejtuk auf einer Produktionskonferenz erklärt haben: „Unser Programm ist schwer. Aber wir werden es auf Kosten der Qualität erfüllen."[802] Aus krasnij treugolnik wurde berichtet: „Wir jagen nach Quantität. Die Hetze führt dazu, daß wir das Material nicht lang genug in kochendem Wasser lassen. Daraus entsteht der Massenausschuß."[803] Die Appelle, den sozialistischen Wettbewerb auch auf die Qualität auszudehnen, halfen kaum. Nach Ansicht eines Stoßarbeiters in der Fabrik Bolševik bewirkte Prämierung das Gegenteil: „Unsere Fabrik hat 50 % Ausschuß. Das heißt nicht, daß wir schlechter als andere arbeiten. Früher hatten wir 10 % Ausschuß. Seit für die Entdeckung von Ausschuß eine Prämie gezahlt wird, haben wir 50 %." Die Mehrzahl der Berichte gab an, daß Produktions-Prämien vor allem für Quantität gezahlt werden. Mit der Verlängerung der Arbeitsintensität wurde faktisch der 7-Stunden-Tag außer Kraft gesetzt. „In der chemischen Industrie und den Metallunternehmen, die zum 7-Stunden-Tag übergegangen sind, bleiben die Arbeiter faktisch 8 Stunden ohne Mittagpause in der Produktion, weil die Maschinen ununterbrochen arbeiten sollen."[804] Die Intensivierung der Arbeit vollzog sich also häufig durch die Verlängerung des Arbeitstages. „Die Fabrik Rabočij beschloß nach allen Regeln gewerkschaftlicher „Demokratie", Überstunden zu arbeiten, um den Industriefinanzplan zu erfüllen. Die Leute arbeiten zwei Schichten, also 16 Stunden täglich. Es gab auch Fälle, in denen sie mehr als 16 Stunden arbeiteten. Und schließlich wurden ebenfalls nach allen Regeln gewerkschaftlicher „Demokratie" die Ruhetage abgeschafft."[805] In der Metallfabrik Vojkova wollten die Leitenden den 8-Stunden-Tag aufheben und den 10-Stunden-Tag einführen.[806] Gegen Verletzungen der Arbeitsgesetze protestierten die Gewerkschaften. Zugleich wurden solche Leistungen aber gewürdigt. Ein Mechaniker, der 75 Stunden hintereinander ohne Schlaf arbeitete, wurde gelobt: „Das ist Stoßtrupptempo. Nur so kann man siegreich im Kampf für den Sozialismus sein." Und es hieß: „Bei uns geht es mit vollem Tempo voran."[807] Als Verletzungen gewerkschaftlicher Demokratie galten deshalb auch Abstimmungen unter den Arbeitern, die sich gegen die Ziele von Partei und Gewerkschaften wandten: „Wie die Regeln gewerkschaftlicher „Demokratie" in Kraft treten zeigt das Beispiel der Fabrik Rabotnica. Dort wurde die Frage so gestellt: ‚Wer ist für den Industriefinanzplan?' – ‚Wer ist dagegen?' Das Resultat ergab, daß von 115 Anwesenden 100 „Gegner" des Industriefinanzplans waren."[808]

Auf dem XVI. Parteitag im Juli 1930, auf dem Partei und Gewerkschaften noch einmal mit den alten Führern des rechten Flügels abrechneten, mußte Švernik wieder Mißstände im sozialistischen Wettbewerb zugeben. „Die Verträge für den sozialistischen Wettbewerb sind bei weitem nicht zufriedenstellend. Sie enthalten häufig keine konkreten Richtlinien, sondern allgemeine Angaben wie: ‚die Produktivität der Arbeit muß maximal gesteigert werden', ‚der Plan soll übererfüllt werden' usw. Es ist unsere Aufgabe, hier Klarheit zu schaffen. Die Verträge müssen konkrete Aufgaben enthalten, damit den im Wettbewerb stehenden Arbeitern ihre Aufgabe klar ist."[809] In den konkreten Angaben seien Kuriosa zu finden wie: „Wir die Kantinenarbeiter verpflichten uns, das Geschirr nicht zu zerschlagen und den Besuchern nicht ins Gesicht zu spucken. Die Erfüllung dieses Wettbewerbsvertrages ist der beste Beitrag für den Aufbau der neuen sozialistischen Gesellschaft."[810] Es gebe einige Zechen und Betriebe, die nur auf dem Papier, nicht aber in Wirklichkeit Stoßarbeit machten. „Wenn man die Arbeiter fragt, ob sie in Stoßbrigaden arbeiten, zeigt sich, daß sie nicht wissen, daß ihr Betrieb als Stoßbetrieb geführt wird und daß sie sich deshalb nicht beteiligen."[811] Die Verantwortlichen seien bei den Gewerkschaften und den Wirtschaftlern zu suchen. „Wenn einige Gewerkschafts- und Wirtschaftsorganisationen aus Prunksucht Fabriken als Stoßbetriebe anmelden, oder weil sie eine Formalität erfüllen wollen und die Arbeit tatsächlich keine Stoßarbeit ist, dann liegt darin eine große Gefahr ... Der Kampf gegen die Lügenstoßarbeit muß entschieden geführt werden."[812] Um den Umfang der Lügenbrigaden anzudeuten, mag das Beispiel der Brigaden in Dneprostrovsk dienen. Bei einer Selbstreinigung der Brigade wurden von 7000 Brigadiers 2000 ausgeschlossen.[813] Als Beispiel für den Kampf gegen Lügenstoßarbeit führte Švernik das Beispiel der Dzeržinskij Fabrik an: „Dort gehen die Arbeiter jeden Tag in den Klub und sehen an der Tafel die Portraits der Lügenstoßarbeiter – mit genauen Angaben des Familiennamens, der Nummer des Arbeiters und der Zeche, in der er arbeitet."[814] Als Beispiel für schlechte Prämierung führte er die Automobilwerke in Nižegrod an. Hier wurde prämiert, indem die Arbeiter fotographiert wurden. Dabei hätten die Arbeiter sich auf den Bildern nicht einmal ähnlich gesehen. Andere Brigaden verteilten als Prämie Turnhosen, die für viele Stoßarbeiter auch noch zu kurz waren.[815]
Insgesamt wuchs jedoch nach Angaben Šverniks die Produktivität allein im März 1930 um 7,9 %. der Zuwachs der Produktion habe in der Metall- und Maschinenindustrie 27 % betragen, bei der Steinkohleförderung 9 %, bei der Eisengewinnung 6 % und bei der Stahlverarbeitung 2 %. „Durch die heroischen Anstrengungen der Arbeiter wurde nicht nur das Programm erfüllt, sondern auch ein Vorbild hoher Qualität der produzierten Waren erstellt."[816] Im März hätten sich 2 Millionen Arbeiter im sozialistischen Wettbewerb befunden, 1,5 Millionen seien Stoßarbeiter gewesen.

Im März hätten sich 74,9 % der Metallarbeiter, 57,3 % der Kohlearbeiter, 71 % der Textilarbeiter und insgesamt 2 Millionen Arbeiter im sozialistischen Wettbewerb befunden. 1,5 Millionen seien Stoßarbeiter.[817]
Für ihn waren diese Zahlen der Beweis, daß die Losung der Partei und der Gewerkschaften, die da hieß „Mit dem Gesicht zur Produktion" richtig gewesen sei. „Die Losung ‚Mit dem Gesicht zur Produktion' bedeutet die Mobilisierung von Millionen von Massen der Arbeiterklasse für die Erfüllung der Aufgaben der sozialistischen Rekonstruktion."[818]
Den schlechten Arbeitsbedingungen wichen die Arbeiter aus, indem sie ständig neue Arbeitsplätze suchten. War die Fluktuation 1928/29 in Leningrad wieder auf 54 % gesunken, betrug sie 1929/30 wieder 75,4 % der Arbeiter. Durch die Fluktuation von insgesamt 225 000 Arbeitern allein in Leningrad verlor die Industrie der Stadt 2 500 000 Rubel. In der Großindustrie war die Fluktuation besonders hoch. So betrug sie beim Drev-Trust 153 %, bei Strojob'edinenija 200 %, bei znamja truda 224 %. Das heißt, die Belegschaft wechselte jährlich 2 mal. Dabei förderten Wirtschaftsorgane das materielle Interesse der Arbeiter, sich eine andere Arbeitsstelle zu suchen: „Oft erhöhen die Wirtschaftler künstlich den Lohn, damit sie die Arbeiter einer anderen Fabrik anwerben können."[819] So ist es kein Wunder, wenn ein Arbeiter wie bei Krasnaja zarja in der Stunde entweder 1 Rubel 50 Kopeken oder seine Papiere haben wollte.
Ein Traktorist einer Sovchose, der Parteimitglied war, erklärte der Leitung der Sovchose: „Entweder bekomme ich 100 Rubel oder ich gehe."[820]
Die Kohlengruben Artem und Oktjabr'skaja revoljucia hatten eine Fluktuation von 40 % der Beschäftigten. Die Gründe erklärte eine Gruppe von Arbeitern ehemaligen Kolchosbauern: sie habe deshalb ihren Arbeitsplatz verlassen, weil sie in der Grube nicht richtig angelernt wurden, sondern sofort zum Hauen unter Tage geschickt worden seien. Sie seien nicht freundschaftlich empfangen worden, sondern man habe nur über sie gelacht. In der Kantine hätten sie sich Essen nur mit Hilfe eines Milizionärs verschaffen können. 5 Tage lang habe es kein Brot gegeben. Der Arbeitsanwerber habe ihnen Vorschüsse, Arbeitskleidung, Ausbildungskurse, Zucker und vieles mehr versprochen, was sie dann nicht erhalten hätten.[821]
Die Fluktuation in den Betrieben war eine neue Form der Arbeitsverweigerung, zu der die Arbeiter und Arbeiterinnen flüchteten, nachdem Fehlen, Bummeln, Schwänzen, Ausschuß − ganz zu schweigen von Formen der Arbeitsverweigerungen wie Streiks − systematisch verfolgt wurden.
In den Jahren 1928 − 30 entwickelte sich die Fluktuation in den Industriebetrieben wie folgt:[822]

	Neuanstellungen	Abgänge
	(% der im Jahresdurchschnitt Beschäftigten)	
1928	100,8	92,4
1929	122,4	115,2
1930	176,4	152,4

Um die Fluktuation einzuschränken, verordnete das SNK RSFSR, daß die selbständige Kündigung des Arbeitsplatzes einem Verstoß gegen die Arbeitsdisziplin gleichkomme und entsprechend geahndet werden solle.[823] Zu den Maßnahmen, die nun gegen die Arbeiter/-innen angewendet werden konnten, zählte die Streichung aus der Liste der Arbeitsuchenden. Die Verordnung des CIK und des SNK SSSR regelte am 15. Dezember 1930, daß hartnäckige Desorganisatoren der Produktion für 6 Monate aus jedweder Beschäftigung ausgeschlossen werden konnten.[824]
Schließlich gaben die Gewerkschaften eine besondere Verfügung heraus, die sich mit der Fluktuation in den Betrieben beschäftigte. Darin heißt es: „Die Gewerkschaften sollen die öffentliche Meinung in den Unternehmen breit gegen die Arbeiter mobilisieren, die aus gierigen Motiven systematisch von einem Ort zum anderen ziehen." Die Gewerkschaften sollten gegen die Fluktuation mit Hilfe der Wandzeitungen, der Kameradschaftsgerichte, mit Beschlüssen von Betriebsversammlungen und sogar Arbeitsgerichten vorgehen. Sie sollten „den Massen der Arbeiter den Schaden erklären, der der Volkswirtschaft durch die Fluktuation der Arbeiter zugefügt wird". Dabei sollen die Gewerkschaften „die Raffgierigen als Desorganisatoren der Produktion hinstellen, die Produktion und Gewerkschaftsdisziplin schädigen".[825] Ihnen solle die gewerkschaftliche Unter-

stützung entzogen werden und sie sollten aus dem VCSPS und den Einzelgewerkschaften ausge-
schlossen werden.
Gegen die gewerkschaftliche Repression versuchten sich die Arbeiter selbst zu helfen. In der Fa-
brik Trechgornaja Manufaktura gab es eine schwarze Kasse, aus der der Lohn für die „böswilligen
Störer" und „Raffer" bezahlt wurde.[826]
Diese Formen der Selbstorganisation der Arbeiter konnten sich jedoch nicht ausbreiten, da sie der
Politik, die den Gewerkschaften immer weniger Rechte und Möglichkeiten, die Arbeiter zu verteidigen, einräumte, zuwiderlief.
Der sozialistische Wettbewerb griff auch direkt in die organisatorische Struktur der Gewerkschaften ein. Der Umstrukturierung des Gewerkschaftsapparates nach dem VIII. Gewerkschaftskongreß lag u.a. eine Verfügung des Organisationsplenums und des Präsidiums des VCSPS zu Grunde,
in der es hieß: „Der Gewerkschaftsapparat soll sich von oben bis unten verändern . . . Die Gewerkschaften sollen sich als ganze – vor allem die Betriebskomitees – in ihrer Arbeit auf die
Stoßbrigaden stützen, ihnen die konkrete Führung sichern. Die Losung „Mit dem Gesicht zur Produktion" soll ihren konkreten Ausdruck finden in der Organisationsstruktur der Gewerkschaften."[827]
Eine Umstrukturierung der Gewerkschaftsorgane – die Aufteilung der 23 Verbände in 44 – hatte
beigetragen, die Säuberungen in den Gewerkschaftsleitungen zu erleichtern. Posten wurden durch
die Reinigung vakant und mußten durch unerfahrenere Arbeiter ersetzt werden.
Allein in der Ukraine wurden bei den Gewerkschaftswahlen 70 – 80 % des Apparates – vor allem
in den Betrieben – erneuert. Čuvyrin berichtete, daß es in den größten Metallbetrieben Fabrikkomitees gab, die zu 100 % erneuert wurden. Die neuen Komitees verstanden nichts von der Tarifarbeit, davon den Industriefinanzplan durchzuführen, so daß sie auf eine umso schärfere Kritik der
Gewerkschaftsleitung stießen. „Sie standen nicht an der Spitze der Aktivität der Massen und lenk-
ten deren Aktivität in die falsche Richtung." Aber auch von höheren Gremien sei ihnen nicht ge-
holfen worden. Aus diesem Grunde sei es zu erklären, warum nach den Gewerkschaftswahlen, als
das Produktionsprogramm auf 140 % anstieg, die Planerfüllung auf 80, 85 und 90 % fiel.[828] Die
neu eingesetzten Gewerkschaftskader waren enger denn je an die Linie der Partei gebunden. Die
Einhaltung der Linie gehörte nunmehr per definitionem zu den Funktionen der Gewerkschaften.
So hieß es auf dem 9. Gewerkschaftskongreß 1932: „Die neue Leitung des Zentralrats hatte die
Aufgabe, die Durchführung der Generallinie der Partei in der Gewerkschaftsbewegung restlos zu
gewährleisten."[829]
Der Verlust der gewerkschaftlichen Autonomie wurde sogar gefeiert: „Dieser gewaltige Sieg der
Generallinie der Partei in der Gewerkschaftsbewegung wurde nur erreicht dank dem entschlosse-
nen Eingreifen des Zentralkomitees der Partei und des Genossen Stalin in die Leitung der Gewerk-
schaften . . ."[830] Und wie die Leitung der Gewerkschaften so auch die Grundorganisationen: „Was
ist die Hauptaufgabe in der Arbeit der Betriebsparteizellen, des Bezirkskomitees? Ihre Aufgabe ist
der Kampf um die Durchführung der Generallinie der Partei, die Erziehung der Partei als führende
Vorhut, die in allen Organen arbeitet und die Massen politisch leitet."[831]
Weder mit den alten noch mit den neuen Gewerkschaftskadern wollte es so recht klappen. Die
Säuberungen hatten erste Spuren hinterlassen: „Viele Gewerkschafter machen sich an alles, ‚damit niemand ihnen etwas vorwerfen könne'. Oft denkt ein Gewerkschaftsfunktionär folgendermaßen: ‚Würde ich jetzt einen Bericht erstatten und dabei nur eine der Aufgaben nicht erwähnen,
wird man mich sofort an der Kehle packen. Nein, lieber werde ich schon von allem sprechen, fangen laß ich mich nicht, so schlau bin ich doch.' "[832]
Auch die Machtlosigkeit der Gewerkschaften kam in den Kritiken zum Ausdruck: „Einige nör-
gelnde Gewerkschaftler reden manchmal davon, daß sie zu wenig ‚Macht' besitzen."[833] Allein
Macht hieß Unterstützung durch die Partei. Verstießen Parteiarbeiter dagegen, die Gewerkschaften zu unterstützen, hatten die Gewerkschaften ihrerseits die zweifelhafte Möglichkeit, d.h.
Macht, den Rat Kaganovičs zu befolgen: „So liefert sie uns aus."[834]
Verlangten die Funktionäre nicht direkt mehr Macht, waren sie doch mit ihrer Position unzufrie-
den: „ ‚Wenn ich – denkt so eine Gewerkschaftsfunktionär' – nach Kaganovič – ‚Direktor eines
Betriebes oder Trusts wäre – dann läge die Arbeit klar vor mir: Befehle und verwalte. Der Vorsit-

zende des Betriebsrates aber, auch der Vorsitzende des Vorstandes der Gewerkschaften, verfügen nicht über Gelder, erlassen keine Befehle' – und daraus zieht er den Schluß, daß die Gewerkschaft nur wenig erreichen kann. Einige vertiefen die Frage und sagen: ‚Klappt etwas nicht, dann wird die Gewerkschaft verantwortlich gemacht, geht aber alles gut aus, so wird es den anderen zugeschrieben und die Gewerkschaft geht leer aus!' "[835]

Die Funktionäre neigten dazu, sich andere Positionen zu suchen. „Und hier müssen wir von der Unzulässigkeit der großen Fluktuation sprechen, die unter den Gewerkschaftsfunktionären zu beobachten ist, einer solchen Fluktuation unter den Gewerkschaftsfunktionären, die mitunter sogar die Fluktuation der Arbeiter in den Betrieben übertrifft."[836]

Überlegungen, ob die Gewerkschaften noch eine Funktion hätten, wurden von Kaganovič von vornherein als opportunistische Manöver abgetan:

„Es gibt solche, die sagen: ‚Der Teufel hat mich zu dieser Gewerkschaftsarbeit veranlaßt. Säße ich jetzt in meinem Betriebe oder bei der Parteiarbeit, dann hätte ich es gewiß leichter. Vielleicht kann ich mich von der Gewerkschaftsarbeit drücken, umsomehr, als man hier die theoretische Basis in Form von Betrachtungen über die Unnötigkeit der Gewerkschaften im 2. Planjahrfünft anbringen könnte.' "[837]

Obwohl diese Überlegungen gerechtfertigt waren, war es für die Partei leichter, an die Beschlüsse des XI. und XIV. Parteitags anzuknüpfen, sie umzuinterpretieren und sie so in ihr Gegenteil zu verkehren.

Kaganovič zitierte den Beschluß der 17. Parteikonferenz um denen, die bezweifeln, daß die Gewerkschaften im 2. Planjahrfünft noch nötig seien, ihre „Notwendigkeit" entsprechend der Definiton Stalins vor Augen zu führen: „. . . daß der bürgerliche Einfluß auf einzelne Schichten und Gruppen der Werktätigen noch unvermeidlich bestehen bleiben und in einigen Fällen sich sogar verstärken wird, daß noch längere Zeit dem Proletariat klassenfremde Einflüsse in die Arbeitermassen, ja sogar in die Partei unvermeidlich eindringen werden."[838] Das alles erfordere die Arbeit der Gewerkschaften, bestimme ihre Aufgabe.

Die Schutzfunktion, die die Gewerkschaften bis 1928 für die Arbeiter haben sollten, wurde nun explizit abgelehnt und mit dem Prinzip der Produktion gleichgesetzt. „Indem die Partei den Gewerkschaften die Umstellung mit dem Antlitz zum Betriebe zur Aufgabe stellt, geht sie nicht von der Gegenüberstellung der Betriebs- und Schutzfunktionen der Gewerkschaften aus, sondern davon, daß diese Aufgabe gleichsam eine dialektische Einheit bilden, sozusagen zwei Kehrseiten ein und derselben Erscheinung darstellen."[839]

Die Einheit von Produktivität und Schutz meinte die Aufhebung des Schutzes und hier vor allem der Institution, die den Schutz vertraglich festlegte, den Kollektivvertrag. „Die Umstellung der Tätigkeit der Gewerkschaften mit dem Antlitz zum Betriebe betrifft mit unvermeidlicher Konsequenz alle Arbeitsgebiete derselben. In erster Linie aber erfaßt sie die auf die Kollektivverträge bezügliche Arbeit."[840]

Auf em IX. Gewerkschaftskongreß formulierte Švernik hierzu: „Die Gegenüberstellung der ‚Schutzfunktionen' der Gewerkschaften einerseits und der Interessen der sozialistischen Produktion andererseits kam in der Einstellung der alten opportunistischen Leitung des Zentralrates in Fragen des Kollektivvertrages am klarsten zum Ausdruck."[841]

Bereits 1929 wurde nach einer Direktive des VCSPS und des VSNCh in die Kollektivverträge ein Punkt eingeführt, daß die Parteien „sich verpflichten, alle ihnen zur Verfügung stehenden Maßnahmen zur Erfüllung der Kontrollziffern zu ergreifen."[842] Die Formulierung, die für die Kontrollziffern über Produktivität und Lohn galt, war offenbar zu unverbindlich. Denn schon 1930 wurde diskutiert, vom System der Generalkollektivverträge, die zwischen den Gewerkschaftsleitungen und den Wirtschaftsorganen resp. den Trusts abgeschlossen wurden, zu einem Vertragsabschluß direkt mit den Unternehmen zu kommen. Um dem Argument der Schwäche der gewerkschaftlichen Grundorganisation zuvorzukommen, hieß es zunächst: „Es versteht sich, daß es unvorsichtig wäre vorzuschlagen, die Kollektivverträge in den einzelnen Abteilungen abzuschließen, wenn die niedrigen Gewerkschaftsorgane noch ungenügend gefestigt sind. Andererseits können aber in den Unternehmen zweiseitige ergänzende Abteilungsverträge geschlossen werden, die die Pläne für die Erhöhung der Produktivität und die Senkung der Selbstkosten konkretisieren."[843]

Die Bindung der Kollektivverträge an den sozialistischen Wettbewerb blieb auch nicht ohne Widerspruch aus den Gewerkschaften: „Einige Gewerkschafter erheben Einspruch dagegen, in den Kollektivverträgen Kontrollziffern aufzunehmen, weil sie befürchten, daß die Kollektivverträge sich so an die Verträge über den sozialistischen Wettbewerb anglichen."[844] Diesen Einwänden wurde entgegengehalten, daß sich die Kollektivverträge auf alle Arbeiter und auf die Leitung des Unternehmens beziehen, während der sozialistische Wettbewerb sich auf besondere Gruppen und Stoßbrigaden bezieht. Die Ausweitung des Wettbewerbs auf die Mehrzahl der Arbeiter/-innen widerlegte dieses Argument jedoch. Wichtiger war daher das unterschiedliche ökonomische Programm, das den Kollektivverträgen und dem sozialistischen Wettbewerb zugeschrieben wurde: „Die Zahlen des Industriefinanzplans müssen in den Kollektivvertrag aufgenommen werden. Sie stellen im Gegensatz zu den Verträgen über den sozialistischen Wettbewerb, der ein Maximalprogramm bedeutet, das Minimalprogramm dar."[845]

In dem Widerspruch über die Kontrollziffern in den Kollektivverträgen waren auch die Ansätze unterschiedlichen Verständnisses von Gewerkschaftsarbeit vorhanden. Gegečkori schlug vor, die Kollektivverträge direkt durch die Verträge über sozialistischen Wettbewerb zu ersetzen. Da er den Gewerkschaften dabei eine besondere Rolle zuschrieb — die des „Verkäufers der Arbeitskraft" während er die Betriebe als „Käufer" dieser Arbeitskraft definierte — wurde ihm tadelnd entgegengehalten, er hätte nicht verstanden, daß Kollektivverträge und sozialistischer Wettbewerb einander ergänzten. Die Gegenthese Šverniks über die Aufgaben der Gewerkschaften hieß: „Stoßbrigaden und sozialistischer Wettbewerb sollen die Grundlagen der gewerkschaftlichen Arbeit und der Arbeit der Wirtschaftsorgane bilden. So ist es selbstverständlich, daß die Stoßbrigaden und der sozialistische Wettbewerb ihre Widerspiegelung in den Kollektivverträgen finden müssen."[846]

Schon bald nach Beginn der Kollektivvertragskampagne für das Jahr 1931 zeigte sich die geringere Bedeutung der Verträge an der Berichterstattung in der sowjetischen Presse. Überschriften wie: „Die Kollektivvertragskampagne begann und ... verhallt" in za industrializaciju oder „Die Durchführung der Kollektivvertragskampagne hört auf halbem Wege auf" stießen ebenso auf die Kritik von Trud wie das völlige Ingorieren der Kampagne durch Izvestija, Rabočaja Gazeta oder die Komsomolskaja Pravda.[847] Die Gewerkschaften gerieten jedoch selbst immer wieder in Rechtfertigungszwang und mußten betonen: „Der Kollektivvertrag ist kein Stück Papier, sondern ein politisch-wirtschaftliches Dokument."[848] Und Fabriken wurden kritisiert, die den Kollektivvertrag unabhängig vom Industriefinanzplan abschlossen oder die einseitig die Pflichten der Administration aufzählten.[849]

Faktisch wurden sozialistischer Wettbewerb und Kollektivverträge gleichgesetzt auf der Basis des ökonomischen Maximalprogramms. Der Fehler der alten Kollektivverträge habe darin bestanden, die Produktionsorientierung der Arbeiter/-innen nicht genügend zu berücksichtigen. „Im alten Kollektivvertrag kam die Beteiligung der Massen an der Produktion, kamen Fragen der sozialistischen Arbeitsorganisation in keiner Weise zum Ausdruck."[850]

Konkret hieß das, daß in den alten Verträgen überwiegend die Verpflichtungen der Administration festgelegt wurden, die, wenn sie nicht eingehalten wurden, zu Konflikten führten.

„Der Zentralrat der Gewerkschaften nahm eine Änderung des Kollektivvertrages vor, verlieh ihm den Charakter gegenseitiger Verpflichtungen der Administration und der Arbeiter."[851]

Zu dem System der gegenseitigen Verpflichtungen gehörte auch die Überprüfung, ob beide Seiten ihren Teil der Verpflichtungen eingehalten hatten. Dies sollte durch eine massenhafte Beteiligung durch die Arbeiter geschehen.

Trud mußte hier jedoch Mißerfolge berichten. Im Unternehmen Rote Armee und Flotte nahmen von 8 800 Arbeitern und Arbeiterinnen nur 20 an der Überprüfung der alten Kollektivverträge teil. Bei krasnaja znamija waren es von 10 000 nur 152 Arbeiter und Arbeiterinnen, also 1,5 % der Belegschaft.[852]

Die Vertragsabschlüsse, die von den höchsten gewerkschaftlichen Gremien getätigt worden waren, hatten den alten Verträgen Autorität gegeben, auf die die Arbeiter sich stützten, wenn sie gegen die Administration vorgehen wollten. So brach der Zentralrat der Gewerkschaften mit dem System der Generalverträge und ging zum System von Verträgen über, die unmittelbar im Betrieb zwischen Administration und dem Betriebsrat vereinbart wurden.[853]

Während die Zentralen Gewerkschafts- und Wirtschaftsorgane nunmehr nur noch die Direktiven zu den Grundfragen des Kollektivvertrages ausarbeiteten, wurden die Verträge selbst von den lokalen Gewerkschaftsorganisationen und entsprechenden Trusts ausgearbeitet und abgeschlossen. In lokalen Industrien wurden die Verträge zwischen der Administration und dem Betriebskomitee abgeschlossen. „Dieses Schema erinnert in vielem an das der Vorbereitung des Industrie- und Finanzplanes. Das ist ganz verständlich. Hier wird ein übriges Mal die direkte und enge Verbindung mit dem Industrie- und Finanzplan hervorgehoben."[854]

So hieß es denn auch in dem von VCSPS herausgegebenen Musterkollektivvertrag für das Jahr 1931: „Entsprechend verpflichten sich hiermit die Administration, die Arbeiter, das ingenieurtechnische Personal und die Angestellten der Fabrik . . . den für das Jahr 1931 aufgestellten Plan in Qualität und Quantität voll und ganz zu erfüllen."[855]

Nicht nur der Plan, sondern auch der Gegenplan wurde zum Bestandteil des Kollektivvertrages.[856] „Die bei der Besprechung des Gegenplanes von den Massen ausgearbeiteten Vorschläge, Verbesserungen, Abänderungen und Ergänzungen müssen in den neuen Kollektivvertrag aufgenommen werden."[857] Direktiven und Vorschläge wurden in Einklang gebracht durch die Erhöhung der Normen, Senkung der Selbstkosten usw. Das war die Definition der Selbständigkeit gegenüber zentralen Direktiven: „Diese Direktiven sind ja doch bindend. Wie kann also in diesem Falle noch von einer Selbständigkeit die Rede sein? Eine Antwort auf diese Frage erteilt der Gegenplan zum Industrie- und Finanzplan. Die in den gemeinsamen Direktiven der höchsten Organisationen aufgestellten, auf Grund des Industrie- und Finanzplans festgelegten und von den Wirtschaftsorganen ausgearbeiteten Indexe können erhöht werden. Durch die Verknüpfung des Gegenplanes mit dem Kollektivvertrag können die Gewerkschaftsorganisationen und die Wirtschaftsorgane, dem Wunsch der Masse Folge leistend, während des Neuabschlusses des Kollektivvertrages die durch die gemeinsamen Direktiven von dem Zentrum festgelegten Indexe erhöhen und in den Vertrag ergänzungsweise größere Verpflichtungen aufnehmen.[858] Das galt nicht für den Index des Arbeitslohns. „Der durchschnittliche Arbeitslohn darf weder erhöht noch verkürzt werden. Eine solche Bestimmung ist selbstverständlich."[859]

Die veränderte Stellung der Kollektivverträge änderte auch die Rolle des NKT und des Konfliktsystems, die nun auch „mit dem Gesicht zur Produktion" standen. Nach 1929 berichtete die Gewerkschaftspresse nur noch selten über die Tätigkeit des NKT, das 1933 mit den Gewerkschaften vereinigt wurde. In den Jahren 1934/35 war schließlich von Kollektivverträgen und dem von den Gewerkschaften übernommenen Schlichtungssystem nur mehr selten die Rede. Die Verträge, die nur in Einzelfällen noch abgeschlossen wurden, basierten auf besonderen Dekreten des SNK.[860] Auch die Rolle der RKK wurde erneut geändert. Das ,rechtsopportunistische' Gesetz von 1928 wurde angegriffen.[861] Bis 1933 verteidigten die Gewerkschaften das Recht der RKK, die Normen in den Betrieben zu überprüfen. Dann wurde es abgeschafft. Damit hatten es die Wirtschaftsorgane und damit die Betriebsleitungen endgültig für sich errungen.

Die historische und schließlich physische Grenze, auf die der Lohn im Kapitalismus gesenkt werden konnte, war der Beginn des bewußten Kampfes der Arbeiterklasse gewesen. „Die Lage der arbeitenden Klasse ist der tatsächliche Boden und Ausgangspunkt aller sozialen Bewegungen der Gegenwart, weil sie die höchste, unverhüllteste Spitze unserer bestehenden sozialen Misere ist."[862]

Die Hoffnungen, die sich mit der russischen Revolution verbanden, wie die der Vergrößerung der politischen Freiheiten und die Verbesserung der Lebenssituation, der Bedingungen am Arbeitsplatz und die Erhaltung des Arbeitsplatzes, konnten nur langsam, partiell oder gar nicht eingelöst werden.

a) Die Entwicklung der Löhne

Spielten neben politischen Forderungen Lohnkämpfe eine wichtige Rolle in der vorrevolutionären Entwicklung, so konnten nach der Revolution die Hoffnungen auf Verbesserung der materiellen Bedingungen der Arbeiter nicht erfüllt werden. Es mußten im Gegenteil Lohnsenkungen hingenommen werden. Die Hauptgefahr, der unmittelbar nach der russischen Revolution begegnet werden mußte, – die Dekomposition der Arbeiterklasse – hing unmittelbar mit den Lohnsenkungen und der Verschlechterung der allgemeinen Lebensbedingungen zusammen.

Strumilin gab folgende Übersicht über die Entwicklung der durchschnittlichen Monatslöhne des industriellen Arbeiters bis 1921 im Vergleich zum Jahr 1913 – differenziert nach den Bestandteilen des Lohnes.[863]

Jahr	Geld	Naturalien			Insgesamt		
		Speise, Ration	Industriewaren	Unterbringung und Kommando Dienste	Summe	in Rubeln	in %
1913	23,6	0,2	–	0,8	1,0	24,6	100
1914	23,3	0,2	–	0,8	1,0	24,3	99
1915	22,1	0,2	–	0,8	1,0	23,1	94
1916	21,3	0,2	–	0,8	1,0	22,3	91
1917	18,3	0,7	–	1,20	1,9	20,2	82
1918	4,73	1,47	0,80	1,99	4,26	8,99	36
1919	1,40	2,42	0,86	2,09	5,37	6,77	28
1920	0,49	2,62	1,31	2,18	6,11	6,60	27
1921	0,96	2,85	0,94	2,20	5,99	6,95	28

Nach der Revolution stiegen die Anteile des Lohnes an Naturalien, während der Geldlohn zurückging. Insbesondere gegen Ende des Kriegskommunismus sank der Geldlohn auf ein Minimum. Oft konnte aufgrund von Geldmangel nicht einmal der Nominallohn ausgezahlt werden.[864]

1918	erforderliche Lohnsumme in Millionen Rubel	davon ausbezahlt
Januar	137	30
Februar	106	52
März	112	22
April	164	88
Gesamt	519	162

Was der Arbeiter und die Arbeiterin nicht erhielten, mußten sie sich selbst nehmen, um zu überleben. Prokopovič, der 1920 − 21 im Moskauer Büro für Arbeitsstatistik beschäftigt war, beschrieb die Zusammensetzung des Arbeitslohns dieser Zeit. Er bestand aus

„ 1. dem Geldlohn
2. den allen Bürgern zukommenden Austeilungen auf Karten
3. den rationierten Waren für Arbeiter
4. dem Mittagessen für die Arbeiter
5. den Gegenständen des Massenkonsums, die durch die Gewerkschaftsverbände und lokalen Komitees abgegeben wurden
6. der Arbeitskleidung, Seife, u.a., die man im industriellen Betrieb erhielt
7. den Produkten und notwendigsten Gegenständen, die man auf illegale Weise bezog
8. der Wohnung und den mit ihr verbundenen Diensten, die man von der Kommunalverwaltung und dem industriellen Unternehmen bekam."[865]

Die illegalen Formen der Lohnaneignung gingen so weit, daß Tomskij durch sie die Produktionsmittel schwinden sah:
„Die Gerber bekommen Leder, die Chemiker Seife, von der nicht genug da ist, um die kranken Soldaten der Roten Armee zu waschen, die Eisenbahner können sich doch nicht als Zuschlagszahlung Lokomotiven oder Waggons aneignen."[866]
Um überhaupt die wichtigsten Industrien aufrechterhalten zu können, wurde eine Gruppe von Stoßbetrieben − auch genannt gepanzerte Betriebe − eingerichtet, die als erste mit Nahrungsmitteln versorgt werden sollten. Faktisch wurde dieses System der Vorrangigkeit aber unterlaufen, da immer mehr Betriebe zu Stoßbetrieben erklärt wurden:[867]

1919: Dezember	642 110
1920: Januar	750 367
Februar	971 723
März − Mai	1 116 167
Juni/Juli	1 151 673
August − September	1 354 964
Oktober/November	1 430 114
Dezember	2 738 786
1921: Januar/Februar	3 125 253
März/April	3 708 605
Mai − Oktober	3 762 087

Untersuchungen während dieser Zeit ergaben, daß auch die Stoßbetriebe kaum je die ihnen zustehenden Rationen erhielten. Nach Koch erhielten sie statt der 100 %-igen Ration nur folgende Anteile:[868]

Brot	73 %
Fleisch und Fisch	69 %
Fett	66 %
Zucker	66 %
Salz	90 %

War die Versorgung in den wichtigen Betrieben schon schlecht, so blieb die des normalen Arbeiters (2) weiter hinter der des Stoßarbeiters (1) zurück:[869]

Nahrungsmittelversorgung der Petersburger Arbeiter in der ersten Hälfte 1921

Nahrungsmittel		Januar	Februar	März	April (in Pfund)	Mai	Juni	Juli
Brot und Mehl	1.	1,372	0,99	1,157	1,132	0,957	0,675	0,67
	2.	0,896	0,64	0,785	0,751	0,518	0,343	0,345
Graupen	1.	0,197	0,221	0,283	0,326	0,157	0,168	0,181
	2.	0,170	0,247	0,241	0,287	0,167	0,144	0,145
Kartoffeln	1.	0,015	–	0,038	–	–	0,036	–
	2.	0,045	–	0,023	–	–	0,017	–
Gemüse	1.	0,148	0,084	0,086	0,076	0,070	0,032	0,042
	2.	0,116	–	0,060	0,038	0,021	0,067	0,353
Zucker	1.	0,036	0,032	0,033	0,032	0,017	0,008	–
	2.	–	0,018	0,016	0,017	0,016	0,017	0,008
Fett (pflanzl. und tier. Fett	1.	0,019	0,006	–	–	–	–	–
	2.	0,014	0,007	0,007	0,001	–	–	–
Fleisch	1.	0,248	0,177	0,266	0,200	0,049	0,009	0,011
	2.	0,120	0,024	0,073	0,058	0,048	–	–
Fisch	1.	0,032	0,019	0,032	0,031	0,205	0,217	0,178
	2.	0,139	0,103	0,075	0,035	0,032	0,117	0,148
Salz	1.	0,030	0,056	0,063	0,057	0,045	0,044	0,046
	2.	0,018	0,035	0,054	0,038	0,035	0,033	0,049
Kaloriensumme:	1.	1 700	1 362	1 574	1 627	1 212	930	918
	2.	1 888	967	1 119	1 117	751	580	598
Die Ration der Nichtstoßarbeiter (2) in % zur Stoßarbeiterration (1)		69,8	70,9	71,0	68,6	62,0	62,0	65,1

Frauen wurden – wie wir noch sehen werden – noch schlechter versorgt.
Entgegen den Vorstellungen, die die Bolschewiki über die Nivellierung der Löhne vor der Revolution vertraten, versuchte man nun den Arbeiter materiell am Ergebnis seiner Produktion zu interessieren. Der Stücklohn wurde bereits am 21. Februar 1919 eingeführt und breitete sich in den Betrieben schnell aus. Am Beispiel der Moskauer Industrieunternehmen wird dies deutlich:[870]

Lohnbemessungsmethoden in der Moskauer Industrie 1920

Jahr und Monat	Zahl der entlohnten Arbeiter			Zahl der vergüteten Arbeitsstunden		
	Zeit-lohn	Prämien-lohn	Akkord-lohn	Zeit-lohn	Prämien-lohn	Akkord-lohn
Januar 1920	21 791	17 080	3025	3192	2436	402
April 1920	12 548	23 265	4845	1973	3303	674
Oktober 1920	8 268	27 111	5869	1556	4818	954
November 1920	7 941	28 583	6901	1510	5228	1192

Da das Mehreinkommen der Arbeiter/-innen im Akkord im Vergleich zum Zeitlohn jedoch anfangs nicht mehr als 2 % betrug, war das Interesse der Arbeiter, mehr zu leisten entsprechend gering.

Bis 1921 kann trotz Akkordlohn von einer Nivellierung der Löhne gesprochen werden. Eine Differenzierung setzte während der ersten Phase der NEP ein.[871]
Bereits im April des Jahres 1921 aber betrug die Abweichung vom Durchschnittslohn, die im Januar nur 17,92 % betragen hatte, bereits 28,33 %.[872]
Mit der NEP stiegen die Löhne erstmals nach der Revolution. Der Anteil des Lohnes an Naturalien ging mit dem Ansteigen des Geldlohnes zurück.[873]

| Jahre | Geld | Naturalien | | | Summe | Summe in Rubeln | in % |
		Speise, Ration	Industrie waren	Unterbringung, Kommunale Dienste			
1913	23,6	0,2	–	0,8	1,0	24,6	100
1920/21	0,38	2,67	1,03	2,20	5,90	6,28	26
1921/22	3,35	3,75	0,23	1,75	5,73	9,08	37
1922/23	11,66	–	–	1,00	1,00	12,66	51

Der 5. Gewerkschaftskongreß empfahl im September 1922, die Akkordarbeit auszuweiten. In fast allen Bereichen stieg während des Jahres 1923 die Zahl der Akkordarbeiter. In der Metall- und der Textilindustrie arbeiteten bereits mehr als 50 % im Akkord.[874]

Von den Arbeitern der Großindustrie wurden im Jahre 1923 entlohnt (in %) nach dem System des

| | Zeitlohnes | | Akkordlohnes | |
	März	Dezember	März	Dezember
In der				
Gesamten Großindustrie	58,5	53,5	41,5	46,5
Metallverarbeitung	52,9	49,3	47,1	50,7
Textilindustrie	51,9	48,9	48,1	51,1
Montanindustrie	70,0	56,5	30,0	43,5
Polygraphisches Gewerbe	92,2	92,7	7,8	7,3

Nach 1925 pendelte sich der Anteil von Zeit- und Stücklohn auf ein durchschnittliches Verhältnis 40 % zu 60 % ein:[875]

Anteil der Stücklohnstunden in % zur Gesamtzahl der geleisteten Arbeitsstunden in der Zensus-Industrie (Wirtschaftsjahr = W.J.)

	W.-J. 1926/27	W.-J. 1927/28	W.-J. I. Qu.	1928/29 IV. Qu.	Jahres-durch-schnitt
Gesamtindustrie	57,4	58,6	58,1	60,4	59,1
Steinkohle	52,8	51,5	51,0	52,5	51,2
Naphta: Erzeugung	17,0	13,4	11,5	13,0	11,4
Naphta: Verarbeitung	29,8	28,4	29,6	28,8	30,1
Schwarzmetallurgie	66,4	68,3	69,4	69,6	69,0
Maschinenbau	61,9	63,4	61,9	63,6	62,8
Baumwollindustrie	69,8	69,2	69,4	69,0	69,5
Polygraphisches Gewerbe	32,9	39,2	43,1	49,7	46,0

Eine weitere Differenzierung kam zu den Unterschieden zwischen Zeit- und Stücklohn hinzu: Die zwischen Männer- und Frauenlöhnen, die trotz des Gesetzes gleicher Lohn für gleiche Arbeit bestand. Sie ist den Daten über Durchschnittslöhne selten aufgeführt, obwohl die Einkommensunterschiede beträchtlich waren. So waren von den 10 möglichen Tarifgruppen in der Metallindustrie in den niedrigsten 3 Tarifklassen 58,5 % der Frauen, aber nur 10,7 der Männer zu finden. In der 10. Tarifklasse, der höchsten, gab es gar keine Frauen mehr und in den Tarifgruppen 7 – 9, die Spitzenlöhne bedeuteten, waren 0,3 % der Frauen aber 29,4 % der Männer.[876] Auch in der Textilindustrie war eine die Frauen benachteiligende Lohngruppierung festzustellen: 24,5 % der Frauen, aber nur 7,5 % der Männer wurden in niedrigen Lohngruppen bezahlt. In der höchsten Lohngruppe 10 gab es auch hier keine Frauen mehr, wohl aber 1,9 % Männer. In den Spitzenlohngruppen 7 – 9 gab es 1,3 % Frauen aber 29,1 % Männer.

Im direkten Vergleich der Frauenlöhne, wenn sie auf die Löhne der Männer bezogen werden, ergibt sich, in der gesamten Industrie, daß Frauen 1924 64,5 % der Lohnhöhe von Männern verdienten. 1927 sogar nur 64,4 %. In den einzelnen Branchen waren es 1927 in der Textilindustrie 70,9 % der Löhne der Männer, in der Metallindustrie 56,7 %. Und im Bergbau verdienten die Frauen vor der Revolution mehr als im Jahre 1927: 1914 waren es 44,3 % der Lohnhöhe der Männer, 1927 dagegen nur noch 42,3 %.[877]

Gegen Ende der NEP stieg in der allgemeinen Lohndifferenzierung das Einkommen der Akkordarbeiter im Vergleich zu den Zeitarbeitern wesentlich schneller. Dies führte zu einer Schichtung der Arbeiterklasse, die vergleichbar sonst nur in den Angestelltenberufen bzw. zwischen Männern und Frauen zu finden war.[878]

Mehrverdienst in % zum Tariflohn bei den Arbeitern der
Großindustrie im März 1926 und im März 1928

	März 1926		März 1928	
	Stück-arbeiter	Zeit-arbeiter	Stück-arbeiter	Zeit-arbeiter
In der gesamten Großindustrie	68,1	27,8	40,3	15,4
Metallarbeiter	103,6	63,8	58,1	28,5
Bergarbeiter	72,7	12,3	32,7	5,8
Papierarbeiter	77,3	18,9	55,8	23,0
Drucker	75,7	18,1	48,5	13,4
Textilarbeiter	41,8	11,2	23,9	9,7
Lederarbeiter	63,3	27,6	41,9	23,1
Chemiker	64,3	26,7	47,1	16,5

Während dieser Phase kann von einer erneuten Differenzierung der Löhne gesprochen werden.[879] Die Abweichungen vom Durchschnittslohn betrugen nunmehr zwischen - 50 % und + 250 %:[880]

Lohndifferenzierung unter den Industriearbeitern im März 1926 und 1927

Von je 100 untersuchten Arbeitern bezogen einen Lohn
von . . . bis . . . % des Durchschnittslohnes

	bis 50 %	50 bis 100 %	100 bis 150 %	150 bis 200 %	200 bis 250 %	über 250 %
Im März 1926	15,0	43,7	24,6	9,8	3,9	3,0
Im März 1927	12,6	45,6	26,3	9,5	3,2	2,8

Gemessen am Beginn der NEP, dem Wirtschaftsjahr 21/22 hat sich der Reallohn (gemessen am Wert des Rubels im Jahr 1913) bis zum Ende der NEP mehr als verdreifacht.[881]

Jahr	nominal	real in Rubeln von 1913 abs.	%
1	2	3	4
1921/22	–	9,08	100,0
1922/23	18,5	12,66	139,4
1923/24	36,15	18,44	203,1
1924/25	45,24	22,61	249,0
1925/26	55,29	25,10	276,5
1926/27	61,63	28,03	308,7
1927/28	67,81	30,56	336,6

Die Angaben aber, wann das Reallohnniveau wieder das des Jahres 1913 erreicht hat, sind in der Literatur strittig. Sie waren bereits im Jahre 1926/27 innerhalb der KPR mit einer scharfen Kontroverse verbunden.

Offiziell wurde – auch nach heutigen Darstellungen – das Reallohnniveau des Jahres 1913 im Wirtschaftsjahr 1924 erreicht.[882] Dem widersprechende Berechnungen der Opposition[883] setzten für 1925/26 nur 91,3 % der Höhe des Reallohns von 1913 an, während die Produktivität bereits 110,6 % des Vorkriegsstandes erreicht hatte.

Prokopovič nahm den Zeitpunkt, zu dem das Vorkriegsniveau der Reallöhne erreicht wurde, für 1926/27 an. Dabei lagen seine Berechnungen für die Entwicklung der Reallöhne weit unter denen von Strumilin.

Die Zahl der Beschäftigten erreichte etwa zur selben Zeit wie der Reallohn den Stand von 1913. Beide erreichten ihren Höhepunkt etwa 1928. Während aber die Zahl der Beschäftigten während des 1. Fünfjahresplans zunahm, sanken die Reallöhne wieder.[884] (Siehe Tabelle S. 140)

1930/31 sank nach Zaleski der Reallohn sogar wieder unter den Stand von 1913 und erreichte ihn auch trotz eines gewissen Aufschwungs bis 1940 nicht mehr. Andere – in der Sowjetunion veröffentlichte – Indizes geben an, die Reallöhne hätten den Stand von 1913 1939 wieder erreicht und sogar überschritten. Prokopovič bestätigte für 1935 die Berechnungen Zaleskis, nach denen ein Arbeiter für seinen Lohn nur noch die Hälfte an Gütern erhielt, die er 1913 erhalten hatte. Er setzte den Zeitpunkt des Sinkens der Reallöhne allerdings früher an als Zaleski: die Reallöhne sanken schon 1929/30. Der Tiefstand von 1935 – verursacht durch die Aufhebung der Rationierung und die Angleichung der vorher reglementierten Preise an die des privaten Lebensmittelmarktes – wurde 1936 überwunden. Auch nach Prokopovič erreichten die Reallöhne bis 1940 nicht mehr den Stand von 1913.[885]

Die Hauptursache für das Fallen der Reallöhne in den Jahren des ersten Fünfjahresplans lag in dem durch die erzwungene Kollektivierung und die Auflösung der Kustarindustrie (deren Produktion von der staatlichen Industrie nicht ersetzt werden konnte) erzeugten Mangel an Konsumgütern, insbesondere an agrarischen Produkten. Am 15. Januar 1929 wurde in Leningrad die Rationierung von Brot eingeführt. Seit April 1929 wurden auch Butter, Margarine, Gries, Tee, Nudeln u.a. rationiert. Bald wurden alle Grundnahrungsmittel und lebenswichtiger Konsumgüter nur noch auf Karten ausgegeben. Zwar überstiegen die Zuteilungsraten diejenigen der Zeit des Kriegskommunismus, dennoch waren vor allem die Zuteilungen von Butter und Fleisch vollkommen unzureichend. Zur gleichen Zeit stiegen die Preise auf den privaten Kolchosmärkten, auf denen noch Güter zu erhalten waren, die von dem staatlich rationierten Markt bereits verschwunden waren. So sank trotz beträchtlicher nominaler Lohnanstiege der Realverdienst in den letzten Jahren des ersten Fünfjahresplans.[886]

b) Die allgemeinen Lebensbedingungen

Während des Kriegskommunismus war die Ernährungslage so schlecht, daß die Berechnungen der Löhne nur einen Sinn haben, wenn zugleich beantwortet wird, wie die allgemeinen Lebensbe-

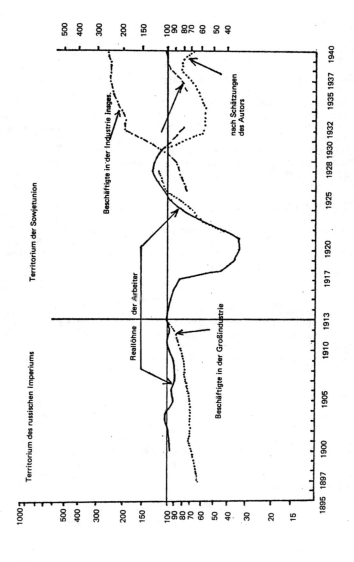

Beschäftigung und Reallöhne in der Industrie (1913=100)

dingungen der Arbeiter/-innen waren. So wurde errechnet, daß der in der Produktion beschäftigte Petersburger Arbeiter 1918 durchschnittlich nur 647 Kalorien pro Tag erhielt. Im Jahr 1919 stieg diese Zahl auf 1394 und 1920 auf 1577 Kalorien pro Tag.[887] Unter diesen Bedingungen konnte die Produktion nicht bzw. kaum aufrechterhalten werden. Dieser Durchschnitt galt zudem nur für den männlichen Arbeiter. Denn im Gegensatz zur deutschen Statistik machte die russische einen Unterschied nach Alter und Geschlecht, wonach Frauen, Kinder und Alte weniger Nahrungsmittel zu beanspruchen hatten.[888]

Anteil des Anspruchs auf eine volle Ration	
Männliche Personen vom beginnenden 18. Lebensjahr bis zur Vollendung des 60. Lebensjahres	1,00
Weibliche Personen vom beginnenden 17. Lebensjahr bis zur Vollendung des 54. Lebensjahres; männliche Personen vom beginnenden 61. Lebensjahre an; männl. Personen vom beginnenden 14. Lebensjahr bis zum vollendeten 17. Lebensjahr	0,80
Weibliche Personen vom beginnenden 15. bis zum vollendeten 16. Lebensjahr und vom beginnenden 55. Lebensjahr	0,60
Männliche und weibliche Personen vom beginnenden 8. bis zum vollendeten 13. Lebensjahr	0,55
Männliche und weibliche Personen vom beginnenden 2. bis zum vollendeten 6. Lebensjahr	0,30
Männliche und weibliche Personen bis zum vollendeten 1. Lebensjahr	0,10

Während der NEP stieg der Lohn und damit die allgemeine Ernährungslage, bis sie sich auf ein Normalniveau einpendelte. Verschiebungen gab es dann nur noch im Verbrauch von Kalorien, zugunsten von Eiweiß, Fett oder Kohlehydraten:[889]

	Dez. 22	Nov. 23	Nov/Dez. 24	Nov. 25	Nov. 26	Nov. 27
	1	2	3	4	5	6
Kalorien pro Tag	3814	3985	3801	3695	3680	3676
Eiweiß pro Tag	97	112	117	120	118	118
Fette pro Tag	49	58	65	68	61	65
Kohlehydrate pro Tag	722	728	662	638	641	631

Die Zusammensetzung der Ernährung der Arbeiterfamilie verbesserte sich mit dem Steigen der Reallöhne.[890]

	monatlich in kg pro erwachs. Esser								tägl. Norm pro Esser			
	Brot								in Kal.		in g	
Zeitraum	schwarz	weiß	Kartoffel	Fleisch und Fette	Milch	Butter	Eier	Zucker	insg.	davon tier. Urspr.	tier. Eiweiße	tier. Fette
Dez. 1922	23,1	2,98	22,84	1,327	3,10	0,139	0,012	0,483	3814	167	12,5	11,4
Nov. 1923	17,3	8,26	22,99	3,520	5,39	0,142	0,079	0,671	3985	308	23,8	20,9
Nov./Dez. 1924	12,9	11,63	18.06	5,761	5,37	0,205	0,095	1,193	3801	475	33,1	34,6
Nov. 1925	11,9	11,3	16,34	6,425	5,61	0,254	0,147	1,504	3695	483	40,4	32,0
Nov. 1926	9,1	14,0	16,23	6,240	5,51	0,280	0,149	1,733	3680	506	41,7	31,7
Nov. 1927	9,2	13,8	13,25	6,586	6,37	0,322	0,307	2,137	3676	547	41,9	37,7

Entsprechend veränderte sich die Ausgabenstruktur der Haushalte. Während die Ausgaben für Kleidung und Schuhe fast unverändert zwischen 1/4 und 1/5 der Gesamtausgaben betrugen, sanken die Ausgaben für Hygiene und Arzneimittel. Ausgaben für Kultur und für allgemein politische Angelegenheiten erreichten ihren Höhepunkt 1925 und sanken danach, von einem geringen

Anstieg der kulturellen Ausgaben 1927 abgesehen. Dagegen stieg der Alkoholkonsum ständig –
ein Mißstand, der innerhalb der KPR zu scharfen Auseinandersetzungen führte, da der Staat
an der Branntweinsteuer profitierte. Die Ausgaben für die Kirche gingen kontinuierlich zurück.
Insgesamt ergab sich folgende Ausgabenstruktur:[891]

	Dez. 22	Nov. 23	Nov./Dez. 24	Nov. 25	Nov. 26	Nov. 27
	1	2	3	4	5	6
Nahrungsmittel	46,0	42,3	46,3	44,8	45,6	43,8
Kleider und Schuhe	25,0	27,9	21,0	24,7	21,0	22,4
Wohnung, Heizung, Licht	13.9	15,1	13,5	12,2	13,5	13,1
Wirtsch. Gebrauchsgeg.	1,1	1,8	2,6	3,0	3,1	3,3
Hygiene, Medizin	1,2	0,7	0,8	0,8	0,8	0,8
Allgem. pol. Ausgaben	2,9	2,9	3,2	1,9	2,7	2,2
Kultur, Bildung	1,2	1,6	2,1	1,7	1,7	1,8
Alkohol	0,4	0,4	1,0	2,1	2,4	2,8
Tabak, Zigaretten	1,2	1,6	1,4	1,2	1,3	1,4
Religion	0,2	0,1	0,08	0,08	0,06	0,04
Übriges	6,9	5,6	8,0	7,5	7,8	8,4
Summe	100,0	100,0	100,0	100,0	100,0	100,0

Die während der NEP für einige Jahre verbesserte Versorgungslage hatte – auch wenn das Haupt-
nahrungsmittel weiterhin Brot blieb – unmittelbare Auswirkungen auf die körperliche Beschaf-
fenheit der Arbeiterklasse. Eine Untersuchung an 130 000 Moskauer Arbeitern zeigte, daß in
den Jahren von 1924 bis 1927 die Zahlen für Größe, Gewicht und Brustumfang insbesondere bei
jungen Arbeitern beachtlich höher lagen als vor der Revolution.[892]
Aber selbst dieser geringe Fortschritt wurde den Arbeitern von Funktionären vorgehalten:
„Die Arbeiter sind fett und anmaßend geworden. Je mehr man ihm gibt, desto mehr verlangt er.
Vor der Revolution schliefen die Arbeiter auf Strohsäcken in Baracken. Jetzt haben sie Betten.
Damals haben sie kein Fleisch bekommen, jetzt essen sie Fleisch und Nudeln."[893]
Als die Reallöhne in den Jahren des ersten Fünfjahresplanes sanken, stieg der Anteil der Lebens-
mittel an den Ausgaben einer durchschnittlichen Arbeiterfamilie. War er 1927/28 auf 43,8 % ge-
fallen, betrug er im Jahr 1931 49,1 % und 1935 sogar 58 %.[894]

Die monatlichen Verpflegungskosten eines Arbeiters in Moskau entwickelten sich bis 1935
wie folgt:[895]

Jahr	Arbeitslohn		Preis der Verpfle- gung pro Person		Lebensmittelkörbe in Arbeitslohn	
		in Rubel		Index	Anzahl	Index
1913	24,3		6,57	100	3,7	100
1928	70,2		11,96	182,0	5,6	151,4
1932	115,4		24,07	366,4	4,8	129,7
1934	147,3		43,86	667,6	3,4	91,9
1935	185,3		96,42	1467,6	1,9	51,4

Konsumgüter traten hinter dem Verbrauch von Nahrungsmitteln weit zurück[896], wie Skaratan
am Beispiel Leningrads zeigt.

Durchschnittlicher Verbrauch einer Arbeiterfamilie in Leningrad (Konsumgüter pro Person):

Kleidung und Wäsche	1928/29	1931	1933	1936
(verbrauchte m)	0,46	0,70	0,37	0,46
Lederschuhe (Paar)	0,13	0,09	0,07	0,1
Stoff (m)	0,99	0,40	0,34	0,51

Erstmals ging nach dem Jahr 1928/29 auch der Kaloriengehalt der Ernährung von 2392 auf 2338 und der Anteil an Kalorien aus tierischen Produkten von 17,2 auf 16,5 % zurück.[897] Die Verschlechterung der Ernährung wurde am jährlichen Verbrauch deutlich:[898]

Jährlicher Pro-Kopf-Verbrauch in Arbeiterfamilien nach Haushaltserhebungen (in kg):

	1928/29	1929/30	1929/30 in % von 1928/29
Roggenmehl und -brot (in Mehl umgerechnet)	57,2	78,8	137,8
Weizenmehl und -brot (in Mehl umgerechnet)	93,1	73,9	79,4
Grieß und Graupen	15,7	16,7	106,4
Kartoffeln	114,7	154,7	134,8
Gemüse	53,6	62,0	115,7
Fleisch und Fette	51,0	40,7	80,0
Fisch	11,0	16,8	152,7
Milch	77,7	79,5	102,3
Butter	2,4	2,2	91,8
Speiseöl	3,8	3,4	89,5
Eier	4,3	3,4	79,1
Zucker	15,6	12,8	82,1

Die verschlechterte Ernährungslage wurde zum Teil durch die öffentlichen Speisehallen aufgefangen, deren Umsatz von 102 Millionen Rubel im Jahre 1928 auf 4385 Millionen Rubel stieg.[899] Allerdings wurde die Qualität des Essens dieser öffentlichen Speisehallen überall stark kritisiert.
Seit 1922 wurde eine Gesamtstatistik über die Ernährungslage der Arbeiter mit der Familiengröße geführt. Zu Beginn der NEP nahm die Zahl der Familienmitglieder insgesamt etwas zu, sank aber ab 1926 wieder. Die Zahl der arbeitenden Familienmitglieder sank dagegen bis 1924, und sank nachdem sie 1925 angestiegen war, langsam wieder ab. Umgekehrt nahm die Zahl der nicht verdienenden Esser kontinuierlich ab.[900]

	Dez. 22	Nov. 23	Nov./Dez. 24	Nov. 25	Nov. 26	Nov. 27
Familienmitglieder	4,18	4,23	4,15	4,16	4,09	4,06
Zahl der Esser	2,90	2,88	2,81	2,80	2,74	2,73
Zahl der Arbeitenden	1,36	1,25	1,24	1,32	1,30	1,29

Der Senkung des Reallohns im 1. Fünfjahresplan sowie der Aufhebung der Arbeitslosenunterstützung folgte eine rapide Umgruppierung der Familienerwerbsstruktur, die Anfang 1928 einsetzte und sich von einem Quartal aufs nächste veränderte.

So entfielen auf die Arbeiterfamilien Erwerbstätige[901]:

	1928/29	1929/30	1930/31
1. Vierteljahr	1,23	1,28	1,43
2. Vierteljahr	1,24	1,30	1,45
3. Vierteljahr	1,25	1,33	
4. Vierteljahr	1,26	1,35	

Entsprechend verringerte sich die Zahl der Personen, die vom Verdienst eines Arbeiters lebten. Innerhalb von 7 Jahren sank die Zahl der Familienmitglieder um 0,46 Personen.[902]

Wirtschaftliche Struktur der Arbeiterfamilie:

	1927 Nov.	1930	1931	1932	1933	1934	1935
Familienmitglieder je				Jahresdurchschnittszahlen			
Familie insgesamt	4,26	4,02	3,96	3,93	3,87	3,83	3,80
Davon:							
erwerbstätige	1,23	1,32	1,45	1,44	1,44	1,44	1,47
nicht erwerbstätige	3,03	2,70	2,51	2,49	2,43	2,39	2,33
Nichterwerbstätige							
je 1 Erwerbstätigen	2,46	2,05	1,73	1,73	1,69	1,66	1,59

Im Gegensatz zur zeitweisen Verbesserung der Ernährung der Arbeiter und Arbeiterinnen verschlechterten sich ihre Wohnverhältnisse kontinuierlich. Sie erhielten weder mehr Zimmer noch mehr Wohnfläche in mit anderen gemeinsam bewohnten Räumen.[903]

Wohnungsverhältnisse der Arbeiterfamilien in den Jahren 1923 – 1927:

	Jahr	Es bewohnten in % zur Gesamtheit der Familien						Auf eine Person entfällt im Durchschn.		
		I Einzelhaus	I besondere Wohnung	Teilwohnung	Einzelzimmer	Teilzimmer u. Schlafst.	Zimmer	Wohnfläche (qm)	Wohnraum (cbm)
Moskau	1923	–	19,4	–	76,6	4,0	0,315	4,4	14,3
	1924	0,3	12,9	–	83,4	3,4	0,319	4,8	15,9
	1925	1,0	11,2	26,2	54,5	7,1	0,320	4,5	14,4
	1926	0,9	4,9	18,7	68,8	6,7	0,281	4,4	14,7
	1927	0,6	9,2	15,0	64,6	10,6	0,280	4,3	14,6
Leningrad	1923	–	49,5	–	49,5	1,0	0,539	7,8	24,8
	1924	–	40,2	–	57,6	2,2	0,480	7,3	22,8
	1925	–	30,3	23,4	44,9	1,4	0,430	6,8	20,8
	1926	–	23,4	22,5	53,2	0,9	0,412	6,4	20,8
	1927	0,5	21,4	20,1	52,5	5,5	0,400	6,1	18,2
Alle untersuchten Bezirke der SSSR.	1923	16,8	34,8	–	40,9	7,5	0,327	4,9	13,7
	1924	14,2	28,6	–	48,0	9,2	0,336	5,2	14,9
	1925	15,9	24,4	10,9	38,3	10,5	0,318	4,9	14,2
	1926	14,1	18,7	10,0	45,5	11,7	0,307	4,8	14,3
	1927	14,2	22,6	10,7	40,8	11,7	0,307	4,7	14,1

Die Einrichtungen der Wohnungen verbesserten sich – blieben jedoch weit hinter dem Bedarf zurück. Kamen im Dezember 1923 auf 100 Personen 28,8 Betten, so waren es im November 1928 41. Dieser Mangel wurde z.T. durch Matratzen ausgeglichen. Bettzeug wie Laken besaßen jedoch auch 1928 nur 87 von 100, d.h. nicht einmal jeder eins.[904]

Wohnungseinrichtung der Arbeiterfamilien 1923 – 1928:

Auf je 100 Personen entfielen

	Dez. 1923	Nov. 1925	Nov. 1926	Nov. 1927	Nov. 1928
1. Tische	45,3	–	50	51	50
2. Kommoden, Buffets, Schränke	25,7	–	27	26	25
3. Spiegel	23,5	–	23	21	24
4. Stühle	78,0	–	96	105	101
5. Wanduhren	16,0	–	17	18	18
6. Taschenuhren	9,2	–	9	7	7
7. Tischdecken und Servietten	60,0	63	71	81	65
8. Handtücher	42,4	103	121	136	129
9. Betten	28,8	–	37	41	41
Schlafzubehör:					
10. Matratzen, Federbetten	42,7	–	54	60	58
11. Kissen	103,1	–	111	114	114
12. Bettdecken und Bettbezüge	63,0	70	75	88	93
13. Laken	–	69	80	88	87
14. Kissenbezüge	149,3	156	194	196	195

Für den Einzelnen verschlechterte sich die an sich schon katastrophale Wohnsituation weiter. Inzwischen wurden zwar einige neue Wohungen gebaut, alte aber waren nicht mehr bewohnbar und der Bau von neuem Wohnraum kam mit dem Bevölkerungswachstum nicht mit:[905]

Wohnraum in den Städten

Jahresende	Städtische Bevölkerung in Millionen	Wohnraum Total in Mio. m²	Wohnraum Pro Person in m²
1927/28	26,3	160,0	6,1
1932	35,6	185,1	5,2
1937	50,2	211,9	4,2

Auch in den folgenden Fünfjahrplänen wurde das Soll an Wohnungsbau nicht erfüllt.[906]

Wohnungsbau in 3 Planjahrfünften (Millionen Quadratmeter):

	1. Planjahrfünft	2. Planjahrfünft	3. Planjahrfünft
Wohnungsfonds am Ende des letzten Jahres vor Beginn des Jahrfünfts	160,2	185,1	(200,8)
Wohnungsbau im Laufe des Jahrfünfts Plan	62,5	(72,5)	35,0
Erfüllung	(32,9)	26,8	– –
Wohnungsfonds am Ende des Jahrfünfts Plan	213,0	246,5	(223,3)
Erfüllung	185,1	(200,8)	– –

Während in der Ernährung Mißstände z.T. vorübergingen und erst nach einigen Jahren wieder auftauchten, blieben sie in der Wohnungsfrage ein Dauerzustand.

c) Arbeitslosigkeit

Trotz des wirtschaftlichen Wachstums durch die Kriegsindustrie hatte es bereits unter dem Zarismus Arbeitslosigkeit gegeben. Darüber gibt es jedoch nur unvollständige Daten. Für 1915 wurden für Petersburg, Moskau und einige andere Städte mehr als 75 000 Arbeitslose in 9 Monaten angegeben.[907] Gegen 1917 stieg diese Zahl auf 573 000[908] und verstärkte sich wieder mit der Kapitalflucht nach der Februarrevolution. Vom März bis August 1917 wurden 568 Unternehmen geschlossen und die Arbeiter/-innen entlassen. Die offiziellen Daten zeigten das Ansteigen der Entlassungen durch Betriebsschließungen.[909]

Im März wurden 108 Fabriken mit 6 646 Arbeitsstellen geschlossen.
Im Mai wurden 108 Fabriken mit 8 701 Arbeitsstellen geschlossen.
Im Juni wurden 125 Fabriken mit 38 455 Arbeitsstellen geschlossen.
Im Juli wurden 206 Fabriken mit 47 754 Arbeitsstellen geschlossen.

Insgesamt wurden 104 372 Arbeiter und Arbeiterinnen entlassen.

Die Arbeitslosigkeit hatte Einfluß auf das quantitative Wachstum der Arbeiterklasse. Ein Blick auf die Daten über die Entwicklung der Arbeiterklasse zeigt, daß es in den ersten Jahren nach der Revolution kein kontinuierliches Wachstum gab.[910]

Gesamtzahl der Arbeiter und Angestellten (in Millionen)

	Beschäftigte im Jahresdurchschnitt	am Jahresende	Arbeiter	Industriearbeiter	Landarbeiter	Angestellte
1917				3,0		
1918				2,5		
1919				2,5		
1920/21				1,5		
1921/22				1,2		
1922/23	6,6		4,2	2,0	1	2,4
1923/24	7,4			1,8		
1924/25	8,5			2,2		
1925/26	10,2			2,7		
1926/27	10,9			2,8		
1928	10,8	11,6	6,9	3,1	2,0	3,9
1929		12,2		3,4		
1930		14,5	9,5	4,3		5,0
1931		18,6		5,5		
1932	22,6	22,9		6,0		
1933	21,8	22,3	13,8	6,3		8,0
1934		23,3		6,5		
1935		24,6		7,1		

Während 1917 noch 3 Millionen Industriearbeiter gezählt wurden, sank die Zahl im ersten Jahr nach der Revolution um 500 000, um gegen Ende des Kriegskommunismus insgesamt nur noch 1,2 Millionen zu betragen. Diese Dekomposition der Arbeiterklasse war während des Bürgerkrieges Folge der Flucht aus den Städten, in denen die Versorgung nahezu zusammenbrach, so daß die Arbeiter/-innen auf dem Lande in ihren Heimatdörfern wieder begannen, die Äcker ihrer Familien zu bestellen.

Ein großer Teil der organisierten und qualifizierten Arbeiter/-innen hatte sich freiwillig für den Bürgerkrieg gemeldet und war in ihm gefallen.
Erst mit dem Beginn der Neuen Ökonomischen Politik nahm die Zahl der Arbeiter/-innen wieder zu. Es wurden nun Bauern und Landarbeiter für die Produktion gewonnen. Die alten Fachkräfte waren jedoch kaum zu ersetzen. Und da Fabriken wegen Überalterung der Maschinen stillgelegt werden mußten und Neuinvestitionen kaum durchgeführt werden konnten, wuchs die Zahl der Arbeiter/-innen nur langsam. Erst gegen Ende der NEP – 1928 – zählte die Arbeiterklasse wieder wie 1917 3,1 Millionen.
Gegen Ende des ersten Fünfjahresplans 1932 hatte sich die Zahl der Industriearbeiter dann im Vergleich zu 1917 und auch im Vergleich zu 1928 verdoppelt. Das schnelle Wachstum der Arbeiterklasse war auf die arbeitsextensive Entwicklung neuer Industrien während des 1. Fünfjahresplans zurückzuführen. Während des 2. Fünfjahresplans nahm die Zahl der Arbeiter/-innen zwar weiter zu, aber das Wachstum verlangsamte sich. 1935 gab es 7,1 Millionen Industriearber/-innen. Die Zahl der Beschäftigten einschließlich der Saisonarbeiter und der Landarbeiter war größer, als die der Industriearbeiter/-innen. Wichtig für die vorliegende Arbeit waren jedoch hauptsächlich die Industriearbeiter/-innen, da das vorhandene Material über Arbeitskonflikte überwiegend über industrielle Konflikte Auskunft gibt.
Die Maßnahmen nach der Revolution – die Einführung des 8-Stundentages, das Verbot der Arbeit von Kindern, die Mutterschutzgesetze – erhöhten zwar den Bedarf an Arbeitskräften, konnten aber das Problem der Arbeitslosigkeit nicht lösen. Im April 1918 wurden 324 000 Arbeitslose registriert, im Mai lag die Zahl schon bei 600 000. Insgesamt wurden für 1918 etwa 800 000 registrierte Arbeitslose angegeben. Die Zahl der Arbeitssuchenden lag noch weit darüber. An den seit Januar 1918 eingeführten Arbeitsämtern, Arbeitsbörsen genannt, waren in diesem Jahr 1 512 455 Personen registriert.[911] War die Arbeitslosigkeit zunächst durch die Demobilisierung der zaristischen Armee verstärkt worden, bedeutete der Aufbau der Roten Armee Mitte 1918, für die zahlreiche qualifizierte Arbeiter und anfangs auch Arbeiterinnen angeworben wurden, daß Arbeitsplätze frei wurden. Kamen auf einen Arbeitsuchenden im Juni 1918 nur 0,6 offene Stellen, waren es im Januar 1919 0,9 Stellen, im Juni 1919 1,2, im Januar 1920 1,5 und im Januar 1921 2,7 Stellen, was bereits einer Arbeitskräfteverknappung entsprach.[912]
Die Einführung der allgemeinen Arbeitspflicht 1920 war eine Reaktion auf diesen Arbeitskräftemangel, der besonders in Facharbeiterberufen stark war.
Eine neue Welle der Arbeitslosigkeit setzte gegen Ende des Bürgerkrieges zu Beginn der NEP ein. Die Betriebe wurden zunehmend gezwungen, rentabel und kostensparend zu arbeiten und mußten deshalb Arbeitskräfte entlassen. Im Januar 1922 registrierten die Arbeitsbörsen wieder 160 000 Arbeitslose. Während der ersten Phase der NEP stieg diese Zahl auf über eine Million an.[913] (Siehe Tabelle S. 148)
Die Arbeitslosigkeit traf vor allem die Frauen. In der Gewerkschaftszeitung Trud hieß es: ,,Es scheint, daß die NEP zu einem vollständigen Ausschluß der Frau aus der Produktion führt, da sie als ein wenig produktives Element angesehen wird."[914]
Schließlich war das Volkskommissariat für Arbeit gezwungen, eine ,,Verordnung über die Entlassung von Schwangeren" zu erlassen. Es hieß darin, daß ,,in letzter Zeit eine Massenentlassung von schwangeren Frauen im Zusammenhang mit dem Bestreben der Betriebe zu beobachten ist, sich der Zahlung der Unterstützung für Schwangerschaft und Mutterschaft zu entziehen."[915]
Insgesamt lag die Zahl der weiblichen Arbeitslosen 1922 über der der männlichen. Dies änderte sich erst durch die Landflucht, als immer mehr Männer in die Städte kamen, um Arbeit zu suchen. Frauen wurden nun aber gerade nicht bevorzugter eingestellt. Im Gegenteil. Auf 100 Stellengesuche von Arbeiterinnen standen 1922 10 offene Stellen zur Verfügung.[916]
Trotz eines Mangels an Facharbeitern und Intellektuellen war die Arbeitslosigkeit in diesen Berufen fast immer ebenso hoch wie in den unqualifizierten Berufen. Als sich die Wirtschaft 1925 wieder etwas erholte, sank die Arbeitslosigkeit kurzfristig sowohl unter den Facharbeitern, den intellektuellen Arbeitern als auch – saisonbedingt – unter den unqualifizierten Arbeitern. Bald begann jedoch die Zahl der Arbeitslosen durch die Verschärfung der disziplinären Bestimmungen und durch Rationalisierungsmaßnahmen insgesamt weiter anzusteigen:[917]

Arbeitslose nach Berufen (in tausend)

Zeitraum		Insgesamt	Industrielle Facharbeiter		davon waren			Intellektuelle Arbeiter		Sowjetangestellte	davon waren			Unqualifizierte Arbeiter	
			in tausend	in % der Summe der Arbeitslosen	Metallarbeiter in tausend	Textilarbeiter in tausend	übrige in tausend	in tausend	in % der Summe der Arbeitslosen	in tausend	medizinische Arbeiter in tausend	Lehrer, Ausbildung in tausend	übrige in tausend	in tausend	in % der Summe der Arbeitslosen
1922	1. Januar	160,0	35,2	22,0	7,0	20,5	7,7	39,7	24,8	31,7	5,1	0,7	2,2	32,0	20,0
	1. Juli	407,5	89,6	22,0	25,7	41,0	22,9	138,1	33,9	107,1	10,8	9,8	10,7	81,5	20,0
1923	1. Januar	641,0	141,0	22,0	48,8	71,1	21,1	298,7	46,6	183,6	20,5	14,6	80,0	128,2	20,0
	1. Juli	1050,0	261,4	24,9	78,8	52,9	129,7	353,8	33,7	259,6	36,2	19,2	38,8	271,9	25,9
1924	1. Januar	1240,0	310,0	25,0	10,4	53,9	245,7	418,0	33,7	294,2	51,8	28,4	43,6	310,0	25,0
	1. Juli	1344,3	354,5	26,4	105,6	51,4	197,5	412,7	30,7	305,9	47,3	27,7	31,8	379,1	27,4
1925	1. Januar	901,6	262,4	29,1	98,2	34,4	129,8	286,7	31,8	173,3	36,7	24,7	52,0	211,0	23,4
	1. Juli	1100,0	316,8	28,8	82,5	42,0	192,3	256,3	23,3	157,5	26,1	15,1	57,6	397,1	36,1

Zeitraum		Arbeitslose (in tausend)
1925	1. Oktober	920,4
1926	1. Januar	951,0
	1. April	1056,5
	1. Oktober	1070,8
1927	1. Januar	1310,0
	1. April	1477,0
	1. Oktober	1041,2
1928	1. Januar	1352,0
	1. April	1576,4
	1. Oktober	1364,6

Der Höchststand der Arbeitslosigkeit lag im April 1928.

Tatsächlich schien die Zahl der Arbeitslosen größer gewesen zu sein, als aus den amtlichen Statistiken hervorging. Sie wurde für 1927 auf etwa 2 Millionen geschätzt.[918] Prokopovič, der die Arbeitslosen in drei Gruppen einteilt: Gewerkschaftsmitglieder, Nichtgewerkschaftler und erstmalig Arbeitssuchende, kam 1927/28 auf 2,67 Millionen Arbeitslose, 1928 auf 2,91 Millionen.[919] Eine Aufschlüsselung von Daten, die aus den Ermittlungen von 281 Arbeitsbörsen stammen, zeigt, daß Gewerkschaftsmitglieder einen hohen Anteil der Arbeitslosen stellten, daß auch nach 1925 sowohl Intellektuelle als auch Nichtqualifizierte besonders betroffen blieben und daß der Anteil der arbeitslosen Frauen sehr hoch war:[920]

Kategorie der Arbeitslosen (in tausend)	1926 1. Okt.	1927 1. Apr.	1927 1. Okt.	1928 1. Apr.	1928 1. Okt.
Arbeitslose insgesamt	1070,8	1477,9	1041,2	1576,4	1364,6
davon:					
früher beschäftigt	706,6	1055,8	811,4	1274,4	1015,3
früher nicht beschäftigt	364,2	422,1	229,8	302,0	349,3
Frauen insgesamt	519,8	647,3	486,9	622,0	642,3
Gewerkschaftsmitglieder insg.	514,7	795,3	652,2	1078,6	832,1
Jugendliche insgesamt	144,1	163,3	168,6	197,4	240,3
insgesamt waren:					
Industriearbeiter (ohne die unqualifizierten Arbeiter	182,3	239,0	164,5	226,2	206,5
Bauarbeiter (mit Unqual.)	41,3	125,8	62,5	208,0	89,3
Intellektuelle Arbeiter	210,5	283,8	261,7	352,1	317,8
Unqualifizierte Arbeiter insgesamt	586,1	758,1	508,4	742,6	696,1

Nach diesen Angaben von 281 Arbeitsbörsen stieg die Arbeitslosigkeit von 1926 von rund 1 071 000 Arbeitern und Arbeiterinnen auf 1 364 000 im Jahre 1928. Von den Arbeitslosen waren 1926 520 000 Frauen. 1928 waren es schon 642 000 Frauen. Der entscheidende Unterschied zwischen der Arbeitslosigkeit der Männer und der Frauen war aber nicht der Verlust des Arbeitsplatzes, sondern die Chance einen neuen zu finden. Während 68 % aller Männer innerhalb des ersten halben Jahres neue Arbeit fanden, waren es nur 46,3 % der Frauen. Über ein Jahr waren 16 % der Arbeiter arbeitslos, aber 37 % der Frauen. Über zwei Jahre waren noch immer 17,6 % der Frauen arbeitslos, aber nur 4,5 % der Männer:[921]

Arbeitslose	1 - 6 Monate	6 – 12 Monate	1 – 2 Jahre	2 Jahre
Männer	68,0	16,0	11,5	4,5
Frauen	46,3	16,6	19,5	17,6
beide Geschlechter	58,0	16,2	15,2	10,6

Nur Gewerkschaftsmitgliedern wurde über die Arbeitsbörsen eine Arbeit vermittelt. Die Gewerkschaften sahen es nicht als ihre Aufgabe an, für alle Arbeiter das Recht auf Arbeit zu vertreten: „Die Gewerkschaften haben sich nie zur Aufgabe gemacht, die Interessen von Leuten zu vertreten, die keine Lohnarbeit leisten. Die bloße Absicht, Arbeit zu bekommen und dem Verband beizutreten, kann nicht genügen. Die Gewerkschaften führen den Kampf für die organisierte Arbeit, für organisierte Beschaffung von Arbeitsplätzen und selbstverständlich für die Beschaffung von Arbeit für diejenigen, die bereits organisiert sind. Würden die Gewerkschaften anders handeln, so würden sie ihr Klassengesicht verlieren und ihr Wesen − Schutz der Interessen ihrer Mitglieder − verleugnen . . .

Arbeitslose, die keine Gewerkschaftsmitglieder sind, werden mit uns in dieser Frage nicht übereinstimmen, weil sie Arbeit bekommen wollen. Es gibt ihrer viele nicht nur auf den Arbeitsnachweisen, sondern auch in jeder Arbeiter-, Angestellten- und Bauernfamilie. Aber die Gewerkschaften, muß erneut betont werden, wollen und können nicht den Schutz all derer übernehmen, die keine Lohnarbeit leisten."[922] Arbeitslose konnten nicht in die Gewerkschaft eintreten und Stellen wurden nur denen zugewiesen, die bereits Gewerkschaftsmitglied waren. Ein verhängnisvoller Kreis.

Zu Beginn des ersten Fünfjahresplans wurden zwar immer noch 1,2 Millionen Arbeitslose registriert, die Zahl ging jedoch aufgrund wachsenden Arbeitskräftebedarfs zurück. Von Oktober 1929 bis Februar 1930 sank die Arbeitslosigkeit um 5 % von 1 242 600 auf 1 235 600 Arbeitslose. Im Juni 1930 betrug die Zahl der Arbeitslosen nur noch 936 600 Personen. Diese Entwicklung zeigt die folgende Tabelle:[923]

Kategorie	Jahr	1. Mai	1. Juni	Mittel von 8 Monaten	in % zu Beginn des Wirtschaftsjahres
Arbeitslose insgesamt	1928/29	1772,6	1593,6	1611,1	116,8
	1929/30	1025,6	936,6	1176,6	75,4
davon Mitglieder der Gesellschaft	1928/29	1110,3	949,5	1014,0	114,1
	1929/30	516,3	446,0	615,2	66,5
früher Beschäftigte insgesamt	1928/29	1350,6	1171,9	1226,1	115,4
	1929/30	714,1	639,5	800,5	77,5
davon waren: Industriearbeiter (ohne Unqual.)	1928/29	277,6	252,3	243,8	122,2
	1929/30	137,9	133,9	176,6	65,1
davon: Metallarbeiter	1928/29	87,0	78,6	65,1	128,9
	1929/30	35,9	33,0	46,3	58,8
Holzarbeiter	1928/29	27,4	22,0	22,2	153,1
	1929/30	10,3	10,4	11,6	100,0
Textilarbeiter	1928/29	42,2	41,7	33,7	145,8
	1929/30	27,7	34,0	37,0	78,3
Lebensmittelarbeiter	1928/29	41,7	37,2	36,2	115,9
	1929/30	26,4	20,8	26,9	68,6
Bauarbeiter (mit Unqual.)	1928/29	217,1	165,7	166,7	185,6
	1929/30	105,0	77,4	91,4	165,4
Intellektuelle Arbeiter	1928/29	310,4	282,0	316,2	88,7
	1929/30	145,4	131,6	173,9	62,1
unqualifizierte Arbeiter insgesamt	1928/29	489,6	420,3	443,6	121,2
	1929/30	241,0	194,8	306,6	61,9
früher nicht Beschäftigte	1928/29	421,9	421,7	385,0	120,7
	1929/30	311,5	297,1	376,1	71,3

Die Gründe für den Rückgang der Arbeitslosigkeit waren einerseits in den neuen Industrieprojekten zu sehen, die auf Großbaustellen viele Arbeitsplätze im Baugewerbe schufen, andererseits aber auch in den Restriktionen, die Arbeitssuchenden auferlegt wurden. So wurde nach dem 14. Februar 1930 verschärft gegen die vorgegangen, die einen angebotenen Arbeitsplatz ausschlugen. Ein weiterer Erlaß des NKT erschwerte nach dem 9. Oktober 1930 die Situation der Arbeitslosen. „Die Arbeitslosen sind nicht nur bei ihrer fachlichen Ausbildung entsprechenden Arbeiten zu beschäftigen, sondern auch bei anderen Arbeiten einzusetzen, die keinerlei besondere Qualifikation erfordern."[924] Eine Arbeitsverweigerung hatte die Streichung aus den Anwartslisten zur Folge. Zudem wurde die Einstellung der Arbeitslosenunterstützung verfügt.[925] Diese Maßnahme erklärt das schnelle Abnehmen der Arbeitslosigkeit.[926] Die bestehende Arbeitslosigkeit wurde per Dekret und materiellem Druck auf die Arbeitslosen aufgehoben.

Die Bereinigung der Statistiken folgte – ebenfalls per Dekret – durch das NKT am 23. 8. 1930: „633 000 Arbeitslose, die die Arbeitsbörsen errechnet haben, sind eine Folge der schlechten Arbeit der Arbeitsbörsen und fehlender Anstrengungen die betreffenden Arbeitslosen umzuschulen. Das Kollegium konstatiert die absolute Aufhebung der Arbeitslosigkeit."[927] Entsprechend sank die Zahl der Arbeitslosen rapide. Im September waren an den Arbeitsbörsen bereits nur 525 000 und im Oktober schließlich nur noch 334 600 Arbeitslose registriert.

Bis heute streiten sich sowjetische Historiker, ob die Arbeitslosigkeit bereits 1930 oder erst nach dem Ende des 1. Fünfjahresplans überwunden wurde. So erschienen während der politischen Liberalisierung Anfang der 60er Jahre Analysen, die für den 1. Januar 1931 noch 236 000 Arbeitslose nannten und von einem forcierten Kurs bei der Überwindung des Problems der Arbeitslosigkeit sprachen.[928]

Die Heftigkeit, mit der diese Aussagen noch heute bestritten werden, ist nicht zufällig. Denn die Arbeitslosigkeit gegen Ende der Zwanziger Jahre und zu Beginn der 30er Jahre hat die gesamte Existenz der Arbeiter/-innen bedroht, so daß die Arbeitslosigkeit als einer der wichtigsten Gründe betrachtet werden muß, warum die Arbeiter gegen die politische, wirtschaftliche und kulturelle Deformation keinen größeren Widerstand geleistet haben. „Man darf keinen Moment vergessen: Die Errichtung der bürokratischen Macht stützte sich auf die Arbeitslosigkeit."[929] Neben der ökonomischen Unsicherheit, den eigenen Arbeitsplatz zu erhalten oder einen neuen zu finden, wurde die Arbeitslosigkeit in einer Form von Berufsverboten gegen politisch Oppositionelle eingesetzt. Nach Jahren des Hungers während des Bürgerkriegs, während der Militarisierung der Arbeit, waren die Arbeiter/-innen, die Kritik offen formulierten, von Entlassungen bedroht, die nicht zögerten, das Mittel der Arbeitslosigkeit im politischen Kampf einzusetzen.[930]

Der kontinuierliche Anstieg des Lebensstandards wurde jedoch – entgegen der realen Entwicklung – zum Bestandteil der offiziellen sowjetischen Lehrmeinung erhoben. Zum Verständnis der offiziellen sowjetischen Statistik der 30er Jahre sei Stalin zitiert: „Wir haben zweifellos eine Position erreicht, von der aus sich die materiellen Bedingungen von Jahr zu Jahr verbessern. Die einzigen, die daran Zweifel haben können, sind die eingeschworenen Feinde des Sowjetregimes."[931]

Anmerkungen

1   Karl Marx, Grundrisse der Kritik der politischen Ökonomie, Berlin (DDR) 1953, p. 25.
2   Rudi Dutschke: Versuch, Lenin auf die Füße zu stellen – über den halbasiatischen und den westeuropäischen Weg zum Sozialismus. Lenin, Lukacs und die Dritte Internationale, Berlin 1974.
3   a.a.O., p. 62.
4   a.a.O.
5   Dutschke, a.a.O., p. 175.
6   a.a.O., p. 174.
7   Gisela Bock, Die andere Arbeiterbewegung in den USA von 1909-1922. Die I.W.W. The Industrial Workers of the World, München 1976.
8   Karl Heinz Roth. Die ‚andere' Arbeiterbewegung und die Entwicklung der kapitalistischen Repression von 1880 bis zur Gegenwart, München 1977 (2. Aufl.).
9   Instruktion aus dem Jahre 1706 eines Werkes in Tula. Zit. n. A.M. Pankratova, Fabrikräte in Rußland, März 1976, p. 50 f. – Ein Altyn war ein silbernes Dreikopekenstück, ein Denga eine Kupfermünze im Wert von einer halben Kopeke.
10   Generalukaz für alle Fabriken, 7.1.1736, zit. n. Pankratova, a.a.O., p. 51.
11   Anordnung von Katharina II., zit. n. Pankratova, a.a.O., p. 54.
12   Archiv istorii truda Nr 2, S. 5 f. Na Moskovskogo Novgorodskogo parušnoj fabrike. Dela Auditorskogo Departementa, 23 maja 1816 g.; zit. n. Pankratova, a.a.O., p. 56.
13   Julius Martov, Geschichte der russischen Sozialdemokratie. Berlin 1926, Reprint Erlangen 1973, p. 9. Vgl. auch G. Sinowjew, Geschichte der Kommunistischen Partei Rußlands, Erlangen 1972, p. 25, Pankratova, a.a.O., p. 55.
14   Pankratova, a.a.O., p. 54; Pankratova stützt sich hier auf die Arbeiten Rozkovs ‚Gorod und derevnja'.
15   Pankratova, a.a.O., p. 59.
16   Martov, a.a.O., p. 10 f.
17   22.6.1870
18   Abgedruckt in Ozerov, Politika po rabočernu voprosu v Rossii, Moskva 1906, p. 25, zit. n. Waldemar Koch, Die bol'ševistischen Gesellschaften, eine herrschaftssoziologische Studie, Jena 1932, p. 1.
19   Lenin, Die Entwicklung des Kapitalismus in Rußland, Werke Bd. 3, p. 152.
20   Vgl. Lenin, a.a.O.
21   Balabanov, Promyšlennost' Rossii v načale XX veka, Bd. I, p. 55 (1909), zit. n, Koch, a.a.O., p. 2.
22   Lenin, a.a.O., p. 526.
23   a.a.O., p. 529.
24   kustarničestvo
25   A.V. Pogošev, zit. nach Salomon M. Schwarz, Arbeiterklasse und Arbeitspolitik in der Sowjetunion, Hamburg 1953, p. 13.
26   Schwarz, a.a.O., p. 14. Die enge Verbundenheit mit dem Land blieb in der russischen Arbeiterklasse bis zum ersten Fünjahresplan 1928/29 erhalten. Sie ist nicht nur als ein Element der Rückständigkeit zu betrachten, denn ohne die Verbindung zum Dorf hätten 100 000e Arbeiter/-innen die ersten wirtschaftlichen Erschütterungen nach der Revolution nicht überlebt und nur durch diese Verbindung ist die Massenflucht der Industriearbeiter/-innen aus den Städten nach der Revolution überhaupt denkbar.
27   Prokopovič, Haushaltsbudgets der Petersburger Arbeiter, in: Archiv für Sozialwissenschaft und Sozialpolitik, Bd. 30, 1910, p. 90.
27a   W. Grinewitsch, Die Gewerkschaftsbewegung in Rußland, Berlin 1927, p. 230.
28   Grinewitsch, a.a.O., p. 231.
29   Grinewitsch, a.a.O.
30   Grinewitsch, a.a.O.
31   Grinewitsch, a.a.O., p. 232.
32   Grinewitsch, a.a.O.
33   Martov, zit. n. Pakratova, a.a.O.
34   Vgl. K.A. Pažitnov, Položenie rabočago klassa v Rossii, 1908, p. 69, vgl. auch O. Anweiler, Die Rätebewegung in Rußland, 1905-1921, Hamburg 1958, p. 28.
35   Anweiler, a.a.O. Koch, a.a.O., p. 11.
36   Enzyklopädie der UdSSR, Bd. 1, Berlin 1950, p. 563 ff., O. Anweiler, a.a.O., p. 27.
37   Manya Gordon, Workers before and after Lenin, New York 1941, p. 22.
38   Ju.Martov, Razvitie krupnoj promyšlennosti i rabočee dviženie do 1892, in: Istorija Rossii v XIX v., Bd. IV, p. 114-162; zit. n. Pankratova, a.a.O., p. 76.

39 Gordon, a.a.O.
40 W. Grinewitsch, a.a.O., p. 19.
41 K.M.Tar. Eine Skizze über die Petersburger Arbeiterbewegung der 90er Jahre, Petersburg 1906, p. 72, zit. n. Grinewitsch, a.a.O., p. 22f.
42 Allgemeiner Jüdischer Arbeiterbund in Rußland, Polen und Litauen.
43 Vgl. Grinewitsch, a.a.O., p. 24-26.
44 Koch, a.a.O., p. 14.
45 Vgl. O. Anweiler, a.a.O., p. 39. Trotzki, Die russische Revolution 1905, Berlin 1972, p. 63 f.
46 Grinewitsch, a.a.O., p. 233. Die Angaben schließen die Betriebe ein, die der Gewerbeinspektion und dem Bergdepartement unterstehen. Pankratova gibt mit 13 995 Streiks nur die der Gewerbeinspektion unterstehenden Betriebe an; a.a.O., p. 98.
47 Rosa Luxemburg, Massenstreik, Partei und Gewerkschaften, Werke Bd. 2, Berlin 1972, p. 124.
48 Zit. nach Rosa Luxemburg, Massenstreik, Partei und Gewerkschaften, a.a.O., p. 118 f.
49 Pankratova, a.a.O., p. 120.
50 Zit. n. Pankratova, a.a.O., p. 113.
51 Trotzki, Die Revolution 1905, a.a.O., p. 86 f.
52 a.a.O., p. 87.
53 Vgl. O. Anweiler, a.a.O., p. 66.
54 ispolnitel'nyj komitet
55 Vgl. O. Anweiler, a.a.O., p. 94.
56 Zit. n. O. Anweiler, a.a.O., p. 97.
57 Vgl. Anweiler, a.a.O., p. 65.
58 Lenin, Werke Bd. 10, Unsere Aufgaben und der Sowjet der Arbeiterdeputierten, p. 3 f.
59 a.a.O., p. 5.
60 Der Artikel Lenins wurde 1905 nicht gedruckt. Er erschien erst 1940, als diese Aussagen kaum noch Sprengkraft enthielten.
61 Zit. n. Grinewitsch, a.a.O., p. 200.
62 Pankratova, a.a.O., p. 125.
62 a Grinewitsch, a.a.O., p. 234.
63 Grinewitsch, a.a.O., p. 235.
64 Delo o Voenno-Promyšlennogo Komiteta, zit. n. Pankratova, a.a.O., p. 147 f.
65 Vgl. O. Anweiler, a.a.O., p. 120; Pankratova, a.a.O., p. 329.
66 Martov, a.a.O., p. 287.
67 Martov, a.a.O., p. 289.
68 Pankratova, a.a.O., p. 160 f.
69 Martov, a.a.O., p. 291.
70 Trotzki, Geschichte der russsischen Revolution, Frankfurt (M) 1973, Bd. 1, p. 94 f.
71 Trotzki, a.a.O., p. 95.
72 Trotzki, ibid.
73 a.a.O., p. 95 f.
74 a.a.O., p. 103.
75 Vgl. Martov, a.a.O., p. 291; Uwe Brügmann, Die russischen Gewerkschaften in Revolution und Bürgerkrieg 1917 - 19, Frankfurt 1973, p. 25 f., Trotzki, a.a.O., p. 142.
76 Zit. nach Gitermann, Geschichte Rußlands, III, Hamburg 1949, p. 632 f.
77 Vgl. O. Anweiler, a.a.O., p. 131 f.
78 Auch die Bolschewiki vertraten, daß die Revolution bürgerlich sei. Sie zogen daraus aber nach dem April nicht den Schluß, daß deshalb die bürgerliche Regierung zu unterstützen sei.
79 Trotzki, Geschichte der russischen Revolution, a.a.O., p. 150 f.
80 Trotzki, a.a.O., p. 176 f.
81 Pankratova, a.a.O., p. 170.
82 Vgl. U. Brügmann, a.a.O., p. 47.
83 Zit. nach Trotzki, a.a.O., p. 209.
84 a.a.O., p. 207.
85 Trotzki, a.a.O.
86 Trotzki, a.a.O., p. 208.
87 Moskauer Industrie und Handelskomitee am 14.3.1917, zit. n. Pankratova, a.a.O., p. 171.
88 S.G. Strumilin, Izbrannye proizvedenija, Problemy ekonomiki truda, T. 3, Moskva 1964, p. 371.
89 Strumilin, a.a.O., p. 372.
90 Pankratova, a.a.O., p. 201.
91 ibid.
92 Vgl. Pankratova, a.a.O., p. 200.
93 Trotzki, a.a.O., p. 206.
94 ibid.

95 Pankratova, a.a.O., p. 170.
96 Krasnaja Letopis, 1925, Nr. 2, p. 242, zit. n. Brügmann, a.a.O., p. 86.
97 Professional'nyj vestnik 1917, Nr. 7, p. 8; zit. n. Brügmann, a.a.O., p. 83.
98 Brügmann, a.a.O., p. 84.
99 Zahlreiche Bespiele für einzelne Arbeitskonflikte finden sich in: R. Arskij, rabočee dviženie v pervye mesjacy revoljucii in: Materialy po istorii professional'nogo dviženija v Rossii, Moskva 1924.
100 Tret'ja Vserossijskaja konferencija, professional'nych sojuzov, Stenografičeskij otčet, Moskva 1927, p. 270.
101 a.a.O., p. 461.
102 ibid.
103 E. Jaroslavskij, Istorija VKP (b), IV, Moskva-Leningrad 1930, p. 166, zit. n. Anweiler, a.a.O., p. 222. Anweiler setzt als Datum, ab wann die Bolschewiki zur Massenbewegung wurden, Ende August/September 1917.
104 Der weitere Verlauf der russischen Revolution in Trotzki Geschichte der russischen Revolution, Zweiter Teil, Oktoberrevolution Bd. 2, a.a.O.
105 – 176 gestrichen.
177 E.A. Preobraženskij: Die sozialistische Alternative; Berlin 1974, p. 103 f.
178 Lenin Werke, Bd. 26, p. 267 f.
179 Narodnoe chozjaistvo 1918, Nr. 1, S. 27, zit. nach R. Lorenz, Anfänge der bolschewistischen Industriepolitik, Köln 1965, p. 97.
180 A.B. Venediktov, Organizacija gosudarstvennoj promyslennosti v SSSR, Vol. 1, Leningrad 1957, p. 95.
181 zit. nach U. Brügmann, a.a.O., p. 141.
182 S.G. Strumilin, Problemy ekonomiki truda, a.a.O., p. 361.
183 Lenin, Wie soll man den Wettbewerb organisieren, AW Bd. 2, p. 587.
184 a.a.O.
185 L. Trockij, Arbeit, Disziplin und Ordnung werden die sozialistische Sowjetrepublik retten. Berlin 1919, p. 7 f.
186 a.a.O., p. 12.
187 a.a.O.
188 a.a.O., p. 16 f.
189 Lenin, Die nächsten Aufgaben der Sowjetmacht, AW Bd. 2, p. 753.
190 Lenin, a.a.O., p. 759.
191 Lenin, a.a.O., p. 763.
192 Instruktionen an die Betriebskomitees vom Moskauer Rat für Arbeiterkontrolle in: rabočij kontrol', 1918, Nr. 1, S. 3, zitiert nach Brügmann a.a.O., p. 155.
193 Erklärung Lozovskijs aus dem Dez. 1917 zit. n. Brügmann, a.a.O., p. 125.
194 Trudy I Vserossijskago s'ezda Sovetov' narodnago chozjajstva, 1918, p. 380.
195 Prokopovič, The economic Condition of Soviet Russia, London 1924, p. 22.
196 Zit. nach Prokopovič, a.a.O., p. 19.
197 Vgl. zu dieser Diskussion U. Brügmann, a.a.O.
198 Lenin, Die nächsten Aufgaben der Sowjetmacht, a.a.O., p. 753.
199 Trockij, a.a.O., p. 14.
200 ibid.
201 Osinskij, Über den Aufbau des Sozialismus, in: Arbeiterdemokratie oder Parteidiktatur, Freiburg 1967, p. 93.
202 Osinskij, a.a.O., p. 100.
203 a.a.O., p. 105.
204 Vgl. Venediktov, Vol. I, p. 357.
205 Profsojuzy SSSR, Tom II, p. 105 f – Verfügung des VCSPS über die Arbeitsdisziplin vom 3.4.1918.
206 a.a.O., p. 789.
207 Vgl. Venediktov a.a.O., p. 359 f.
208 Der Text dieser Regeln befindet sich in : Profsojuzy SSSR, Tom II, a.a.O., p. 108 f.
209 Venediktov a.a.O., p. 358. U. Brügmann interpretiert die Änderung des Gewerkschaftsentwurfs, der von Miljutin ausgearbeitet wurde, daß in der Übertragung auf unabhängige Organe, die mit einer besonderen Anhörung der Unternehmer verbunden war, als ein Mißtrauen gegen die Gewerkschaften, daß sie die Frage der Disziplin nicht effektiv genug durchsetzen würden.
210 Trudy 1 vserossijskago s'ezda sovetov' narodnago chozjajstva, a.a.O., p. 388. Vgl. auch A. Goldschmidt, die Wirtschaftsorganisation Sowjetrußlands, Berlin 1920, p. 237 f.
211 Trudy 1 vserossijskago s'ezda sovetov' narodnago chozjajstva, a.a.O., p. 66 f.
212 Vgl. F.I. Kaplan, Bolshevik Ideology and the ethics of soviet labor, 1917 - 20: the formativ years. NY. 1968, p. 340.
213 SU 1919, 56 - 537.
214 Venediktov, a.a.O., p. 362.
215 Venediktov, a.a.O., p. 651 f.
216 Izvestija No. 257, 16.11.1919.

154

217 Venediktov, a.a.O., p. 652.
218 Carr, The bolshevik revolution, 1917 - 23, Vol. II, p. 213.
219 8. S' ezd professional'nych Sojuzov SSSR stenografičeskij otčet 1928, Moskva 1929, p. 42 - 44.
220 L.N. Kritzman, Die heroische Periode der großen russischen Revolution Moskau 1924; dt. Frankfurt 1971, p. 144.
221 siehe folgendes Kapitel.
222 Die KPR (b) hatte nach der Februarrevolution durch ihre Forderung nach gleichem Lohn und durch ihre Polemik gegen die menschewistisch organisierte Arbeiteraristokratie sehr viele ungelernte Arbeiter gewonnen.
223 Rykov, Die wirtschaftliche Lage Sowjetrußlands, Referat auf dem III. Kongreß der Volkswirtschaftsräte, in: Russische Korrespondenz März 1920, Nr. 5, p. 5.
224 Trotzki, Die Wirtschaft in Sowjetrußland und in Westeuropa, Bericht auf der vereinigten Sitzung des III. Kongresses der Volkswirtschaftsräte und des Moskauer Arbeiter- und Bauernrates, in: Russische Korrespondenz Nr. 8/9 Juni 1920, p. 11. Das russische Original ist abgedruckt in Trockij, Soč XV pp. 52 - 78.
225 Trockij, Soč. T. XV. p. 10 - 14.
226 Die Thesen des ZK erschienen in: Russische Korrespondenz, Februar 1920, Nr. 4, p. 2 - 6.
227 a.a.O.
228 Deutscher, Der bewaffnete Prophet, Stuttgart 1962, p. 463.
229 Thesen, a.a.O.
230 Vgl. I. Deutscher, a.a.O., p. 538.
231 Trockij, Rede auf dem III. Kongreß des VSNCh in: Russische Korrespondenz, Nr. 8/9, Juni 1920, p. 14.
232 SU 10.2.1920, Nr. 8.
233 Devjatij s'ezd KPR (b) protokoly, Moskva 1960, p. 404 - 417.
234 a.a.O., p. 407.
235 a.a.O., p. 415.
236 a.a.O., p. 415.
237 SU 1920, 35 - 168.
238 „Die Organisation der Arbeit ist wesentlich die Organisation der neuen Gesellschaft, denn jede historische Gesellschaft ist Organisation der Arbeit", IX. s'ezd RKP (b) a.a.O., p. 91.
239 a.a.O., p. 93.
240 a.a.O., p. 94.
241 Resolution über die Gewerkschaften und ihre Organisation, devjatyj s'ezd RKP, protokoly, Moskva 1960, p. 417.
242 a.a.O., p. 418.
243 a.a.O., p. 419.
244 a.a.O., p. 419 f. Hervorhebung S.P.
245 Trockij beschreibt auf dem IX. Parteitag die Angst eines Ingenieurs, devjatyj S'ezd, a.a.O., p. 197.
246 a.a.O., p. 421.
247 a.a.O., p. 420 f.
248 „und auf ihre Weise haben schließlich die Genossen Gewerkschaftler die Frage gestellt, und zwar am schlechtesten von allen gestellt, weil ihre Erörterung sich lange Zeit nur darum drehte, daß die Arbeiterklasse vor der Militarisierung bewahrt werden müsse . . .", a.a.O., p. 115.
249 a.a.O., p. 116.
250 Tretij vserossijskij' s'ezd professional'nych sojuzov, stenograf. otčet, 1921, p. 5.
251 a.a.O., p. 5.
252 Lenin Werke Band 30, p. 507.
253 Tretii vserossijskij' s'ezd professional'nych sojuzov, a.a.O., p. 28.
254 Trotzki, Terrorismus und Kommunismus, 1920, p. 141.
255 Vgl. Beilage zur Russischen Korrespondenz 1921, Nr. 12, p. 89.
256 SU 10.2.1920, Nr. 8.
257 Trockijs Haltung war hinsichtlich der Militarisierung der Arbeit widersprüchlich. Vgl. hierzu I. Deutscher, a.a.O., p. 465 f.
258 devjatyj s'ezd RKP, a.a.O., p. 95.
259 Vestnik truda 1920, Nr. 3, p. 87.
260 D.E. Minz, Die Arbeit, in: Beilage zur Russischen Korrespondenz, Nr. 6, 1922, p. 139.
261 Minz, a.a.O., p. 139 f.
262 a.a.O., p. 143.
263 Hofmann, Die Arbeitsverfassung der Sowjetunion, a.a.O., p. 202 f; Hofmann beruft sich in seinen Angaben auf trud v SSSR 1922 - 24, p. 203.
264 Stopani, Trudovye konflikty – naša platforma in: Voprosy truda, 1923 (3), p. 10.
265 a.a.O.
266 Carr faßt den Begriff der Arbeitskämpfe sehr eng, wenn er davon ausgeht, daß es unter dem Kriegskommunismus keine normalen Arbeitskonflikte gegeben habe und daß alle Konflikte vom Glavkomtrud bzw. den Kameradschaftsgerichten gelöst worden wären. Vgl. Carr, the interregnum 1923 - 24, Middlesex 1969, p. 73.

267 entfällt
268 G.A. Kameneckij, Trudovye konflikty i professional'nye ob'edinenija, Moskva 1926, p. 57; ein halbes Funt entspricht etwa 205 g.
269 Vgl. G. Meyer, Studien zur sozialökonomischen Entwicklung Sowjetrußlands 1921 - 23, Köln 1974, p. 100 f.
270 F. Dan, Dva goda skitanij, Berlin 1922, p. 105.
271 Pravda 8.2.21.
272 Pravda 15.2.21.
273 Mitteilungen des Provisorischen Revolutionskomitees der Matrosen, Rotarmisten und Arbeiter der Stadt Kronstadt, Nr. 1, 3.3.21; in: Arbeiterdemokratie oder Parteidiktatur a.a.O., p. 341.
274 Dies änderte jedoch nicht seine generelle Einschätzung, daß der Aufstand in Kronstadt konterrevolutionär gewesen sei. Vgl. The Kronstadt Rebellion in the Soviet Union 1921, New York 1973, p. 15.
275 I Vserossijskij s'ezd profsojuzov, . . . zit. nach Deutscher, Die Sowjetischen Gewerkschaften, Ffm. 1960, p. 43.
276 II Vserossijskij s'ezd profsojuzov 1919, p. 19.
277 Carr, 1917 - 23, Vol II, a.a.O., p. 204.
278 XI. S'ezd RKP (b), Moskva 1961, p. 529 f. dieser Teil der Resolution ist größtenteils identisch mit der Res. des ZK der KPR vom 12. Januar 1922.
279 a.a.O., p. 530.
280 ibid.
281 XI. S'ezd RKP (b), a.a.O., p. 327.
282 a.a.O., p. 238.
283 ibid.
284 Vgl. Kapitel IV.
285 XI. S'ezd RKP (b), a.a.O., p. 239.
286 a.a.O., p. 265.
287 Izvestija VCIK N. 208.
288 XI. S'ezd RKP (b), a.a.O.
289 a.a.O., p. 480.
290 Tomskij in seiner Rede.
291 Vgl. den 1926 erschienenen Aufsatz von A.P.G. Maximov: Die revolutionär-syndikalistische Bewegung in Rußland, Hamburg 1972.
292 Russische Pressekorrespondenz, Jg. 3, Bd. 1, 1922, p. 382.
293 a.a.O., p. 383.
294 ibid.
295 ibid.
296 ibid.
297 ibid.
298 a.a.O., p. 382 f.
299 Näheres dazu im Kapitel IV.
300 a.a.O., p. 384.
301 ibid.
302 Vgl. das Kapitel III c) über die Streikbedingungen.
303 a.a.O., p. 384 f.
304 a.a.O., p. 385.
305 Hätten sich die Bolschewiki unter Kerenskij gegen Streiks gewendet, hätten sie so eklatant gegen die Interessen der Masse der Arbeiter/-innen gehandelt, daß ihr Einfluß in der Oktoberrevolution etwa so groß wie 1905 geblieben wäre.
306 ibid.
307 ibid.
308 Vgl. das Kapitel über die Streikdaten.
309 Tomskij, Stat'i i reči, Moskva 1927 Vol III, p. 72.
310 a.a.O., p. 133.
311 ibid.
312 ibid.
313 Trud No. 211, 21.9.1922.
314 ibid.
315 Trud No. 210, 1922.
316 ibid.
317 G. Revzin, Die Lösung von Konflikten, Trud No. 210, 1922.
318 ibid.
319 ibid.
320 ibid.
321 ibid.

322 VI S'ezd professional'nych sojuzov SSSR, Moskva 1925, p. 103 f.
323 XIV S'ezd VKP (b), Stenografičeskij otčet, Moskva 1926, p. 982.
324 ibid.
325 XIV S'ezd VKP, a.a.O., p. 723.
326 a.a.O., p. 729.
327 ibid.
328 ibid.
329 a.a.O., p. 780.
330 ibid.
331 a.a.O., p. 982. (Thesen).
332 ibid.
333 a.a.O., p. 794.
334 VI S'ezd professional'nych sojuzov, a.a.O., p. 166.
335 XIV S'ezd VKP (b), a.a.O., p. 804.
336 L. Trotzki, Die wirkliche Lage in Rußland, a.a.O., p. 44; der Text ist die Plattform der Vereinigten Opposition, dem Zusammenschluß der linken Opposition um Trockij und der Gruppe um Kemenev und Zinov'ev.
337 a.a.O., p. 51.
338 Vor dem Thermidor, Revolution und Konterrevolution in Sowjetrußland, Hamburg o.J. (1928), p. 19.
339 XIV S'ezd VKP (b) a.a.O., p. 798.
340 Vor dem Thermidor, a.a.O., p. 21.
341 ibid.
342 Über die Pläne dieser Gruppe, eine zweite Partei in der Sowjetunion aufzubauen, berichtet Korsch in seinem Aufsatz „Die zweite Partei", in : Politische Texte, Frankfurt 1974.
343 L. Ginsburg, Löhne und Arbeitsbedingungen in der Sowjetunion, Berlin 1928, p. 35.
344 Vgl. das Kapitel über die Schlichtung.
345 V.M. Dogadov, Pravovoe položenie professional'nych sojuzov SSSR, Moskva 1928, p. 77.
346 Vgl. Kapitel III b).
347 Korsch, Zehn Jahre Klassenkämpfe in Sowjetrußland, in: Kommunistische Politik 2. Jahrgang, Nr. 17/18, 1927, wiedererschienen in: Karl Korsch, Politische Texte, Frankfurt/M., 1974, p. 189.
348 Korsch, a.a.O., p. 186.
349 Die Gewerkschaftsbewegung in Sowjetrußland, Internationales Arbeitsamt, Genf 1927, p. 190.
350 Voprosy truda Nr. 7 - 8, Juli, August 1924.
351 a.a.O.
352 a.a.O.
353 a.a.O.
354 A. Stopani, Ob osobennostjach našich zabastovok, in: Voprosy truda, 1923, Nr. 2, p. 18.
355 VIII S'ezd professional'nych sojuzov SSSR, a.a.O., p. 65.
356 P.N. Avdeev, Protiv demagogii oppozicii, Vestnik truda 1927 (II), p. 51.
357 Avdeev, Trudovye konflikty v SSSR, Moskva 1928, p. 11.
358 a.a.O., p. 15.
359 ibid.
360 Ohne Eisenbahn und Transportarbeiter, nach Angaben von P.N. Avdeev, Trudovye konflikty v SSSR, a.a.O., p. 14 f.
361 Die Daten für die Jahre 1927 u.d. 1. Halbjahr 1928 nennt A.I. Dogadov auf dem VIII. Gewerkschaftskongreß, vgl. VIII S'ezd professional'nych sojuzov SSSR, a.a.O., p. 65. L. Greyfié de Bellecombe kommt in seiner Arbeit „Les conventions collectives de travail en Union Soviétique", Paris 1958, p. 55 in einigen Jahren auf leicht abweichende Ergebnisse. So sind ihm im Jahre 1924 nur 42 000 Teilnehmer bekannt geworden, im Jahre 1925 nur 34 000 Teilnehmer und 1926 bei 327 Streiks 32 900 Teilnehmer.
362 Vgl. Avdeev, a.a.O., p. 9 f.
363 Internationales Arbeitsamt (Hrsg.), Die Gewerkschaftsbewegung in Sowjetrußland, a.a.O., p. 191.
364 A. Stopani, Ob osobennostjach našich zabastovok, a.a.O., p. 17.
365 Trud vom 24.5.1925, Kozelev auf dem Plenum des ZK der Metallarbeitergewerkschaft.
366 Avdeev, a.a.O., p. 16.
367 A. Stopani, a.a.O., p. 18.
368 Ujezd: Administrative territoriale Einheit eines Gouvernements.
369 a.a.O.
370 Carr, The Bolshevik Revolution 1917 - 23, Vol. 2, a.a.O., p. 110 f. und p. 204.
371 III Vserossijskij s'ezd professional'nych sojuzov, a.a.O., p. 14.
372 Kozelev auf dem Plenum des ZK der Metallarbeitergewerkschaft, Trud 14.5.1925.
373 a.a.O.
374 Trud, 29.11.1925.
375 K. Korsch, Die zweite Partei, in: Politische Texte, a.a.O., p. 216.
376 Trud., 23.5.1925.
377 ibid.

378 ibid.
379 Trud, 8.9.1925.
380 Trud vom 7.10.1925.
381 Vgl. z.B. Trud vom 4.3.1926 und 24.3.1926.
382 Trud vom 3.7.1927 und 8.7.1927.
383 Trud vom 16.12.1927.
384 Trud vom 15.12.1927.
385 Gesetzessammlung 1918, SU 87 - 88, Artikel 905 Abschnitt I, 7 in: W. Lenin, Über die Arbeitsgesetzgebung, Berlin 1962, p. 609 - 632.
386 a.a.O., Abschnitt I, 8.
387 ibid.
388 a.a.O., Abschnitt VIII, 118. Anmerkung.
389 Abschnitt VIII, 124.
390 Abschnitt VIII, 119.
391 Abschnitt V, 49.
392 Vgl. A.V. Venediktov, Organizacija gosudarstvennoj promyšlennosti v SSSR, Tom II, 1921 - 1934, Leningrad 1961, p. 147.
393 SU 1922, 17 - 179.
394 SU 1921, 23/24 - 142.
395 SU 1922, 54 - 683.
396 SU 1922, 54 - 683.
397 Trud, 1922, No. 209.
398 Tomskij, Die Aufgaben der Gewerkschaften, nach dem Referat in der Plenarsitzung des Vorstandes des Allrussischen Gewerkschaftsbundes auf dem II. Plenum des VCSPS, Moskau, 17.2.1922, in: Russische Pressekorrespondenz, Jg. 3, Bd. 1, 1922, p. 383.
399 Tomskij, Stat'i i reči, Bd. III, a.a.O., Priloženija, p. 288.
400 ibid.
401 ibid.
402 a.a.O., p. 289.
403 ibid.
404 ibid.
405 a.a.O., p. 290.
406 RPK, a.a.O., p. 384.
407 ibid.
408 ibid.
409 ibid.
410 ibid.
411 ibid.
412 ibid.
413 SU 1922, 54 - 683.
414 RPK, a.a.O., p. 385.
415 Oberster Schlichter.
416 a.a.O., p. 385 f.
417 a.a.O., p. 386.
418 Tomskij, Zadači sojuzov, in: Stat'i reči, Vol. 3, a.a.O., p. 72.
419 RPK, a.a.O., p. 386.
420 a.a.O., p. 384.
421 Trud No. 210, 1922.
422 ibid.
423 ibid.
424 ibid.
425 ibid.
426 ibid.
427 ibid.
428 ibid.
429 ibid.
430 Trud No. 209, 1922.
431 ibid.
432 Trud No. 210, 1922.
433 ibid.
434 ibid.
435 ibid.
436 ibid.
437 ibid.

438 ibid.
439 ibid.
440 ibid.
441 Trud No. 211, 1922.
442 Vgl. Trud No. 201, 1922.
443 Trud No. 211, 1922.
444 Trud No. 209, 1922.
445 Trud, a.a.O. – dieser Begriff wurde von der Schlichtungskammer benutzt
446 ibid.
447 ibid.
448 Trud No. 210, 1922.
449 ibid.
450 Trud No. 213, 1922.
451 ibid.
452 Trud No. 214, 1922.
453 Trud No. 210, 1922.
454 Trud No. 209, 1922.
455 Trud No. 215, 1922.
456 NKT, SU 1922, 74 - 911.
457 Vgl. SU 1922, 54 - 683 gegenüber SU 1922, 45 - 560.
458 Trud 30.9.1925.
459 Trud 14.4.1926.
460 Vgl. Kapitel über die Konflikte des Jahres 1924/25.
461 SNK, SU 1922, 45 - 560.
462 Noch im selben Jahr wurde diese Vorschrift verändert, so daß beide Seiten – auch die Administration – die Einsetzung des Schiedsgerichts verlangen können. SU 1922, 54 - 683.
463 Trud No. 210, 1922.
464 NKT Konfliktnyi otdel: Rabota konfliktnych organov NKT v centre i na mestach, Moskva 1922, p. 4.
465 F. Sapronov, K voprosu o likvidacii konfliktnych komissij pri organach NKT, Trud 5.12.1922.
466 Vgl. Šmidt, Trud No. 209, 1922.
467 SU 1922, 70 - 903, §§ 168 - 69.
468 SU 1922, 70 - 903, §§ 170 - 74.
469 Unter Arbeitgeber ist sowohl der staatliche Wirtschafter als auch der private Unternehmer entsprechend dem russischen Begriff nanimatel' zu verstehen.
470 Trudovye konflikty – naša platforma, in: Voprosy truda 1923 (3), pp. 10 - 15.
471 a.a.O., p. 10.
472 a.a.O., p. 11.
473 Stopani, ibid.
474 ibid.
475 Stopani, a.a.O., p. 14.
476 a.a.O., p. 15.
477 Trud 16.2.1923.
478 Voprosy truda Nr. 3, 1923, p. 37.
479 Die Konfliktkommissionen hatten wie die Schieds- und Schlichtungsorgane eine zentrale Instanz beim NKT.
480 Trud 16.2.1923.
481 Kameneckij, G.A., Trudovye konflikte i professional'nye ob'edinenija, Leningrad 1926, p. 97 ff. .
482 XI Vserossijskij s'ezd sovetov, Stenografičeskij otčet, Moskva 1924, p. 102.
483 Trud 9.4.1924.
484 Trud 6.4.1924.
485 ibid.
486 Trud 17.4.1924.
487 Trud 19.4.1924.
488 ibid.
489 ibid.
490 Trud 11.6.1924.
491 VI. S'ezd professional'nych sojuzov, polnyj stenografičeskij otčet, a.a.O., p. 459 f.
492 a.a.O., p. 462.
493 a.a.O., p. 166.
494 a.a.O., p. 167.
495 a.a.O., p. 438.
496 a.a.O., p. 438.
497 a.a.O., p. 438.
498 a.a.O., p. 460.
499 VI. S'ezd professional'nych sojuzov SSSR, a.a.O., p. 204.

500 a.a.O.
501 a.a.O., p. 205.
502 a.a.O., p. 103.
503 Trud 4.12.1925.
504 ibid.
505 ibid.
506 Trud 11.11.1925.
507 ibid.
508 ibid.
509 ibid.
510 ibid.
511 ibid.
512 ibid.
513 ibid.
514 ibid.
515 ibid.
516 ibid.
517 ibid.
518 KPSS v rezoljucijach i rešenijach s'ezdov, konferencij i plenumov CK, Tom III, a.a.O., p. 131 ff. .
519 Dokladnaja zapiska gosplana SSSR, Sovetu truda i oborny, Peresmotr kontrol'nych cifr narodnogo chozjajstva na 1925/26, in: Planovoe chozjajstvo no. 2, 1926, p. 54.
520 Avdeev, P.N., Trudovye konflikty v SSSR, a.a.O., p. 10.
521 Trud 11.11.1925.
522 Über Konflikte vor den verschiedenen Instanzen wurden bislang kaum zusammenhängende Daten veröffentlicht. Soweit sie für die Jahre 1924 - 25 vom Internationalen Arbeitsamt veröffentlicht wurden, werden die Ergebnisse dieser Untersuchung bestätigt. Vgl.: Die Gewerkschaftsbewegung in Sowjetrußland, a.a.O., p. 187 ff.
523 otdel truda.
524 Trud 11.11.1925.
525 ibid.
526 Trud 25.11.1925.
527 Trud 11.11.1925.
528 ibid.
529 ibid.
530 ibid.
531 Sowohl in der Häufigkeit der Konflikte als auch in der der Teilnehmer muß davon ausgegangen werden, daß Konflikte nicht nur einen Punkt erfaßten, sondern daß eine ganze Reihe von Forderungen in einen Konflikt eingingen.
532 ibid.
533 D. Švarcman, Zum Charakter der Arbeitskonflikte, Trud 25.11.1925.
534 Trud. 11.11.1925. Die Daten der Beteiligten ergeben bei dieser wie bei der folgenden Tabelle nicht 100 %.
535 ibid.
536 Trud 18.12.1925.
537 Trud 25.11.1925.
538 Trud 15.8.1926.
539 Trud 11.8.1925.
540 Trud 17.7.1925 und 11.11.1925.
541 Trud 28.1.1925.
542 Trud 29.9.1925.
543 Trud 21.11.1925.
544 XIV. s'ezd VKP (b), Stenografičeskij otčet, a.a.O., p. 980 f.
545 XI. S'ezd RKP (b), Stenografičeskij otčet, a.a.O., p. 530.
546 Vor dem Thermidor, a.a.O., p. 21.
547 L. Trotzki, Die wirkliche Lage in Rußland, a.a.O., p. 44.
548 Dem VII. und VIII. Gewerkschaftskongreß in den Jahren 1926 bzw. 1928 folgt nur noch der IX. Gewerkschaftskongreß im Jahre 1932. Von 1932 bis 1949 fand kein einziger Kongreß mehr statt.
549 A. Bachutov, K peresmotru osnovnych zakonov o trude, in: Vestnik truda 1925 (3), p. 27.
550 Trud 29.3.1926.
551 XIV. S'ezd VKP (b), a.a.O., p. 981.
552 a.a.O., p. 722.
553 Vor dem Thermidor, a.a.O., p. 20.
554 ibid.
555 XIV. S'ezd VKP (b), a.a.O., p. 729.
556 a.a.O., p. 735.

557 ibid.
558 Trud 4.12.1925.
559 Trud 29.9.1925.
560 Trud 16.2.1926.
561 Trud 4.12.1925.
562 Trud 30.5.1926.
563 Trud 22.4.1926 und 23.4.1926.
564 Trud 30.5.1926.
565 Die Sitzung ist in Trud referiert.
566 Trud 22.4.1926.
567 ibid.
568 ibid.
569 Trud. 23.4.1926.
570 KPSS v rezoljucijach i rešenijach, a.a.O., T. 3, p. 321.
571 a.a.O., p. 326.
572 Trud 22.10.1926.
573 ibid.
574 Trud 9.10.1926.
575 Trud 4.3.1926.
576 Trud 18.12.1925.
577 Trud 9.10.1926.
578 Trud 4.3.1926.
579 Trud 9.10.1926.
580 Trud 22.10.1926.
581 ibid.
582 Carr/Davies, a.a.O., p. 520.
583 Trud 11.12.1926; vgl. auch KPSS v rezoljucijach i rešenijach, a.a.O., T. 3, p. 392.
584 Carr/Davies, a.a.O., p. 1013.
585 Carr/Davies, a.a.O., p. 362.
586 A. Andrejev, Ekonomičeskaja rabota, Tezicy k VII s'ezdu profsojuzov, Trud 28.11.1926.
587 Tret'jakov, Trud 14.12.1926.
588 Kraev, Trud, a.a.O.
589 Braginskij, Trud, a.a.O.
590 Trud 15.12.1926.
591 Smirnov, Trud, 16.12.1926.
592 Strievskij, Trud, a.a.O.
593 Trud 10.11.26.
594 ibid.
595 ibid.
596 Tomskij, Trud 8. und 11.12.26.
597 Gindin, Trud 26.11.26.
598 Friedrich Pollock, Die planwirtschaftlichen Versuche in der Sowjetunion 1917 - 1927, Frankfurt 1971
    p. 170 f.
599 Gindin, Trud 26.11.1926.
600 ibid.
601 ibid.
602 ibid.
603 ibid.
604 Tomskij, Trud 8.12.1926.
605 ibid.
606 ibid.
607 ibid.
608 Trud 18.12.1926.
609 ibid.
610 ibid.
611 Trud 9.12.1926.
612 ibid.
613 Trud 9.12.1926.
614 Tomskij, Schlußwort, Trud 11.12.1926 und Kujbyšev, Trud 16.12.1926.
615 Tomskij, Trud 11.12.1926.
616 Trud 10.12.1926.
617 ibid.
618 Belen'kij, Trud 9.12.1926.
619 Plaskin, Trud a.a.O.

620 Vejnberg, Leningrad, ibid.
621 Trud 18.12.1926.
622 Trud 8.12.1926.
623 ibid.
624 ibid.
625 ibid.
626 Trud 4.11.1926.
627 Trud 12.12.1926.
628 Trud 12.12.1926.
629 Insbesondere bei der Gewerkschaft der Eisenbahner.
630 ibid.
631 ibid.
632 Trud 14.12.1926.
633 Satarov, ibid.
634 Postnova, ibid.
635 Trud 4.1.1927.
636 Trud 20.3.1927.
637 Trud 23.11.1927.
638 Trud 28.10.1927.
639 Trud 14.1.1928.
640 ibid.
641 ibid.
642 Pravda 8.1.1928.
643 ibid.
644 ibid.
645 Trud 15.1.1928.
646 ibid.
647 ibid.
648 Trud 25.1.1928.
649 Trud 28.1.1928.
650 Radus-Zenković, Über den Kampf gegen die Verschleppung der Arbeitsstreitfälle, Trud 28.1.1928.
651 ibid.
652 ibid.
653 Trud 29.1.1928; Trud 28.1.1928.
654 Trud a.a.O.
655 Trud 29.1.1928.
656 Trud 12.2.1928.
657 Trud 27.4.1928.
658 Trud 29.1.1928.
659 ibid.
660 ibid.
661 Trud 12.2.1928.
662 Trud 24.3.1928.
663 ibid.
664 ibid.
665 Trud 24.3.1928.
666 Položenie o RKK, NKT SSSR, 12.12.1928, No. 722, in: A.F. Ljach, kak razrešajutsja trudovye spory v RKK i trudsessijach, Moskva 1929, p. 61 f.
667 D. Švarcman, Trud 18.9.1928 und izvlečenija iz položenija o nadzore za dejatel'nost'ju RKK, primkamer i tretsudov, 12.12.1928, NKT, No. 724, in: A.F. Ljach, a.a.O., p. 68 f.
668 Položenie o cechvych RKK, NKT 12.7.1929, No. 722 in Ljach, a.a.O., p. 74 f.
669 Položenie o RKK No. 722, a.a.O.
670 Nicht umsonst tragen zahllose Broschüren, die nach 1928 erschienen, über die Konfliktlösungen den Titel: „Wie und wo beschwere ich micht".
671 Trotzki, Die wirkliche Lage in Russland, a.a.O., p. 46.
672 ibid.
673 a.a.O., p. 51.
674 VIII. S'ezd Profsojuzov, a.a.O., p. 65.
675 VIII. S'ezd Profsojuzov, a.a.O., p. 333.
676 ibid.
677 Avdeev, Protiv demagogii oppozicii, a.a.O., S. 46 f.
678 VIII. S'ezd Profsojuzov, a.a.O., p. 333.
679 Avdeev zählte im Jahre 1928 nur noch den in Konflikt geratenen Kollektivvertrag. Damit fielen zahlreiche Einzelkonflikte, z.T. die Konflikte ganzer Unternehmen aus den Berechnungen heraus. In seinem Aufsatz

„Protiv demagogii oppozicii" aus dem Jahre 1927 zählte er dagegen noch den einzelnen Konflikt.
680 Carr/Davies, a.a.O., p. 529 f.
681 VII. S'ezd Professional'nych Sojuzov 1927, a.a.O., p. 871.
682 Bolševik, Nr. 8, 1928, p. 43 f.
683 Torgovo Promyšlennaja Gazeta (TPG), 2.8.1927.
684 TPG, 2.7.1927.
685 Carr/Davies, a.a.O., p. 500.
686 Trud 1.4.1928.
687 Trud 27.7.1928.
688 Vgl. VIII. S'ezd Profsojuzov, Moskva 1929, p. 330.
689 Vor dem Thermidor, a.a.O., p. 20.
690 Aus dem Schreiben des Direktors des Unternehmens ‚Krasnyi Treugol'nik', zit. nach L.I. Ginsburg, VIII. S'ezd professional'nych sojuzov, Moskva 1929, p. 411 f.
691 Trud 27.10.1928.
692 ibid.
693 ibid.
694 ibid.
695 ibid.
696 TPG Nr. 147, 1928.
697 Trud 29.6.1928.
698 Trud 29.6.1928.
699 M. Reznik, The experiences of a soviet efficiency expert, Moscow 1931, p. 7.
700 a.a.O., p. 9.
701 a.a.O., p. 43.
702 VIII. S'ezd, a.a.O., p. 108.
703 Tomskij, a.a.O., p. 44.
704 a.a.O., p. 109.
705 ibid.
706 Vgl. die Arbeit von Melanie Tatur, die im Rahmen des SFB 10 erstellt wurde.
707 VIII. S'ezd profsojuzov, a.a.O., p. 176.
708 a.a.O., p. 200.
709 a.a.O., p. 201.
710 ibid.
711 Komsomolskaja Pravda, zitiert von Kozelev auf dem VIII. Gewerkschaftskongreß, a.a.O., p. 95.
712 a.a.O., p. 646.
713 VIII. S'ezd, a.a.O., p. 317.
714 a.a.O., p. 206.
715 Ekonomičeskaja Žizn' 20.2.1929.
716 Trud 26.2.1929.
717 Aus Angaben in Trud v SSSR, Statističeskij spravočnik za 1924 - 35 gg, p. 152 und Trud v SSSR, Statističeskij spravočnik CUNChU Gosplana SSSR, 1936. Siehe Nadiežda Hackenberg, Die Entwicklung der Disziplin und Strafmaßnahmen im sowjetischen Arbeitsrecht im Zusammenhang mit der forcierten Industralisierung 1925 - 35, erstellt im Rahmen des SFB 10, erschien 1978 in der Reihe Berichte des Osteuropainstituts an der FU, Reihe Wirtschaft und Recht
718 Trud 16.1.1929.
719 Trud 1.2.1929.
720 Ekon. Žizn 24.2.1929.
721 Ekon. Žizn 21.2.1929.
722 Ekon. Žizn 28.2.1929.
723 Ekon. Žizn 9.2.1929.
724 Trud 10.2.1929.
725 Trud 26.2.1929.
726 Ekon. Žizn 3.3.1929.
727 Ekon. Žizn 9.2.1929.
728 Ekon. Žizn 3.3.1929.
729 Trud 5.4.1929.
730 Trud 5.1.1929.
731 Trud 28.2.1929.
732 Trud 10.2.1929.
733 Trud 26.2.1929.
734 Trud 26.2.1929.
735 Trud 6.2.1929.
736 Trud 10.2.1929.
737 Trud 10.2.1929.

738 Altes Maß – 6 Eimer entsprechen etwa 72 l.
739 Trud 13.4.1929.
740 ibid.
741 ibid.
742 ibid.
743 Trud 5.4.1929.
744 1 Dejatin = 1,9 Ha
745 ibid. ˇ
746 Ekon. Žizn 21.2.1929.
747 Trud 28.2.1929.
748 Ekonom. Obozrenie, März 1929, zit. nach Bjuleten kabineta prof. Prokopoviča, Mai 1929, No. 69.
749 Ekon. Žizn 3.3.1929.
750 Ekon. Žizn No. 70, 1929.
751 Ekon. Žizn 3.3.1929.
752 Trud 26.2.1929.
753 ibid.
754 ibid.
755 Trud 7.3.1929.
756 Trud 17.3.1929.
757 Trud 26.3.1929.
758 ibid.
759 KPSS v resoljucijach i rešenijach . . ., Moskva 1954, p. 608.
760 Trud 9.9.1930.
761 SU RSFSR 1931, Nr. 15, Pos. 160 und Nr. 68, Pos. 489.
762 Vgl. N. Hackenberg, a.a.O.
763 Vgl. H.T. Schmidt, Die sowjetischen Gesellschaftsgerichte, Köln 1969, p. 50 ff.
764 N. Hackenberg, a.a.O.
765 Trud 9.4.1929.
766 Trud 27.4.1929.
767 Verordnung des CIK und des SNK SSSR vom 12. 6. 1929 in: SZ SSSR 1929, Nr. 42. Pos. 367.
768 Verordnung des CIK und SNK SSSR vom 15.11.32 in: SZ SSSR 1932 Nr. 78, Pos. 475.
769 Verordnung des CIK und SNK SSSR vom 27.6.1933 in: SZ SSSR 1933, Nr. 42, Pos. 244.
770 Pravda 20.1.1929.
771 Vgl. L. Rogačevskaja, Iz Istorii rabočego klassa SSSR, 1959, pp 152 - 55.
772 TPG 29.4.1928.
773 Pravda 4.5.1929.
774 XVI. Parteikonferenz VKP (b), Trud 4.5.1929.
775 A. Garin, L. Železnov, Sorevnovanie milionov, 1929, p. 7.
776 a.a.O., p. 6.
777 a.a.O., p. 15.
778 Trud 9.4.1929.
779 Garin, a.a.O., p. 94.
780 a.a.O., p. 19.
781 Trud 30.5.1929.
782 Trud 6.8.1929.
783 Trud 2.7.1929.
784 ibid.
785 ibid.
786 Trud 4.7.1929.
787 Trud 3.7.1929.
788 Sudebnaja praktika RSFSR 1931, Nr. 13, p. 2.
789 Trud 25.7.1929.
790 Trud 25.7.1929.
791 ibid.
792 Trud 26.7.1929.
793 Dajilicev ibid.
794 Uglanov, ibid.
795 Trud 3.12.1929.
796 Trud 25.4.1929.
797 Trud 5.2.1930.
798 Trud 24.9.1930.
799 ibid.
800 Sovetskaja justicija, 1935, Nr. 6, p. 17.
801 Sovetskaja justicija, 1932, Nr. 2, p. 21 f.

802 Trud 13.10.1930.
803 ibid.
804 Trud 25.6.1930.
805 Trud 25.2.1930.
806 Trud 25.2.1930.
807 Trud 24.5.1930.
808 Trud 25.2.1930.
809 XVI s'ezd vsesojuznoj kommunističeskoj partii (b), stenografičeskij otčet, Moskva, Leningrad 1930, p. 651.
810 ibid.
811 ibid.
812 ibid.
813 Trud 2.4.1930.
814 XVI s'ezd, a.a.O., p. 651.
815 ibid.
816 a.a.O., p. 650.
817 a.a.O., p. 649.
818 ibid.
819 Trud 18.11.1930.
820 Trud 20.6.1930.
821 Sovetskaja justicija 1930, Nr. 34, p. 7 ff. Nadiežda Hackenberg, a.a.O.
822 Statističeskij ježegodnik, Moskva 1936, p. 531, vgl. Hackenberg, a.a.O.
823 SU RSFSR 1930, Nr. 44, Pos. 530.
824 SZ SSSR, 1930, Nr. 60, Pos. 641.
825 Trud 13.8.1930.
826 Trud 13.11.1930.
827 Trud 5.2.1930.
828 XVI s'ezd a.a.O., p. 667.
829 Švernik, Die Gewerkschaften der Sowjetunion am Vorabend des 2. Planjahrfünfts, April 1932, Moskau, p. 20.
830 a.a.O., p. 23.
831 Kaganovič, a.a.O., p. 109.
832 Kaganovič, a.a.O., p. 108 f.
833 a.a.O., p. 113.
834 a.a.O., p. 114.
835 a.a.O., p. 108.
836 a.a.O., p. 119.
837 a.a.O., p. 120.
838 a.a.O., p. 107.
839 D. Mischutin, Der Kollektivvertrag in der Rekonstruierungsepoche, Moskau, Leningrad 1931, p. 13.
840 Mischutin, a.a.O., p. 14.
841 a.a.O., p. 57.
842 Trud 16.6.1930.
843 ibid.
844 ibid.
845 ibid.
846 ibid.
847 Trud 3.11.1930.
848 ibid.
849 Trud 15.11.1930.
850 ibid.
851 ibid.
852 Trud 15.11.1930.
853 Schwernik, a.a.O., p. 57.
854 Mišutin, a.a.O., p. 26.
855 Trud 15.11.1930.
856 Der Gegenplan wird in den Unternehmen erstellt, um nach Aufdeckung sämtlicher Ressourcen den norma-len Plan zu erhöhen.
857 Mischutin, a.a.O., p. 31.
858 Mischutin, a.a.O., p. 31.
859 Mischutin, a.a.O., p. 32.
860 Greyfié de Bellecombe, a.a.O., p. 102 f.
861 L. Markovič, RKK na novom etape, Moskva 1933, p. 15.
862 Friedrich Engels: Die Lage der arbeitenden Klasse in England; Vorwort zur deutschen Ausgabe 1845, Berlin 1964, p. 17.

863 S.G. Strumilin, Dinamika uslovij truda v SSSR za 1917 - 27 gg; in: Problemy ekonomiki truda, Moskva 1957, p. 504; in Rubeln von 1913.
864 Zit. nach Brügmann, a.a.O., p. 150.
865 S.N.Prokopovič, Rußlands Volkswirtschaft unter den Sowjets, Zürich/New York 1944, p. 292.
866 III vserossijskij s'ezd professional'nych sojuzov, stenografičeskij otčet, 1921, p. 32.
867 Vgl. Koch, a.a.O., p. 277.
868 Koch, a.a.O, p. 282.
869 Koch, a.a.O., p. 283.
870 Koch, a.a.O., p. 268.
871 Vgl. hierzu auch Bergman, The structure of soviet wages, Cambridge 1946, p. 201 - 209 und W. Hofmann, Die Arbeitsverfassung der Sowjetunion, Berlin 1956, p. 273.
872 Vgl. Koch, a.a.O., p. 393.
873 Strumilin, a.a.O., p. 504; in Rub. von 1913.
874 Koch, a.a.O., p. 342.
875 Koch, a.a.O., p. 343.
876 Rašin, Ženskij trud v SSSR, Moskva 1928, p. 14.
877 a.a.O., p. 44 f., vgl. S. Plogstedt, a.a.O., p. 312 f.
878 Koch, a.a.O., p. 345.
879 Vgl. Bergmann, a.a.O., Hofmann, a.a.O.
880 Koch, a.a.O., p. 404.
881 Strumilin, a.a.O., p. 535.
882 u.a.: O. I. Škaratan, Material'noe blagostojanie rabočego klassa SSSR v perechodnyj period ot kapitalizma k socializmu (po materialam Leningrada) in: Istoria SSSR, 1964, Nr. 3, p. 24.
883 E.H. Carr/R.W. Davies: Foundations of a planned economy, 1926 - 1929, Middlesex 1974, p. 574.
884 E. Zaleski, Planification de la Croissance et fluctuations économiques en URSS, Paris 1962, Bd. 1, p. 262.
885 Prokopovič, a.a.O.
886 Škaratan, a.a.O., p. 36 f.
887 Škaratan, a.a.O., p. 21.
888 Koch, a.a.O., p. 419.
889 Strumilin, a.a.O., p. 541.
890 Strumilin, a.a.O., p. 539.
891 Strumilin, a.a.O., p. 539.
892 Carr/Davies, a.a.O., p. 697.
893 Bubnov am 12.9.1928 in einer Moskauer Fabrik. Von den 3000 Arbeitern blieben nur 50 bis zum Ende seiner Rede. Trotzki Archiv T 2560, zit. n. E.H. Carr/Davies, a.a.O., p. 575.
894 Škaratan, a.a.O., p. 39, Tabelle 11.
895 Prokopovič, a.a.O., p. 306; 1935 nur Oktober.
896 Škaratan, a.a.O., p. 42, Tabelle 14.
897 Vgl. Schwarz, a.a.O., p. 156.
898 Schwarz, a.a.O., p. 157.
899 Schwarz, a.a.O., p. 158.
900 Strumilin, a.a.O., p. 540.
901 Schwarz, a.a.O., p. 158
902 Schwarz, a.a.O., p. 159.
903 Koch, a.a.O., p. 434.
904 Koch, a.a.O., p. 433.
905 Prokopovič, a.a.O., p. 309.
906 Schwarz, a.a.O., p. 256.
907 L.S. Rogačevskaja, Likvidacija bezraboticy v SSSR 1917 - 1930, Moskva 1973, p. 53.
908 a.a.O., p. 56.
909 a.a.O., p. 57.
910 Tabellenauszug. Vgl. Meissner: Die soziale Struktur im bolschewistischen Rußland p. 83 in: Sowjetgesellschaft im Wandel, Stuttgart 1966. Švernik, Die Gewerkschaften der Sowjetunion am Vorabend des 2. Fünfjahrplans, 9. Gewerkschaftskongreß, 1932.
911 Rogačevskaja, a.a.O., p. 70.
912 Vgl. Gert Meyer, Die Bekämpfung der Arbeitslosigkeit in Sowjetrußland (1917 - 1930) in: Blätter für deutsche und internationale Politik (7), 1975, p. 798.
913 Rogačevskaja, a.a.O., p. 88.
914 Trud 12.10.1921.
915 Trud 24.8.1922.
916 Vgl. S. Plogstedt, Frauen in der Russischen Revolution, in: Frauen und Wissenschaft, Berlin 1977, p. 311 f.
917 Rogačevskaja, a.a.O., p. 142.
918 Trotzki, Die wirkliche Lage in Rußland, Dresden o.J., p. 43.

919 Bjulleten' Ekonomičeskogo Kabineta Prof. S.N. Prokopoviča, No. 78, April 1930, p. 22.

920 Rogačevskaja, a.a.O., p. 147.

921 Rogačevskaja, a.a.O., p. 149, die Daten stammen aus dem Jahr 27/28: Prokopovič nennt dieselben Daten, a.a.O., p. 23; vgl. auch S. Plogstedt, a.a.O., p. 312.

922 Trud. 1.7.1925.

923 Rogačevskaja, a.a.O., p. 270.

924 Izvestija 11.10.1930.

925 Salomon M. Schwarz, a.a.O., p. 62.

926 Es ist zynisch, daß Gert Meyer in seinem oben zitierten Aufsatz die Streichung der Arbeitslosenunterstützung nicht erwähnt, wohl aber die Sowjetunion preist, daß es ihr nach den Wirren der NEP gelungen sei, das Recht auf Arbeit zu verwirklichen und mit dem Arbeitsmarkt auch die industrielle Reservearmee zu beseitigen.

927 Rogačevskaja, a.a.O., p. 276.

928 Es handelt sich um die Arbeiten von V.Z. Drobižev, Sovetskij rabočij klass v period socialističeskij rekonstrukcij narodnogo chozjaijstva, Moskva 1961, p. 35 und A.S. Syčeva: Učenye zapiski Moskovskogo oblastnogo pedinstituta, T CXXXV, Istoria SSSR, 1964, p. 209. Zit. n. Rogačevskaja, a.a.O., p. 282.

929 Trockij, Zajavlenie bol'ševikov-lenincev, in: Bjulleten'Oppozicii, Nr. 27, 1932, p. 10.

930 Das Organ der Opposition Contre le Courant war in den Jahren 1927 - 29 wie danach das Bjulleten' Oppozicii voll von Berichten über diese Verfolgungen. Siehe auch: Ein Urteil französischer Kommunisten über die Lage in Rußland, in: Trotzki, Die Wirkliche Lage in Rußland, a.a.O., p. 273 - 78.

931 J.W. Stalin im Januar 1933, zit. n. A. Nove, An Economic History of the USSR, Harmondsworth 1972, p. 207.

Literaturverzeichnis

A. Abolin: Die Oktoberrevolution und die Gewerkschaften, Moskau/Leningrad 1933.
Attila Agoes: Preisbildung und Preisentwicklung in der Sowjetunion (1917 - 68), Zürich 1971 (Diss.).
N.G. Alexandrow (ed.): Lehrbuch des sowjetischen Arbeitsrechts, Berlin 1952.
A. Aluf: The development of socialist methods and forms of labour (From the first subbotnik to the present vast scope of socialist competition), Moscow 1932.
Wolfgang Andersen: Grundzüge des sowjetischen Arbeitsrechts, Trittau 1969.
G. Anin: Revoljucija 1917 goda glazami ee rukovoditelej, Roma 1971.
E. Anderson: Trudovye konflikty, Moskva 1925.
D. Antoškin: Die Lage der Angestellten in Sowjetrußland, Berlin 1923.
O. Anweiler: Die Rätebewegung in Rußland 1905 - 21, Hamburg 1958.
A. Arakelian: Industrial management in the USSR, Wahington 1950.
Arbeiterdemokratie oder Parteidiktatur, Freiburg 1967.
R. Arskij: Rabočee dviženie v pervye mesjacy revoljucii, in: Materialy po istorii professional'nogo dviženija v Rossii, Moskva 1924.
R. Arskij: Regulirovanie promyšlennosti, 1928.
R. Arsky: Le controle ouvrier, o.J.
J. Arz/O. Sauer: Zur Entwicklung der sowjetischen Übergangsgesellschaft, Hamburg 1974.
P.N. Avdeev: Novye zakony o porjadke razrešenija trudovych konfliktov, Moskva 1929.
P.N. Avdeev: Protiv demagogii oppozicii, Vestnik truda 1927 (2).
P.N. Avdeev: Trudovye Konflikty v SSSR, Moskva 1928.
J.R. Azrael: Managerial Power and Soviet Politics, Cambridge, Mass. 1966.

D.A. Baevskij: Rabočij Klass v pervye gody sovetskoj vlasti (1917 - 21 gg), Moskva 1974.
Balabanov: Promyšlennost' Rossii v načale xx veka, 1909.
Bergmann: The structure of soviet wages, Cambridge 1946.
Charles Bettelheim: Les luttes de classes en URSS, Paris 1974/77; dtsch. Bd. 1: Die Klassenkämpfe in der UdSSR, Berlin 1975.
Bjulleten' Ekonomičeskogo Kabineta Prof. S.N. Prokopoviča 1929 - 34.
Bjulleten' oppozicii, T 1 1929 - 30, T 2 1931 - 33, T 3 1934 - 37, T 4 1938 - 41, New York 1973.
A. Bogdanov: Allgemeine Organisationslehre-Tektologie, Berlin 1926.
Bolševik 1927, 1931, 1934.
Heinrich Brinkmann: Stalin – Theoretiker der Bürokratie, Gießen 1971.
Arvid Broderson: The soviet worker – Labor and Government in Soviet Society, New York 1966.
Pierre Broué: Le parti bolchévique, Paris 1963.
Uwe Brügmann: Die russischen Gewerkschaften in Revolution und Bürgerkrieg 1917 - 19, Frankfurt 1973.
N. Bucharin/E. Preobraschensky: Das ABC des Kommunismus, Wien 1920.
N. Bucharin: Vom Sturze des Zarismus bis zum Sturze der Bourgeoisie, Berlin 1919/Rep. 1971.
N. Bukharin: Socialist reconstruction and the struggle for technique, Moscow 1932.
M. Buchov: Kuda žalovat'sja rabočemu pri narušenii ego trudovych prav, Moskva 1925.
V. Bujanov: Kak dolžna rabotat RKK, Moskva 1928 und 1929.
Bureau International du Travail: L'organisation de L'industrie et les conditions du travail, Geneve 1922.

Jean Yves Calvez: Revenu national en URSS, Paris 1956.
Carr: The bolshevik revolution 1917 - 23, Middlesex 1966.
Carr: The interregnum 1923 - 24, Middlesex 1969.
E.H. Carr: Socialism in one country 1924 - 26, Middlesex 1970.
E.H. Carr/R.W. Davies: Foundations of a planned exonomy 1926 - 1929, Middlesex 1974.
Antonio Carlo: Politische und ökonomische Struktur der UdSSR, Berlin 1972.
Janet G. Chapman: Real wages in Soviet Russia since 1928, Cambridge 1963.
Contre le Courant, 1927 - 29.

F. Dan: Dva goda skitanij (1919 - 21), Berlin 1922.
Th. Dan: Der Arbeiter in Sowjetrußland – Die Bilanz der kommunistischen Wirtschaftspolitik, Berlin- Stuttgart 1923.
Der Arbeiter in der Sowjetunion und der Fünfjahrplan, Berlin o.J.

Der Metallarbeiterverband der UdSSR, seine Geschichte, Aufgaben und Tätigkeit, Moskau 1925.
I. Deutscher: Die sowjetischen Gewerkschaften, Frankfurt/M. 1960.
I. Deutscher: Trotzki, Stuttgart 1962.
Margaret Dewar: Labour policy in the USSR 1917 - 1928, London, New York 1956.
Die russische Arbeiteropposition — Gewerkschaften in der Revolution, Reinbek 1972.
Karl Diehl: Die Diktatur des Proletariats und das Rätesystem, Jena 1924.
Rita di Leo: Die Arbeiter und das sowjetische System — Die Entwicklung von Klassenstrukturen und Klassenherr-
schaft in der UdSSR, München 1973.
Maurice Dobb: Soviet economic development since 1917, London 1966.
V.M. Dogadov: Pravovoe položenie professional'nych sojuzov SSSR, Moskva 1928.
V.Z. Drobižev: Sovetskij rabočij klass v period socialističeskik rekonstrukcij narodnogo chozjaistva, Moskva 1961.
Rudi Dutschke: Versuch, Lenin auf die Füße zu stellen, Berlin 1974.

Angelika Ebbinghaus: Taylor in Rußland, in: Autonomie Nr. 1/1975.
15 eiserne Schritte: Die Sowjetunion in den Jahren des Aufbaus 1917 - 32, Berlin 1977.
Ekonomičeskaja Žizn, Narodnyj komissariat finansov, prodovol'stvija, torgovli i promyšlennosti, 1929.
Friedrich Engels: Die Lage der arbeitenden Klasse in England, Berlin 1964.
Enzyklopädie der UdSSR, Berlin 1950.
Alexander Erlich: Die Industrialisierungsdebatte in der Sowjetunion 1924 - 28, Ffm/Wien 1971.
M. Eskin: Socialističeskie formy truda, Moskva/Leningrad 1932.
Eventov: Zarabotnaja plata v SSSR i v Kapitaličeskych stranach, in: planovoe chozjaistvo, No. 8, 1930.

A. Garin/L. Železnov: Sorevnovanie milionov, 1929.
Gewerkschaftliches Bulletin 1926, 1927.
Gidin (Ja. I.): Profsojuzy i bezrabotica (1917 - 1927), M 1927.
L. Ginsburg: Löhne und Arbeitsbedingungen in der Sowjetunion, Berlin 1928.
Valentin Gitermann: Geschichte Rußlands, Zürich 1944.
Jerzy G. Gliksman: Coercion of the Worker in the Soviet Union, Boston 1953.
Alfons Goldschmidt: Die Wirtschaftsorganisation Sowjetrußlands, Berlin 1920.
Manya Gordon: Workers before and after Lenin, New York 1941.
A. Grekow: Wie und wo beschwere ich mich, M 1933.
Louis Greyfié de Bellecombe: Les conventions collectives en Union soviétique, Paris 1958.
G.A. Grigoriew: Produktionsberatungen und Arbeiterinitiative, M 1932.
W. Grinewitsch: Die Gewerkschaftsbewegung in Rußland, Berlin 1927.
B.A. Guchman: Čjslennost' i zarabotnaja plata proletariata SSSR, Moskva 1925.
L.E. Gurin/A.V. Šmul'jan: Trudovye Konflikty i ich dviženie, 1929.

N. Hackenberg: Die Entwicklung der Disziplin und Strafmaßnahmen im sowjetischen Arbeitsrecht im Zusammen-
hang mit der forcierten Industrialisierung 1925 - 35, 1978.
G. Haupt/J.J. Marie: Les bolchéviks par eux-mêmes, Paris 1969.
Peter Hennicke (Hrsg.): Probleme des Sozialismus und der Übergangsgesellschaften, Frankfurt 1973.
W. Hofmann: Die Arbeitsverfassung der Sowjetunion, Berlin 1956.
Leonhard E. Hubbard: Soviet Labour and Industry, London 1942.

Internationale Pressekorrespondenz 1927, 1929.
Internationales Arbeitsamt: Die Gewerkschaftsbewegung in Sowjetrußland, Genf 1927.
M.i.P. Ioffe: Profsojuzy i planirovanie promyšlennosti, Moskva 1929.
Istorija profsojuzov SSSR — učebnoe posobie, 1969.
Istorija rabočich leningrada T 2, 1917 - 1965, Leningrad 1972.
Izvestija 1919, 1930.
E. Jaroslavskij: Istorija VKP (b), Moskva, Leningrad 1930.
Christa Jessel: Die sowjetische Wirtschaftsarbitrage, Hamburg 1974.
I.N. Judin: Social'naja baza rosta KPSS, Moskva 1973.

I.S. Kacenelenbaum/I.I. Troickij/M.M. Sucher: Pravovye voprosy kollektivnych dogovorov, Moskva 1929.
G.A. Kameneckij: Trudovye Konflikty i professional'nye ob'edinenija, Moskva 1926.
F.I. Kaplan: Bolshevik Ideology and the ethics of soviet labor 1917 - 20 — the formative years, New York 1968.
L. Kaplun: Der Arbeitsschutz in der Union der SSR, Berlin 1925.
A.M. Katz: Arbeitsschutz in der UdSSR, M 1927.
A.M. Katz: Die Arbeitslosigkeit und ihre Bekämpfung, M 1927.
L. Kaufmann: Warum Akkordarbeit in der Sowjetunion? Die neue Lohnpolitik in den Sowjetbetrieben, Moskau
1932.
John Maynard Keynes: A short view of Russia, London 1925.
H.R. Knickerbocker: Der rote Handel droht, Berlin 1932.

Waldemar Koch: Die bol'ševistischen Gewerkschaften – Eine herrschaftssoziologische Studie, Jena 1932.
Leo Kofler: Stalinismus und Bürokratie, Neuwied 1970.
Karl Korsch: „Die zweite Partei“, in: Politische Texte, Frankfurt 1974.
Korsch: Zehn Jahre Klassenkämpfe in Sowjetrußland, in: Kommunistische Politik, 1927 (17/18).
KPSS v rezoljucijach i rešenijach s'ezdov, Konferencij i plenumov CK, Moskva 1954/1960, Bd. 1 - 4.
P.N. Krasnopevcev/E.K. Malkow/A.M. Finkel'stein: Kak razrešajutsja trudovye dela, Moskva 1925.
Krasnyi transportnik 1925.
L.N. Kritzman: Die heroische Periode der großen russischen Revolution, Moskau 1924, dt. Frankfurt 1971
Jürgen Kuczynski: Die Theorie der Lage der Arbeiter, Berlin 1948.
V.M. Kuricyn: Perechod k NEPu i revoljucionnaja zakonnoct', Moskva 1972.
G.M. Kuzanov: Gde i kak razrešat' trudovye konflikty, Baku 1928.

La commune de Cronstadt, Paris 1969.
N. Lagovier/V. Mokeev: Sud i prokuratura v borbe s bjurokratizmom i volokitoj, Moskva 1929.
L. Larina: Zarabotnaja plata i oppozicija, Moskva/Leningrad 1927.
M.J. Larsons: Als Experte im Sowjetdienst, Berlin 1929.
Lancelot Lawton: An economic history of Soviet Russia, London o.J.
Lehrbuch des sowjetischen Arbeitsrechts, Red. Alexandrov, Berlin 1952.
Lenin: Ausgewählte Werke, 3 Bde., Berlin 1961.
Lenin: Werke, Berlin 1959/62.
Moshe Lewin: Political Undercurrents in Soviet Economic Debates, London 1975.
H.-J. Lieber/K.-H. Ruffmann: Der Sowjetkommunismus, Dokumente, Köln/Berlin 1963.
A.F. Ljach: Kak razrešajutsja trudovye spory v RKK i trudsessijach, Moskva 1929.
Richard Lorenz: Anfänge der bolschewistischen Industriepolitik, Köln 1965.
A. Lozovskij: Aufgaben und Entwicklung der Betriebsräte in Rußland, Leipzig 1920.
Rosa Luxemburg: Gesammelte Werke, Berlin 1972.

E.K. Malkov: Nadzor po trudovym delam, Moskva 1925.
L. Markovič: RKK na novom etape, Moskva 1933.
B.L. Markus: Perechod na semičasovoj rabočij den',1928.
Julius Martov: Geschichte der russischen Sozialdemokratie, Berlin 1926; Erlangen 1973.
Julius Martov: Razvitie krupnoj promyšlennosti i rabočee dviženie do 1892, in: Istorija Rossii v XIX v., Bd. IV.
Materialy po istorii professional'nogo dviženija v Rossii, Moskva 1924. .
M. Matov: Trudovoj Konflikt (Sbornik), Odessa 1927.
W. Mautner: Der Bolschewismus, Berlin/Stuttgart/Leipzig 1920.
A.P.G. Maximov: Die revolutionär-syndikalistische Bewegung in Rußland, Hamburg/Reinbek 1972.
Mary McAuly: Labour Disputes in Soviet Russia 1957 - 65, Oxford 1969.
Boris Meissner: Das Parteiprogramm der KPdSU 1903 - 1961, Köln 1962.
B. Meissner: Die soziale Struktur im bolschewistischen Rußland, in: Sowjetgesellschaft im Wandel, Stuttgart 1966.
Ida Mett: La commune de Cronstadt, Paris 1938.
Gert Meyer: Die Bekämpfung der Arbeitslosigkeit in Sowjetrußland (1917 - 39), in: Blätter für deutsche und internationale Politik (7), 1975.
G. Meyer: Studien zur sozialökonomischen Entwicklung Sowjetrußlands 1921 - 23, Köln 1974.
D.E. Minz: Die Arbeit, in: Beilage zur Russischen Korrespondenz Nr. 6, 1922.
D. Mischutin: Der Kollektivvertrag in der Rekonstruktionsperiode, Moskau/Leningrad 1931.
Mochow: Arbeitsschutz in der Sowjetunion, Moskau/Leningrad 1933.
Richard Moorsteen: Prices and Production of machinery in the soviet Union 1928 - 58, Cambridge 1962.

NKT Konfliktnyi : Rabota Konfliktnych organov NKT v centre i na mestach, Moskva 1922.
A. Nove: An Economic History of the USSR, Harmondsworth 1972.
A. Nove/D.M. Nuti: Socialist economics, Middlesex 1972.

Osinskij: Über den Aufbau des Sozialismus, in: Arbeiterdemokratie oder Parteidiktatur, Freiburg 1967.
Osvoboždenie profsojuzov, Organ kollektiva rabočich anarchistov i anarcho-sindikalistov v Parize, 1928.
Ozerov: Politika po rabočemu voprosu v Rossii, Moskva 1906.

A.M. Pankratova: Fabrikräte in Rußland – Der Kampf um die sozialistische Fabrik, Frankfurt 1976.
A.M. Pankratova: Geschichte der Gewerkschaftsbewegung in der UdSSR, Berlin 1956.
Eugen Paschukanis: Allgemeine Rechtslehre und Marxismus, Frankfurt 1970.
K.A. Pažitnov: Položenie rabočago klassa v Rossii 1908.
Planovoe chozjajstvo (izd. Gosplana i central'nogo upravlenija narodno-chozjajstvennogo učeta SSSR) 1924 - 35.
S. Plogstedt: Frauen in der russischen Revolution, in: Frauen und Wissenschaft, Berlin 1977.
František Polak: Dělnické právo sovetského Ruska, Praha 1925.
Friedrich Pollock: Die planwirtschaftlichen Versuche in der Sowjetunion 1927 - 27, Frankfurt 1971.

Pravo i Žizn 1924.
Pravda Central'nyi organ Rossijskoj Social'-Demokratičeskoj Raboćej Partii, 1921, 1929.
E. Preobraženskij: Die neue Ökønomik, Berlin 1971.
E. Preobrajensky/C. Rakovsky/L. Trotsky: De la bureaucratie, Paris 1971.
E. Preobraschenski: Die Perspektiven der neuen Wirtschaftspolitik, Berlin 1967.
E.A. Preobraženskij: Die sozialistische Alternative, Berlin 1974.
N. Presnickij: Kak razrešajutsja trudovye konflikty, Taškent 1937.
Profsojuzy SSSR: Dokumenty i materialy v četyrech tomach 1905 - 1937, 1963.
Prokopovič: Haushaltsbudgets der Petersburger Arbeiter, in: Archiv für Sozialwissenschaft und Sozialpolitik, Bd. 30, 1910.
S.N. Prokopovič: Rußlands Volkswirtschaft unter den Sowjets, Zürich/New York 1944.
Prokopovič: The economic conditions of Soviet Russia, London 1924.

S. Rabinovič-Zacharin: Kollektivnyj dogovor, Moskva 1925.
S. Rabinovič-Zacharin: Uvol'nenie rabočich i služaščich, Moskva 1927.
Raboćij klass i industrial'noe razvitie SSSR, Moskva 1972.
Rašin: Ženskij trud v SSSR, Moskva 1928.
Rešenija partii i pravitel'stva po chozjajstvennym voprosam (1917 - 67), Moskva 1967.
M. Reznik: The experiences of a soviet efficiency expert, Moscow 1931.
R. Rocker/E. Goldmann: Der Bolschewismus: Verstaatlichung der Revolution, Berlin 1968.
L. Rogačevskaja: Iz istorii raboćego klassa SSSR, 1959.
L.S. Rogačevskaja: Likvidacija bezraboticy v SSSR 1917 - 1930, Moskva 1973.
Arthur Rosenberg: Geschichte des Bolschewismus, Frankfurt 1966.
M. Rozenblit: V Kakich slučajach i c kakom porjadke otmenjajutcja rešenija RKK, 1929.
Ja.S. Rosenfel'd: Promyšlennaja politika SSSR 1917 - 25, Moskva 1926.
A. Rosmer: Moscou sous Lenine, Paris 1970.
Russische Korrespondenz 1920 - 22, Erlangen 1971.

O.I. Škaratan: Material'noe blagostojanie rabočego klassa SSSR v perechodnyj period ot Kapitalizma k socializmu, in: Istoria SSSR 1964, Nr. 3.
H.T. Schmidt: Die sowjetischen Gesellschaftsgerichte, Köln 1969.
V.V. Šmidt: Na putach provedenija 7-časovogo raboćego dnja, 1929.
P.W. Schulze (Hrsg.): Übergangsgesellschaft: Herrschaftsform und Praxis am Beispiel der Sowjetunion, Frankfurt 1974.
Salomon M. Schwarz: Arbeiterklasse und Arbeitspolitik in der Sowjetunion, Hamburg 1953.
S.M. Schwarz: Die Gewerkschaften im russischen Fabrikleben, Bochum 1947.
S.M. Schwarz: Die Leiter russischer Fabriken, Hamburg 1947.
Salomon Schwarz: Fünfjahresplan und Sozialismus — Wohin steuert die Sowjetunion, Berlin o.J.
R. Schweitzer: Das Experiment der Industrieplanung in der Sovetunion, Berlin 1934.
Schweizer: Entscheidung von Arbeitskonflikten, Berlin 1950.
Secretary of State for Foreign Affairs (ed): A Selection of Documents relative to the Labour Legislation in force in the Union of Soviet socialist Repûblics, London 1931.
Victor Serge: From Lenin to Stalin, New York 1973.
Victor Serge: L'an I de la revolution russe, Paris 1971.
S'ezdy i Konferencii:
II. Vserossijskij s'ezd profsojuzov 1919.
III. Vserossijskij s'ezd professional'nych sojuzov stenografičeskij otčet, 1921.
VI. S'ezd professional'nych sojuzov, Moskva 1925.
VIII. S'ezd professional'nych sojuzov SSSR, polnyj stenografičeskij otčet 1928, Moskva 1929.
IX. Gewerkschaftskongreß: Rechenschaftsbericht des Zentralrats der Gewerkschaften der UdSSR vor dem 9. Unionskongreß der Gewerkschaften, Moskau 1932.
III. vserossijskaja konferencija professional'nych sojuzov, Stenografičeskij otčet, Moskva 1927.
VIII. s'ezd RKP (b), 1919 Moskva 1950.
IX. s'ezd KPR (b), 1920, protokoly, Moskva 1960.
X. s'ezd RKP (b), Mart 1921 goda, stenografičeskij otčet, Moskva 1963.
XI. s'ezd RKP (b), Mart-Aprel' 1922 goda stenografičeskij otčet, Moskva 1961.
XII. s'ezd RKP (b), 15 - 25. aprelja 1923 goda, stenografičeskij otčet, Moskva 1968.
XIII. s'ezd RKP (b), Maj 1924 goda, stenografičeskij otčet, Moskva 1963.
XIV. s'ezd VKP (b), 1925, stenografičeskij otčet, Moskva 1962.
XV. s'ezd VKP (b), Dekabr' 1927 goda, stenografičeskij otčet, Moskva 1961 (T 1), 1963 (T 2).
XVI. s'ezd VKP (b) stenografičeskij otčet, Moskva/Leningrad 1930.
XV. Konferencija VKP (b) 1926, Moskva 1962.
XVI. Konferencija VKP (b), Aprel' 1929 goda, Moskva 1962.
XI. Vserossijskij s'ezd sovetov stenografičeskij otčet, Moskva 1924.

Trudy I vserossijskogo s'ezda sovetov' narodnago chozjajstva 1918.
Herbert Sievers: Die rechtliche Stellung der Gewerkschaften in der Sowjetunion, Göttingen 1962 (Diss.).
G. Sinowjew: Geschichte der kommunistischen Partei Rußlands, Erlangen 1972.
Sobranie uzakonenij i rasporjaženij rabočego i krest'janskogo pravitel'stva 1921 - 35 (abgekürzt SU).
Sobranie zakonov i rasporjaženij raboče-krest'janskogo pravitel'stva SSSR 1924 - 1935 (abgekürzt SZ).
A.M. Sokol'skij: Ochrana truda v uslovijach razvitija promyšlennosti, 1926.
N. Sominskij: RKK za rabotoj, Moskva 1929.
Jay B. Sorenson: The life and death of Soviet trade unionism, New York 1969.
Sovetskaja justicija Organ NKJu, 1932, 1935.
N. Spulber (ed): Foundations of soviet strategy for economic growth, Bloomington 1964.
Stalin: Werke, Berlin 1953/55.
A.M. Stopani: O bor'be s volokitoj v trudovych delach, Moskva 1928.
A. Stopani: Ob osobennostjach našich zabastovok, in: Voprosy truda, 1923 (2).
Stopani: Trudovye konflikty – naša platforma, in: Voprosy truda 1923 (3).
Emil Strauss: Sowjetrußland und die Arbeiterklasse, 1933.
S.G. Strumilin: Izbrannye proizvedenija v pjati tomach, Moskva 1964.
S.G. Strumilin: Problemy ekonomiki truda, Moskva 1957.
A. Styl'ko: industrializacija SSSR v period pervoj pjatiletki, Moskva 1956.
Sudebnaja praktika RSFSR: priloženie k žurnalu 'sovetskaja justicija', 1931.
Paul M. Sweezy: Klassenkämpfe in der UdSSR, in: Monthly Review (deutsche Ausgabe) Jg. 1 (1 und 3).
A.S. Syčeva: Učenye zapiski Moskovskogo oblastnogo pedinstituta, in: T CXXXV, Istoria SSSR, 1964.

K.M. Tar: Eine Skizze über die Petersburger Arbeiterbewegung der 90er Jahre, Peterburg 1906.
The Kronstadt Rebellion in the Soviet Union 1921, New York 1973.
Alphons Thun: Die Geschichte der revolutionären Bewegungen in Rußland, 1971.
Tomskij: Die Arbeit der Gewerkschaften – XIV. Parteitag der KPdSU, Berlin 1926.
Tomskij: Stat'i i reči, Moskva 1927.
Torgovo Promyšlennaja Gazeta Organ Vysšego soveta narodnogo chozjajstva SSSR i RSFSR, 1927, 1928, 1925.
I.A. Trachtenberg: Kollektivnyi dogovor, Moskva 1923.
I.Ja. Trifonov: Likvidacija ekspluatatorskich klassov v SSSR, Moskva 1975.
Troizki: Die Arbeitsgesetzgebung in der UdSSR, Moskau/Leningrad 1934.
L. Trockij: Arbeit, Disziplin und Ordnung werden die sozialistische Sowjetrepublik retten, Berlin 1919.
Trotzki: Die russische Revolution 1905, Berlin 1972.
Leo Trotzki: Die wirkliche Lage in Rußland, Dresden o.J.
L. Trotzki: Die Grundfragen der Revolution, Hamburg 1923.
Trotzki: Geschichte der russischen Revolution, Frankfurt/M. 1973.
Trockij: Sočenenija, T 15, Moskva/Leningrad 1927.
Trotzki: Terrorismus und Kommunismus, 1920.
Trotzki: Verratene Revolution – Was ist die Sowjetunion und wohin treibt sie, 1936.
Leon Trotsky: Writings 1932 - 40, New York 1969/73.
Trockij: Zajavlenie bol'ševikov – lenincev, in: Bjulleten Oppozicii, 1932 (27).
Trud: 1922 - 1930.

K.M. Varšavskij: Praktičeskij slovar' po trudovomu pravo, Moskva 1927.
A.B. Venediktov: Organizacija gosudarstvennoj promyšlennosti v SSSR, Leningrad 1957 Vol. I 1917 - 21, Leningrad 1961 Vol. II 1921 - 34.
Vestnik statistiki 1921 - 24.
Vestnik truda, Organ Central'nogo Soveta Professional'nych Sojuzov, 1920, 24, 25, 27.
I. Vojtinskij: Promyšlennye spory i gosudarstvennyj tretejskij sud', Moskva 1917.
Volin: Die unbekannte Revolution, Hamburg 1975.
Voprosy Truda: Organ NKT RSFSR 1923 - 25, 1927.
Vor dem Thermidor: Revolution und Konterrevolution in Sowjetrußland, Hamburg o.J. (1928).

Herbert und Elsbeth Weichmann: Alltag im Sowjetstaat, Berlin 1932.
Woks 1930.

E. Zaleski: Planification de la Croissance et fluctuations économiques en URSS, Paris 1962.
S. Zarov: Primiritel'nye kamery i tretejskie sudy, Moskva 1924.
Železnodorožnik 1925.
Žizn Sibiri 1924.